LES ABBAYES CISTERCIENNES,

PRINCIPALEMENT

CLAIRVAUX,

AU XIIe ET AU XIIIe SIÈCLE.

ÉTUDES

SUR

L'ÉTAT INTÉRIEUR
DES ABBAYES CISTERCIENNES,

ET PRINCIPALEMENT

DE CLAIRVAUX,

AU XIIe ET AU XIIIe SIÈCLE,

PAR

M. H. D'ARBOIS DE JUBAINVILLE,

Ancien Élève de l'École des Chartes,

AVEC LA COLLABORATION DE M. L. PIGEOTTE.

PARIS

AUG. DURAND, LIBRAIRE, 7, RUE DES GRÈS.

—

M D CCC LVIII.

INTRODUCTION.

La vie de famille est la destinée commune de l'homme. Mais la nature même a voulu qu'il y eût des exceptions à cette loi, et des êtres humains dont le penchant le plus vif ne fût pas satisfait. On a vu plus d'une fois les sociétés civilisées apporter à la volonté suprême qui a créé ces exceptions leur concours le plus solennel, et fonder officiellement des institutions qui reposent sur le célibat. Rome antique et la Gaule ont eu leurs prêtresses vierges, dont la stérilité pieuse était honorée à l'égal du courage homicide des guerriers; l'Asie orientale a ses bonzes et ses talapoins; l'Europe moderne ses armées permanentes et ses prisons; le mahométisme, lui-même, n'a pas échappé à cette nécessité, et tandis que d'une main il prétendait multiplier les jouissances par la polygamie, il a fallu que de l'autre main, faisant de ces jouissances le privilége de quelques-uns, il condamnât des hommes à ce méprisable célibat, dont le nom seul est un outrage et où la chasteté, ailleurs une vertu, devient une ignominie.

Le monachisme du moyen-âge, considéré au point de vue de l'économie politique, répond au même besoin.

Lorsque la population d'un pays est parvenue à un certain chiffre, la force reproductrice de l'homme dépasse la force productrice du sol qui doit le nourrir : si donc la colonisation n'ouvre pas un débouché à l'excédant de la population, il faut que cet excédant soit détruit, ou que la formation en soit prévenue, et que les facultés reproductrices de l'homme restent en partie à l'état virtuel.

La découverte du nouveau monde a ouvert un champ immense à la colonisation moderne. L'Angleterre a trouvé, en Amérique et en Australie, un avenir magnifique pour les déshérités, qu'un destin impitoyable eût condamnés à ne pas naître ou à mourir.

Mais au XIIe et au XIIIe siècle, cette ressource n'existait pas, et la population paraît avoir atteint alors, notamment en France, un chiffre que l'état de l'agriculture ne permettait pas de dépasser. Les villages qui existent aujourd'hui étaient presque tous fondés, beaucoup d'autres, que les chartes nous font connaître, ne se retrouvent plus aujourd'hui. Enfin, les textes officiels du commencement du XIVe siècle prouvent qu'à cette époque le nombre des habitants était le même que dans les derniers temps de la monarchie absolue, en 1789 (1). Le célibat monastique, le célibat ecclésiastique, furent une digue qui mit des limites à l'accroissement exagéré de la population.

Au XIVe siècle et au XVe, quand l'affaiblissement de la foi et le relâchement des mœurs eurent fait tomber cette digue, on vit paraître la peste noire; la guerre de cent ans, la plus terrible des guerres du moyen-âge, vint dévaster la France; elle amena la famine à sa suite. Puis, l'expulsion des Anglais ne fut pas immédiatement suivie de la paix intérieure. Il fallut trois cents ans à notre patrie pour recouvrer le nombre d'habitants qu'elle avait au XIIe et au XIIIe siècle, à cette époque de prospérité où, délivrée par les croisades du fléau des petites guerres féodales, elle n'avait pas encore senti les atteintes de ce fléau moderne, qu'on appelle les guerres nationales.

Aujourd'hui nous semblons ne pas savoir encore, malgré l'exemple de nos voisins, ce que c'est que l'immense ressource de la colonisation.

Nous n'avons plus de moines, nous avons peu d'ecclésiastiques : la guerre, la famine, les maladies épidémiques, nous enlèvent peu de monde relativement et si nous comparons nos guerres,

---

(1) Voir à ce sujet un curieux mémoire de M. Dureau de la Malle, *Mémoires de l'Académie des Inscriptions*, t. XIV, p. 56, et Henri Martin, *Histoire de France*, t. V, p. 563.

nos famines, nos maladies, à celles que notre patrie a vues au xive et au xve siècle.

Mais le principe économique du monachisme revit dans notre armée permanente, vouée presque tout entière au célibat; dans nos prisons, dont la règle est le célibat.

Les besoins sociaux dépassent évidemment le nombre des vocations. La contrainte appelle sous les drapeaux un grand nombre de nos soldats; c'est la contrainte qui peuple les prisons. Et cependant il est des natures qui sentent pour cette vie exceptionnelle un irrésistible attrait. Il y a des âmes élevées que le désir de la gloire ne retient pas seul sous les drapeaux, et auxquelles il faut, pour vivre, la vie commune de l'armée; il y a des âmes basses que la honte de condamnations judiciaires multipliées ne fait pas reculer, et qui ne peuvent pas vivre en dehors de la vie commune de la prison.

Ce sentiment, qui revêt chez nous deux formes si différentes, trouvait, au xiie et au xiiie siècle, une noble satisfaction dans la retraite paisible, laborieuse et honorée des monastères cisterciens.

L'armée a une utilité protectrice, la prison une utilité répressive que n'avaient pas les institutions monastiques. Mais les institutions monastiques, — et je parle parle ici de celles qui ont la règle de saint Benoît pour fondement, je parle surtout de l'ordre de Cîteaux, où la règle de saint Benoît revit au xiie et au xiiie siècle avec tant d'éclat, — les institutions monastiques ont, par la prière, les privations volontaires et le travail, une utilité qui manque à notre armée, qui manque à nos prisons.

De la prière, je ne dis que le nom, ce qui n'eût pas été contesté au moyen-âge, souleverait aujourd'hui tout un monde de questions théologiques ou philosophiques, et je ne veux pas les entamer. Mais quelque doctrine que l'on adopte sur l'efficacité objective de la prière, on sera injuste envers les fondateurs des ordres monastiques, si, pour les juger, on fait abstraction des sentiments de foi qui les animaient. Aucune opinion ne donne le droit de traiter légèrement l'influence que cette foi a eu sur leurs actes. Tous les actes inspirés par une conviction sincère ont une valeur morale indépendante du fondement de cette conviction. Savoir s'immoler soi-même à ses croyances, c'est la vraie gloire, c'est la vraie grandeur de l'homme. Nous devons être fier que la nécessité de ce sacrifice soit une loi de l'histoire. Et quand même l'homme, en obéissant à cette loi, n'atteindrait pas le but qu'il se propose, peut-on appeler inutile l'acte par lequel une âme s'élève si haut?

Mais, sans parler de la prière, les privations volontaires et le travail rendent à une société des services incontestables en dehors de toute idée de foi.

Les privations volontaires et le travail avaient disparu d'un grand nombre de monastères cisterciens depuis des siècles, quand la révolution française les a renversés. Ces monastères, splendides alors, par l'étendue de leurs édifices, par l'éclat de leurs ornements, et la richesse de leurs dépendances, n'étaient plus moralement que des ruines. Il fut un temps où le contraire existait. Ce temps, c'était l'âge d'or de l'ordre, c'était le XII® siècle, car déjà au XIII® la décadence commence pour devenir complète dans le siècle suivant.

Au XII® siècle il y avait dans les rangs inférieurs de la société bien des hommes condamnés par la naissance à des souffrances sans nombre, tandis que tous les avantages de la société se trouvaient réunis sur quelques têtes privilégiées. Mais quelle réponse à leurs plaintes dans le spectacle qu'offrait l'ordre de Citeaux! Le frère du roi de France et tant d'autres personnages illustres avaient renoncé aux droits que leur donnaient leur naissance ou leurs services antérieurs. Ils vivaient comme des pauvres, du travail de leurs mains, étaient nourris comme eux, vêtus comme eux, logés comme eux; les joies de la famille, cette consolation du dernier des serfs, leur étaient enlevées pour jamais. Tous les instants de leur vie étaient soumis à l'empire d'une règle despotique qui les rendait moins libres que le main-mortable le plus malheureux. Pouvait-on prêcher avec plus d'éloquence la patience dans les peines de ce monde, le mépris du mal terrestre, l'espérance consolante du ciel, et d'une éternité réparatrice!

En même temps le travail et les privations accumulaient un capital. Quand survenaient les famines, si désastreuses à cette époque, où dans le cas d'un désastre local, la difficulté des communications rendait impossibles les compensations, et où l'on vit, par exemple, le prix du grain varier dans la proportion d'un à trente-six (1); les capitaux amassés dans les monastères sauvaient, sous forme d'aumône, la vie des populations affamées. En même temps ces capitaux, consacrés à la culture, rendaient productives des terres jusque-là presque inutiles : service immense rendu à la société, puisque, dans ce temps, les moines étaient à peu près les seuls agriculteurs qui eussent des capitaux à leur disposition.

Malheureusement l'ordre de Cîteaux cessa un jour d'être fidèle à sa mission. Mais les regrets que ce malheur doit nous inspirer ne pourraient nous absoudre du reproche d'ingratitude, si nous perdions le souvenir des immenses services qui ont précédé cette chute. Quelque inutile et quelque oisive que soit la vie d'un fils, le nom d'un père illustre ne cesse pas d'être grand.

Nous avons entrepris d'exposer ce qu'était l'ordre de Cîteaux au temps de sa splendeur. Dans le cours de ce travail nous irons souvent chercher nos exemples à Clairvaux, qui, grâce à la célébrité et au génie de son fondateur, a occupé, sinon en

---

(1) On en trouve la preuve dans Césaire, *Dialogi miraculorum*, Dist. X, c. 17 et 47; ap. *Bibl. patr. Cist.* II, 297 et 307.

droit, au moins en fait, par le renom et l'influence, le premier rang parmi les abbayes cisterciennes.

Les documents dont nous nous sommes servis se distinguent en législatifs, historiques, légendaires et diplomatiques.

Par documents législatifs, nous entendons les réglements de l'ordre de Cîteaux, soit les codes qui ont paru à diverses époques, soit les constitutions annuelles du Chapitre général de l'ordre.

Les codes sont les suivants : nous les rangeons par ordre de date.

1°. Règle de saint Benoît, *Regula sancti Benedicti*, en soixante-treize chapitres. Saint Benoît mourut en 543.

2°. Charte de charité, *Carta caritatis*, en cinq chapitres, premier réglement de l'ordre de Cîteaux. Elle fut confirmée par le pape Calixte II, en 1119.

3°. Anciens usages de l'ordre de Cîteaux, *Usus antiquiores ordinis cisterciensis*, en cent vingt-et-un chapitres. Ils datent de la même époque ou environ que la Charte de charité.

4°. Instituts du Chapitre général, *Instituta capituli generalis*, en quatre-vingt-sept chapitres. Ils furent promulgués en 1134.

5°. Institutions du Chapitre général, *Institutiones capituli generalis*, en quinze distinctions subdivisées en chapitres. Sa première rédaction eut lieu en 1240. On la revisa en 1256.

6°. Livre des anciennes définitions de l'ordre

de Citeaux, *Libellus antiquarum definitionum ordinis cisterciensis*, en quinze distinctions subdivisées elles-mêmes en chapitres. Elle fut publiée en 1289. Une seconde édition, peu différente, eut lieu en 1316.

7°. Constitution du pape Benoît XII, pour la réforme de l'ordre de Citeaux, *Constitutio Benedicti papæ XII, pro reformatione ordinis cisterciensis*, en seize chapitres. Elle fut portée en 1335.

8°. Livre des nouvelles définitions de l'ordre de Citeaux, *Libellus novellarum definitionum ordinis cisterciensis*, en quatorze distinctions subdivisées en chapitres. Il date de 1350.

9°. Articles de Paris, *Articuli Parisienses*, au nombre de seize. Ils furent promulgués en 1493.

Nous citons ces documents d'après Julien Paris, *Nomasticon cisterciense*, Paris, 1664, in-f°.

10°. La règle des convers de l'ordre de Citeaux, filiation de Clairvaux, publiée par Martène, *Thesaurus novus anecdotorum*, t. IV, col. 1647-1652.

Un choix des constitutions annuelles de l'ordre de Citeaux a été publié par le même Martène, dans le même volume, col. 1243-1646. La plus ancienne constitution qui s'y trouve date de 1134, la plus récente de 1547. Martène les intitule : *Statuta selecta capitulorum generalium ordinis cisterciensis.*

Les documents historiques originaux sont nombreux.

Nous pouvons indiquer entr'autres :

1° L'*Exordium cœnobii cisterciensis*, qui date de 1110, comme la charte de charité (1);

2° Les lettres de saint Bernard;

3° Sa première vie, par Guillaume, Ernaldus et Godefroid;

4° Ses deux autres vies, par Alain, évêque d'Auxerre, et Jean l'Hermite (2) : elles méritent moins de confiance;

5° La *Chronique de Clairvaux*, qui finit en 1192 (3);

6° Divers passages des chroniques contenues dans le *Recueil des historiens de France*, à partir du xiie volume;

7° Le *Ménologe de Cîteaux*, publié par Henriquez, 2 vol. in-f°, Anvers, 1630.

Les meilleurs travaux de seconde main sont : Manrique, *Annales cisterciennes*, en 4 volumes in-f°, Lyon, 1642-1659; Henriquez, *Fasciculus*

---

(1) C'est par erreur que les auteurs du *Gallia christiana* (IV. 984) le datent de 1100. Le dernier chap. de l'*Exordium* dit qu'à l'époque où il fut rédigé, les cisterciens avaient fondé douze monastères, outre Cîteaux, ce qui ne peut se rapporter qu'à l'année 1110.

(2) Nous nous sommes servi de l'édition des œuvres de saint Bernard, donnée par Mabillon, à Paris, 1690, 2 vol. in-f°.

(3) Chifflet : *S. Bernardi genus illustre assertum*. Dijon, 1660, in-4°, p. 81-89.

sanctorum ordinis cisterciensis, 2 vol. in-4°, Cologne, 1651 ; le nouveau *Gallia christiana*, et Guignard ; *Lettre à M. de Montalembert sur les reliques de saint Bernard et de saint Malachie*, dans Migne, *Patrologie*, t. CLXXXV, col. 1601-1708.

En fait de documents légendaires, nous avons :

1° Les trois livres *de Miraculis*, composés, en 1178, par Herbert, moine de Clairvaux, chapelain de l'abbé Henri, 1176-1179. Herbert, qui avait été antérieurement abbé de Mores, diocèse de Langres, devint plus tard archevêque de Torre, en Sardaigne ;

2° Le Grand Exorde de l'ordre de Cîteaux, *Exordium magnum ordinis cisterciensis*, dont l'auteur paraît être Conrad, moine de Clairvaux, élevé, en 1213, au siège abbatial d'Erbach, diocèse de Mayence, sur lequel il resta jusqu'en 1226 (1) ; Conrad aurait écrit du temps de Garnier, neuvième abbé de Clairvaux, 1186-1193 ;

3° Les Dialogues des miracles, *Dialogi miraculorum*, rédigés, en 1221, par Césaire, moine d'Hoisterbach, autrement dit du Val-Saint-Pierre, abbaye cistercienne du diocèse de Cologne.

Les récits fabuleux contenus dans ces ouvrages présentent un double intérêt : ils nous font pénétrer, par une foule de détails caractéristiques, dans

---

(1) *Gall. christ.* V. 656 et *Bibliotheca patr. Cist.* I, 13.

l'intérieur des monastères cisterciens de la fin du xii° siècle et du commencement du xiii°. Ensuite ceux de ces récits, dont l'objet paraît, au premier abord, le plus bizarre, le plus fantastique, expriment presque tous une doctrine sérieuse, et nous font ainsi connaître les opinions reçues dans le monde cistercien, vers la fin du xii° siècle ou le commencement du xiii°. Les formes merveilleuses, sous lesquelles ces idées se présentent à nous, constituent l'originalité, l'un des principaux attraits de ces livres.

Par exemple, on ne vous énonce pas crûment en deux mots cette maxime banale que le prêt usuraire ruine l'emprunteur. On vous raconte comment un jour un dépôt, confié par un usurier, fut placé dans la caisse d'une abbaye cistercienne, avec l'argent de cette abbaye. On n'avait pas rouvert cette caisse, quand l'usurier demanda la restitution du dépôt. On ouvrit alors la caisse, et les moines surpris la trouvèrent vide. L'argent de l'usurier s'était enfui après avoir mangé celui de l'abbaye. Les critiques, qui traiteraient cet apologue d'histoire invraisemblable, ressembleraient à ceux qui voudraient corriger La Fontaine de par l'histoire naturelle, et parce que les animaux ne parlent pas.

Le principe, dont les récits de ce genre sont le développement, a seul une vérité objective. Toutefois, les détails accessoires qui servent d'ornement ont pu quelquefois être acceptés comme vrais par des imaginations que la raison ne réglait pas. Césaire, surtout, paraît avoir possédé une de ces imaginations mal ordonnées. Il a souvent cru trouver des vérités historiques dans les fables dont s'enveloppait l'enseignement théologique et moral de ses contemporains. Il a attribué fréquemment l'objectivité à des faits purement subjectifs, que l'état de sommeil peut expliquer. Herbert et l'auteur du *Grand Exorde de l'ordre de Cîteaux* ont eu également trop de foi au merveilleux. Mais on se tromperait si l'on croyait que les *Miracles* d'Herbert, les *Dialogues* de Césaire, et le *Grand Exorde de l'ordre de Cîteaux*, ne contiennent que des récits étrangers à l'histoire.

Nous citons le premier de ces ouvrages d'après Chifflet, *S. Bernardi genus illustre assertum*. Dijon, 1660, 1 vol. in-4°, et les deux autres d'après Tissier, *Bibliotheca patrum cisterciensium*, in-f°, six tomes en deux volumes, Bonnefontaine, 1660.

Les documents diplomatiques dont nous nous sommes servis sont les chartes contenues dans le cartulaire de Clairvaux. Ce cartulaire se compose de deux volumes.

Le premier volume existe en deux exemplaires, tous deux du xiiie siècle. Le plus ancien, celui dont nous avons fait usage, se trouve à la Bibliothèque de Troyes, Ms. n° 703, il a 206 feuillets; hauteur 0^m 30^c, largeur 0^m 25^c. L'autre se trouve à la Bibliothèque Impériale, Mss., fonds des cartulaires, n° 30, il a 349 feuillets, hauteur 0^m 24^c, largeur

0ᵐ,15ᶜ. Ce volume est divisé en douze parties, dont voici les titres avec l'indication du nombre des chartres, qui est un peu plus considérable dans le second exemplaire que dans le premier :

	1ᵉʳ Exemplaire.	2ᵉ Exemplaire.
1. Grangia abbatie,	57	56
2. Ultra Albam,	219	225
3. Fravilla,	51	53
4. Fontarcia,	87	94
5. Bellus-Mons,	64	68
6. Champigni,	68	70
7. Borda,	29	30
8. Moreins,	99	119
9. Belinfay,	116	122
10. Cornay,	86 (1)	94
11. Forgie,	12	12
12. Pasture,	83	86
	971	1029

Ainsi, le second exemplaire contient 58 chartes de plus que le premier.

Le premier paraît avoir été terminé en 1263, le second est postérieur de quelques années.

Ils contiennent chacun des additions peu importantes des siècles suivants. Chaque division correspond à une série de numéros. Les mêmes numéros désignent les mêmes chartes dans les deux manuscrits.

---

(1) Dans le second exemplaire cette partie est placée avant celle qui précède.

Je ne connais qu'un exemplaire du second volume. Il se trouve aux archives de l'Aube (1). Il est de même format et de même date que l'exemplaire le plus ancien du premier volume, le nombre des feuillets est de 147 : voici ses divisions et le nombre de chartes contenues dans chacune :

13.	Carte communes,	26
14.	Porta,	66
15.	Vallis Rodionis,	20
16.	Elemosine,	86
17.	Fenis,	30
18.	Wangionis Rivi,	43
19.	Comitum Campanie,	24
20.	Comitum Pontivi (2),	6
21.	Ducum Burgundie,	7
22.	Comitum Flandrie,	22
23.	Columbeium,	145
24.	Morval,	70
25.	Cellaria,	23
26.	Marsal,	42
27.	Divio,	46
28.	Pedagia,	46
		702

L'ordre suivi dans le cartulaire de Clairvaux

---

(1) La découverte de ce document, aux archives de la ville de Bar-sur-Aube, est un des résultats de l'inspection des archives communales du département, commencée il y a quelques années par l'auteur de ce livre.

(2) Cette série a été ajoutée au xve siècle.

est celui qui avait été adopté pour le classement des originaux. On lit encore sur le dos de la plupart des originaux, le titre de la série et le numéro sous lequel les copies sont transcrites dans le cartulaire.

Sur ces vingt-huit séries, vingt paraissent correspondre à autant de groupes entre lesquels les propriétés de l'abbaye se trouvaient réparties, pour une plus grande facilité d'administration, à l'époque où eut lieu la rédaction des cartulaires, et où les originaux étaient classés conformément à l'ordre suivi dans les cartulaires.

Ces groupes étaient :

1°. Les biens dont l'aumônier, ceux dont le portier avait l'administration, *Elemosine*, *Porta*.

2°. Les biens administrés directement par le cellérier, *Cellaria*.

3°. Dix-sept agglomérations de propriétés administrées par autant de résidents locaux, sous la haute surveillance du cellérier. L'ensemble des biens soumis au même résident local portait ordinairement le nom du lieu où était fixé ce résident : et de là les seize titres de *Grangia abbatie*, *Ultra Albam*, *Fravilla*, *Fontarcia*, *Bellus Mons*, *Champigni*, *Borda*, *Moreins*, *Belinfay*, *Cornay*, *Vallis Rodionis*, *Fenis*, *Columbeium*, *Morval*, *Marsal*, *Divio*. Les biens affectés aux forges de l'abbaye tiraient leur nom de l'industrie à laquelle ils étaient destinés, *Forgie*.

Une série renferme les titres dont les dispositions multipliées s'appliquent à la fois à plusieurs des groupes de propriétés qui viennent d'être énoncés, *Carte communes.*

Deux séries sont consacrées chacune à une catégorie spéciale de priviléges, qui ne pouvaient être classés d'après le système adopté pour l'administration des propriétés, puisque ces priviléges n'attribuaient à l'abbaye aucune propriété. Ce sont les concessions de droits de pâture, *Pasture*, et les exemptions de péage, *Pedagia.*

Cinq séries ont pour titre la qualité des personnes dont émanent les chartes qui s'y trouvent contenues, savoir : *Wangionis Rivi, Comitum Campanie, Comitum Pontivi, Ducum Burgundie, Comitum Flandrie.* On y a placé des chartes émanées des seigneurs de Vignory, des comtes de Champagne, des comtes de Ponthieu, des ducs de Bourgogne et des comtes de Flandre. Une partie des pièces contenues dans ces dernières séries auraient aussi bien pu être placées ailleurs ; cependant il y en a qui n'auraient pu entrer dans aucune des autres divisions. Telles sont, par exemple, les chartes générales d'amortissement accordées par les comtes de Champagne.

Notre travail se partagera en quatre livres :

Le premier traitera du genre de vie des moines ;

Le second, du gouvernement et des fonctionnaires ;

Le troisième, de la manière dont on entrait dans l'ordre de Cîteaux et de la manière dont on en sortait ;

Le quatrième, des propriétés et des revenus.

ÉTUDES SUR L'ÉTAT INTÉRIEUR

DES

ABBAYES CISTERCIENNES.

LIVRE PREMIER.

DE LA VIE MONASTIQUE DANS LES ABBAYES CISTERCIENNES, ET PRINCIPALEMENT A CLAIRVAUX,

AU XII° ET AU XIII° SIÈCLE.

CHAPITRE I.

DE LA DISTINCTION DES MOINES, DES CONVERS ET DES OBLATS.

La prière et le travail sont les deux occupations principales entre lesquelles doit se partager la vie du chrétien. C'est surtout dans la règle de Cîteaux que l'accomplissement de ce double devoir est prescrit de la manière la plus impérieuse. Nulle part l'exemple n'a été donné au monde avec plus d'éclat.

L'ordre de Cîteaux priait et travaillait tout entier. Aucun de ses membres n'était dispensé ni de l'un ni de l'autre de ces exercices. Mais, afin que l'association cistercienne pût, en remplissant ces deux grandes obligations de l'homme, atteindre un résultat plus haut et plus digne, on avait, dans une certaine mesure, partagé la tâche commune. De là, la division des cisterciens en moines et en frères convers, empruntée à la règle de saint Benoît, mais qui revêt ici un caractère bien plus énergique. Le moine travaille, sans doute, mais surtout il prie, et tout autre devoir est subordonné à celui-là; il prie en commun, suivant l'antique conseil du Christ; sa prière est la prière liturgique, consacrée par les vieilles traditions de l'Eglise; c'est à chanter, en compagnie de ses frères, les louanges de Dieu et des saints, qu'il emploie la meilleure partie de sa vie. Le frère convers dévoue la sienne au travail le plus humble, au travail des mains. Il sort de bonne heure pour labourer les terres, pour mener les bestiaux aux pâturages. Dans la maison, c'est lui qui prépare les cuirs, foule le drap, moud le blé; mais, dans ces occupations diverses, le silence de la méditation et de la prière ne l'abandonne point; ce laboureur, ce pâtre, cet artisan, c'est toujours un religieux.

Nous parlerons principalement des moines qui sont la tête de l'ordre, comme les frères convers en sont le bras. Nous parlerons des moines qui seuls ont capacité de remplir les dignités des monastères (1), qui seuls prennent part à l'élection des abbés (2). Mais nous indiquerons aussi les particularités réglementaires qui distinguent les convers des moines.

Une classe d'hommes qui restera en dehors de notre travail, ce sont les oblats, *oblati, donati, familiares*, qui participaient aux prières de l'ordre

---

(1) *Stat. cap. gen. cist.* 1240, ap. Martène, *Anecd.* IV, 1372.
(2) *Stat. cap. gen. cist.* 1181, ap. Martène, *Anecd.* IV, 1253.

comme de vrais religieux, mais qui n'étaient pas religieux, et restaient, par conséquent, indépendants de la règle. La législation cistercienne en parle peu. On paraît avoir, pendant les premiers temps, suivi à leur égard les principes que nous trouvons énoncés dans la règle des Templiers, laquelle a été rédigée par saint Bernard : les oblats peuvent garder leurs femmes. L'ordre doit succéder au mari et à la femme, il prend moitié des biens au décès du premier des conjoints et le reste au décès du second (1). Au xiiie siècle, des réglements exigent des oblats les trois vœux de pauvreté, chasteté et obéissance, on les oblige à porter la tonsure et une espèce d'habit religieux (2). Mais plus tard, un statut de 1453 déclare que les oblats ont toujours pu vivre dans l'état de mariage et qu'ils portent l'habit séculier (3).

L'abbaye de Clairvaux avait des oblats que nous voyons au xiiie siècle prendre part aux travaux de la moisson (4). En 1224, Dominique et Odette de Gillancourt font donation de leurs biens à Clairvaux. Les moines s'engagent à leur fournir la nourriture et le vêtement pendant la vie, et à faire pour eux, après la mort, les prières et le service usités pour les familiers (5). En 1226, traité analogue avec un nommé

---

(1) *Regula pauperum commilitonum sanctæ civitatis*, ap. Henriquez, *Fasciculus SS. ordinis cisterc*, I, p. 91-92.

(2) *Stat. cap. gen. cist.* 1233, ap. Mart., *Anecd.* IV, 1357. *Institutiones cap. gen. cist.* Dist. X, c. 18, ap. *Nom. cist.* p. 342.

(3) Martène, *Anecd.* IV, 1618.

(4) *Descriptio Clarævallis*, ap. Mabill. *S. Bernardi opera*, vol. II, col. 1308.

(5) *Cart. Clar.*, Porta, XXVIII.

Barthélemy et sa femme. On leur donnera chaque semaine quinze grands pains ou la quantité de grains nécessaire pour les confectionner. En cas de décès de l'un des conjoints, cette rente sera réduite de moitié (1).

CHAPITRE II.

DE LA CHASTETÉ, DE LA PAUVRETÉ INDIVIDUELLE, DE L'OBÉISSANCE ET DU SILENCE.

La base de l'institut monastique dans l'ordre de Cîteaux, comme dans la plupart des autres ordres religieux fondés sous l'inspiration de l'Eglise catholique, consistait dans les trois vœux de chasteté, pauvreté individuelle et obéissance, auxquels se trouvait jointe, ici comme dans quelques autres ordres, l'obligation caractéristique du silence.

§ 1. — De la Chasteté.

La violation de ce vœu était punie plus ou moins sévèrement, suivant les circonstances. Dans certains cas, le moine coupable devait être chassé de la maison où il se trouvait, et envoyé dans une autre abbaye. Dans d'autres cas, il pouvait être expulsé de l'ordre ou même condamné à une prison perpé-

---

(1) *Cart. Clar.*, *Porta*, XIX.

tuelle (1). Du reste, on avait pris des précautions multipliées pour écarter le danger.

Un des principes fondamentaux de l'ordre de Cîteaux était d'éloigner les femmes de tous les lieux habités par les religieux. On devait leur interdire la porte des monastères, on ne devait pas même les recevoir dans l'enclos des granges (2). Les instituts du Chapitre général, qui contiennent cette double prohibition, font allusion aux moines d'autres ordres qui admettaient chez eux des femmes à titre de filles de basse-cour ou de lessiveuses. Dans l'ordre de Cîteaux, cet abus est formellement interdit (3). La rigueur, sur ce point, était dans l'origine poussée si loin, qu'il était interdit au portier de donner l'aumône aux femmes du voisinage, sauf le temps de famine, encore fallait-il, en ce cas, l'ordre formel de l'abbé (4).

En 1190, des femmes étant entrées dans l'église d'une abbaye, l'abbé, les moines et les convers furent condamnés, par le Chapitre général, à jeûner au pain et à l'eau pendant un jour (5). En 1192, le Chapitre général apprit que des femmes étaient entrées dans l'abbaye de Bellevaux, le jour de la Saint-

---

(1) *Institution. cap. gen. cist.* Dist. X, c. X, ap. *Nom. cist.* 340. *Libell. antiq. defin. ord. cist.* Dist. VII, c. VIII, ibid. 532.

(2) *Instituta capit. gen. cist.* cap. VII, *Institutiones capit. gen. cist.* dist. X, cap. XXI, *Libellus antiquarum definitionum*, Dist. III, cap. V, ap. *Nom. cist.* 248, 343, 500.

(3) *Instituta cap. gen. cist.* cap. VII, ap. *Nom. cist.* 248.

(4) *Usus antiquiores ord. cist.* cap. CXX, ap. *Nom. cist.* 242.

(5) *Stat. capit. gen. cist.* 1190, ap. Mart., *Anecd.* IV, 1269.

Pierre, il condamna les religieux au pain et à l'eau pour un jour, et, de plus, à recevoir chacun la discipline (1). L'année suivante, le Chapitre général arrête en principe que, si des femmes entrent dans une abbaye du consentement de l'abbé, cet abbé sera irrévocablement déposé; que, si un moine en introduit, sans le consentement de l'abbé, ce moine sera chassé de la maison. Elles ne pourront être admises qu'à l'époque de la Dédicace; en tout autre temps, dès qu'elles seront présentes, la célébration du culte sera interrompue (2). Le nombre de jours pendant lesquels des femmes peuvent visiter l'église nouvellement dédiée d'une abbaye cistercienne, était fixé à neuf (3). En 1194, défense de célébrer l'office divin dans l'abbaye d'*Edsendurc*, aussi longtemps qu'il y aura des femmes dans une maison voisine appartenant à l'évêque (4). En 1197, on renouvelle la décision portée en 1193, contre ceux qui introduiraient des femmes dans une abbaye; on ajoute que les religieux de cette abbaye, quoique innocents de cette infraction, jeûneront un jour au pain et à l'eau (5). En 1205, l'abbé de Pontigny fut poursuivi devant le Chapitre général pour avoir admis la reine de France et des femmes de sa suite, à un sermon dans le chapitre, à la procession dans

---

(1) *Stat. capit. gen. cist.* 1194, ap. Mart., *Anecd.* IV, 1275.

(2) *Stat. capit. gen. cist.* 1193, ap. Mart., *Anecd.* IV, 1276.

(3) *Stat. cap. gen. cist.* 1157, ap. Mart., *Anecd.* IV, 1247. *Lib. antiq. defin. ord. cist.* dist. III, cap. V, ap. *Nom. cist.* 500.

(4) *Stat. capit. gen. cist.* 1194, ap. Mart., *Anecd.* IV, 1280.

(5) *Stat. capit. gen. cist.* 1197, ap. Mart., *Anecd.* IV, 1289.

le cloître, à manger et à dormir pendant deux jours et deux nuits à l'infirmerie. Une lettre du pape et une permission de l'abbé de Cîteaux l'avaient autorisé à recevoir la reine dans son monastère; mais on trouva qu'il avait outre-passé les termes de cette dispense, qu'une aussi grande énormité était une insulte à tout l'ordre de Cîteaux, qu'enfin il avait même, disait-on, mérité d'être immédiatement déposé. L'archevêque de Reims et plusieurs évêques demandèrent sa grâce; le Chapitre général consentit à lui laisser son abbaye; mais, pour ne pas laisser impunie une si grande présomption, on le condamna à se tenir pendant sept mois hors de la stalle abbatiale, à ne pas dire la messe pendant le même temps, sauf le cas de nécessité, et à faire six jours de pénitence, dont deux au pain et à l'eau (1). Les institutions du Chapitre général défendent à tout religieux de parler seul à une femme (2).

Il faut descendre jusqu'au xvᵉ et au xvıᵉ siècle pour voir cette discipline si sévère se relâcher. Un statut de 1484 permet aux princesses et aux grandes dames d'entrer dans les églises cisterciennes pour assister aux offices (3). En 1493, les articles de Paris reconnaissent aux moines le droit de faire entrer les grandes dames dans les lieux réguliers, c'est-à-dire dans le logement des religieux; ils autorisent aussi les abbés à employer des femmes au service de la

---

(1) *Stat. capit. gen. cist.* 1205, ap. Mart., *Anecd.* IV, 1301.
(2) Dist. X, cap. XXI, ap. *Nom. cist.* 343.
(3) Mart., *Anecd.* IV, 1639.

basse cour (1). En 1540, le Chapitre général permet à l'abbé de Clairvaux et, en son absence, à son vicaire ou au prieur, d'introduire des femmes dans leur monastère, et même de leur y faire passer la nuit (2). On montre encore, dans les bâtiments actuellement subsistants de l'abbaye de Clairvaux, le local affecté au logement des femmes.

§ 2. — Pauvreté individuelle.

Quand un novice veut être admis, « il doit, » nous dit saint Benoît, « commencer par distribuer ses » biens aux pauvres ou en faire donation solennelle » au monastère, sans se réserver quoique ce soit, » car il faut qu'il sache qu'à partir de ce jour son » propre corps même ne lui appartient pas. Ensuite, » que dans l'église on le dépouille de ses habits et » qu'on le revête des habits du monastère. On mettra » au vestiaire les vêtements qu'il portait. Si un jour, » poussé par le diable, il veut, ce qu'à Dieu ne plaise, » sortir du monastère, on lui ôtera les habits religieux et on le mettra à la porte avec les siens (3). »

La même maxime est reproduite dans plusieurs endroits de la règle Bénédictine. « Un moine ne doit » rien avoir en propre, ni un livre, ni des tablettes, » ni une plume..... Il doit attendre tout de l'abbé, » il ne doit posséder que ce que l'abbé lui a donné » ou permis; tout doit être commun à tous (4). »

---

(1) Art. XI, ap. *Nom. cist.* 682.
(2) *Stat. capit. gen. cist.* 1540, ap. Mart., *Anecd.* IV, 1645.
(3) *Regul. S. Bened.*, cap. LVIII.
(4) *Regul. S. Bened.*, cap. XXXIII.

Chaque moine ou convers, ayant une fonction, devait rendre compte à l'abbé des valeurs qui lui étaient confiées. L'abbé, lui-même, ne pouvait avoir de revenus distincts de ceux de la communauté (1). De même, les communautés ne devaient pas avoir des revenus particuliers distincts de ceux des abbés (2).

La législation cistercienne primitive entre sur cette matière dans des détails d'une grande sévérité. « Que le moine ou convers surpris en flagrant délit » de vol ou de propriété » (c'était la même chose, puisque tout acte de propriété individuelle était un vol à la communauté) « soit le dernier de tous » pendant un an au moins, et autant de temps, en » outre, qu'il paraîtra bon à l'abbé ; qu'il soit au pain » et à l'eau tous les vendredis pendant un an, que » pendant quarante jours il se nourrisse de pain » grossier. Le convers mangera à terre, et pendant » ces quarante jours il se tiendra assis dans le cloître, » occupé silencieusement du travail dont on le char- » gera, sans parler à personne qu'à l'abbé ou à » celui qui présidera la communauté à sa place, et » au maître des convers. Il y aura aussi exception » pour son confesseur. Ce convers assistera à toutes » les heures canoniales, et recevra la discipline à tous » les chapitres des convers (c'est-à-dire toutes les » semaines), pendant un an. Le moine recevra la

---

(1) *Stat. capit. gen. ord. cist.* 1217, ap. Mart., *Anecd.* IV, 1319. *Instituta capit. gen. ord. cist.* dist. VIII, cap. II et IV, ap. *Nom. cist.* 327, 328.

(2) *Stat. capit. gen. ord. cist.* 1239, ap. Mart., *Anecd.* IV, 1369.

» discipline au Chapitre des moines pendant qua-
» rante jours. Si le vol dépasse une valeur de xx sous,
» l'auteur de ce vol, moine ou convers, sera dé-
» pouillé de l'habit religieux et mis à la porte de
» l'abbaye (1).

Être propriétaire, est une des plus grandes fautes qu'un religieux cistercien puisse commettre. « Que les » moines conspirateurs « dit un statut du Chapitre général de 1183, » que les moines incendiaires, » voleurs, propriétaires, soient excommuniés tous les » ans, le dimanche des Rameaux après le sermon. » On fera d'abord sortir du Chapitre les assistants » étrangers à l'ordre; alors le président du Chapitre, » revêtu de l'étole, une chandelle allumée à la main, » prononcera l'excommunication par l'autorité du » Dieu tout-puissant, Père, Fils et Saint-Esprit, de » la bienheureuse Marie, de tous les Saints et de » tout l'ordre (2). » Une des conséquences de cette excommunication était que les religieux propriétaires devaient être privés de la sépulture ecclésiastique. En 1194, un convers de l'abbaye de Bonneval étant mort, on trouva sur lui trois deniers, et on l'enterra hors du cimetière; mais on fit valoir en sa faveur, auprès du Chapitre général, qu'il était fou, et vu cette circonstance, le Chapitre général consentit à ce que son corps fût transféré dans le cimetière (3). En 1227, une requête analogue, présentée dans l'in-

---

(1) *Institutiones capit. gen. dist.* VI, cap. XVI, ap. *Nom. cist.* 316.

(2) *Stat. capit. gen. ord. cist.* 1183, ap. Mart., *Anecd.* IV, 1255.

(3) *Stat. capit. gen. ord. cist.* 1194, ap. Mart., *Anecd.* IV, 1282.

térêt d'un convers, sur lequel on avait trouvé cinq deniers après sa mort, fut rejetée impitoyablement (1).

§ 3. — Obéissance.

Le premier degré de l'humilité que saint Benoît recommande aux moines est l'obéissance. Il faut obéir sans crainte, lenteur, ni tiédeur, sans murmure et sans observations, parce que, obéir à ses supérieurs, c'est obéir à Dieu. L'écriture a dit : Évitez de suivre votre volonté propre; nous y lisons aussi : Demandons à Dieu dans nos prières que sa volonté se fasse en nous; et ailleurs : Il y a des voies qui paraissent droites aux hommes et qui finissent par descendre jusqu'au fond de l'enfer. A ces commandements, il y a une sanction : si quelqu'un refuse de se soumettre à son abbé, qu'il soit battu de verges (2). Cette peine de la discipline était en usage chez les premiers cisterciens. On en trouve la preuve dans une foule de textes, notamment dans les anciens usages de l'ordre de Cîteaux, chapitre LXX (3). Ce qui n'empêchait pas les moines de s'infliger volontairement cette pénitence, comme on le voit par une lettre de l'abbé de Clairvaux, Fastredus (4). Cette peine et d'autres moins dures, telles que la privation de certains aliments, jointe aux ressources extrêmes du changement de maison et de l'expulsion

---

(1) Ap. *Nom. cist.* 316.
(2) *Regul. S. Bened.*, cap. III, V, VII.
(3) Ap. *Nom. cist.*, 168-169.
(4) Ap. Mabil., *S. Bernardi opera*, I, 392, A.

définitive, durent suffir dans les premiers temps de l'ordre de Cîteaux ; mais lorsque la ferveur se relâcha, il fallut recourir à un autre moyen, et ces peines acceptées volontairement furent remplacées par des peines imposées par la contrainte. L'histoire de la mort de Gérard, sixième abbé de Clairvaux, nous fournit un exemple de ce changement de système et nous en montre les dangers. Nous lisons cette histoire dans le *Grand Exorde de l'ordre de Cîteaux*. Il y avait un moine noble de race, mais de mœurs corrompues, qui, contrairement aux règles et à l'honneur de l'ordre, errait à tous côtés, fréquentant les cours des princes et se mêlant impudemment aux affaires des séculiers ; sa vie était celle d'un vagabond plutôt que d'un religieux cloîtré. Gérard, abbé de Clairvaux, brûlant du zèle de la justice et de l'amour de l'ordre, le fit arrêter ; il lui fit ôter ses chevaux et tout ce qu'il avait, et le confia au vénérable Pierre, abbé d'Igny. Il voulait que, soumis dans cette abbaye à l'observation rigoureuse de la règle, et n'ayant plus la permission de courrir le pays, ce moine, de bon ou de mauvais gré, fît pénitence. Gérard vint, à quelque temps de là, visiter l'abbaye d'Igny ; il appela le coupable devant lui, l'exhorta à supporter avec patience un arrêt dicté par le désir de son salut : Je n'ai, ajouta-t-il, aucune rancune contre vous, et je suis prêt à vous serrer dans mes bras comme mon fils chéri, si je trouve en vous ces signes d'humilité et de patience qui me prouveront que vous vous êtes corrigé. Le moine écouta ces mots d'un air humble, en baissant la tête, et répondit par des paroles de douceur et de paix. Le lendemain, on venait de terminer les laudes, auxquelles Gérard avait assisté; on avait commencé prime, Gérard monta au dortoir pour se laver les mains avant de dire la messe; le moine l'y attendait, il avait dissimulé jusque-là, il allait se venger; il se jeta sur l'abbé de Clairvaux et lui enfonça dans les entrailles, à trois reprises, un grand couteau qu'il tenait à la main. Gérard tomba sans jeter un cri, il mourut trois jours après; son meurtrier s'était enfui. La victime fut considérée comme un martyr, on plaça son corps sur un charriot et on le reconduisit à Clairvaux aux chants des psaumes et des hymnes. L'abbé d'Igny suivait solennellement le convoi. Une fois ce lugubre cortége arrivé à Clairvaux, tous les moines se réunirent pour chanter la messe des morts. Pendant cette cérémonie, l'abbé d'Igny eut une vision, il vit saint Bernard et Gérard, debout, l'un à droite, l'autre à gauche de l'autel. Pourquoi, lui dit saint Bernard, pourquoi pleurez-vous celui dont la mort passagère, changée en une vie à jamais bienheureuse, est si précieuse devant Dieu? Ces événements eurent lieu en 1175 (1).

Au XIII° siècle, on établit des prisons dans chaque abbaye. Cette mesure fut prescrite par un statut du Chapitre général de 1229 (2), elle est maintenue par les Institutions du Chapitre général (3) et par les Anciennes définitions (4). Ces prisons subsistèrent

---

(1) *Exordium magnum ordinis cist.*, cap. XXVII, XXVII bis, XXVIII, ap. *Bibliotheca patrum cist.*, I, pages 65-71. Cf. D. Bouquet, XIII, 19 B. et XX, 740 D.; *Gall. christ.*, IV, 801.

(2) *Stat. capit. gen. ord. cist.*, 1229, ap. Mart., Anecd. IV, 1350.

(3) Dist. VI, cap. XI, ap. *Nom. cist.*, 314.

(4) Dist. VII, cap. VI, ap. *Nom. cist.*, 528-529.

pendant les siècles suivants, comme on le voit dans les Nouvelles définitions (1), et dans les Articles de Paris (2).

§ 4. — Silence.

Guillaume de Saint-Thierry, qui visita Clairvaux du temps de saint Bernard, rapporte qu'au milieu du jour on y trouvait le silence que l'on rencontre ailleurs au milieu de la nuit. Ce silence n'était interrompu que par le choc des instruments de travail ou par le chant des louanges de Dieu (3). Dans le monastère, les moines n'avaient, en règle générale, le droit de causer entr'eux qu'au parloir; il fallait obtenir, pour y entrer, la permission du prieur ou de l'abbé, et, à moins de nécessité, on ne devait jamais y être plus de deux, outre le prieur qui assistait à la conversation (4). Au travail, il fallait également se taire, à moins que l'occupation à laquelle on se livrait n'exigeât quelque explication; alors elle se donnait à part, à voix basse, en présence du prieur (5). Le violateur de la loi du silence devait, pour chaque infraction commise sciemment, être condamné au pain et à l'eau pendant un jour (6).

---

(1) Dist. VII, cap. VI, ap. *Nom. cist.*, 631.
(2) Art. XV, ap. *Nom. cist.*, 683.
(3) *Vit. S. Bern.*, lib. 1, auct. Guillelmo, c. VII, ap. Mabill., *S. Bern. opp.*, vol. II, col. 1097.
(4) *Us. antiq. ord. cist.*, cap. LXXII, § IV, ap. *Nom. cist.*, p. 172.
(5) *Us. antiq. ord. cist.*, c. LXXV, ap. *Nom. cist.*, p. 175-178.
(6) *Stat. cap. gen. cist.*, 1195, ap. Mart., *Anecd.* IV, 1283.

Les convers étaient soumis aux mêmes règles, quoique peut-être avec un peu moins de rigueur (1).

CHAPITRE III.

DU CULTE.

La prière liturgique dans les monastères se divise en deux parties, l'office et la messe. Nous parlerons également ici du chapitre quotidien, de la lecture spirituelle et des différents objets servant au culte.

§ 1. — Office.

Dans l'office on distingue deux parties, l'office du jour et l'office de la nuit. L'office de la nuit était connu sous le nom de vigiles ou de nocturne. Nous l'appelons ordinairement matines aujourd'hui. L'office du jour comprenait sept parties ou heures : 1° matines, que nous appelons laudes, 2° prime, 3° tierce, 4° sexte, 5° none, 6° vêpres, et 7° complies. Chacune de ces parties de l'office du jour était chantée à une heure différente : matines à l'aube, prime à la première heure, tierce à la troisième, sexte à la sixième, none à la neuvième, vêpres au coucher du soleil, complies quand il faisait nuit, et immédiatement avant l'entrée au dortoir. Notre habitude de mesu-

---

(1) *Institution. cap. gen. cist.*, Dist. XIV, c. XII; ap. *Nom. cist.*, p. 359.

rer le temps par les horloges fait que notre esprit exige une précision qui manque dans la règle de saint Benoît et dans les premiers réglements cisterciens. On déterminait, d'après la marche du soleil, l'heure et la durée de chaque exercice (1); par conséquent, ces heures et cette durée variaient chaque jour, et différaient beaucoup suivant les saisons. Nous ne pouvons pas ici faire une étude approfondie sur le calendrier, nous nous bornerons à dire qu'aux solstices d'automne et de printemps on devait chanter laudes à cinq heures du matin environ, prime à six heures, tierce à neuf heures, sexte à midi, none à trois heures, vêpres à six, et complies à sept ou huit. L'heure où commençait l'office de nuit variait aussi suivant les saisons; ainsi, d'après la règle de saint Benoît, on devait, depuis les calendes de novembre jusqu'à Pâques, se lever à la huitième heure de la nuit, c'est-à-dire vers deux heures ou deux heures et demie du matin. Le reste de l'année il fallait se lever assez tôt pour que les vigiles fussent terminées avant le jour, ce qui, en été, devait rendre très-court le sommeil des moines (2), ce qui même l'aurait rendu beaucoup trop court sans la ressource de la méridienne. Cette rigueur fut un peu adoucie dès le treizième siècle; le livre des anciennes définitions de l'ordre de Cîteaux, 1289, décide que de Pâques à l'Exaltation de la sainte Croix

---

(1) Nous voyons cependant en fait une horloge régler l'ordre des exercices monastiques dans les *Usus antiq. ord. cist.*, c. 114, ap. *Nom. cist.*, p. 233, et dans l'*Exord. magn. ord. cist.* Dist. IV, c. VII, ap. *Bibl. patr. cist.* I, 177.

(2) *Regul. S. Bened.*, cap. VIII à XIV.

on fera en sorte que, non pas les vigiles tout entières, mais le premier nocturne, autrement dit le premier tiers de cet office, soit terminé avant le jour (1). On pouvait, par conséquent, se lever un peu plus tard. Ce fut seulement en 1429 que l'heure du lever fut déterminée d'une manière tout-à-fait précise. On devait, pendant toute l'année, sonner matines à deux heures du matin les jours de simple férie, et à une heure du matin les dimanches et les jours de fête (2).

Deux siècles auparavant on racontait que Richard-Cœur-de-Lion, se rendant en Palestine, avait vu un soir une épouvantable tempête assaillir le navire qui le conduisait. Cette tempête se prolongea plusieurs heures et mit le roi d'Angleterre à deux doigts de la mort. Il ne cessait de crier : Quand donc viendra l'heure où les moines gris se lèveront pour louer Dieu ! Je leur ai fait tant de bien, que certainement aussitôt levés ils se mettront à prier pour moi, et Dieu songera à nous sauver. Or, précisément à la huitième heure de la nuit, au moment où les moines cisterciens se lèvent, on vit la tempête s'apaiser, et le calme lui succéda (3).

Les convers, qui travaillaient plus que les moines, avaient droit à plus de sommeil ; du 13 septembre au jeudi-saint, ils se levaient quand on commençait le dernier psaume du premier nocturne ; de Pâques

---

(1) *Libellus antiquarum definitionum ord. cist.* Dist. V, cap. I, ap. *Nom. cist.*, p. 503.

(2) *Stat. capit. gener. cist.*, 1429, ap. Mart., *Anecd.* IV, 1578.

(3) Césaire, *Dialog. miracul.* Dist. X, cap. XLVI, ap. *Bibl. p. tr, cist.* II, 306. On a attribué ce trait à Philippe-Auguste.

au 13 septembre, ils se levaient au moment où l'on commençait laudes, excepté les jours où l'on faisait méridienne, car alors ils se levaient à la même heure qu'en hiver ; les jours où les convers ne travaillaient pas, c'est-à-dire les dimanches et certains jours de fête, le lever des convers avait lieu à la même heure que celui des moines (1). Les convers étaient tenus à bien moins de prières que les moines ; comme ils ne se servaient point de livres, ils remplaçaient les psaumes par des *Pater*. Ainsi à matines, après les versets *Deus in adjutorium*, etc., *Domine labia*, etc., etc., ils récitaient vingt *Pater* suivis d'autant de *Gloria Patri* (2).

Les convers ne se rendaient pas à l'église pour réciter toutes ces prières ; quand ils se levaient au dernier psaume du premier nocturne, ils devaient assister au reste des matines et se rendre ensuite au lieu de leur travail ; quand ils se levaient pour laudes, ils ne partaient que lorsque prime était terminé, et ils ne revenaient à l'église qu'à l'heure de complies. Bien entendu que ces règlements s'appliquaient seulement aux convers résidant à l'abbaye. Quand nous nous occuperons des granges, nous parlerons des convers qui résidaient dans ces établissements (3).

---

(1) *Libellus antiquarum definitionum ord. cist.* Dist. XIV, cap. II, ap. *Nom. cist.*, p. 571.

(2) *Institutiones capit. gen.* Dist. XIV, apud *Nom. cist.* cap. XVI, p. 361.

(3) *Institutiones capit. gen.* Dist. XIV, cap. IV, et *Libellus antiquarum defin. ord. cist.* Dist. XIV, cap. 2, apud *Nom. cist.*, 355, 356, 570, 571.

§ 2. — Des Messes.

Outre les messes privées dites par tous les moines qui étaient prêtres, on chantait, les jours ordinaires, une messe de communauté; les dimanches et les jours de fête, on en chantait deux que l'on distinguait en messe matutinale et en messe solennelle. La messe matutinale des dimanches et jours de fête, et la messe unique de communauté des jours ordinaires, se célébraient à l'issue de prime (1). Elles étaient suivies de ce qu'on appelait le chapitre quotidien, sauf à l'époque de la moisson, car alors c'était le chapitre quotidien qui précédait prime, parce que tous les moines devaient assister au chapitre, et qu'une fois le chapitre fini, la plupart d'entre eux allaient travailler dans les champs. Alors la messe se célébrait en leur absence, à moins que, ne considérant pas leur présence aux champs comme nécessaire, l'abbé ou le prieur ne les retînt jusqu'à ce que la messe fût finie (2). Mais en règle générale, tout le monde, les prêtres eux-mêmes, partaient avant la messe de communauté et sans avoir eu le temps de célébrer leurs messes basses ordinaires. Cet usage fut observé à Clairvaux jusqu'en 1239. Alors Thomas, comte de Flandre et de Hainaut, fit don à l'abbaye d'une rente de trente livres de Flandre, à condition que pendant le temps de la moisson les

---

(1) *Usus antiquiores ord. cist.*, cap. XIII, ap. *Nom. cist.* 96, cap. LIX, *ibid.* 152, cap. LX, *ibid.* 154, 155.

(2) *Usus antiquiores ord. cist.*, cap. LXXXIV, ap. *Nom. cist.*, 189.

moines prêtres diraient leur messe privée, et que les moines non prêtres ne sortiraient pas de l'abbaye avant d'avoir entendu la messe de la communauté (1).

La seconde messe, la messe solennelle des dimanches et fêtes, se célébrait après tierce (2). Les jours où elle avait lieu étaient ceux où le travail manuel était interdit aux moines, c'est-à-dire vers la fin du treizième siècle, ceux des fêtes de la Vierge et de cinquante-trois autres fêtes. Au commencement du douzième, le nombre des fêtes chômées était un peu moindre (3). Quant aux convers, outre les dimanches et les fêtes de la Vierge, ils chômaient vingt-quatre fêtes seulement, c'était seulement ces jours-là qu'ils assistaient à la seconde messe (4).

Les moines devaient, en règle générale, et sauf décision contraire de l'abbé, communier chaque mois (5). Cette communion mensuelle avait lieu d'ordinaire un jour de dimanche ou de fête (6). Les convers communiaient sept fois l'an, savoir : à Noël, à la Purification, le jeudi-saint, à Pâques, à la Pentecôte, à la Nativité de la Vierge et à la Toussaint (7).

---

(1) *Comitum Flandriæ*, XIX. Cf. *Gall. Christ.*, IV, 805.
(2) *Usus antiquiores ord. cist.*, cap. LIII, ap. *Nom. cist.*, 137.
(3) *Usus antiquiores ord. cist.*, cap. LX, ap. *Nom. cist.*, 184.
(4) *Institutiones capit. gen.* Dist. XIV, cap. V, ap. *Nom. cist.*, 356. *Reg. conversorum ord. cist.*, cap. II, ap. Mart., *Anecd.* IV, 1648.
(5) *Statuta capit. gen. cist.* 1134, ap. Mart., *Anecd.* IV, 1244.
(6) *Usus antiquiores ord. cist.*, cap. LVII, ap. *Nom. cist.*, 150.
(7) *Institutiones capit. gen.* Dist. XIV, cap. IX, ap. *Nom. cist.*, 357.

La communion se fit sous les deux espèces jusqu'en 1261. Cette année, le Chapitre général interdit la communion du calice à tous les moines, convers et religieuses de l'ordre, ne la permettant qu'aux ministres de l'autel, c'est-à-dire non seulement au prêtre, mais encore à tous ceux qui l'assistaient dans la célébration de la messe (1). Cette prescription est reproduite dans les anciennes définitions de l'ordre de Cîteaux en 1289 (2). Ce fut seulement en 1437 que le droit de communier sous les deux espèces fut restreint au prêtre célébrant (3).

§ 3. — Chapitre.

La messe matutinale était ordinairement suivie du Chapitre des moines. Saint Benoît prescrit : Que lorsqu'un moine aura fait une faute quelconque contre la règle, brisé ou perdu quelqu'objet, en un mot aura fait un acte répréhensible quel qu'il soit, il devra venir immédiatement s'accuser devant l'abbé ou la communauté. Les fautes secrètes contre les lois de la morale n'étaient pas comprises dans cette prescription, elles étaient réservées pour la confession auriculaire. Le moine qui aurait négligé de s'accuser des fautes dont la déclaration publique était obligatoire devait être accusé par ses confrères, et alors la peine était plus forte (4). L'assemblée où cette

---

(1) *Stat. capit. gen. cist.* 1261, ap. Mart., *Anecd.* IV, 1418.
(2) Dist. V, cap. VIII, ap. *Nom. cist.*, 510.
(3) *Stat. capit. gen. cist.* 1437, ap. Mart., *Anecd.* IV, 1586, 1587.
(4) *Regul. S. Bened.*, cap. XLVI.

confession publique avait lieu s'appelait Chapitre; on donnait le même nom à la salle où elle se faisait. Le Chapitre des moines, dans l'ordre de Citeaux, devait être présidé par l'abbé, sauf empêchement. On commençait par une prière, pendant laquelle on se tenait debout; ensuite on s'asseyait, le lecteur lisait à haute voix un passage de la règle de saint Benoît, puis l'abbé prenait la parole et faisait une instruction; c'était après cette instruction que les moines coupables s'accusaient ou étaient accusés par d'autres; c'était aussi au Chapitre qu'on indiquait, une fois chaque semaine, le nom des semainiers qui devaient être en fonctions la semaine suivante; c'était enfin au Chapitre que l'on donnait lecture des lettres de faire part de décès, connues alors sous le nom de brefs ou rouleaux des morts (1).

Les jours de fête, l'instruction de l'abbé était plus développée et plus solennelle; on la qualifiait alors de sermon. D'après les anciens usages de Citeaux, il devait y avoir sermon le premier dimanche de l'Avent, à Noël, à l'Epiphanie, le dimanche des Rameaux, à Pâques, à l'Ascension, à la Pentecôte, le jour de la Trinité, à toutes les fêtes de la Vierge, le jour de la fête de saint Pierre et saint Paul, de celle de saint Benoît, de la Toussaint, de la saint Bernard et de la Dédicace de l'Eglise. Cependant, on supprimait le sermon lorsque la fête était transposée (2). Plus tard, la fête de la Trinité fut retranchée de cette liste,

---

(1) *Usus antiquiores ord. cist.*, cap. LXX, ap. *Nom. cist.*, 163 à 169.

(2) *Usus antiquiores ord. cist.*, cap. LXVII, ap. *Nom.*, 188.

propter difficultatem materiæ ; on trouvait qu'il était trop difficile de prêcher sur le mystère que l'on célébrait en ce jour (1). Ce sermon était destiné seulement aux religieux ; les étrangers qui se trouvaient à l'abbaye n'y étaient pas généralement admis, car l'entrée du Chapitre leur était interdite (2). Quelquefois, cependant, on faisait exception en faveur d'un grand personnage, d'un évêque, d'un abbé, d'un laïque occupant une haute position, tel que le roi ou un baron (3). Ainsi, en 1158, le jour de l'Epiphanie, Barthélemy, seigneur de Vignory, fut admis au Chapitre de Clairvaux, et là, en présence de la communauté, après le sermon, il déclara se désister de toutes les actions qu'il pouvait avoir droit d'intenter contre l'abbaye ; il lui fit, en outre, donation de la carrière de Blézy ; en compensation, il ne demanda aux moines que l'avantage de participer aux mérites de Clairvaux et des autres abbayes, ses filles (4).

Les convers n'avaient de Chapitre que tous les dimanches, c'était à l'issue de la messe matutinale ; l'ordre y était probablement le même qu'au Chapitre des moines. L'accusation des fautes et le sermon, qui probablement aussi n'avait lieu qu'à certains jours, en faisaient l'objet principal (5). Lorsqu'il y

---

(1) *Institutiones capit. gen. cist.* Dist. III, cap. XXVIII, apud *Nom. cist.*, 290.

(2) *Usus antiquiores ord. cist.*, cap. XVII, ap. *Nom. cist.*, 102.

(3) *Usus antiquiores ord. cist.*, cap. LXX, ap. *Nom. cist.*, 109.

(4) *Wangtonis Rivi,* I.

(5) *Regul. conversorum ord. cist.*, cap. III., ap. Mart., *Anecd.* IV, 1648.

avait sermon au Chapitre des moines, les convers s'y rendaient. Ces pauvres gens, obligés ces jours-là de se lever de meilleure heure que de coutume, avaient bien de la peine à suivre attentivement l'orateur. On racontait au treizième siècle qu'un jour l'abbé Gérard, du Val Saint-Pierre, prêchait au Chapitre et qu'il voyait dormir beaucoup de religieux, surtout des convers. Il y en avait même qui ronflaient. « Ecoutez, mes frères, » s'écria l'orateur en élevant la voix, « écoutez : Je vais vous raconter quel-
» que chose de très-curieux et de très-important :
» Il y avait autrefois un roi qui s'appelait Arthur... »
Sur ce il s'arrêta : « Voyez, mes frères, dit-il, quelle
» misère est la vôtre. Quand je parlais de Dieu, vous
» dormiez ; je plaisante, aussitôt vous vous éveillez,
» et vous levez les oreilles pour m'écouter. » Césaire dit qu'il assista à ce sermon (1).

§ 4. — **Lecture spirituelle.**

Outre cette assemblée du matin que l'on nommait Chapitre, les moines en avaient une autre chaque jour le soir avant complies. Elle correspondait à ce que l'on nomme aujourd'hui dans les communautés religieuses lecture spirituelle : les moines la nommaient *collatio*, parce qu'on y lisait principalement les *Collations*, ou *Vies des Pères*, par Cassien. La lecture qui s'y faisait devait avoir pour objet un ouvrage de piété ; elle était destinée non pas à ins-

---

(1) *Dialog. miracul.* Dist. IV, cap. XXXVI, ap. *Bibl. patr. cist.* II, 93.

truire, mais à édifier (1). Cette assemblée devait être présidée par l'abbé (2). De l'inventaire des livres de Clairvaux, dressé en 1472, il semble résulter qu'il y avait à Clairvaux une salle spéciale destinée à la lecture spirituelle. Dans cette salle se trouvait un *armarium* contenant les livres qu'on y lisait ordinairement; parmi ces livres se trouvait la somme des cas de conscience de Barthélemy de Pise (3).

§ 5. — Des Églises et des objets divers servant au culte.

Les moines cisterciens ne devaient, en général, célébrer le culte que dans l'église de leur abbaye. Il leur était interdit d'accepter la direction ou même la desserte d'une paroisse, d'avoir charge d'âmes ou de sortir de leur abbaye pour remplir une fonction quelconque du ministère ecclésiastique (4). Cependant, quand une cure avait été unie à une abbaye avant l'annexion de cette abbaye à l'ordre de Citeaux, l'ancien état de choses pouvait être maintenu (5).

Les cérémonies du culte avaient un caractère d'austère simplicité qui contrastait d'une manière

---

(1) *Regul. S. Bened.*, cap. XLII.

(2) *Usus antiquiores ord. cist.*, cap. LXXXI, ap. *Nom. cist.*, 184.

(3) Bibliothèque de Troyes, manuscrits n° 521, Inventaire des livres de Clairvaux, cote R 54.

(4) *Stat. capit. gen. cist.*, 1215 et 1234, ap. Mart., *Anecd.* IV, 1317, 1358. *Libellus antiquarum definitionum*, Dist. IV, cap. III, ap. *Nom. cist.*, 502.

(5) *Stat. capit. gen. cist.* 1236, ap. Mart., *Anecd.*, 1363.

étonnante avec la pompe habituelle des cathédrales, des églises collégiales ou bénédictines, et même de beaucoup de simples paroisses.

On chantait à l'unisson; la voix de fausset était interdite (1). Il ne paraît pas que l'orgue ait été admis dans les premières abbayes cisterciennes. Au quinzième siècle, il fallait encore une autorisation du Chapitre général pour établir un orgue (2).

Les pavés ornés, tels que ceux en mosaïque ou carreaux de diverses couleurs, étaient proscrits (3). En 1235, l'abbé du Gard ayant violé cette règle fut condamné à démolir son pavé (4).

Les Anciens usages de Cîteaux défendent de mettre des vitraux peints dans les églises (5). En 1182, le Chapitre général ordonna de détruire en un délai de deux ans tous les vitraux peints établis contrairement à cette prescription (6). Il était seulement permis aux abbayes bénédictines, devenues cisterciennes, de conserver leurs vitraux (7).

Les Instituts du Chapitre général prohibent sans pitié comme inutile toute espèce de peinture et de sculpture, à moins qu'il ne s'agisse de

---

(1) *Instituta capit. gen. cist.*, cap. LXXI, ap. *Nom. cist.*, 268.
(2) *Stat. capit. gen. cist.*, 1486, ap. Mart., *Anecd.* IV, 1641.
(3) *Stat. capit. gen. cist.*, 1213, ap. Mart., *Anecd.* IV, 1312. *Institutiones capit. gen. cist.* Dist. I, cap. IV, apud *Nom. cist.*, 275.
(4) *Stat. capit. gen. cist.*, 1235, ap. Mart., *Anecd.* IV, 1362.
(5) Cap. LXXXI, ap. *Nom. cist.*, 271.
(6) Ap. Mart., *Anecd.*, IV, 1254.
(7) *Institutiones capit. gen. cist.* Dist. I, cap. III, ap. *Nom. cist.*, 275.

croix (1). Le Chapitre général de 1213 ne permet pas que l'on peigne autre chose que l'image du Sauveur, et cette décision est reproduite à la distinction première, chapitre quatre des Institutions (2). Césaire nous parle d'un moine bénédictin mort au commencement du treizième siècle, et qui était un peintre estimé de son temps. Ce moine peignit, sur les autels de plusieurs abbayes cisterciennes, des crucifix d'une beauté admirable. Il n'exigeait point de salaire, il se faisait seulement rembourser sa dépense (3). En 1240, le Chapitre général apprit que dans certaines églises de l'ordre on ornait les autels de tableaux ; il ordonna de supprimer ces tableaux, autorisant toutefois, ceux qui aimeraient la peinture, à faire peindre en blanc leurs autels (4). Malgré cette défense, l'abbé de Royaumont eut l'audace de faire faire un autel orné de peintures, de sculptures, de courtines et de colonnes portant des anges ; on lui ordonna de tout détruire dans le délai d'un mois, sous peine d'être privé de vin lui et son prieur jusqu'à l'exécution de cette décision (5). Le Chapitre général poussait si loin la haine de la peinture, qu'il crut, en 1157, accorder une grande faveur en permettant de peindre en blanc les portes des églises (6). Aussi on comprend sans peine que le pape Inno-

---

(1) Cap. XX, ap. *Nom. cist.*, 252.
(2) Mart., *Anecd.* IV, 1312, et *Nom. cist.*, 275.
(3) *Dialogi miraculorum.* Dist. VIII, cap. XXIV, ap. *Bibl. parum cist.* II, 233.
(4) *Stat. cap. gen. cist.*, 1240, ap. Mart., *Anecd.* IV, 1373.
(5) *Stat. cap. gen. cist.*, 1253, ap. Mart., *Anecd.* IV, 1400.
(6) *Stat. cap. gen. cist.*, 1157, ap. Mart., *Anecd.* IV, 1247.

cent II, dans sa visite à Clairvaux en 1131, n'ait pu voir dans l'église autre chose que les quatre murs (1).

Les croix dorées ou argentées de grande dimension furent proscrites par le Chapitre général en 1157 (2).

Dans les premiers temps, l'usage des ornements de soie était interdit aux moines et aux abbés, même dans les plus grandes cérémonies. Cette rigueur s'adoucit peu à peu; en 1152, il fut permis aux abbés de porter des chappes de soie à la cérémonie de leur bénédiction (3). Mais un statut de 1183 défend aux abbés et aux moines de porter des chasubles de pure soie (4). On conservait encore, au dix-huitième siècle, une chasuble de saint Bernard en coton (5). En 1226, cette prescription est maintenue à l'égard des chasubles achetées; mais il est permis de se servir des chasubles de toute soie qui ont été données (6). La libéralité habituelle des bienfaiteurs donnait une grande importance à cette exception. En 1191, par exemple, le comte Philippe de Flandre avait donné à l'abbaye de Clairvaux toute la chapelle qu'il portait avec lui dans son voyage à Jérusalem. Cette curieuse charte a été publiée par

---

(1) *Vita S. Bernardi*, lib. II, *auct. Ernaldo*, cap. I, Mabill. *S. Bern. opp.* vol. II, col. 1094.

(2) *Stat. cap. gen. cist.* ap. Mart., IV, 1247.

(3) *Stat. cap. gen. cist.*, 1152, ap. Mart., IV, 1245.

(4) *Stat. cap. gen. cist.*, 1183, ap. Mart., IV, 1255.

(5) *Voyage littéraire de deux Bénédictins*, IIe partie, p. 108. — Cf. Guignard. ap. Migne, *Patrologie*, t. CLXXXV, col. 1727.

(6) *Stat. cap. gen. cist.*, 1226, ap. Mart., IV, 1344.

Martène (1). En 1256, autorisation est donnée de parer les autels d'étoffe de pure soie aux grandes fêtes (2). En 1257, sur la demande du pape, permission aux abbés de porter chappe à toutes les fêtes où il y a procession, toutes les fois qu'ils portent le bâton pastoral et que l'on se sert d'ornements blancs; enfin, à la bénédiction des novices (3). En 1157, on avait défendu aux moines de porter des chappes ou des dalmatiques même lorsqu'ils assistaient un évêque célébrant dans une église de l'ordre (4) : en 1257, il est permis aux moines qui assistent simplement l'abbé célébrant de porter la tunique et la dalmatique (5).

Les chasubles devaient être d'une seule couleur, sans orfroi ni ornements (6).

Le luminaire était d'une simplicité qui semblerait mesquine, si l'on ne se rendait pas compte des motifs d'humilité qui l'avaient inspiré. Les anciens usages de Cîteaux défendent d'avoir plus de cinq lampes dans une église : d'abord trois dans le chœur des moines, dont une à l'entrée, une au milieu et l'autre au fond. On devait les allumer à la messe et aux vêpres des principales fêtes, c'est-à-dire de celles où il y avait sermon au Chapitre ; bien entendu qu'on s'en servait tous les jours pour chanter matines. Les deux autres lampes éclairaient, l'une les

---

(1) Anecd. I, 639, Cf. Comitum Flandriæ, IV.
(2) Stat. cap. gen. cist., 1256, ap. Mart., IV, 1406.
(3) Stat. cap. gen. cist., 1257, ap. Mart., IV, 1407.
(4) Stat. cap. gen. cist., 1157, ap. Mart., IV, 1247.
(5) Stat. cap. gen. cist., 1257, ap. Mart., IV, 1407.
(6) Stat. cap. gen. cist., 1207, ap. Mart., IV, 1305.

convers, et l'autre les étrangers; on les allumait quand on le voulait. Il y avait un seul cas où l'on pouvait avoir plus de lampes, c'était lorsqu'on disait des messes privées avant qu'il ne fît jour; alors ces lampes supplémentaires servaient à éclairer chaque prêtre célébrant (1). On voit que ce réglement n'autorise guère d'autre éclairage que le juste nécessaire. Cependant, les Instituts du Chapitre général permettent aux abbayes qui le pourront, d'avoir une lampe brûlant jour et nuit dans leur église (2). Cette décision est renouvelée dans un statut du Chapitre général de 1152 (3). En 1220, l'abbé de Clairvaux demande et obtient l'autorisation du Chapitre général pour suspendre un cierge devant les reliques de saint Bernard (4). En 1240, les Institutions du Chapitre général maintiennent la défense d'allumer un cierge devant l'autel d'un saint le jour de sa fête. Les lampes et les chandelles sont seules permises (5). Mais le même code, moins austère que les précédents, ordonne que les jours de fête où il y a sermon au Chapitre on mettra pour la messe deux cierges sur l'autel, sans compter des chandelles fixées au mur à droite et à gauche; il rend obligatoire l'entretien perpétuel d'une lampe dans l'église, ce qui était seule-

---

(1) *Usus antiquiores ord. cist.*, cap. LXVII, ap. *Nom. cist.*, 158.

(2) Cap. LXXXII, ap. *Nom. cist.*, 271.

(3) *Stat. cap. gen. cist.*, 1152, ap. Mart., *Anecd.* IV, 1245.

(4) *Stat. cap. gen. cist.*, 1220, ap. Mart., *Anecd.* IV, 1329.

(5) Dist. I, cap. X, ap. *Nom. cist.*, 277.

ment licite auparavant (1). La tendance ultérieure fut d'augmenter encore l'importance du luminaire, le Chapitre général s'y opposa par un statut de l'année 1270 (2). Des fondations nombreuses, faites pour le luminaire, encourageaient les moines à s'écarter en cette matière des prescriptions de la règle. En 1202, Philippe de Chalette prend pour lui et ses héritiers l'engagement de fournir à l'abbaye de Clairvaux chaque année, le jour de la Saint-Bernard, un cierge valant six deniers. En 1215, Garnier, son neveu et son héritier, reconnaît devoir la même rente. En 1227, Constance de Villars prend, envers la même abbaye, un engagement analogue. Il donnera chaque année, le jour de la Saint-Bernard, un cierge valant douze deniers (3). Le 18 septembre 1216, Guichard de Beaujeu donne à l'abbaye une rente de cent sous qui doit être employée en achat d'huile pour les lampes de l'église (4). En 1222, Thibaut IV, comte de Champagne, apprend avec étonnement que les moines de Clairvaux célèbrent leurs messes privées sans cierge et à la seule lumière des lampes ; il fonde au profit de l'abbaye une rente de XVIII livres de Provins, et les moines s'engagent à ne jamais célébrer la messe sans avoir

---

(1) Dist. I, cap. IX, ap. *Nom. cist.*, 277.

(2) *Stat. cap. gen. cist.*, 1270, ap. Mart., IV, 1433.

(3) Guignard, ap. Migne, *Patrologie*, t. CLXXXV, col. 1761-1762. — Cf. *Cartulaire de Clairvaux*, Ultra albam CL ; *Bellus Mons.* XVI.

(4) *Bibliothèque de l'école des Chartes*, 4ᵉ série, tome III, p. 105.

auprès d'eux un cierge allumé; en même temps le comte leur donne xl sous de rente à charge d'entretenir perpétuellement une lampe allumée dans l'endroit que l'on appelle charnier, où reposent les ossements des fidèles qui sont morts à Clairvaux (1). Cette double donation est renouvelée par une charte du mois de mai 1231 (2). Vers la fin du treizième siècle, Robert Brus donne à Clairvaux une propriété en Ecosse pour entretenir le luminaire devant le tombeau de saint Malachie (3).

Les sévères règlements des Cisterciens prévoyaient même le mode de construction général des églises pour empêcher que ces édifices nus et dépouillés d'ornements n'eussent encore un aspect trop majestueux. Il est interdit de leur construire des tours en pierres (4). On ne pouvait bâtir que des tours en bois, encore fallait-il qu'elles ne fussent pas trop grandes (5). Ces clochers de bois s'établissaient ordinairement au milieu de la croisée (6). Les cloches ne devaient pas peser plus de cinq cents livres (7);

---

(1) *Comitum Campanie*, XIII.

(2) *Comitum Campanie*, XVII.

(3) Guignard, ap. Migne, *Patrologie*, t. CLXXXV, col. 1759-1760.

(4) *Stat. cap. gen. cist.*, 1157, ap. Mart., IV, 1247. — *Institutiones cap. gen. cist.* Dist. I, cap. II, ap. *Nom. cist.*, 275.

(5) *Institutiones capit. gen. cist.* Dist. I, cap. II, ap. *Nom. cist.*, 275.

(6) Violet-Leduc, *Dictionnaire d'architecture française*, t. I, 207.

(7) *Stat. capit. gen. cist.*, 1157, ap. Mart., Anecd. IV, 1248.

que cette décision fût ou ne fût pas rigoureusement observée, le poids de ces cloches devait être tel que jamais il ne fallût plus d'un homme pour les sonner (1). Ces cloches étaient ordinairement au nombre de deux, une grosse et une petite (2).

§ 6. — Église de Clairvaux.

L'abbaye de Clairvaux, depuis sa fondation jusqu'en 1789, a eu successivement quatre églises ; les trois premières bâties au douzième siècle, et la quatrième au dix-huitième. La première dut être construite lorsque l'abbaye fut fondée. On sait que cette fondation eut lieu en 1114 ou 1115. En effet, les chroniqueurs ne sont pas d'accord sur la date (3). Cette église avait trois autels ; le principal était dédié à la sainte Vierge, les deux autres, placés de chaque côté, étaient consacrés à saint Laurent et à saint Benoît (4). Elle était située, ainsi que le monastère, à deux kilomètres environ à l'ouest de l'en-

---

(1) *Stat. capit. gen. cist.*, 1157, ap. Mart., *Anecd.* IV, 1248. — *Institutiones capit. gen. cist.* Dist. I, cap. XII, ap. *Nom. cist.*, 278.

(2) *Institutiones capit. gen. cist.* Dist. I, cap. XII, ap. *Nom. cist.*, 278.

(3) La date de 1114 est donnée par la chronique de Saint-Marien d'Auxerre, par celle de Tours et par un appendice à Sigebert. D. Bouquet, XII, 290 E, 469 C ; XIV, 16 E. — Le nombre des auteurs qui indiquent l'année 1115 est plus considérable. D. Bouquet, XII, 373 D, 782 A ; XIII, 266 E, 327 A, 692 C, 730 A.

(4) *Vita S. Bernardi*, lib. I, *Auctore Guillelmo*, cap. XII, ap. Mabill., *S. Bernardi opp.*, vol. II, col. 1085.

clos actuel de la maison centrale de détention de Clairvaux, sur la montagne et dans la forêt qui domine cet établissement. En 1135, saint Bernard déplaça son abbaye, il la rapprocha de la vallée de l'Aube et l'installa dans un terrain moins élevé, plus propre à la culture. Ce second monastère, aujourd'hui compris dans la partie occidentale de l'enclos de la maison centrale, subsista jusqu'au dix-huitième siècle ; mais alors il était depuis longtemps complètement abandonné par les moines, qui s'étaient construit un troisième monastère à 240 mètres environ à l'est, là où se trouvent actuellement les bâtiments de la maison centrale de détention (1). L'église du second monastère était un édifice carré de 16 mètres de côté, couvrant par conséquent une surface d'environ 256 mètres. Rien d'étonnant, lorsque l'on nous dit que cent novices suffisaient pour remplir le chœur (2). On y comptait neuf autels (3), dont sans doute un au milieu de l'édifice, et deux sur chaque face. L'autel central et les deux autels ap-

---

(1) Voir, pour cette partie de notre travail, le § IV de la dissertation de notre confrère M. Guignard, intitulée : *Lettre à M. le comte de Montalembert sur les reliques de saint Bernard et de saint Malachie*, dans Migne, *Patrologie*, t. CLXXXV, col. 1697, 1714. — Voir aussi les très-rares plans et vues de Clairvaux, dressés en 1708 par le P. Milley, et dont nous devons la communication à l'obligeance de M. le docteur Carteron, de Troyes. Une réduction du plan général de l'abbaye a été publiée par M. Violet-Leduc, dans son Dictionnaire d'architecture, t. I, p. 260.

(2) *Exord. mag. ord. cist.* Dist. II, cap. XII, ap. *Bibl. patr. cist.* I, 49.

(3) *Lib. Sepult.* ap. Henriquez, *Fasc. SS. ord. cist.* II, 478.

pliqués sur la muraille orientale subsistaient encore en 1708.

A l'époque de la mort de saint Bernard, on sentait déjà l'insuffisance de cette seconde église. Le moine Laurent, envoyé en Sicile par le prieur Philippe, pendant la vacance qui suivit la mort du saint fondateur de Clairvaux, reçut du roi de Sicile, Guillaume Ier, vers l'année 1154, une somme considérable destinée à la construction de la nouvelle basilique de Clairvaux (1). La dédicace de cette troisième église eut lieu en 1174 (2). En 1178, le roi d'Angleterre, Henri II, fournit les fonds nécessaires pour la couvrir en plomb, et l'abbé de Clairvaux, en témoignage de reconnaissance, donna à ce prince un doigt de saint Bernard (3). Cette église, qui subsistait encore au commencement du dix-huitième siècle, avait trois nefs, un transsept accompagné de chapelles, et une abside semi-circulaire également entourée de chapelles. Un clocher en bois, surmonté d'une flèche, s'élevait au centre de la croisée. La longueur de l'édifice était de 106 mètres, sa largeur de 54 au transsept, et de 25 dans la nef, dont moitié environ pour la nef principale et le reste pour les deux collatéraux.

On y comptait trente-deux autels (4). D'abord, au

---

(1) Herbert, *de Miracul.*, II, 30, ap. Chifflet, 313.

(2) *Chronicon Clarævallis*, ap. Chifflet, 84. — Cf. Albéric, ap. D. Bouquet, XIII, 713 A.

(3) Albéric, ap. D. Bouquet, XIII, 715 C. — Lettre de Henri, abbé de Clairvaux, ap. D. Bouquet, XVI, 654-655.

(4) Voir, à ce sujet, le travail déjà cité de notre confrère M. Guignard, appendice, n°s 11 et 17, ap. Migne, *Patrologie*, t. CLXXXV,

centre de l'abside, le grand autel derrière lequel se trouvaient, adossés aux piliers qui supportaient l'abside, les trois autels élevés : 1° sur le tombeau de saint Bernard ; 2° à droite de ce dernier, sur les reliques des saints martyrs Eutrope, Zozime et Bonose ; 3° à gauche, sur le tombeau de saint Malachie.

Chacune des chapelles situées autour de l'abside contenait un autel, et ces chapelles étaient au nombre de neuf. Ces autels étaient dédiés aux saints dont les noms suivent. Nous allons de droite à gauche, c'est-à-dire du midi au nord :

1° Saint Jean, saint Mathieu, saint Marc et saint Luc, évangélistes ;

2° Les saints apôtres Philippe, Jacques, Mathias et Barnabé ;

3° Les saints apôtres André, Thomas, Simon et Jude ;

4° Les saints apôtres Pierre et Paul, Jacques Zébédée et Barthélemy ;

5° Notre Seigneur Jésus-Christ et sa Mère : cet autel était celui du fond ; il se trouvait dans l'axe de l'église comme l'autel de Saint-Bernard et le grand autel ;

6° Saint Jean-Baptiste ;

7° Les saints Etienne, Fabien, Sébastien et Ignace, martyrs ;

8° Les saints martyrs Laurent, Vincent et Clément, papes ;

---

col, 1765-1767, 1797-1798, et voir aussi le plan déjà cité du P. Milley.

9° Les saints martyrs Didier, évêque, Mammès, Denis et Maurice.

Dans le transsept droit, il se trouvait quatre autels dédiés le premier à sainte Anne, le second aux saints Benoît et Robert, confesseurs, et à saint Remy, évêque; le troisième, aux saints martyrs Georges, Maurice et ses compagnons, et à saint Arsène, confesseur; le quatrième, aux bienheureux archange Michel et à tous les saints anges.

Il y avait cinq autels dans le transsept gauche. Ils étaient dédiés, le premier, à tous les saints; le second, à saint Martin et à saint Julien, confesseurs; le troisième, aux saintes Marguerite, Félicité, Marie-Madeleine et Marie-Egyptienne; le quatrième, aux quatre docteurs de l'Eglise; le cinquième, aux saints confesseurs Eloi, évêque de Noyon; Louis, roi de France, et Yves (1).

Dans la nef, on trouvait dix autres autels probablement appuyés contre les piliers; ils étaient dédiés :

1° A saint Denis et à ses compagnons;

2° Aux saints Thomas, évêque et martyr, et Martial, évêque;

3° Aux saints Edmond, Guillaume, Maclou et Jean-Chrysostôme, évêque;

4° Aux saints confesseurs Antoine, Paul, Fiacre, et à tous les saints ermites;

5° A saint Nicolas, évêque de Mire; à saint Pierre,

---

(1) Cet autel, de date relativement récente, comme l'indique le nom de saint Louis, était sans doute placé dans une chapelle qui, dans le plan du P. Milley, fait saillie sur le transsept septentrional, et qui devait être une addition au plan primitif de l'église.

évêque de Tarantaise, et à sainte Catherine, vierge et martyre ;

6° A la sainte Croix ;

7° A la sainte Trinité et à la sainte Vierge ;

8° Aux saints Innocents ;

9° Aux saintes vierges Agathe, Lucie, Prisque et Anastasie ;

10° Aux saintes vierges martyres Agnès, Pétronille et Scholastique.

Les moines de Clairvaux se servaient de stalles. Cette coutume était conforme aux *Anciens usages de Cîteaux*, où l'on parle des miséricordes sur lesquelles on s'asseyait (1). On sait que le siège mobile, appelé miséricorde, sur lequel on peut se tenir assis, quoique debout, est un des caractères distinctifs de la stalle. On comptait 805 stalles dans l'église de Clairvaux : 144 dites des prêtres et destinées aux moines bien portants, 33 destinées aux moines infirmes, formaient un total de 177, établies dans la partie orientale de l'église, en avant du maître-autel ; celles des prêtres plus rapprochées de cet autel, et celles des infirmes plus éloignées. Près de la porte occidentale, on voyait les stalles des convers au nombre de 351. Dans l'intervalle qui séparait les convers des infirmes, il y avait encore 287 stalles qui servaient sans doute les unes aux novices, les autres aux étrangers (2).

On aurait tort de se représenter l'église abbatiale

---

(1) Cap. LXXXII, ap. *Nom. cist.*, 185.

(2) Guignard, *Appendice* n° 13, ap. Migne, *Patrol.*, t. CLXXXV, col. 1776. — *Voyage littéraire de deux Bénédictins*, Ire part., 99. — Meglinger, *Iter cisterciense*, cap. LIII, ap. Mabill., *Vetera ana-*

de Clairvaux pavée de pierres tombales et remplie de monuments funéraires, comme l'étaient encore en 1789 la plupart des églises françaises, dont la construction remonte au moyen-âge. Les honneurs rendus aux morts ont pu quelquefois, sous une apparence religieuse, revêtir un caractère de spéculation. Dans les établissements monastiques, ces honneurs rendus à des étrangers pouvaient être une occasion d'abus en détournant, par des pensées d'intérêt temporel, les moines du but véritable de leur institut. L'ordre de Cîteaux l'avait compris; ainsi, il était défendu de célébrer aucun anniversaire sans l'autorisation du Chapitre général (1). En 1273, le Chapitre général, trouvant que les concessions d'anniversaires faites antérieurement par lui étaient trop nombreuses, réduisit le nombre des messes d'anniversaires à seize, dont quatre à destination spéciale, et les autres collectives (2). Les quatre anniversaires à destination spéciale étaient ceux du pape Honorius III, des rois de France Philippe-Auguste et Louis VIII, et du roi d'Angleterre Richard-Cœur-de-Lion (3). Aussi les fondations d'an-

---

lecta, t. IV. — Les chiffres donnés de mémoire par Meglinger et par D. Martène, diffèrent peu de ceux que nous avons adoptés ici d'après un manuscrit de l'abbaye cité par M. Guignard.

(1) *Institutiones capit. gen. cist.* Dist. III, cap. XV, ap. *Nom. cist.*, 286.

(2) *Stat. cap. gen. ord. cist.*, 1273, ap. Mart., *Anecd.* IV, 1438.

(3) *Institutiones capit. gen. cist.* Dist. III. cap. XIV, ap. *Nom. cist.*, p. 285-286. — Il est question, pour la première fois, de l'anniversaire du pape Honorius III au Chapitre général de 1228, de

niversaires sont-elles très-peu nombreuses dans le cartulaire de Clairvaux.

En conséquence des mêmes principes, on avait défendu d'enterrer dans les églises abbatiales d'autres personnes que les rois, les reines, les archevêques et les évêques (1). L'église de Clairvaux ne contenait, par conséquent, qu'un nombre de sépultures fort restreint. On y trouvait, comme nous l'avons dit en commençant, celles de saint Bernard (2) et de saint Malachie (3) : de saint Bernard, par une exception toute spéciale, comme fondateur de l'abbaye; de saint Malachie, comme archevêque. On y avait en outre enterré quatre cardinaux, seize archevêques et évêques (4), enfin, deux reines de Navarre, savoir : Marguerite de Bourbon, femme de Thibaut le chansonnier, et Isabelle, fille de saint Louis, épouse de Thibaut II (5).

Les corps de saint Zozime, de saint Eutrope et de

---

celui de Philippe-Auguste au Chapitre général de 1223, de celui de Louis VIII au Chapitre général de 1227, de celui de Richard-Cœur-de-Lion aux Chapitres généraux de 1219 et 1223. — Mart., *Anecd.* IV, 1325, 1336, 1347, 1348.

(1) *Stat. capit. gen. cist.*, 1152, ap. Mart., *Anecd.* IV, 1245. — *Institutiones cap. gen. cist.* Dist. X, cap. XXV, ap. *Nom. cist.*, 344.

(2) Guignard, ap. Migne, *Patrologie*, CLXXXV, col. 1673-1677, 1765-1766.

(3) Guignard, ap. Migne, *Patrolog.*, CLXXXV, col. 1670-1672, 1765-1766.

(4) *Liber sepulturarum Clarevallis*, ap. Henriquez, *Fasc. SS. ord. cist.* II, 471-476.

(5) *Liber sepulturarum Clarevallis*, ap. Henriquez, *Fasc. SS. ord. cist.* II, 476.

sainte Bonose, dont nous avons parlé, et qui avaient été envoyés d'Italie à Clairvaux, vers l'année 1226, par Conrad, cardinal, évêque de Porto, ancien abbé de Clairvaux, figuraient dans l'église à titre de reliques (1). On y avait admis au même titre les corps d'un martyr dont le nom est inconnu, et ceux de quatre des onze mille vierges (2), et celui d'Aleth, mère de saint Bernard.

L'usage de l'ordre de Cîteaux était d'enterrer les abbés dans le grand cloître situé dans le plus grand nombre des abbayes, et notamment à Clairvaux, au midi de l'église abbatiale, dont il flanquait immédiatement le mur latéral ; c'est autour de ce cloître que se trouvaient groupés les principaux services de l'abbaye. La plupart des premiers abbés de Clairvaux n'étant pas décédés dans cette abbaye, trois seulement se trouvaient enterrés dans le grand cloître ; on leur avait joint deux abbés étrangers et d'autres dignitaires monastiques inférieurs (3). Mais ce lieu de sépulture, ainsi que la salle du Chapitre, où furent inhumés un abbé de Clairmarais et deux prieurs de Clairvaux (4), ne servait que d'une manière exceptionnelle ; on enterrait ordinairement les morts dans les cimetières de l'abbaye : ces cimetières étaient au nombre de trois.

---

(1) Guignard, ap. Migne, *Patrolog.*, CLXXXV, col. 1768-1772.

(2) *Liber sepulturarum Claraevallis*, ap. Henriquez, *Fasc. SS. ord. cist.* II, 471. *Journal de Trévoux* 1739, p. 1882-1893.

(3) *Liber sepulturarum Claraevallis*, ap. Henriquez, *Fasc. SS. ord. cist.*, II, 476-478.

(4) *Lib. sep. Clar.* ap. Henriquez, *Fasc. SS. ord. cist.*, II, 479.

Derrière l'abside, c'est-à-dire à l'orient de l'église, se trouvait le cimetière des abbés étrangers. On y avait inhumé aussi le père et les frères de saint Bernard (1).

Le cimetière des laïcs, vulgairement dit des nobles, s'étendait le long du collatéral nord de l'église ; une série d'arcades parallèles à l'église le recouvrait. On y trouvait les tombes de Geoffroy III, sire de Joinville, d'un comte de Grand-Pré, d'un sire de Plancy, etc. Raymond de Grancey, seigneur de Larrey, s'y était fait faire une chapelle où était enterré avec lui Erard, seigneur de Chassenay, mort en 1236 (2). Un statut du Chapitre général de 1217 ordonnait de recevoir dans les cimetières cisterciens, quand les curés y consentaient, les séculiers morts, après y avoir choisi leur sépulture (3).

Au-delà du cimetière des nobles, toujours au nord de l'église, se trouvait celui des moines. Ce que l'on remarque de singulier dans ce cimetière, dit D. Martène : « C'est qu'il y a toujours une fosse commencée
» et une à moitié faite proche du dernier religieux
» qui y a été enterré, afin que ce spectacle conserve
» dans l'esprit la mémoire de la mort, et par ce souve-
» nir contienne les religieux dans le devoir (4). »

---

(1) *Voyage littéraire de deux Bénédictins*, Ire partie, 99. *Lib. sep. Clar.* ap. Henriquez, *Fasc. SS. ord. cist.*, II, 478-479.

(2) *Lib. sep. Clar.* ap. Henriquez, *Fasc. SS. ord. cist.*, II, 479.

(3) *Stat. cap. gen. ord. cist.*, 1217, ap. Mart., *Anecd.* IV, 1319.

(4) *Voyage littéraire de deux Bénédictins*, Ire part., 100. — Voir aussi sur ce cimetière le *Lib. sep. Clar.*, ap. Henriquez, II, 479.

Les règlements cisterciens étaient si rigoureusement observés dans les premiers temps, que Philippe d'Alsace, comte de Flandre, et Mathilde, sa femme, n'avaient pu être enterrés dans l'église. On leur avait bâti une chapelle près du cimetière des abbés étrangers. C'était pendant les dernières années du douzième siècle. Philippe d'Alsace, partant pour la Palestine pour la troisième fois en 1191, avait, de concert avec sa femme, choisi Clairvaux pour le lieu de leur sépulture commune (1). Il mourut cette année même au siège d'Acre ; ses ossements furent rapportés à Clairvaux par les soins de sa femme (2), qui vint l'y rejoindre ensuite. Un fragment de la tombe qui la recouvrait est décrit par M. Chevalier, dans son histoire de Bar-sur-Aube (3). C'est aussi dans cette chapelle que fut enterrée Agnès de Beaujeu, seconde femme de Thibaut IV, comte de Champagne, et petite-fille de Philippe d'Alsace. La tombe d'Agnès se trouve encore dans une maison de Bar-sur-Aube (4), mais ces deux tombes ne sont pas les monuments primitifs. Elles ont remplacé les tombes du douzième siècle, lorsque six siècles plus tard les moines de Clairvaux, voulant avoir une abbaye conforme au goût d'alors, rebâtirent leur vieux monastère après avoir démoli l'ancien. La chapelle des comtes de Flandre partagea le sort des autres édi-

---

(1) Cartulaire de Clairvaux, *Comitum Flandrie* V. Cf. Martène, *Anecd.*, I, 639.

(2) D. Bouquet, XIII, 413 N ; XVIII, 755 A.

(3) P. 87.

(4) *Annuaire de l'Aube*, 1857, p. 65.

fices. Cependant la chapelle des comtes de Flandre était célèbre dans l'ordre de Cîteaux : « Sous l'autel
» de cette chapelle, » dit D. Martène, « il y a une
» belle crypte voûtée dans laquelle sont arrangés
» les ossements des religieux qui vivaient du temps
» de saint Bernard ; on les révère comme des saints,
» car le bienheureux abbé avait eu révélation que
» tous les religieux qui vivaient alors à Clairvaux
» seraient sauvés. Devant cette crypte on lit ces
» vers :

> » Hic jacet in cavea Bernardi prima propago ;
> » Cujus mens superas possidet alta domos.
> » Hic locus est sanctus, venerans insignia tanta,
> » Supplex intrato, cerne, nec ossa rape.

et ceux-ci :

> » Quæ vallem hanc coluit Bernardi prima propago
> » Hic jacet. Huc intrans, si rapis ossa, peris (1). »

Ci-gissent dans cette crypte les premiers enfants de Bernard, dont la grande âme est en possession des célestes demeures. Ce lieu est saint; vous qui voulez vénérer de si grands souvenirs, entrez en suppliant, voyez et ne dérobez pas ces ossements.

Et :

Après être venus habiter cette vallée, les premiers enfants de Bernard reposent ici. Vous qui entrez dans ce lieu, si vous dérobez ces ossements, vous périssez.

Les derniers restes des disciples de saint Bernard avaient été placés dans cette chapelle en 1269, ce qui avait donné lieu à une grande cérémonie reli-

---

(1) *Voyage littéraire*, Ire partie, p. 100.

gieuse. L'archevêque de Lyon présidait cette solennité, à laquelle assistaient un grand nombre d'abbés cisterciens.

Au dix-huitième siècle, on transporta ces ossements vénérés dans l'église abbatiale que l'on venait de rebâtir. Les corps de Philippe, de Mathilde et d'Agnès les y suivirent (1). L'ancienne discipline était oubliée; plût à Dieu que les prescriptions relatives aux sculptures fussent alors les seuls règlements monastiques violés par les fils dégénérés de saint Bernard !

CHAPITRE IV.

DU TRAVAIL DES MAINS.

Un chapitre de la règle de saint Benoît est consacré au travail journalier des mains ; *de opere manuum quotidiano.* Ce travail devait durer, chaque jour ouvrable, environ sept heures. Naturellement il n'avait pas lieu les dimanches ni les fêtes chômées.

Il pouvait consister, et il consistait pour certains moines, en copie de manuscrits ; mais on se tromperait, si l'on croyait que tous les Bénédictins passaient leur vie à copier des livres. Saint Benoît prévoit le cas où ils seront occupés à des travaux

---

(1) Guignard, ap. Migne, *Patrologie*, CLXXXV, col. 1781, 1786.

agricoles : « Si la nécessité du lieu, dit-il, ou la
» pauvreté exige que les religieux s'occupent per-
» sonnellement à recueillir les fruits de la terre, ils
» ne s'en attristeront point ; car, s'ils vivent du tra-
» vail de leurs mains comme nos pères et comme
» les apôtres, c'est alors qu'ils seront de vrais moi-
» nes. Que cependant l'abbé fasse tout avec me-
» sure, de crainte de décourager les pusillani-
» mes (1). »

En outre, comme il était de principe que les moines devaient trouver dans leurs monastères tout ce dont ils avaient besoin, il fallait que les différents arts mécaniques nécessaires à l'habillement et à la nourriture fussent pratiqués dans l'intérieur des monastères, soit par des esclaves ou des merce- naires, soit par des religieux (2). Dans tous les cas, les moines devaient entretenir eux-mêmes leurs vê- tements ; ainsi chaque moine devait avoir une ai- guille pour les raccommoder le cas échéant (3).

Les Cisterciens, enfants de saint Benoît, considé- raient le port de l'aiguille comme obligatoire ; ce- pendant, il paraît qu'à la fin du douzième siècle cette observance n'était plus guère respectée. Nous pouvons en croire Césaire, et l'anecdote que voici :

« Othon, prédécesseur à l'empire de Frédéric-le-
» Jeune, qui est empereur aujourd'hui, causait un
» jour avec trois abbés de notre ordre. Il voulut les
» éprouver. Seigneur abbé, dit-il à l'un, prêtez-moi

---

(1) *Regul. S. Bened.*, cap. XLVIII.
(2) *Regul. S. Bened.*, cap. LVII, LXVI.
(3) *Regul. S. Bened.*, cap. LV.

» votre aiguille. Je n'en ai point, répondit l'abbé.
» L'empereur s'adressa au second, qui n'était pas
» mieux pourvu. Le troisième avait son aiguille.
» L'empereur lui dit : Vous êtes un véritable moine...»

« Un religieux, » dit le même auteur, « m'a racon-
» té un évènement terrible arrivé à un moine cister-
» cien, et qui vient ici tout à propos comme exemple.
» Suivant l'usage, ce moine ne songeait pas à por-
» ter son aiguille quand il était en santé ; sans doute
» il méprisait cette pratique. Lorsqu'il fut à l'agonie,
» le diable se trouva près de lui, tenant à la main une
» aiguille enflammée de la longueur d'un corps hu-
» main. Il la jeta sur le mourant, et il lui dit : Puis-
» que tu n'as pas voulu porter d'aiguille quand tu
» étais en santé, porte cette aiguille maintenant que
» tu vas mourir (1). »

On n'avait pas encore inventé comme l'ont fait,
dit-on, les Saint-Simoniens, qu'il y eût des hommes
nés avec la charmante vocation de brosser pour leur
agrément, du matin au soir, les bottes de leurs
frères ; les Cisterciens prenaient eux-mêmes soin de
leurs chaussures, les règlements prévoyaient les objets pour lesquels ils pouvaient entrer au chauffoir ;
ils pouvaient y entrer notamment pour graisser leurs
souliers (2). On rapporte qu'un jour saint Bernard
se fit donner de la graisse, fit faire du feu dans le
chauffoir, et se mit à graisser ses chaussures. Le
démon, choqué de cette humilité, entra dans le

---

(1) *Cæsarii monachi Dialogi miraculorum*, Dist. VI, c. 16-17, ap. *Bibl. patr. cist.*, II, 172-173.

(2) *Usus ord. cist*, cap. LXXII, § 3, ap. *Nom. cist.*, 172.

chauffoir sous la forme d'un hôte, et demanda où était l'abbé. Le saint leva les yeux et le regarda : Quel abbé! s'écria le démon : ne serait-il pas mieux d'accourir honnêtement au-devant des hôtes que de faire honte à ses moines en se livrant à une occupation si malséante ? Le vénérable abbé reconnut bien à quel espèce d'interlocuteur il avait affaire. Il continua l'humble travail qu'il avait commencé, et le démon disparut (1). Les moines faisaient aussi chacun à leur tour le service de la cuisine. Le pape Eugène III parle de cet usage, quand, s'adressant à Louis VII, roi de France, il lui dit : Ton frère Henri, né d'une race où la royauté est plus que séculaire, est devenu moine et lave les écuelles dans le monastère de Clairvaux (2).

Chez les Cisterciens, cependant, la plupart des arts mécaniques nécessaires à la nourriture et aux vêtements étaient pratiqués par les convers exclusivement. Les moines s'occupaient seulement d'agriculture, sans toutefois cultiver seuls, car des convers, des oblats et des mercenaires partageaient avec eux le travail des champs (3).

Les métiers pratiqués par les convers dans les monastères cisterciens étaient assez nombreux. Il y avait des maçons, *cementarii* ; des pêcheurs, *piscato-*

---

(1) Césaire, *Dialogi miraculorum*, Dist. IV, c. 7, ap. *Bibl. patr. cist.*, II, 81.

(2) D. Bouquet, XII, 91 B. Cf. *Us. antiq. ord. cist.* cap. LXXXIII, ap. *Nom. cist.* 174.

(3) *Exord. cœnobii cist.*, cap. XV. — *Descriptio Clarevallis*, ap. Mabill., *S. Bernardi opp.*, vol. II, col. 1308.

res (1); des tisserands, *textores;* des cordonniers, *sutores;* des tanneurs, *pelliparii;* des boulangers, *furnarii;* des foulons, *fullones;* des forgerons, *fabri* (2).

Les règlements cisterciens n'admettaient que d'une manière limitée le concours des mercenaires. Le service de la cuisine et de l'infirmerie, par exemple, devait être fait exclusivement par les religieux, sauf le cas où leur nombre se serait trouvé insuffisant (3). Au douzième et au treizième siècle, on n'employait en général les mercenaires qu'en dehors des abbayes, soit aux travaux de construction, soit aux travaux d'agriculture. Lorsque l'abbaye de Clairvaux fut déplacée en 1135, et qu'il fallut dans un très-court espace de temps élever tous les édifices nécessaires pour abriter au moins provisoirement les divers services de l'établissement, tous les religieux, moines et convers, se mirent à l'ouvrage; les uns coupaient des arbres, les autres taillaient des pierres, ceux-ci construisaient les murs, ceux-là élevaient les digues et creusaient les canaux d'irrigation qui devaient

---

(1) *Institutiones capit. gen. cist.*, Dist. XIII, cap. XI, ap. *Nom. cist.*, 353.

(2) *Vita S. Bernardi*, lib. IV, *auctore Gaufrido*, cap. VI, ap. Mabill., *S. Bernardi opp.*, vol. II, col. 1143. — *Regul. convers. ord. cist.*, cap. VI, XIII, XIV, XV, XVI, ap. Mart. Anecd. IV, 1649, 1651, 1652. — *Institutiones capit. gen. cist.*, Dist. XIV, cap. XX, ap. *Nom. cist.*, 362.

(3) *Statut. capitul. gen. cist.*, 1189, 1237, 1274, ap. Mart. Anecd. IV, 1266, 1365, 1442. — *Institutiones capit. gen. cist.*, Dist. VI, cap. XIII, ap. *Nom. cist.*, 318.

amener l'eau dans l'enceinte du monastère. Les foulons, les boulangers, les tanneurs, les forgerons, établissaient les machines nécessaires à l'exercice de leur art. Saint Bernard avait aussi appelé à leur aide des ouvriers séculiers qu'il payait (1). Des documents postérieurs en grand nombre nous parlent des domestiques ou des ouvriers aux gages de l'abbaye; mais dans tous les documents du XII° et du XIII° siècle, ces domestiques ou ces ouvriers figurent comme employés à des travaux extérieurs, ce sont des valets de ferme ou des charpentiers (2). On faisait, à Clairvaux, des petits pains exprès pour ces derniers. En 1239, une vente est faite à l'abbaye, à charge entre autres choses d'une rente viagère de quatorze petits pains par semaine, ces pains semblables à ceux que l'on donne comme salaire aux charpentiers séculiers qui travaillent à Clairvaux (3).

Les travaux agricoles se partageaient entre les moines, les convers et les mercenaires. Les moines se bornaient aux occupations agricoles auxquelles ils pouvaient se livrer, sans un trop grand dérangement pour leurs exercices claustraux. Ainsi, les travaux qui exigeaient une résidence prolongée à poste fixe hors de l'abbaye, étaient réservés aux convers et aux mercenaires. C'étaient

---

(1) *Vita S. Bernardi*, lib. II, auctore Ernaldo, cap. V, ap. Mabill., *S. Bernardi opp.*, vol. II, col. 1104.

(2) 1136, *Campigni* XXXIV. — 1147, *Fontarcia*, I. — 1171, *Ultra albam*, XXV. — 1173, *Fontarcia*, XXV. — 1199, *Pasture*, XXVIII. — 1217, *Fravilla*, XXIX. — 1239, *Ultra albam*, CXLVI. — *Moreins*, LV.

(3) *Ultra albam*, CXLVI, et *Moreins*, LV.

les convers qui étaient bouviers, valets de charrue, bergers, charretiers, vignerons (1). Le but pieux de ces modestes emplois relevait ceux qui en étaient revêtus. Un convers, bouvier dans une des granges de Clairvaux, du temps de saint Bernard, vit un jour en songe Jésus-Christ le seconder dans la conduite de son attelage, et séparé de lui par le timon du charriot, presser avec lui les bœufs à coups d'aiguillon (2).

Les moines n'étaient donc, comme instruments de travail, que des auxiliaires ; ils avaient la direction supérieure, mais leur concours matériel n'avait de grande utilité que dans les moments de presse, c'est-à-dire à l'époque de la fenaison et de la moisson.

On connaît le miracle qui donna à saint Bernard, encore novice à Cîteaux, la force de moissonner (3). Une fois abbé de Clairvaux, il présidait lui-même cet important travail ; un auteur du douzième siècle nous le représente allant un jour, monté sur un âne, visiter ses religieux qui moissonnaient : un moine conduisait l'âne et accompagnait l'illustre abbé (4).

---

(1) *Institutiones capitul. gen. cist.*, Dist. XIII, cap. XI, et Dist. XIV, cap. XX, ap. *Nom. cist.*, 353 et 362. — *Ultra albam*, XLVII et LXV. — *Regul. conv. ord. cist.*, cap. X et XI, ap. Mart., *Anecd.* IV, 1650.

(2) *Exord. magnum ord. cist.*, Dist. IV, cap. XVIII, ap. *Bibliotheca patrum cist.*, I, 146.

(3) *Vita S. Bernardi auctore Guillelmo*, lib. I, cap. IV, ap. Mabill., *S. Bernardi opp.*, vol. II, col. 1072.

(4) *Exord. magnum ord. cist.*, Dist. II, cap. VIII, ap. *Bibliotheca patrum cist.*, I, 47.

Plus tard, les abbés cisterciens, devenus grands seigneurs, personnages politiques, ambassadeurs des papes et des rois, dédaignèrent cette surveillance agricole. C'était mépriser un des principes fondamentaux de l'ordre, puisque le travail des mains, le travail agricole était le nerf de la réforme cistercienne (1). Cette manière d'agir était encore, au commencement du treizième siècle, considérée comme fort blâmable par les religieux attachés à la règle ; de là vient la légende suivante que nous lisons dans Césaire :

« Nous avions, « disait un moine de Citeaux, » nous
» avions un abbé qui était un homme parfait, sauf
» un point, c'est qu'il n'allait presque jamais au
» travail avec ses frères. Quand il fut au moment
» de mourir, un moine, qui lui était cher plus que
» tous les autres et qui le servait, lui dit : Seigneur,
» je vous conjure, par l'amour que vous avez pour
» moi, de vouloir bien m'apparaître d'ici à trente
» jours pour me faire connaître votre état. L'abbé
» répondit : Si Dieu me l'accorde, je le ferai volon-
» tiers. Puis il mourut. Le moine, qui avait reçu de
» cet abbé de nombreuses marques de bonté, allait
» tous les jours, afin d'apaiser Dieu, prier en pleu-
» rant devant un autel. Le trentième jour il déses-
» pérait de voir son abbé venir suivant sa promesse;
» il priait. L'abbé lui apparut et lui dit : Me voici
» comme je te l'ai promis. Au-dessus de la ceinture,
» son corps et ses habits étaient éclatants de lu-
» mière, ses cuisses étaient couvertes d'ulcères et
» noires comme des charbons. Le moine lui de-

---

(1) *Instituta capitul. gen. cist.*, cap. V, ap. *Nom. cist.*, 247.

» manda dans quel état il se trouvait. L'abbé ré-
» pondit : J'ai souffert aux cuisses des douleurs
» qu'aucune langue ne peut exprimer. Quelle a été,
» dit le moine, la cause de ces tourments ? C'est que,
» répliqua l'abbé, j'ai souvent été absent du travail
» sans nécessité, c'est-à-dire sans être retenu, par
» exemple, par le soin des hôtes ou par les confes-
» sions (1). »

Les moines cisterciens des premiers temps considéraient le travail de la moisson comme un des plus méritoires qu'ils pussent faire. Herbert nous parle d'un moine de Clairvaux, nommé Renaud, qui était un jour sorti de l'abbaye avec le reste de la communauté pour faire la moisson du froment; se trouvant un instant à l'écart, il regardait les moissonneurs, songeant en lui-même avec admiration combien il y avait là d'hommes instruits dans toutes les sciences connues, de nobles, de gens élevés au milieu du luxe et de la richesse, qui pour l'amour de Jésus-Christ s'exposaient à la fatigue et supportaient joyeusement l'ardeur brûlante du soleil. Tandis qu'il y pensait, il vit trois dames vénérables vêtues de robes blanches descendre de la montagne voisine et s'approcher de la communauté. Mon Dieu ! s'écria-t-il, quelles sont ces femmes si belles et si respectables ? Un homme à cheveux blancs se présenta à lui, et lui dit que ces femmes étaient la sainte Vierge, sainte Elisabeth et sainte Madeleine. Eh ! que vient donc faire ici la sainte Vierge, répliqua

---

(1) *Cæsar. Dialogi miracul.*, Dist. XII, c. 31, ap. *Bibliotheca patr. cist.*, II, 351.

Renaud ? Elle vient visiter ses moissonneurs, répondit le vieillard (1).

Le travail agricole étant dans l'ordre de Cîteaux à la fois en honneur et dirigé par des hommes intelligents, on pourrait dire par les plus hautes intelligences du siècle, devait y produire des résultats très-supérieurs à ceux qu'il donnait partout ailleurs à cette époque. Le drainage, qui est aujourd'hui en France une importation de l'étranger, fut pratiqué au moyen-âge par les moines de Clairvaux (2). Les moines de Clairvaux, sachant bien, comme on ne cesse de le répéter de nos jours, que l'engrais est le premier élément de la bonne culture, nourrissaient des troupeaux très-nombreux comme le prouve la foule de concessions de droits de pâture qu'ils se firent donner (3). Nous regrettons de n'avoir pas le dénombrement de leur bétail ; mais une charte de l'année 1205, relative à la fondation d'une abbaye cistercienne de la filiation de Clairvaux en Sardaigne, donnera une idée de ce qu'étaient alors les troupeaux des monastères cisterciens de second ordre. On donne à cette abbaye pour commencer dix mille brebis, mille chèvres, deux mille

---

(1) Herbert, *de Miraculis*, lib. I, cap. 1, ap. Chifflet, *S. Bernardi genus illustre*, 162-163.

(2) Des travaux faits récemment à la ferme-école de la Bretonnière ont amené la découverte de nombreux tronçons de ces drains primitifs. Ce fait m'a été signalé par M. Lucas, directeur de la maison centrale de détention de Clairvaux.

(3) La section du cartulaire consacrée à ces concessions, comprend quatre-vingt-trois chartes, comme nous l'avons dit plus haut.

porcs, cinq cents vaches, deux cents juments et cent chevaux (1). On connaissait à Clairvaux les avantages que peut présenter l'acclimatation des races étrangères, et l'on faisait des essais. Par exemple, un frère nommé Laurent, envoyé en Italie par Philippe, prieur de Clairvaux, l'année de la mort de saint Bernard, ramena de Rome dix magnifiques buffles italiens dont l'espèce se propagea ensuite, tant à l'abbaye que dans les environs. La légende s'empara même plus tard de ce fait si prosaïque. Laurent, traversant les Alpes et se trouvant près d'une bourgade habitée par des voleurs, avait vu, par une apparition miraculeuse, deux hommes venir à lui comme pour le protéger, un cierge allumé à la main (2).

CHAPITRE V.

DES ÉTUDES.

§ 1. — **Réglements généraux depuis l'origine de l'ordre de Cîteaux jusqu'en 1840.**

L'idée principale que réveille chez nous le titre de Bénédictin est celle de savant. Pour préciser davantage, un Bénédictin serait un homme vivant au milieu des in-folios, et consacrant toute sa vie à de longs et pénibles travaux d'érudition. Il est cer-

---

(1) *Cart. de Clairvaux, Elemosine*, XXXI.
(2) Herbert, *de Miraculis*, lib. II, c. 30, ap. Chifflet, 311-314.

tain que les Bénédictins des deux derniers siècles nous ont laissé des collections qui étonnent par leur étendue, et qui ne se font pas moins admirer par leur valeur scientifique. On ne peut faire d'études historiques approfondies sans prendre leurs livres pour base. Ce sont aussi les Bénédictins des premiers siècles qui nous ont transmis la plus grande partie des trésors de l'antiquité classique et chrétienne. Cependant on se tromperait si l'on croyait que l'objet principal de la règle de saint Benoît aurait été de créer cette vaste institution littéraire qui en est issue. Aux yeux de saint Benoît l'étude n'était qu'un accessoire ; la prière était le but, et devait être l'occupation principale. Si le goût des lettres a pu fleurir dans les monastères bénédictins des premiers temps, c'est que, dans ces siècles barbares, où, de toutes les institutions antiques, la religion chrétienne était la seule qui sût se faire respecter, les sanctuaires élevés par la foi ont abrité de leur ombre les monuments écrits et les traditions que le moyen-âge avait hérité de la Grèce et de Rome ; c'est que des milliers de moines supportaient dans la campagne la fatigue des plus rudes labeurs, pour permettre à un petit nombre, nourris par des travaux si humbles, de se livrer en sécurité aux travaux glorieux de la plume et de l'esprit. Nous ne voulons pas dire que toute occupation intellectuelle fût interdite à la masse des moines : chaque moine devait avoir des tablettes et un poinçon pour écrire (1). Il devait, chaque jour, consacrer un certain temps à la lec-

---

(1) *Regul. S. Bened.*, cap. LV.

ture. De Pâques au premier octobre, il lisait de la quatrième heure à la sixième, c'est-à-dire de neuf heures et demie environ à midi ; du premier octobre au carême, il lisait d'abord une heure le matin, à partir de prime, c'est-à-dire du lever du soleil ; ensuite un espace de temps indéterminé depuis le dîner, qui avait lieu à trois heures, jusqu'aux vêpres qui se disaient au coucher du soleil. En carême, la lecture avait lieu depuis le lever du soleil jusqu'à la troisième heure, c'est-à-dire pendant deux heures ; le dimanche, le travail des mains étant supprimé, on devait lire pendant tous les moments laissés libres par les offices et les repas (1). Ces lectures de deux heures en moyenne pour chaque jour de la semaine, les lectures plus prolongées du dimanche, devaient suffire pour donner aux moines une instruction supérieure à celle de la plupart de leurs contemporains ; mais elles ne pouvaient faire des savants.

Ces principes austères furent maintenus dans la réforme cistercienne (2) ; et même la seule modification importante qu'on ait introduite alors, fut de laisser aux moines le choix de consacrer, soit à la lecture, soit à la prière, les heures qui, selon la règle de saint Benoît, devaient être employées à la lecture exclusivement (3). Toutefois, les anciens réglements cisterciens, étant plus développés que la règle de saint Benoît, nous parlent des moines qui,

---

(1) *Regul. S. Bened.*, cap. XLVIII.
(2) *Usus antiquiores ord. cist.*, cap. LXXI et LXXIV, ap. *Nom. cist.*, 170-174.
(3) *Usus antiquiores ord. cist.*, cap. LXXI, ap. *Nom. cist.*, 170.

étant occupés à écrire, étaient dispensés du travail des champs. Quand le couvent était sorti pour travailler à l'extérieur, ceux qui corrigeaient les livres pouvaient rompre le silence, s'il y avait nécessité (1). Les écrivains pouvaient entrer à la cuisine pour aplanir leurs tablettes, liquéfier leur encre et sécher leurs parchemins (2). Ils pouvaient, pour écrire, ôter leur coule et leur scapulaire (3). Les abbayes cisterciennes n'avaient pas seulement une bibliothèque comme le prévoit la règle de saint Benoît (4), on y trouvait aussi des salles spéciales où les moines se réunissaient pour écrire.

L'existence de bibliothèques dans les premières abbayes cisterciennes est prouvée par les Anciens usages de Cîteaux ; on y voit, par exemple, qu'à certains jours et à certaines heures on allumait une lampe devant la bibliothèque pour que l'on pût consulter les livres plus facilement (5). L'infirmier devait rapporter dans l'*armarium*, avant complies, les livres qui se trouvaient à l'infirmerie (6). En effet, la bibliothèque porte, dans les premiers textes cisterciens, comme dans une foule d'autres, le nom d'*armarium*, terme d'où vient notre mot français ar-

---

(1) *Usus antiquiores ord. cist.*, cap. LXXV, ap. *Nom. cist.*, 178.

(2) *Usus antiq. ord. cist.*, cap. LXXII, ap. *Nom. cist.*, 171.

(3) *Usus antiq. ord. cist.*, cap. LXXII, ap. *Nom. cist.*, 173.

(4) *Regul. S. Bened.*, cap. XLVIII. — Cf. *Usus antiquiores ord. cist.*, cap. LXXI, ap. *Nom. cist.*, p. 171, et cap. LXXIV, ap. *Nom. cist.*, 174.

(5) *Usus antiquiores*, cap. LXXIV, ap. *Nom. cist.*, 174.

(6) *Usus antiquiores*, cap. CXVI, ap. *Nom. cist.*, p. 238.

moire, et qui a le même sens en latin. On comprend que les bibliothèques primitives des monastères cisterciens aient pu tenir dans ce que nous appelons une armoire, ou au moins dans un cabinet étroit. A Clairvaux, cette *armoire* ouvrait sur le cloître; Herbert, dans son livre Ier des *Miracles des moines cisterciens*, chapitre V, nous parle d'un novice qui se fit chasser de l'abbaye sous l'administration du vénérable fondateur. Ce novice, s'étant approché la nuit de la porte de l'*armarium* « qui était dans le cloître », voulait en forcer la serrure pour dérober les livres (1). Dom Martène, au commencement du dix-huitième siècle, vit encore dans le cloître de Clairvaux des livres enchaînés sur des pupitres de bois; mais ce n'était alors qu'une petite partie de la bibliothèque de l'abbaye, le plus grand nombre des livres se trouvait réuni dans un bâtiment construit à cet effet (2).

Les pièces où l'on se réunissait pour écrire se nommaient écritoires, en latin *scriptoria*. Il en est déjà question en 1134 dans les instituts du Chapitre général de Cîteaux; nous y lisons cette prescription : « Que dans tous les *scriptoria*, où, suivant la coutume, les moines écrivent, on garde le silence comme dans le cloître (3) ». D. Martène nous parle des *scriptoria* de Clairvaux qui existaient encore lorsqu'il visita cette abbaye : « Du grand cloître, nous dit-il,

---

(1) Mabill., *S. Bernardi opp.*, vol. II, col. 1224.

(2) *Voyage littéraire de deux Bénédictins*, Ire part., p. 102.

(3) *Instituta capit. gen. cist.*, cap. LXXXVII, ap. *Nom. cist.*, 272.

» on entre dans le cloître du colloque,..... Il y a
» dans ce cloître douze ou quinze petites cellules
» tout d'un rang où les religieux écrivaient autrefois
» des livres, c'est pourquoi on les appelle encore
» aujourd'hui des écritoires (1). »

Les moines qui écrivaient étaient soumis à des réglements sévères ; ainsi il leur était interdit de faire des lettres de plusieurs couleurs et de les orner de miniatures (2), défense encore observée au quinzième siècle, où nous trouvons un abbé de Clairvaux obligé de recourir à un enlumineur de Troyes pour faire peindre ses livres (3). Il était défendu à tous abbés, moines ou novices de composer un livre sans l'autorisation du Chapitre général (4). Aussi voyons-nous, au douzième siècle, Guerry, abbé d'Igny, faire brûler, avant de mourir, un sermonnaire qu'il avait rédigé sans demander au préalable cette autorisation (5).

Les Cisterciens primitifs paraissent craindre que certaines études ne détournent les membres de leur ordre des exercices monastiques qui doivent être le but de leur vie. Il n'est pas nécessaire de savoir lire pour entrer dans l'ordre de Cîteaux. Quand un no-

---

(1) *Voyage littéraire de deux Bénédictins*, 1re partie, p. 102.

(2) *Instituta cap. gen. cist.*, cap. LXXXI, ap. *Nom. cist.*, 271.

(3) *Catalogue des Mss. des bibliothèques des départements*, t. II, p. 942.

(4) *Instituta cap. gen. cist.*, cap. LVI, ap. *Nom. cist.*, 263. — *Institutiones cap. gen. cist.*, Dist. I, cap. XI, ap. *Nom. cist.*, 277.

(5) *Exord. magnum ord. cist.*, Dist. III, c. 8, ap. *Bibl. patr. cist.*, I, 92.

vice qui ne sait pas lire est admis à faire profession, le maître des novices lit pour lui la formule (1). Les monastères ne sont pas des écoles, par conséquent aucun étranger n'y sera admis à étudier ; les novices et les moines seront seuls reçus aux cours qui pourront y être faits (2). Voilà ce qui fut décidé en 1134, et cette règle remonte plus haut, puisque Nivard, le plus jeune frère du premier abbé de Clairvaux, voulant suivre saint Bernard et ses autres frères, fut mis par eux chez un prêtre pour y faire ses études jusqu'à ce qu'il eût atteint l'âge d'entrer au noviciat (3). En 1188, le Chapitre général ordonne de tenir enfermé le traité de droit canonique, appelé Décret de Gratien. Cet ouvrage ne pourra être consulté que lorsqu'on en aura besoin ; il ne restera pas dans l'*armarium* commun, à cause des nombreuses erreurs qu'il pourrait occasionner (4). Cette proscription fut maintenue dans les institutions du Chapitre général (1240) et dans les anciennes définitions (1289); on y enveloppa les livres de droit civil (5). La raison de cette défense paraît être l'ancienne prohibition faite aux moines de Cîteaux de s'occuper des procès d'autrui, et d'être jamais soit avocat, soit conseil des

---

(1) *Usus antiquiores ord. cist.*, cap. CXIII, ap. *Nom. cist.*, 232.

(2) *Instituta cap. gen. cist.*, cap. LXXVI, ap. *Nom. cist.*, 269.

(3) *S. Bernardi vita auctore Gaufrido*, ap. Mabill., *S. Bern. opp.*, II, 1276 B.

(4) Mart., *Anecd.*, IV, 1263.

(5) *Institutiones cap. gen.*, Dist. I, cap. XI. — *Libellus antiquarum definitionum*, Dist. III, cap. IV, ap. *Nom. cist.*, 277 et 499.

parties (1). En 1198, le Chapitre général apprend qu'un moine s'est fait enseigner l'hébreu par un Juif; l'abbé de Clairvaux est chargé d'informer et de corriger (2). En 1199, nouveau décret qui décide que le moine coupable d'avoir fait des vers sera envoyé dans une autre maison (3). En 1240, défense aux convers d'avoir des livres; ils apprendront par cœur le *Pater*, le *Credo*, le *Miserere*, l'*Ave Maria* et les autres choses qu'ils doivent savoir. Il suffit qu'ils les sachent par cœur, ils n'ont pas besoin de les lire (4).

§ 2. — Des Colléges cisterciens.

Cependant, à cette date commence déjà une réaction. Les ordres mendiants, qui ont pris un développement considérable, doivent, aux fortes études auxquelles ils se livrent, une supériorité reconnue de tout le monde et qui humilie les Cisterciens. Les frères prêcheurs, qui ont donné à l'Eglise au treizième siècle le grand saint Thomas, peuvent se considérer, à bien des points de vue, mais principalement à celui de la science, comme fort au-dessus des moines de Citeaux. Ils envoient, à Paris, leurs frères profiter de l'enseignement célèbre que l'Université naissante donne aux étudiants de toute la

---

(1) *Instituta cap. gen.*, cap. LVIII, ap. *Nom. cist.*, 263.

(2) Mart., *Anecd.*, IV, 1202.

(3) Mart., *Anecd.*, IV, 1203.

(4) *Institutiones cap. gen. cist.*, Dist. XIV, cap. II, ap. *Nom. cist.*, 384.

catholicité (1). Ils organisent l'enseignement dans leurs monastères (2); ils recommandent aux membres de leur ordre l'étude du grec, de l'arabe et de l'hébreu (3); ils devaient même, avant la fin du siècle, établir une chaire d'hébreu dans une de leurs maisons (4). Le mouvement général de l'opinion força donc les Cisterciens à changer leur système (5); ce ne fut pas l'affaire d'un instant, mais cela se fit peu à peu, principalement vers le milieu du treizième siècle. Déjà un statut du Chapitre général de 1231 dit qu'avant d'admettre un sujet il faut examiner si, tant au point de vue de l'instruction qu'à celui de la piété, il peut être utile à l'ordre et lui faire honneur (6). D'après un statut de 1234, on ne doit pas choisir d'abbé qui n'aie l'instruction suffisante (7), et cette décision est reproduite dans le code connu sous le nom d'Institutions du Chapitre général (8). Enfin, en 1244, l'abbé de Clairvaux, Etienne Ier, anglais de nation, sortant par un coup hardi de l'ornière battue, fonda pour les moines de

---

(1) *Acta capit. gen. prædicatorum*, 1240, 1246, ap. Mart., *Anecd.*, IV, 1681, 1690.

(2) *Acta cap. gen. prædicatorum*, 1246, 1259, ap. Mart., *Anecd.*, IV, 1690, 1726.

(3) 1255, Martène, *Anecd.* IV, 1708.

(4) *Acta cap. gen. prædicatorum*, 1291, ap. Mart., *Anecd.*, IV, 1849.

(5) Duboulay, *Hist. Univers. Paris.*, III, 185.

(6) Mart., *Anecd.*, IV, 1353.

(7) Mart., *Anecd.*, IV, 1350.

(8) Dist. VII, cap. XIII, ap. *Nom. cist.*, 324.

son abbaye le collége de Saint-Bernard de Paris. Cette fondation était une violation des principes fondamentaux de la réforme cistercienne, d'après lesquels un moine ne devait jamais séjourner à demeure hors de son abbaye, et les monastères ne devaient être construits qu'à distance des lieux habités (1). Etienne se fit autoriser par le pape Innocent IV (2), voulant ainsi couvrir cette irrégularité par une dispense pontificale; mais c'était là une seconde violation des règles de son ordre. On lit dans la charte de Charité : « Qu'aucune église ou personne de notre » ordre n'osent demander à qui que ce soit, ni » maintenir d'une manière quelconque un privi- » lége contraire aux institutions communes de notre » ordre (3). » Cette maxime avait été reproduite, en 1134, dans les *Instituts du Chapitre général* (4). On devait, plus tard, la sanctionner en infligeant l'excommunication *ipso facto* à ceux qui ne l'auraient pas observée (5). Cependant, le Chapitre général de Cîteaux, n'osant pas résister au pape, approuva la fondation faite par l'abbé de Clairvaux; mais il fallut, pour obtenir cette approbation, une lettre du pape et de plusieurs cardinaux. Voici en quels termes le statut porté alors par le Chapitre général est conçu :

---

(1) *Exordium cœnobii ordinis cist.*, cap. XV, *Instituta capit. gen.*, cap. I et VI, ap. *Nom. cist.*, 246-247.

(2) *Gall. christ.*, IV, 800 B; Cf. Duboulay, *Hist. Univ. Par.* III, 184.

(3) Cap. I, ap. *Nom. cist.*, 66.

(4) Cap. XXXI, ap. *Nom. cist.*, 256.

(5) *Libellus antiquarum definitionum ord. cist.* Dist. VII, cap. II, ap. *Nom. cist.*, 521-522.

« Par respect pour le seigneur Pape et les autres
» cardinaux qui en ont écrit, et principalement pour
» J., cardinal-prêtre du titre de saint Laurent, le
» Chapitre général accorde que le collége établi à
» Paris par les soins de l'abbé de Clairvaux sub-
» siste, à la condition, toutefois, que personne
» ne soit forcé d'y envoyer des élèves; les abbés
» qui auront envoyé des élèves paieront la dé-
» pense (1). » On comprend que le Chapitre général
vit avec défaveur cette institution nouvelle. Pour
donner aux moines l'instruction réclamée par le
progrès des études et en même temps échapper à
la nécessité de les envoyer dans de grandes villes,
il imagina, la même année, d'établir une école de
théologie dans une abbaye de chaque province (2).
En 1281, il alla jusqu'à permettre la création d'un
cours non-seulement de théologie, mais même d'une
autre faculté, dans toute abbaye ayant huit moines
au moins, et il permit d'envoyer à ce cours les étudiants des autres abbayes aux frais de ces abbayes (3). Mais il ne paraît pas que ces écoles aient
produit de grands résultats. En fait d'enseignement,
la vie était concentrée dans les universités, parmi
lesquelles celle de Paris occupait le premier rang,
surtout pour la théologie; aussi le collége de Saint-
Bernard fit-il en peu de temps d'immenses progrès.
Les réglements qui le concernent sont en grand
nombre. En 1248, le Chapitre général décide que le

---

(1) Mart., *Anecd.* IV, 1384.

(2) *Statuta capit. gen. ord. cist.*, 1245, ap. Mart., *Anecd.* IV, 1384.

(3) *Statuta cap. gen. cist.*, 1281, ap. Mart., *Anecd.* IV, 1475.

moine mis par l'abbé de Clairvaux à la tête de cet établissement portera le titre de proviseur, et non pas le titre de prieur; en effet, l'ordre de Cîteaux, par opposition aux anciens Bénédictins, n'avait de prieurs que dans les abbayes. Le même Chapitre donne à l'abbé de Clairvaux juridiction sur tous les moines qui se trouvent dans le collége, à quelque abbaye que ces moines appartiennent (1). En 1250, décision qui accorde au proviseur du collége de Saint-Bernard le premier rang, après l'abbé, dans le chœur de toutes les abbayes où il se trouvera (2). En 1251, sur la demande de l'abbé de Clairvaux, il est ordonné que trois moines, étudiants à Paris, ne pourront être forcés d'accepter des abbayes s'ils sont élus, car on espère qu'ils pourront parvenir au professorat (3). En 1254, sur la demande du pape, nouvelle dérogation aux anciennes maximes de l'ordre : le Chapitre général permet de recevoir des novices au collége de Saint-Bernard, ce qui n'avait pu avoir lieu jusqu'à ce jour que dans les abbayes (4). L'année suivante, le fondateur du collége de Saint-Bernard, Etienne, abbé de Clairvaux, fut déposé. Suivant Mathieu Paris, le motif de cette déposition aurait été la haine et la jalousie soulevées contre lui par l'établissement de ce collége, onze ans auparavant (5). Il nous semble que cette haine

---

(1) Mart., *Anecd.* IV, 1389.

(2) Mart., *Anecd.* IV, 1392.

(3) Mart., *Anecd.* IV, 1394.

(4) Mart., *Anecd.* IV, 1402.

(5) *Gall. christ.* IV, 806. La même opinion se trouve exprimée dans le *Ménologe de Cîteaux*, 18 septembre.

et cette jalousie auraient tardé bien longtemps à éclater. Quand Etienne, abbé de Clairvaux, fut déposé, le collége de Saint-Bernard n'était plus le seul qui dépendît de Cîteaux ; l'abbé de Vallemagne avait fondé, à Montpellier, un collége sur lequel le Chapitre général lui avait accordé, en 1252, l'autorité qu'avait l'abbé de Clairvaux sur son collége de Paris (1) ; avant la fin du siècle, l'ordre de Cîteaux eut encore trois autres colléges, celui d'Oxford, dont la fondation fut autorisée par le Chapitre général en 1280 (2) ; celui de Toulouse, que l'abbé de Grand-Selve obtint la permission d'établir en 1281 (3) ; celui de *Stella*, au diocèse de Pampelune, mentionné avec les quatre précédents à la distinction neuvième, chapitre quatre du livre des Anciennes définitions de l'ordre de Cîteaux en 1289 (4). Ce nombre devait encore augmenter dans les siècles suivants ; la constitution de Benoît XII, pour la réforme de Cîteaux en 1335, énumère quatre colléges cisterciens : Paris, Oxford, Toulouse et Montpellier, et ordonne l'établissement de trois autres, d'abord à Salamanque, en remplacement de celui de *Stella*; ensuite à Metz et à Bologne (5). En 1350, le Chapitre général ordonna de fonder un collége à Prague (6), c'était le huitième. Enfin, en 1454, le Chapitre géné-

---

(1) Mart., *Anecd.* IV, 1398.
(2) Mart., *Anecd.* IV, 1472.
(3) *Statuta cap. gen. cist.*, ap. Mart., *Anecd.* IV, 1478.
(4) Ap. *Nom. cist.*, 547.
(5) *Nom. cist.*, 607.
(6) *Libellus novellarum definitionum, ord. cist.* Dist. IX, cap. 7, ap. *Nom. cist.*, 644.

ral décréta d'en créer un neuvième à Cologne (1). L'envoi des jeunes gens dans ces colléges était obligatoire depuis l'année 1300, pour les abbayes qui n'avaient pas un enseignement organisé (2).

Le premier réglement détaillé que nous ayons sur l'organisation de l'enseignement dans les colléges cisterciens est de 1335 ; il fait partie de la grande constitution du pape Benoît XII, pour la réforme de l'ordre de Cîteaux. Quoique ce réglement soit postérieur aux époques qui nous intéressent principalement, nous croyons utile d'entrer sur lui dans quelques détails. Benoît XII a dû souvent se contenter de formuler en principe des traditions qui remontaient plus haut et qu'il avait pu connaître, par sa propre expérience, comme moine et comme professeur au collége Saint-Bernard de Paris.

Les colléges de Montpellier et de Toulouse étaient destinés aux monastères du midi de la France et de la Navarre, celui de Salamanque à ceux du reste de l'Espagne, celui de Metz aux Allemands, celui de Bologne aux Italiens, celui d'Oxford aux Anglais, aux Écossais, aux Gallois et aux Irlandais. Le collége de Paris, « étant le premier de tous et la source de » toutes les études, » pouvait recevoir des moines de tous les pays. L'année scholaire commençait à Paris le 1er octobre, et dans les autres colléges à la Saint-Luc (18 octobre) ou à la Toussaint. Les moines qui y étaient envoyés devaient être arrivés pour ces termes. Le nombre minimum de sujets que chaque

---

(1) *Statuta cap. gen. cist.*, 1454, ap. Mart., *Anecd.* IV, 1619.
(2) *Stat. cap. gen. cist.*, 1300, ap. Mart., *Anecd.* IV, 1496.

monastère devait entretenir dans un collége était fixé à deux pour les monastères de quarante moines et au-dessus, et à un pour les monastères qui avaient au moins dix-huit moines. C'était au collége de Paris que les monastères de quarante moines et au-dessus devaient envoyer les deux étudiants obligés. Le collége de Paris était encore imposé aux monastères de la seconde catégorie, quand ils comptaient au moins trente moines. Les abbayes qui avaient moins de trente moines pouvaient se contenter du collége de la circonscription dans laquelle elles étaient situées.

Il y avait au collége de Saint-Bernard trois professeurs : le premier, portant le titre de *magister regens*, c'est-à-dire, investi du grade de docteur en théologie, avait cent cinq livres tournois (ou environ 1050 fr.) d'appointements, dont quatre-vingts sur les revenus généraux de l'ordre, et vingt-cinq qui lui étaient payées par son monastère; le second, qui s'appelait *baccalaureus regens*, qui par conséquent avait le grade de bachelier, touchait quarante-cinq livres (soit environ 450 fr. par an), dont vingt-cinq sur les fonds généraux, et vingt sur ceux de son monastère; le troisième, qualifié de *lector Bibliæ*, ne recevait que trente livres (ou 300 fr.), savoir, dix sur les fonds généraux, et vingt sur ceux de son monastère. La pension de chaque écolier était de vingt livres, ou 200 fr., et c'était le monastère auquel il appartenait qui devait payer cette somme. Dans les autres colléges les appointements et les pensions étaient moins élevés. Le *magister regens* y avait quarante livres au lieu de cent cinq, le *baccalaureus regens* trente au lieu de quarante-cinq, le *lector Bibliæ* vingt au lieu de trente, et la pension des élèves était de quinze livres au lieu de vingt. Enfin, on pouvait se contenter d'y avoir deux professeurs : 1° un *magister regens*, ou un *baccalaureus*, à son défaut; 2° un *lector Bibliæ*.

On professait donc dans tous les colléges cisterciens deux choses, la théologie scholastique et l'exégèse biblique. Pour enseigner à Paris la théologie scholastique (*sententias legere*), soit à titre de *magister*, soit à titre de *baccalaureus*, il fallait avoir étudié pendant huit ans dans un collége de l'ordre; et pour devenir professeur d'exégèse ou d'Ecriture sainte, il suffisait de six années d'études dans un de ces colléges. Auparavant, on exigeait sept années d'études à Paris.

On peut remarquer, dans la même constitution, les dispositions prises pour mettre un frein au luxe et à la prodigalité. Les moines cisterciens qui voulaient se faire recevoir docteurs étaient obligés de jurer, au préalable, qu'ils ne dépenseraient pas ou ne laisseraient pas dépenser, à l'occasion de leur promotion, plus de mille livres tournois, soit environ dix mille francs de notre monnaie, en repas, habits et autres choses. Il y avait alors deux cent vingt ans que saint Bernard avait fait vœu de pauvreté.

Nous ne savons pas dans quel quartier de Paris le collége de Saint-Bernard fut établi originairement; ce qu'il y a de certain, c'est que, pendant les premières années de son existence, il n'occupait pas l'emplacement où nous le trouvons ensuite, du treizième siècle à la Révolution. Le jeudi après la Toussaint, 8 novembre 1246, nous voyons l'abbé de Clairvaux et les frères de Clairvaux, étudiant à Paris, acquérir, du Chapitre de Notre-Dame, six arpents et demi de vigne, situés près des murs de Paris et de la porte qui mène à Saint-Victor (1). Par acte du 18 décembre de la même année, ils cédèrent ce terrain à l'abbaye de Saint-Victor, et cette abbaye leur donna en échange cinq arpents de terre au lieu dit Chardonnet, ainsi appelé à cause des chardons qui y croissaient en grand nombre (2). Cette dénomination a été conservée jusqu'à nos jours par une église voisine, Saint-Nicolas du Chardonnet. Le collége de Saint-Bernard fut alors transféré au Chardonnet, et il y subsista jusqu'à la suppression de l'ordre. Les constructions qu'on y éleva acquirent une grande importance, puisque cet établissement donna son nom à une porte de Paris et à un quai de la Seine. Une partie de ces bâtiments ont été détruits, notamment l'église commencée en 1336, par le pape Benoît XII (3), et renversée par le marteau révolutionnaire ; le réfectoire seul subsiste encore, quoique mutilé, surtout depuis l'année 1845, où on l'a transformé en caserne de sapeurs-pompiers ; sa longueur dépasse soixante-dix mètres ; il est divisé en trois nefs par deux rangées de colonnes supportant une voûte élancée : au-dessous se trouve un étage souterrain également voûté qui, sans doute, servait de cave ; au-dessus, un étage non voûté qui se divisait probablement en cellules, dortoirs, ou salles de

---

(1) Guérard, *Cartulaire de Notre-Dame de Paris*, II, page 461-462 ; Du Breul, *Théâtre des Antiquités de Paris*, page 625.

(2) Du Breul, *Antiquités de Paris*, page 625-626 ; Du Boulay, *Historia Universitatis Parisiensis*, III, page 185.

(3) Du Breul, *Antiquités de Paris*, page 627.

classes. Un comble magnifique, qui dominait le tout, a été abattu ; le réfectoire a été fractionné par des cloisons en une foule de pièces.

« A quelque degré d'abaissement qu'on ait réduit
» cette construction, elle est digne encore d'une at-
» tention sérieuse. Si le réfectoire des Bernardins
» n'a pas la splendeur de celui de Saint-Martin-
» des-Champs, il le dépasse de beaucoup en éten-
» due; d'ailleurs il a l'avantage de fournir un modèle
» d'une exécution moins difficile : son architecture,
» à la fois simple, pratique, solide et suffisamment
» ornée, peut fournir un excellent sujet d'étude.
» Une belle salle quadrangulaire décorée de colon-
» nes, de voûtes à nervures et de clefs armoriées
» ou feuillagées, de consoles historiées, reliait le
» réfectoire au chœur de l'église ; elle est bien con-
» servée. A l'extrémité méridionale du bâtiment, il
» reste quelque chose d'une forte muraille à mâchi-
» coulis qui formait l'enceinte du collége (1). »

§ 3. — Idée générale de la Bibliothèque de Clairvaux, d'après le Catalogue dressé en 1472.

Nous ne pouvons terminer ce chapitre sans entrer dans quelques détails sur les livres que renfermait la bibliothèque de Clairvaux, et, autant que possible, sur les modifications introduites dans la composition de la bibliothèque de cette illustre abbaye aux différentes époques de son histoire. C'est surtout par l'examen de ces modifications que nous nous rendrons compte de la direction que les esprits y suivirent

---

(1) De Guilhermy, *Itinéraire archéologique de Paris*, p. 334.

dans les différents temps. Les manuscrits achetés ou copiés à Clairvaux, pendant une période quelconque, sont de toute évidence ceux qu'on y a voulu principalement lire, et qu'en effet on y a lu de préférence pendant cette période.

Un document, très-précieux pour le travail que nous voulons faire, est le catalogue de la bibliothèque de Clairvaux dressé en 1472, par l'ordre de Pierre de Virée, alors abbé. Il est conservé parmi les manuscrits de la bibliothèque de Troyes, sous le N° 521 (1). Il est intitulé :

« Inventaire et déclaracion des volumes et livres
» de l'église et abbaye de Clervaulx de l'ordre de
» Cisteaulx ou dyocèse de Lengres, faict ou mois de
» may l'an mil IIII^c LXXII par nous frère Pierre,
» nouvel abbé dudit lieu, en la présence des notaire
» apostolique et tesmoings cy dessoubz escrips en
» la forme, manière, désignacion et spécificacion
» qui s'ensuit (2). »

Ce catalogue est divisé en vingt-quatre séries, comprenant chacune un nombre de numéros qui varie entre 80 et 100. Il y a exception pour la dernière, qui n'a que 35 numéros; mais on doit

---

(1) Nous ferons, dans la suite de ce travail, un fréquent usage de l'excellent catalogue des Mss. de la Bibliothèque de Troyes, dressé par M. Harmand, bibliothécaire de cette ville. Ce catalogue forme le second volume du *Catalogue des Mss. des bibliothèques des départements*, publiés par le Gouvernement.

(2) Un réglement du Chapitre général, de 1459, avait prescrit de dresser l'inventaire des livres et joyaux de chaque abbaye. Martène, *Anecdota* IV, 1623.

croire à une lacune, car les deux derniers feuillets du manuscrit ont été enlevés. Ces séries ne correspondent pas à la division des ouvrages par matières, division établie cependant avec beaucoup de précision et de méthode dans notre manuscrit. Elles se réfèrent sans doute à la disposition du local où les volumes étaient placés. Ces volumes étaient enchaînés sur des pupitres. Il y avait probablement vingt-quatre pupitres, un pour chaque série. Chaque série est distinguée des autres par une lettre ou un signe abréviatif inscrit au catalogue et sur les volumes. Le pupitre destiné à recevoir cette série était désigné par la même lettre ou le même signe abbréviatif. Cette disposition rendait les recherches très-faciles. Avait-on trouvé dans le catalogue le volume que l'on voulait consulter, on regardait quelle cote il portait dans ce même catalogue; supposons que ce fût la cote C 23. Le volume que l'on désirait était le 23e du pupitre C ; et l'ordre de l'alphabet ayant été observé, le pupitre C était le troisième.

Ce catalogue, qui comprend 2228 cotes, mentionne que 1714 volumes, parce que 514 cotes, chacune suivie de blanc, ont été réservées pour des acquisitions ultérieures qui n'ont point eu lieu; 1714 volumes sont encore un chiffre énorme, quand on pense que sur ce nombre il n'y a pas un seul imprimé. Mais pour avoir, ce que l'on doit considérer, littérairement parlant, comme la bibliothèque, il faut retrancher les 378 derniers numéros sous lesquels nous trouvons rangés les volumes nécessaires pour le service de la communauté, et qui en dehors de toute idée d'étude devaient forcément se rencontrer dans un monastère cistercien, savoir :

La règle de saint Benoît, 8 exemplaires;

Les réglements spéciaux de l'ordre de Citeaux, 14 volumes;

Les livres liturgiques de l'abbaye, au nombre de 356, sans compter ceux qui n'étaient pas numérotés et que l'on mentionne en bloc;

Restent donc 1336 numéros.

Sur ce nombre, 1034, à très-peu d'exceptions près, résultant soit d'une erreur de classement, soit de ce que deux ouvrages de nature différente ont été reliés ensemble, ont pour objet des ouvrages de théologie; le surplus, se composant de 302 numéros, comprend l'histoire, le droit civil, le droit canon, la médecine, les arts (*trivium et quadrivium*), et la philosophie, c'est-à-dire Aristote et ses commentateurs.

Le tout se trouve rangé dans l'ordre suivant :

MATIÈRES. 1re division.	Cotes de l'inventaire.	Nombre de volumes.
1°. Ecriture sainte, sans glose (sur ce nombre 14 bibles entières et en un volume)	A 1 à 44	34
2°. Concordances.	A 45 à 67	17
3°. Ecriture sainte avec glose	A 68 à 80 / B 1 à 90 / C 1 à 95	151
Traités sur l'Ecriture sainte	D 1 à 92 / E 1 à 91 / F 1 à 9	122
Total des ouvrages contenant ou concernant la totalité ou certaines parties de l'Ecriture sainte.		324

4°. Œuvres des Pères et Docteurs de l'Eglise.

Saint Denis l'Aréopagite, Origène, saint Basile, saint Jean-Chrysostome, saint Hilaire, saint Ambroise, saint Jérôme, saint Augustin, saint Grégoire-le-Grand, saint Prosper, saint Fulgence, Cassiodore, Boèce, saint Isidore, Bède, Raban-Maur, saint Anselme, saint Bernard, Hugues de Saint-Victor, Eudes, abbé de Morimond, etc., etc.

F 10 à 92
G 1 à 90
H 1 à 90
I 1 à 18

228

5°. Lettres des Docteurs.

Dans cette partie, grâce à de nombreux renvois aux autres parties du catalogue, se trouvent mentionnés : Cicéron, saint Denis, saint Ignace, saint Martial de Bordeaux, saint Cyprien, saint Léon, saint Ambroise, saint Jérôme, saint Augustin, saint Grégoire-le-Grand, Cassiodore, Fulgence, Sidoine-Apollinaire, Ennodius, Pierre de Blois, Yves de Chartres, etc., etc. . . . . I 19 à 29   9

6°. Théologie scholastique (*Libri speculative Theologie*).

Grands traités.

On y trouve neuf manuscrits des *Sentences* du fameux docteur Pierre Lombard, et un grand nombre d'ouvrages destinés principalement à commenter les *Sentences*. Les auteurs de ces ouvrages sont notamment : saint Thomas d'Aquin (7 exemplaires du 1er livre de la Somme, 5 de la 1re partie du 2e livre, 2 de la 2e partie du 2e livre, 3 du 3e livre), Pierre de Tarentaise, Durand de Saint-Pourçain, saint Bonaventure, Jean Scot, Alexandre de Halles, Henri de Gand, Gilles de Rome.

I 30 à 93
K 1 à 90
L 1 à 38

129

Traités abrégés. . . . . L 39 à 49   9

7°. Morceaux choisis de divers auteurs	L 50 à 93 M 1 à 35	63
8°. Sermons	M 36 à 92 N 1 à 90 O 1 à 56	173
9°. Livres divers concernant principalement la Théologie : on y trouve cependant *Rutilius Emilianus, de Agricultura*.	O 57 à 92 P 1 à 92 Q 1 à 7	99
Total de la 1re division		1034

2e division.

1°. Histoire.

On y trouve Josephe, l'Histoire tripartite, Eusèbe de Césarée, l'Histoire Scholastique, Solin, Darès, Suétone, Jules César, Grégoire de Tours, Valère Maxime, Orose, plusieurs chroniques concernant notamment le royaume de Jérusalem, le *Speculum historiale* de Vincent de Beauvais, la Légende dorée, diverses vies de saints, etc., etc. . . . . . Q 8 à 93   66

2°. Droit canonique.

Isidore, en 2 volumes; *Pannormie*, 3 exemplaires; Gratien, 4 exemplaires; Décrétales, etc.   { R 1 à 91 / S 1 à 16 }   89

3°. Droit civil.

Volumen, 2 exemplaires ; *Digestum vetus*, un ex.; *Digestum novum*, un ex.; *Codex*, un ex.; *Infortiat*, un ex.   S 17 à 25   5

4°. Médecine.

Hippocrate, Galien, Avicenne, etc., etc.   S 26 à 47   17

5°. Arts et Philosophie.

A.) Grammaire. . . . .   S 48 à 81   23

B.) Logique.

Aristote, Porphyre, Boèce, etc.   S 82 à 92   9

C.) Rhétorique.

    Aristote, Cicéron (Rhétorique, *de Oratore, Orationes*), Quintilien (déclamations)............ T 1 à 26   18

D.) Poésie.

    Virgile (Enéide), un exemplaire; Ovide, 7 volumes, dont 4 exempl. des Métamorphoses; Horace (Epîtres), 1 exempl.; Lucain, 3 exempl.; Juvénal, 2 exempl.; Stace, 1 exemplaire; Claudien, 2 exempl.; Alexandréide, 4 exempl.; etc., etc. ... T 27 à 65   26

E.) Arithmétique, Géométrie et Astrologie................. T 66 à 81   12

F.) Philosophie, ouvrages fondamentaux.

    Physique, Aristote, 8 manuscrits, dont 2 de la physique, etc., etc. . T 82 à 92   9

    Métaphysique, Aristote, 3 exemplaires de la Métaphysique; Platon, Timée, etc., etc .... V 1 à 6   5

    Ethique, Aristote, 5 exemplaires. V 7 à 14   6

G.) Philosophie, abrégés......... V 15 à 21   5

H.) Philosophie, Commentaires sur Aristote, par Gilles de Rome, Jean de la Rochelle, saint Thomas d'Aquin; suivent 3 exempl. du *de Regimine principum* de Gilles de Rome.................. V 22 à 41   12

    Total de la 2ᵉ division.....   302

On remarquera que le système de classement suivi à Clairvaux a pour base la division des connaissances humaines, adoptée au moyen-âge pour l'organisation de l'enseignement :

1° La théologie, dont l'histoire écrite principalement au point de vue ecclésiastique était une dépendance ;

2° Le droit canonique et le droit civil ;

3° La médecine ;

4° Les arts, savoir : grammaire, logique, rhétorique, arithmétique, géométrie, astrologie, musique.

Voilà les quatre facultés entre lesquelles se répartissaient les chaires des universités. La théologie est celle de ces facultés que l'on cultivait le plus à Clairvaux ; la médecine, celle que l'on y cultivait le moins. Le droit paraît y avoir été peu étudié, surtout le droit civil. L'enseignement, en effet, en fut prohibé à Paris au commencement du XIII° siècle ; par conséquent, les écoliers de Clairvaux ne pouvaient l'apprendre au collége de Saint-Bernard, ils ne pouvaient non plus s'en occuper régulièrement à leur retour dans l'abbaye, puisque la règle de l'ordre le leur interdisait.

En fait de théologie, on paraît avoir donné à Clairvaux la préférence à l'exégèse biblique sur la théologie scholastique, c'est l'inverse de ce qui existe aujourd'hui dans nos séminaires. En fait d'arts, — nous prenons ce mot dans le sens reçu au moyen-âge, — on semble avoir négligé beaucoup le *quadrivium*, c'est-à-dire l'arithmétique, la géométrie, l'astrologie, et surtout la musique. Aux *sciences*, comme nous disons aujourd'hui, on préférait les lettres, ce qu'on appelait au moyen-âge le *trivium*, c'est-à-dire la grammaire, la logique et la rhétorique, plus la poésie, ancien appendice de la rhétorique qui en paraît ici détaché, et la philosophie qui, réunie d'abord à la logique sous la même dénomination, fait ici bande à part et semble voler de ses propres ailes.

§ 4. — De la Bibliothèque de Clairvaux d'après les Auteurs qui en ont parlé.

Malheureusement, le catalogue que nous venons d'analyser, n'indiquant pas la date à laquelle remontent les manuscrits, ne nous apprend pas lesquels d'entr'eux appartenaient au XII° ou au XIII° siècle, c'est-à-dire à l'époque qui fait l'objet de ce travail. Il est aussi à craindre que quelques-unes des désignations soient incomplètes ou inexactes faute d'une science suffisante chez les rédacteurs, ou d'un examen assez attentif des matières contenues dans chaque manuscrit. Le résumé que nous venons de faire ne peut donc remplir complétement le but que nous nous proposons, et il faut nous occuper des travaux plus modernes dont la bibliothèque de Clairvaux a été l'objet. Les premiers savants à notre connaissance qui, après avoir visité la bibliothèque de Clairvaux, en aient parlé avec quelque détail, sont les deux célèbres bénédictins Dom Martène et Dom Durand. En 1717, ils rendirent compte, dans leur *Voyage littéraire*, de deux visites faites par eux à Clairvaux quelques années auparavant. Voici ce que D. Martène, rédacteur de cet ouvrage, raconte de la bibliothèque de la célèbre abbaye. Nous distinguerons par des guillemets son texte de nos observations.

« Au-dessus de ces cellules (appelées écritoires)
» est la bibliothèque dont le vaisseau est grand,

» vo*'é, bien percé et rempli d'un grand nombre
» de manuscrits attachez avec des chaînes sur des
» pulpitres, mais il y a peu de livres imprimez. »

Nous ajouterons que le bâtiment dont parle ici le savant bénédictin est probablement celui qui fut commencé en 1495, et terminé en 1502, comme nous l'apprend un manuscrit de la bibliothèque de Troyes, Fonds de Clairvaux, par ces vers cités au *Catalogue des Mss. des Bibliothèques des départements*, t. II, p. 218.

> Jadis se fit ceste construction
> Par bons ouvriers subtilz et pleins de sens,
> L'an qu'on disait de l'incarnation
> Nonnante-cinq avec mil quatre cens,
> Et tant y fut besongnié de courage,
> En pierre, en bois et autre fourniture,
> Qu'après sept ans achevèrent l'ouvrage,
> Murs et pilliers, voulte et couverture.
> Puis en feuvrier mil cinq cens et trois,
> Y furent mis les livres des docteurs.
> Le doulx Jésus, qui pendit en la croix,
> Doint paradis aux dévotz fondateurs!
>   Amen.

Cet édifice, différent de celui où se trouvaient nos Mss. en 1472, n'existe plus aujourd'hui. La bibliothèque de Clairvaux, comme le reste de l'abbaye, a été rebâtie dans les années subséquentes du dix-huitième siècle.

« Je n'entreprends point, » continue D. Martène, « de parler de tous les manuscrits de Clairvaux. La » plupart contiennent des ouvrages des Pères de » l'Eglise. Ils sont presque tous écrits depuis le » commencement de l'ordre, excepté un ou deux.

» Je me contenterai d'en rapporter seulement quel-
» ques uns dont les noms sont peu connus. »

« *Liber qui dicitur Verbi gratia, editus a domno Hen-* » *rico, quondam abbate Montis S. Mariæ, postea episcopo* » *Trojano.* » Il se trouve aujourd'hui sous le n° 953 des Mss. de la Bibliothèque de Troyes.

« *Moralia abbreviata Guillelmi de Campellis.* » Bibliothèque de Troyes, Ms. n° 935.

« *Petrus Cantor, super psalterium.* » Bibliothèque de Troyes, Ms. n° 557.

« *Joachimi, abbatis Floris, Opus concordiæ novi et* » *veteris testamenti, anno MCC.*

» *Expositio in proverbia. Hoc opusculum præsens non* » *Richardi, sed domini Gaufridi, abbatis Fontismen-* » *sium, quod Regniaci pro certo constat esse, et sepultus* » *est ibi juxta abbates.* » Bibliothèque de Troyes, Mss. n°ˢ 558, 637.

« *Stephanus de Langtona, Cantuariensis episcopus, in* » *Isaiam.* » Bibliothèque de Troyes, Mss. n°ˢ 893, 1516, 1546.

« *Robertus, Berlinctunensis ecclesie canonicus, in XII* » *prophetas, rogatu Gervasii, abbatis monachorum in* » *Parco apud Ludam servientium.* » Bibliothèque de Troyes, Ms. n° 224.

« *Ernaldi, abbatis, commentarium in Isaiam.* » Bibliothèque de Troyes, Ms. n° 923.

« *Vetus glossarium, quod compilavit Garnerius, quon-* » *dam Lingonensis episcopus.* » Bibliothèque de Troyes, Mss. n°ˢ 32, 392, 1697, 1704.

« *Libellus Bacharii ad Januarium de lapsu cujusdam* » *fratris.* » Bibliothèque de Troyes, Ms. n° 1398.

« *Flores ex operibus sancti Bernardi auctore Guillelmo*

» *de Monteaculo, clarevallensi monacho.* » Bibliothèque de Troyes, Mss. n°ˢ 497, 911.

« *Fratris Bonæ Fortunæ breviloquium in sacram
» scripturam.* » Bibliothèque de Troyes, Mss. n°ˢ 1891, 1965.

« *Thomæ Brandarduini de causis Dei contra Pela-
» gium et de virtute causarum.* » Bibliothèque de Troyes, Ms. n° 811.

« *Speculum virginum auctore Conrado, hirsaugiensi
» monacho.* » Bibliothèque de Troyes, Ms. n° 252.

« *Centiloquium Jesu Christi, editum a fratre Petro de
» Ceffonds, religioso clarevallensi.* » Bibliothèque de Troyes, Mss. n°ˢ 859, 930.

« *Ejusdem commentaria in quatuor libros sententia-
» rum.* » Bibliothèque de Troyes, Ms. n° 62.

« *Summa confessorum, edita a fratre Johanne ordinis
» prædicatorum, in qua citat 2am. 2æ. S. Thomæ.* » Bibliothèque de Troyes, Mss. n°ˢ 156, 1492.

« *Simonis Tornacensis sermones de diversis.* » Bibliothèque de Troyes, Ms. n° 1178.

« *Petri Cellensis in Ruth.* » Bibliothèque de Troyes, Ms. n° 253.

« *Fretellus, archidiaconus Antiochiæ, de locis sanctis.* » Bibliothèque de Troyes, Ms. n° 294 bis.

« Nous y trouvâmes aussi un fort beau décret de
» Gratien, qui a été donné autrefois par Alain, disci-
» ple de saint Bernard et ensuite évêque d'Auxerre,
» sur lequel sont écrits ces mots : *Ego Alanus,*
» *quondam Autissiodorensis episcopus, hæc decreta*
» *Gratiani dedi monasterio Clarævallis pro remedio*
» *animæ meæ, eo tenore et pacto ut nulla necessitate a*

» *monasterio Claræavallis transferantur vel exportentur,*
» *annuente ejusdem loci abbate et congregatione; et*
» *quia inviolabiliter debent condicta servari, rogo et*
» *obtestor in Domino, ut ratum futuris temporibus ha-*
» *beatur et fideliter teneatur. Amen.* Sur quoy on peut
» faire cette réflexion que les religieux de Clairvaux
» n'étaient pas ennemis de la lecture du droit canon,
» puisqu'Alain, disciple de saint Bernard, veut qu'on
» conserve si précieusement ce Décret dans Clair-
» vaux, et qu'il défend, sous quelque prétexte de
» nécessité que ce puisse être, de le prêter au-
» dehors. Il en faut dire de même des ouvrages
» dogmatiques des Pères, dont nous en avons vu
» plusieurs dans Clairvaux, écrits du temps de saint
» Bernard, et entr'autres les six livres de saint Au-
» gustin contre Julien. Car ç'aurait été fort inutile-
» ment que les religieux se seraient donné la peine de
» copier ces livres s'ils ne les avaient point lus. »
Ces dernières lignes ont trait à une polémique occasionnée par la réforme de la Trappe. On avait agité la question de savoir s'il était ou non contraire à l'institut primitif des ordres monastiques de s'occuper d'une littérature autre que la littérature ascétique.

Cette notice des bénédictins, D. Martène et D. Durand, nous inspire un vif regret, c'est qu'elle ne soit pas plus développée.

Plus d'un siècle après, M. Libri, inspecteur des bibliothèques publiques des départements, ayant vu à Troyes et à Montpellier les débris de la bibliothèque de Clairvaux, publia, dans le *Journal des Savants,* un compte-rendu de ses tournées dont nous extrayons le passage suivant :

« Après avoir donné la description des plus an-

» ciens manuscrits de la bibliothèque de Troyes,
» tirés presque tous des collections de Pithou et de
» Bouhier, nous allons passer à l'examen des ma-
» nuscrits du temps de saint Bernard, ou posté-
» rieurs, que possède cette bibliothèque. Ces ma-
» nuscrits, qui sont très-nombreux, proviennent,
» comme nous l'avons déjà dit, en grande partie, de
» l'abbaye de Clairvaux. La bibliothèque de cette
» abbaye ne nous fournira pas des manuscrits très-
» anciens ni très-remarquables. Excepté la bible
» dite de saint Bernard (et dont cet homme célèbre
» s'est servi) et quelques beaux manuscrits donnés
» à la bibliothèque de Clairvaux par Henri, fils de
» Louis VI, appelé Louis-le-Gros, roi de France ; on
» aurait de la peine à signaler aux savants d'autres
» manuscrits précieux par l'antiquité, par la beauté
» de l'exécution, ou pour le parti qu'on en peut ti-
» rer dans des travaux de science et d'érudition.
» C'est surtout dans leur ensemble que les manus-
» crits de la bibliothèque de Clairvaux doivent être
» examinés ; et, effectivement, ils peuvent donner
» lieu à des observations intéressantes.

» Dans cette collection, ce qui frappe le plus,
» c'est le choix des ouvrages dont elle était compo-
» sée. Ce n'étaient ni les classiques, ni les ouvrages
» de science ou d'érudition, ni même les textes des
» livres sacrés qui en formaient le fonds : c'est à
» peine si, dans les mille manuscrits, au moins,
» qui restent encore de l'ancienne bibliothèque de
» Clairvaux, il se trouve deux ou trois classiques, et
» encore ce ne sont là que des volumes du xve siè-
» cle, sans aucune valeur. Tant que la règle de saint
» Bernard resta dans sa pureté primitive, les belles-

» lettres ne furent guère admises à Clairvaux. Les
» ouvrages didactiques, de grammaire, de logique
» ou de philosophie, sont très-rares parmi ces ma-
» nuscrits. Nous n'y avons pas trouvé un seul traité
» de géométrie. Aristote lui-même, qui avait, au
» moyen-âge, un si grand ascendant, et dont nous
» rencontrons tant de traductions, de paraphrases
» dans les manuscrits de cette époque, paraissait
» exclu de Clairvaux. Il est inutile de dire qu'on ne
» devait y rencontrer ni ces romans de chevalerie,
» ni toute cette *gaie science* qui faisait alors les délices
» du peuple et des grands, et qui servit de base et
» de point de départ à la littérature moderne. Tout
» cela était beaucoup trop mondain pour les disciples
» de saint Bernard. Les livres sacrés n'étaient pas
» nombreux à Clairvaux, où les bibles et les évangiles
» n'étaient admis qu'accompagnés d'un commen-
» taire, ou, pour mieux dire, perdus dans une glose
» qui ne laissait plus au lecteur la possibilité de re-
» trouver et de suivre l'ouvrage original. Ce qu'on
» trouvait surtout dans cette bibliothèque, c'étaient
» des *ouvrages pratiques*. A une époque où l'Eglise
» exerçait un si grand empire, les moines se trou-
» vaient mêlés à toutes les affaires de la société.
» Dirigées par un petit nombre d'hommes d'élite,
» les affaires des couvents étaient exécutées par une
» foule de subalternes, bornés souvent, mais actifs
» et travaillant sans relâche à augmenter l'influence
» et les richesses de l'ordre auquel ils appartenaient.
» C'était là une association (on dirait presque une
» exploitation), où, tout en travaillant pour la com-
» munauté, chaque membre travaillait pour son
» propre bien-être. Pour que l'exécution répondît

» toujours à la pensée dirigeante, il ne suffisait pas
» de l'obéissance passive si rigoureusement imposée
» dans le cloître, il fallait aussi que les instruments
» des volontés supérieures fussent parfaitement ins-
» truits dans la pratique de leur ministère, et qu'ils
» pussent trouver, à chaque instant, la solution de
» toutes les difficultés qu'ils devaient rencontrer
» dans l'exercice de leurs fonctions. Mais bien peu
» de ces instruments subalternes étaient doués des
» facultés nécessaires pour pouvoir décider ce qu'il
» fallait faire dans chaque cas ; et, d'ailleurs, il aurait
» été dangereux et contraire aux bases de l'organi-
» sation de l'Eglise de laisser trop de place à la li-
» berté individuelle de l'esprit. Il fallait donc multi-
» plier les règles, prévoir tous les cas, et préparer
» les moyens de succès à tant de religieux qui,
» laissés sans direction et sans secours, n'auraient été
» que des membres inutiles de la corporation.

» Pour satisfaire à tous ces besoins, on rédigea
» cette multitude d'ouvrages pratiques dont l'Eglise
» primitive n'avait pas besoin, et qui devinrent in-
» dispensables à des associations religieuses qui,
» tout en regardant le ciel, s'occupaient des choses
» de la terre. Quelles que soient les données que
» l'histoire nous fournit à cet égard, il serait impos-
» sible de se faire une juste idée du point où les
» hommes qui dirigeaient ces grandes associations
» avaient poussé la prévoyance ; et, pour notre
» compte, nous devons avouer qu'avant d'avoir
» examiné les restes de l'ancienne bibliothèque de
» Clairvaux, nous étions loin de pouvoir apprécier
» cette prévoyance. C'est là qu'il faut voir par
» combien d'ouvrages spéciaux on avait cherché

» à faciliter la tâche de chaque membre du clergé.

» Ce qui formait la base de cette bibliothèque,
» c'était un nombre prodigieux de traités sur l'art de
» confesser, sur le droit canon, et particulièrement
» sur les droits des couvents et les priviléges des moi-
» nes, sur les cas de conscience, sur la liturgie, et,
» en général, sur toutes les parties *extérieures* de la
» religion. Les *Ars prædicandi*, les *themata sermonum*,
» les *loci communes sermonum*, existent par centaines
» dans les manuscrits de Clairvaux. Il faut voir ces
» anciens *manuels* pour se faire une juste idée du
» soin que l'on avait eu de rendre élémentaire et
» accessible aux esprits des moins développés la
» science nécessaire aux ecclésiastiques. Les *itiné-*
» *raires* des prédicateurs; les fleurs (*flores*) à répan-
» dre dans les sermons, et principalement dans ceux
» qu'on doit improviser tel ou tel jour; les extraits
» et les citations des livres saints et des Pères de
» l'Eglise, qu'on doit apprendre par cœur pour les
» introduire dans les sermons; les *collectanea*, les
» abrégés de toute sorte, les *excerpta* des vies des
» saints, les *concordances* des Pères, sont multipliés
» presque à l'infini. Les uns sont distribués par ordre
» alphabétique, d'autres par ordre de matière ou par
» fêtes de saints. Il fallait un esprit bien obtus pour
» ne pas savoir improviser un sermon à l'aide de
» tous ces secours. Mais si, par malheur, on n'y
» pouvait pas parvenir, il y avait d'autres volumes
» destinés à suppléer à l'inspiration. Des sermons
» tout rédigés, et dans lesquels il n'y avait qu'à
» mettre le nom du saint ou de la fête qu'on célé-
» brait, pouvaient tirer d'embarras quiconque avait
» un peu de mémoire. Au reste, ce n'était pas seu-

» lement l'art du prédicateur qui recevait tant de
» secours : la célébration de la messe, la manière
» d'administrer les sacrements, toutes les parties,
» en un mot, du culte extérieur, de la discipline, de
» la controverse et du droit canon, étaient expli-
» quées, commentées et enseignées à l'aide d'un
» très-grand nombre d'ouvrages qui en rendaient la
» pratique facile. C'était une *bibliothèque spéciale*
» dans la plus stricte acception du mot : car, dans
» cette collection si nombreuse, il n'y avait guère
» de manuscrits qui pussent servir à d'autres qu'à
» des moines, et surtout à des moines qui voulaient
» rester étrangers, à la fois, aux chefs-d'œuvre de
» l'antiquité, à l'histoire de l'Eglise et du moyen-
» âge, et à la renaissance des lettres.

» Si l'on compare la bibliothèque de Clairvaux
» avec les collections formées au xiv° siècle, par
» Charles V et par son frère le duc de Berry, ou
» avec celles que possédaient les ducs de Bourgogne
» et les seigneurs de la Gruthuyse, on verra combien
» ces bibliothèques *profanes* étaient supérieures, par
» le choix des manuscrits et l'importance des ou-
» vrages, aux bibliothèques des couvents. Dans les
» deux mille trois cent onze manuscrits possédés
» par les rois de France et par les ducs de Bour-
» gogne, se trouvent presque tous les ouvrages de
» quelque importance connus à cette époque. Si les
» classiques latins n'y sont pas très-nombreux, les
» traductions y abondent, et l'on y voit jusqu'à des
» princesses faire traduire, pour leur usage parti-
» culier, des écrits qu'elles ne pouvaient pas lire
» dans l'original. Les ouvrages sur l'histoire, sur la
» géographie, sur la médecine, sur les mathéma-

» tiques, que l'on rencontre dans ces collections,
» prouvent que ceux qui les possédaient ne négli-
» geaient aucune branche des connaissances hu-
» maines. Mais ce qui donne à ces bibliothèques un
» caractère tout particulier, c'est le grand nombre
» d'ouvrages français qu'elles renfermaient, et sur-
» tout d'ouvrages qu'on pouvait appeler alors de la
» *littérature moderne*. Il n'y a peut-être pas un roman
» de chevalerie, un poëme, ni un recueil de lais ou
» de chansons, composés au moyen-âge, qui ne se
» trouvât dans les collections formées par ces prin-
» ces, qui, prenant ainsi sous leur protection des
» ouvrages et des écrivains proscrits ou négligés
» par l'Eglise, aidaient efficacement à la renaissance
» et au renouvellement des lettres en France.

» Malgré cette tendance des moines de Clairvaux
» à n'ouvrir les portes de leur bibliothèque qu'à des
» livres dont ils pouvaient reconnaître l'utilité pra-
» tique, cependant il aurait été presque impossible
» que cette collection si considérable ne renfermât
» pas quelque ouvrage digne de l'attention des sa-
» vants. Dans le nombre fort restreint d'ouvrages
» remarquables que nous y avons rencontrés, nous
» citerons :

» 1°. Le traité *de Viris illustribus*, par Pétrarque;
» ouvrage qu'on croyait perdu, et dont un extrait
» seulement du premier livre a été imprimé. Le
» manuscrit dont nous parlons contient ce premier
» livre en entier, et on y trouve, de plus, le second
» livre inédit, qui renferme la vie de César.

» 2°. Un recueil où se trouvent *Ferculfi, lexovien-*
» *sis episcopi, historiæ prima pars*. — *Excerpta ex libro*

» *Julii Africani, qui primus latinorum, post Christi
» adventum, scripsit de temporibus atque œtatibus seculi.*
» — *Versus Hildeberti, cenomanensis episcopi, de expo-
» sitione misse.*

» 3°. Un beau Valère Maxime du xiie-xiiie siècle,
» en latin. Dans le même manuscrit se trouvent les
» lettres des deux évêques Anselme et Higdebert.

» 4°. Enfin plusieurs volumes contenant la table
» et le sommaire des chartes et des titres de l'abbaye
» de Clairvaux, ainsi que les recettes et les dépenses
» de cette abbaye. On sait combien les registres et
» cartulaires de cette nature sont devenus précieux
» depuis la suppression des ordres religieux et la
» dispersion des titres originaux qui en a été le ré-
» sultat. Un des répertoires dont nous parlons a été
» rédigé par Dom Perron et Dom Toustain. »

Malheureusement, M. Libri n'avait pas pris connaissance de l'inventaire de 1472.

S'il avait lu le catalogue de 1472, il n'aurait pas
fait aux moines de Clairvaux le reproche contenu
dans trois phrases que nous répéterons. « C'est à
» peine si, dans les mille manuscrits au moins qui
» restent encore de l'ancienne bibliothèque de
» Clairvaux, il se trouve deux ou trois classiques. »
« Aristote... paraissait exclu de Clairvaux. » Plus
loin, M. Libri appelle les moines de Clairvaux « des
» moines qui voulaient rester étrangers à la fois aux
» chefs-d'œuvre de l'antiquité, à l'histoire de l'Eglise
» et du moyen-âge, et à la renaissance des lettres. »

Il y avait à Clairvaux, en 1472, soixante-trois
manuscrits appartenant aux auteurs suivants de
l'antiquité :

Aristote,	24 manuscrits.
Ovide,	7 —
Cicéron,	4 —
Hippocrate,	4 —
Galien,	3 —
Josephe,	3 —
Lucain,	3 —
Claudien,	2 —
Juvénal,	2 —
Horace,	1 —
Jules César,	1 —
Platon,	1 —
Quintilien,	1 —
Stace,	1 —
Suétone,	1 —
Valère Maxime,	1 —
Virgile,	1 —

L'histoire y était représentée par soixante-six manuscrits.

Si M. Libri eût parcouru le catalogue de 1472, il n'aurait pas dit que « ce qui formait la base de cette » bibliothèque, c'était un nombre prodigieux de » traités sur l'art de confesser, sur le droit canon, et » principalement sur les droits des couvents et les » priviléges des moines : » proposition qui, en outre, dénote chez lui une ignorance complète de la règle cistercienne. C'étaient les religieux mendiants qui étaient destinés au ministère de la confession : le but de l'institut de Cîteaux n'a jamais été de former des confesseurs, et l'étude du droit était interdite aux moines cisterciens.

M. Libri, s'il eût ouvert le catalogue de 1472, n'aurait pas écrit non plus que « les livres sacrés

» n'étaient pas nombreux à Clairvaux, où les bibles
» et les évangiles n'étaient admis qu'accompagnés
» d'un commentaire, ou, pour mieux dire, perdus
» dans une glose qui ne laissait plus au lecteur la
» possibilité de retrouver et de suivre l'ouvrage ori-
» ginal. »

On a vu en effet, en tête de notre analyse, qu'il y avait à Clairvaux, en 1472, 14 bibles entières en un volume sans glose, plus 20 autres manuscrits contenant différentes parties de l'Ecriture sainte, sans glose; je ne parle pas des psautiers destinés au service liturgique. Inutile de dire, en outre, que dans les 151 Mss. glosés, la glose, étant d'une autre écriture que le texte, comme le savent tous ceux qui ont vu des Mss. du moyen-âge, il est très-facile de lire l'un sans l'autre. On peut bien aujourd'hui lire un ouvrage imprimé en négligeant les notes.

§ 5. — De la Bibliothèque de Clairvaux, d'après les Catalogues des Bibliothèques publiques modernes.

Depuis l'époque où M. Libri écrivait son mémoire, les catalogues des bibliothèques de l'Ecole de médecine de Montpellier et de la ville de Troyes ont été publiés par le Gouvernement (1).

Nous savons que l'on trouve des manuscrits de Clairvaux sous 1230 numéros de la bibliothèque de Troyes, ce qui fait 1267 manuscrits, en tenant compte des ouvrages en plusieurs volumes désignés

---

(1) Ce dernier, surtout, rédigé par M. Harmand, bibliothécaire, nous a été fort utile.

par un seul numéro. A la bibliothèque de la Faculté de médecine de Montpellier, on compte cinquante-neuf manuscrits provenant aussi de Clairvaux, et enlevés de Troyes en 1804. Enfin, sur 152 Mss. de la bibliothèque de Troyes, transportés à la Bibliothèque impériale en 1804, et connus sous le nom de fonds Bouhier, il se trouve, outre les Mss. provenant de Bouhier et de Pithou, trois Mss. de Clairvaux (1). Il y a donc dans nos dépôts publics 1329 manuscrits provenant de l'ancienne bibliothèque de Clairvaux. Le reste a disparu, et 385 volumes de cette magnifique collection sont perdus aujourd'hui (2). Une étude complète de l'ancienne bibliothèque de Clairvaux est donc tout-à-fait impossible. Cependant, l'état abrégé qui suit, dressé d'après les catalogues des bibliothèques de Troyes, de l'Ecole de médecine de Montpellier, et du fonds Bouhier de la Bibliothèque impériale, pourra nous permettre d'ajouter quelques faits nouveaux à ceux que nous connaissons déjà, soit par l'inventaire de 1472, soit par le *Voyage littéraire de deux bénédictins*, ou le mémoire de M. Libri. Nous suivrons à peu près, et sauf quelques modifications de détail, l'ordre adopté, en 1472, par les moines de Clairvaux.

---

(1) Nous tenons ce renseignement de l'obligeance de M. L. Delisle, membre de l'Institut.

(2) Nous ne présentons ces chiffres que comme une approximation. On sent que, dans un travail de ce genre, bien des causes peuvent engendrer des erreurs de détail.

ÉCRITURE SAINTE.

Beaucoup de manuscrits n'existent plus. Parmi ceux qui ont été conservés, comme parmi ceux qui ont disparu, les volumes, où le texte est accompagné de glose, sont les plus nombreux. Cependant on en trouve encore quelques-uns où le texte seul a été admis. Telles sont, pour le XII° siècle, deux magnifiques bibles, l'une en cinq volumes, l'autre en deux, dont la seconde est connue sous le nom de Bible de saint Bernard, et paraît avoir réellement appartenu à cet homme illustre. Ces deux bibles portent les numéros 27 et 458 de la bibliothèque de Troyes. Sous huit numéros de la même bibliothèque (57, 101, 149, 492, 577, 582, 1299, 1852) on trouve autant de manuscrits de la bible non glosés, datant du XIII° siècle. Le total des exemplaires manuscrits non glosés de la bible provenant de Clairvaux, et conservés à Troyes, est donc de dix.

Une partie notable des manuscrits glosés date du XII° siècle.

PATROLOGIE.

Nous nous bornerons à donner ici la liste des pères ou docteurs dont la bibliothèque de Clairvaux contenait des manuscrits d'une écriture antérieure au XIII° siècle. Ces pères ou docteurs sont, sauf omission, au nombre de quarante-quatre. Ce sont : Abélard, Alcuin, saint Ambroise, saint Anselme, saint Athanase, saint Augustin, saint Basile, Bède, saint Bernard, Boèce, Cassien, Cassiodore, saint Césaire d'Arles, saint Clément, pape, saint Cyprien, saint Ephrem, Ennodius, Eusèbe d'Emèse, saint Fulgence, saint Grégoire de Naziance, saint Grégoire de Nysse, saint Grégoire-le-Grand, saint Grégoire VII, saint Hilaire, Hildebert, évêque du Mans, saint Hildefonse, Hugues de Saint-Victor, saint Ignace, Isidore de Séville, saint Jean-Chrysostome, saint Jérôme, saint Léon, pape, saint Martial de Limoges, Origène, Orose, Paulin d'Aquilée, Pierre de Celle, saint Prosper d'Aquitaine, Raban-Maur, Richard de Saint-Victor, Salvien, Yves de Chartres.

Tous les siècles de l'Eglise, depuis les temps apostoliques jusqu'au xiie siècle, sont représentés dans cette liste. Le nombre de manuscrits des principaux pères, notamment de saint Augustin, est très-considérable, et Clairvaux paraît avoir eu, dès le xiie siècle, une très-belle bibliothèque patrologique qui s'accrut peu dans les siècles suivants.

THÉOLOGIE SCHOLASTIQUE.

xiie siècle.

Pierre Lombard.	Sentences.	Troyes.	900

xiie-xiiie siècle.

Id.	Sentences.	Troyes.	286

xiiie siècle.

Id.	Sentences.	Troyes.	899
Id.	Sentences.	—	1182
Id.	Sentences.	—	2264
S. Bonaventure.	Sur les livres III et IV des Sentences.	—	1862

S. Thomas d'Aquin.	Questions sur le Ier livre des Sentences.	Troyes.	506
Id.	Questions sur le Ier et le IIe livre des Sentences.	—	776bis
Anonyme.	Commentaire sur le livre II des Sentences.	—	445

XIIIe-XIVe SIÈCLE.

Pierre de Tarentaise.	Questions sur le Ier livre des Sentences.	—	428
Id.	Sur le livre II des Sentences.	—	500
Gilles de Rome.	Expositions sur le Ier livre des Sentences.	—	502

XIVe SIÈCLE.

Pierre Lombard.	Sentences.	—	153
S. Thomas d'Aquin.	Sur les 4 livres des Sentences.	—	427
Id.	Sur le livre II des Sentences.	—	515
Id.	Sur le livre IV des Sentences.	—	133
Id.	Id.	—	150
Id.	Somme complète en 3 volumes.	—	187
Id.	Somme, livre Ier.	—	161
Id.	Id.	—	162
Id.	Id.	—	163
Id.	Id.	—	165
Id.	Id.	—	499
Id.	Somme, première partie du livre II.	—	162
Id.	Id.	—	164
Id.	Id.	—	165bis
Id.	Somme, seconde partie du livre II.	—	578
Id.	Id.	—	624
Id.	Somme, livre III.	—	499
Id.	Id.	—	624
Id.	Id.	—	629
Eudes Rigaud.	Sur les livres II et III des Sentences.	—	2032
Durand de S. Pourçain.	Sur le Ier et le IIe livre des Sentences.	—	438
Id.	Id.	—	722

BRADWARD. Sur le Ier et le IIe livre des Sentences.	Troyes.	505
GILLES DE ROME. Sur le Ier livre des Sentences.	—	294
PIERRE DE TARENTAISE. Sur le Ier livre des Sentences.	Montpellier.	140
DUNS SCOT. Sur le Ier et le IIe livre des Sentences.	Troyes.	277
PIERRE DE CEFFONDS. Sur les 4 livres des Sentences.	—	62
HENRI DE GAND. Somme théologique, 1re part.	—	493

XVe SIÈCLE.

GRÉGOIRE DE RIMINI. Sur les livres I et II des Sentences.	—	151

HISTOIRE.

XIIe SIÈCLE.

VALÈRE MAXIME. *De dictis factisque mirabilibus.*	—	513
JOSEPHE. Antiquités Judaïques.	—	137
Id. Guerre des Juifs.	—	701
SUÉTONE. Vie des douze Césars.	Montpellier.	117
JULES AFRICAIN. Extraits.	Troyes.	887
SOLIN. *De mirabilibus mundi.*	Montpellier.	121
OROSE. Histoires.	Troyes.	2265
MACROBE. Saturnales.	—	514
S. JÉRÔME. *De illustribus viris.*	—	855
GENNADE. *De illustribus viris.*	—	855
EPIPHANE LE SCHOLASTIQUE. Histoire Tripartite.	—	250
HÉGÉSIPPE. *De Bello Judaïco.*	—	287
S. ISIDORE. *De viris illustribus.*	—	855
DARÈS. *De Excidio Trojæ.*	Montpellier.	121
EGINHARD. Vie de Charlemagne.	Troyes.	294bis
FRÉCULFE. Chronique (les 7 premiers livres).	—	887
ROBERT. *Gesta Francorum Jerusalem expugnantium.*	—	470ter
HUGUES DE FLEURY. Histoire ecclésiastique.	—	470ter
GUILLAUME DE MALMESBURY. *De gestis Anglorum.*	—	294bis

FRETELLUS. Géographie de la Terre-Sainte. Troyes. 204*bis*
De divers auteurs : Nombreuses Vies de saints. Montpellier. 1, 2
               Troyes. 1, 6, etc.

XIIe-XIIIe SIÈCLE.

FRÉCULFE. Chronique.   Montpellier. 295
GEOFFROY DE MONMOUTH. *Historia Britonum.*   Troyes. 273*bis*
HUGUES DE S.-VICTOR. Chronique.   — 259
PIERRE COMESTOR. Histoire scholastique. — 226

XIIIe SIÈCLE.

SALLUSTE. Extraits.   — 215
PIERRE COMESTOR. Histoire scholastique. Troyes. 123, 595, 451, 579, 621.
Chronicon S. Mariani Autissiodorensis. Montpellier. 27
ADEMARI MONACHI ENGOLISMENSIS *Chronicon.*   — 27
De gestis Francorum libri tres.   — 27
JACQUES DE VITRY. Histoire de Jérusalem. Troyes. 2403

XIIIe-XIVe SIÈCLE.

VINCENT DE BEAUVAIS. *Speculum historiale.* — 170
JACQUES DE VORAGINE. Légende dorée. — 941
ANONYME. *De gestis Philippi et Alexandri regum Macedonum.*   — 1959
 Id. *Aristotelis philosophi vita.*   — 1959

XIVe SIÈCLE.

JACQUES DE VORAGINE. Légende dorée. Montpellier. 297, 381.
 Id.   Id.   Troyes. 1254, 1255, 1502, 1753, 1851, 1888.

XVe SIÈCLE.

DARÈS. *De excidio Trojæ.*   — 1948
VINCENT DE BEAUVAIS. Table du *Speculum historiale.*   — 270
PÉTRARQUE. *De viris illustribus, de C. Julio Cæsare.*   — 1042

DROIT CANONIQUE.

XIIe SIÈCLE.

YVES DE CHARTRES. *Pannormia.*   — 480
 Id.   *Id.*   — 1293
 Id.   *Id.*   — 1519

Collection de conciles et de décrétales, en deux volumes.	Montpellier.	3
GRATIEN. Décret.	Troyes.	44
Id. Id.	—	60

XIII° SIÈCLE.

GRATIEN. Décret.	—	103
Id. Décret avec glose.	—	1421
Décrétales (les 3 premières collections).	—	1838
INNOCENT III. Décrétales.	Paris, Bibl. Imp. F. Bouhier.	137
GRÉGOIRE IX. Décrétales avec glose.	Troyes.	193
Id. Décrétales avec glose.	—	1244
Id. Décrétales sans glose.	—	858
Id. Décrétales sans glose.	—	1902
GEOFFROI DE TRANO Summa super titulos decretalium.	—	1448
Id. Id.	—	1746
BERNARD BALBUS. Summa de jure canonico.	—	383
TANCRÈDE. Ordo judiciarius.	—	456

XIII°-XIV° SIÈCLE.

TANCRÈDE. Ordo judiciarius.	—	1783
GRÉGOIRE IX. Décrétales cum apparatu Bernardi de Montemirato.	—	1413
Id. Décrétales sans glose.	—	944
Id. Id.	—	1783
Traité sur décret de Gratien.	—	192

XIV° SIÈCLE.

BONIFACE VIII. Sexte.	—	831
Id. Id.	—	1205
Id. Id.	—	1716
Id. Id.	—	1718
Id. Id.	—	1959
Clémentines.	—	1523
Id.	—	1718
INNOCENT IV. Somme.	—	89
MONALDO. Somme.	—	834
RAIMUNDUS. Somme.	Montpellier.	9
JOHANNES ANDREÆ. Novella.	Troyes.	125
HENRI BARTHÉLEMY DE SUZE, CARDINAL D'OSTIE. Somme.	—	97
Id. Somme.	—	98
Id. Id.	—	99

BARTHÉLEMY DE BRESCE. Commentaire sur
  le décret de Gratien.   Troyes.   806
BERNARDUS DE MONTEMIRATO. *Summa de
  casibus super V libros de
  cretalium.*   —   949
BONAGUIDA. *Summa introductoria.*   —   1850
GUILLAUME DURAND. *Speculum judiciale.* —   118
ANONYME. Répertoire.   —   148

XV⁰ SIÈCLE.

GEOFFROI DE TRANO. *Summa.*   —   809
PIERRE QUESVEL. *Summa.*   —   75

DROIT CIVIL.

XII⁰ SIÈCLE.

Abrégé de droit civil tiré des codes Hermo-
  génien, Grégorien, Théo-
  dosien et Justinien.   —   1317

XII⁰-XIII⁰ SIÈCLE.

Digestum vetus glosé.   —   135

XIII⁰ SIÈCLE.

Infortiat.   —   408
Volumen.   —   171
Etablissements de saint Louis. —   1709

XIII⁰-XIV⁰ SIÈCLE.

Code Justinien.   —   136

XIV⁰ SIÈCLE.

Digestum novum.   —   130
Volumen.   Montpellier.   8

XV⁰ SIÈCLE.

BOUTEILLIER. Somme rural.   Troyes.   727

MÉDECINE.

XII⁰-XIII⁰ SIÈCLE.

Traité par un anonyme.   Montpellier.   450

XIII⁰ SIÈCLE.

AVICENNE (canon d').   —   15
CONSTANTINI AFRICANI. *Practica.* —   187

XIVᵉ SIÈCLE.

HIPPOCRATE.	Aphorismes.	Montpellier.	182*bis*
Id.	Aphorismes (avec le commentaire de Galien, traduit de l'arabe par *Constantinus Africanus*).	—	188
Id.	Aphorismes (avec commentaire).	—	182
Id.	Pronostiques.	—	182*bis*
Id.	Pronostiques (avec commentaire de Galien).	—	188
Id.	Pronostiques (avec commentaire).	—	182
Id.	*Liber regimenti acutorum.*	—	182*bis*
Id.	*Liber acutarum ægritudinum.* (Le même que le précédent).	—	188
GALIEN.	*Tegni cum commento Haly.*	—	182
Id.	*Id.*	—	188
THÉOPHILE.	*Liber urinarum.*	—	182*bis*
Id.	*Id.*	—	188
JEAN, FILS DE SERAPION.	*Isayogæ ad Tegni Galeni.*	—	182*bis*
Id.	*Id.*	—	188
Id.	Aphorismes.	—	182
ISAAC, FILS DE SALOMON.	*De urinis.*	—	182*bis*
PLATEARIUS.	*De Medicina.*	—	472
MAURUS SALERNITANUS.	*Regulæ urinarum.*	—	472
ANONYME.	*Tabulæ salerni.*	—	472
Id.	*Liber dictarum.*	—	182*bis*
Id.	*De Pulsibus.*	—	182*bis*

TRIVIUM.

(Grammaire, Logique et Rhétorique.)

1°. Grammaire.

XIᵉ SIÈCLE.

Fragment d'un Glossaire, grec-latin.	Montpellier.	296

XIIᵉ SIÈCLE.

PRISCIEN. Grammaire.	Troyes.	1377
Anonymi Prosodia.	Montpellier.	335

Papias. Glossaire.	Troyes.	539
Garnier, évêque de Langres. Glossaire dit Angelus.	—	32, 392
Anonyme. Glossaire.	—	2404

XIIIe siècle.

Papias. Glossaire.	Montpellier.	109
Brito. Glossaire.	—	111
Evrard de Béthune. Grécisme.	Troyes.	837
Id. Grécisme.	Paris, Bibl. Imp. F. Bouhier.	132
Alexandre de Villedieu. *Doctrinale*.	Troyes.	1142

XIIIe-XIVe siècle.

Anonyme. *Summa quædam de grammatica*.	Montpellier.	302
Id. Exemples divers pour apprendre la prosodie.	—	302

XIVe siècle.

Alexandre de Villedieu. *Doctrinale*.	Troyes.	1239
Anonyme. Grammaire en vers.	Montpellier.	326
Id. Dictionnaire étymologique.	—	470
Astesan. Dictionnaire des mots difficiles du *corpus juris*.	Troyes.	1522

XVe siècle.

Alexandre de Villedieu. *Doctrinale*.	Troyes,	1296, 1606
Evrard de Béthune. Grécisme.	—	1295

2°. Logique et Philosophie.

XIIe siècle.

Aristote. Catégories, traduction attribuée à saint Augustin.	—	40
Id. Extraits.	—	854
Sénèque. Extraits.	—	854
Macrobe. Commentaire sur le songe de Scipion.	—	514

XIIe-XIIIe siècle.

Sénèque. Abrégés ou extraits de divers ouvrages : 1° *De Beneficiis*, 2° *Epistolæ ad Lucilium*, 3° *De Clementia*, 4° *Naturales questiones*, etc.	—	215

XIIIᵉ SIÈCLE.

SÉNÈQUE. Extraits.	Troyes.	1385
Id. Id.	—	586
ALBERT-LE-GRAND. Questions sur le traité des Ethiques.	—	1236
HYMBERT DE GENDREY, ABBÉ DE PRULLY, Ordre de Citeaux. Sur la Métaphysique d'Aristote.	Montpellier.	181
LAMBERT DE LIGNY. *Summulæ logices.*	Troyes.	2402

XIIIᵉ-XIVᵉ SIÈCLE.

ARISTOTE. Ethiques.	—	575
— Métaphysique.	—	1941
CATON. Proverbes.	—	770
S. THOMAS D'AQUIN. Traités sur les ouvrages suivants d'Aristote : 1° *Metheorum*, 2° *De sensu et sensato*, 3° *De memoria et reminiscentia*, 4° *De spiritu et respiratione*.	—	884
GILLES DE ROME. Traités sur deux ouvrages d'Aristote : 1° *De generatione et corruptione*, 2° *Physicorum*.	—	884

XIVᵉ SIÈCLE.

ARISTOTE. Métaphysique.	Troyes.	275
Id. Physique.	Montpellier.	183
Id. Id.	Troyes.	576
Id. Ethiques.	Montpellier.	228
Id. Id.	Troyes.	1340
Id. *Analyticorum priorum et posteriorum.*	—	1455
Id. *Elenchorum.*	—	1455
Id. *Topicorum.*	—	1455
Id. *De Interpretatione.*	—	1456
Id. Id.	—	1457
Id. *De generatione et corruptione.*	—	275
Id. Id.	Montpellier.	177
Id. *De causis* (avec commentaire).	—	177
Id. Id. (sans commentaire).	Troyes.	951
Id. *De cœlo et mundo.*	Montpellier.	177
Id. Id. (avec commentaire).	—	33
Id. *Metheorum.*	—	177
Id. *De Meteorologia* (le même traité).	Troyes.	275
Id. *De vegetabilibus et plantis.*	Montpellier.	177
Id. *De progressu animalium.*	—	177

ARISTOTE. *De physionomia.*	Montpellier.	177
Id. *De inundatione fluviorum.*	—	177
Id. *De anima.*	—	177
Id. *Id.*	Troyes.	275
Id. *De pomo* (apochryphe).	Montpellier.	177
Table alphabétique des œuvres d'Aristote.	Troyes.	1080
PORPHYRE. Introduction à la logique d'Aristote.	—	1456
Id. Id.	—	1457
BOÈCE. *Divisionum.*	—	1457
Id. *De differentiis topicis.*	—	1457
AVERROÈS. Traités sur les ouvrages suivants d'Aristote : 1° *De generatione*, 2° *De substanstia orbis*, 3° *De sensu et sensato*, 4° *De memoria et reminiscentia*, 5° *De somno et vigilia*, 6° *De morte et vita*, 7° *De anima.*	Montpellier.	33
GILLES DE ROME. Commentaire sur la Physique d'Aristote.	Troyes.	884
— Sur Aristote *De generatione.*	—	1770
— *De regimine principum.*	—	1602
ANONYME. Commentaire sur Aristote, *De anima.*	—	866
Id. Commentaire sur treize opuscules d'Aristote.	—	1374
Id. Abrégé de philosophie.	—	1488
Id. Traité sur les *Noces de Mercure et de la Philologie*, par Marcianus Capella.	—	931

XVe SIÈCLE.

CICERON. Extraits du *de officiis.*	—	1452
Id. Id.	—	1948
Id. Songe de Scipion.	—	1948
SÉNÈQUE. Epîtres à saint Paul et à Lucilius.	—	631
Id. Extraits.	—	1334
S. THOMAS D'AQUIN : 1° *Questiones de anima*, 2° *Summa de anima*, 3° *De physionomia*, 4° *De ente et essentia, de verbo et intellectu, de fallaciis, de amphibologia, de potenciis animæ.*	—	1256
Id. 1° *De ente et essentia*, 2° *De natura generis et differentiæ.*	—	1551

ANONYME. Abrégé de logique d'après Aris-
        tote, Porphyre et Boëce.   Troyes.   1626

3° Rhétorique, Eloquence profane et Poésie.

A) *Rhétorique et Eloquence profane.*

XII° SIÈCLE.

CICERON. *De inventione.*   Montpellier.   335
   Id. *Rhetorica ad Herennium.*   —   335
   Id. Extraits.   Troyes.   854

XIII° SIÈCLE.

   Id. Extraits.   —   1385, 1916

XIV° SIÈCLE.

ARISTOTE. Rhétorique avec les commentaires
        de Gilles de Rome.   —   912

XV° SIÈCLE.

CICERON. *Orationes et epistolæ.*   Montpellier.   359
   Id. *Synonyma.*   Troyes.   1559
   Id. *Partitiones oratoriæ.*   —   1559
   Id. *De oratore.*   —   1559
   Id. *Orator* (abrégé).   —   1559
GUILLAUME FICHET. Rhétorique.   —   1414

B) *Poésie.*

XII° SIÈCLE.

TÉRENCE, Comédies.   Montpellier.   227
VIRGILE. Enéïde.   —   427

XII°-XIII° SIÈCLE.

CLAUDIEN. Œuvres.   —   330

XIII° SIÈCLE.

TÉRENCE. Extraits.   Troyes.   215
VIRGILE. Extraits.   —   1385, 1916
OVIDE. Extraits.   —   1385
LUCAIN. Extraits.   —   1916

XIV° SIÈCLE.

GAUTIER DE CHATILLON. Alexandréide.   —   2287
   Id. Alexandréide.   Montpellier.   342
   Id. Id.   Paris, Bibl. Imp.
                                                                      F. Bouhier.   132

XVᵉ SIÈCLE.

Virgile. Bucoliques et Géorgiques.	Troyes.	1619
Id. Énéide.	—	781
Horace. Épîtres.	—	1918
— Art poétique.	—	1524
Lucain. Pharsale.	—	1685
Publius Syrus.	—	2013

QUADRIVIUM.

(Arithmétique, Géométrie, Musique et Astronomie.)

XIIᵉ-XIIIᵉ SIÈCLE.

S. Augustin. *De arte musica.*	Troyes.	801

XIIIᵉ-XIVᵉ SIÈCLE.

Anonyme. Traité en vers sur le nombre d'or.	—	1463

XIVᵉ SIÈCLE.

— Traité sur les quatre règles de l'Arithmétique.	—	951

XVᵉ SIÈCLE.

Pierre d'Ailly. Cinq traités astronomiques.	—	1524
Anonyme. Petit traité sur la Musique.	—	1877

Nous citerons, pour terminer, les extraits de Pline conservés dans un manuscrit du XIIᵉ siècle, Montpellier, 473, et un traité sur les plantes dans le n° 951 de la bibliothèque de Troyes, manuscrit du XIVᵉ siècle.

De ce tableau, ce qui nous semble résulter, c'est que l'histoire de la bibliothèque de Clairvaux, comme celle des études dans cette illustre abbaye, se partage en deux époques : l'une antérieure à la fondation du collège Saint-Bernard en 1244, l'autre postérieure à cette date.

Dans la première époque, la bibliothèque de l'abbaye de Clairvaux se compose principalement de l'Écriture sainte, de ses commentaires et des

Pères : on y trouve joints des livres d'histoire en assez grand nombre, quelques ouvrages droit canon, quelques ouvrages de grammaire, quelques classiques. Nous avons nommé Valère Maxime, Josephe, Suétone, Solin, Aristote arrivant sous le sauf-conduit de saint Augustin, Cicéron, Térence, Virgile, Claudien, Pline. La théologie scholastique, le droit civil, la médecine, la philosophie, sont à peine représentés.

Dans la seconde époque, la patrologie reste à peu près stationnaire. Le droit civil est toujours négligé. L'étude de l'histoire, celle de la grammaire, celle de la rhétorique et de la poésie, sont continuées sans cependant prendre de grands développements. Mais la théologie scholastique, le droit canon, un peu la médecine, et surtout la philosophie, font de grands progrès. On voit que les Cisterciens suivent le mouvement général des idées, et que l'enseignement si prospère des universités a pénétré dans les cloîtres. On continue à cultiver l'antiquité. On ne se borne pas à conserver les manuscrits du xiie siècle : les siècles suivants apportent leur contingent. C'est ainsi que, parmi les auteurs copiés successivement jusqu'à l'introduction de l'imprimerie, nous voyons apparaître, au xiiie siècle, Salluste, Sénèque, Aristote, Cicéron, Térence, Virgile, Ovide, Lucain; au xive, Hippocrate, Galien, Aristote, Porphyre, Dionysius-Caton; au xve, Cicéron, Sénèque, Virgile, Horace, Lucain et Publius Syrus.

Si la bibliothèque de Clairvaux avait été conservée intacte, cette liste serait plus complète. Les sept Mss. d'Ovide, relevés dans le catalogue de 1472, ont disparu. Juvénal, Stace, Jules César, Platon,

Quintilien, ne sont plus représentés parmi les manuscrits encore subsistants de la bibliothèque de Clairvaux; Claudien, duquel il y avait deux manuscrits, Lucain, duquel il en existait trois, ne figurent plus chacun que pour un seul. Notre tableau par siècle des manuscrits de Clairvaux ne renferme donc qu'une partie des auteurs classiques que cette bibliothèque devait contenir. Mais nous en avons assez dit pour prouver que la littérature antique fut étudiée à Clairvaux dans tous les temps du moyen-âge, et qu'au milieu de leurs exercices pieux et du travail des champs les disciples de saint Bernard surent conserver un sens littéraire plus élevé et un goût plus pur qu'on ne voudrait nous le faire imaginer.

§ 6. — **Des communications de livres dans la Bibliothèque de Clairvaux.**

Cette bibliothèque ne servait pas seulement aux moines de Clairvaux; les manuscrits étaient communiqués libéralement, soit avec déplacement, soit sans déplacement, suivant les circonstances, comme le prouvent les deux pièces qui suivent :

1º.

Lettre de PIERRE, *huitième abbé de Clairvaux* (1179-1186), *à l'abbé* DES VAUX (1).

« Une perte est dure, et l'on en ressent de la peine,
» surtout quand à la privation d'une valeur que l'on

---

(1) Probablement les Vaux de Cernay (Seine-et-Oise), ancienne abbaye cistercienne.

» possédait se joint le chagrin de voir l'obligé se
» faire un jouet de la charité et de la simplicité
» qu'on a montrées à son égard. Voici pourquoi
» nous le disons. Vous nous avez renvoyé un livre
» abîmé par l'excès de votre négligence, et tout
» mouillé de l'eau d'une gouttière. Après l'avoir
» gardé avec si peu de précaution, vous avez pris
» bien des précautions pour nous le renvoyer. Le
» porteur a eu soin de le rendre de nuit, et il est
» parti le lendemain sans attendre le jour et avant
» qu'on n'eût pu examiner le volume. Non content
» de nous cacher le tort qui nous avait été fait, cet
» hôte nocturne, abusant doublement de notre con-
» fiance par la précipitation de sa fuite imprévue, a
» emporté un autre volume, que le prieur lui a re
» mis sans savoir ce qui était arrivé. Cependant la
» charité supporte tout; nous consentons à oublier
» le préjudice que vous nous avez causé. Mais nous
» craignons qu'un fait pareil ne se renouvelle, et nous
» exigeons que vous nous rendiez immédiatement ce
» livre à nous appartenant que vous avez entre les
» mains. Quand on connaît le danger il faut l'éviter,
» autrement l'expérience du mal passé n'est pas une
» garantie contre le mal à venir (1). »

2°.

« *A son cher seigneur et ami de cœur N., abbé de Liesse, par
» la grâce de Dieu,* PHILIPPE, *abbé de Clairvaux* (1262-
» 1273), *souhaite que, nouvelle créature dans le Christ,
» il marche dans la nouveauté de l'esprit.*

» C'est une grande joie pour moi d'entendre dire

---

(1) *Bibl. patr. cist.* III, 267.

» et de savoir que vous pratiquez les lettres sacrées,
» et que vous étudiez les œuvres des saints Pères,
» ces brillants génies placés par l'Eglise, notre mère,
» dans la citadelle de l'autorité. C'est chez eux que
» nous devons puiser, c'est près d'eux que nous de-
» vons nous instruire, ce sont leurs écrits que nous
» devons lire, quand nous voulons apprendre ce
» que c'est que la gravité magistrale des maximes,
» l'agréable éclat d'une élocution fleurie, et l'or d'une
» belle morale. Mais le saint père Augustin surpasse
» tous les autres par une sagesse hors ligne, par la
» sublimité de son génie, par l'abondance de son
» éloquence, par la sûreté de sa doctrine. Il est
» comme le porte-voix du ciel, et l'organe de l'es-
» prit saint. C'est de sa poitrine et dans sa poitrine
» que tonne le Dieu de majesté pour confondre les
» juifs, réfuter les philosophes, convaincre les héré-
» tiques par la force de sa main et la puissance de
» son bras. Parmi ceux des ouvrages de ce Père que
» vous n'avez point, nous trouvons chez nous les
» livres suivants : 1° *Annotations sur Job*, 2° *Contre*
» *Félix, manichéen*, 3° *Contre Pélage et Célestius*,
» 4° *Contre deux lettres de Pélage*. Si je n'ai pu vous
» les signaler plus tôt, cher ami, ce n'est pas qu'il y
» ait eu négligence dans mon fait, il faut en accuser
» la rareté des communications. Malheureusement
» ces écrits, dont je vous parle, se trouvent dans des
» manuscrits très-volumineux dont ils ne peuvent
» être séparés (1). Je suis donc dans l'impossibilité
» de vous les envoyer. Si vous ne pouvez vous les

---

(1) Ces manuscrits existent encore à la bibliothèque de Troyes, sous les numéros 40 et 201.

» procurer ailleurs, et si vous tenez à les avoir, je
» vous conseille de nous envoyer un écrivain et des
» parchemins, et alors vos désirs seront satisfaits.

» Je suis à vous et le serai, tant que je vivrai,
» dans les entrailles de J.-C. Portez-vous bien et
» priez pour moi.

» *P.-S.* Nous avons encore le livre *de l'Art de*
» *catéchiser les ignorants* (1). »

CHAPITRE VI.

DE LA NOURRITURE.

Les réglements et les usages relatifs à la nourriture respirent une grande sévérité dans les commencements de l'ordre de Citeaux. Nous allons exposer ces réglements et ces usages, en nous occupant successivement de la nature des aliments, du nombre et de l'ordre des repas, de la quantité donnée à chaque repas.

§ 1. — **Nature des Aliments.**

La règle de saint Benoît interdisait l'usage de la viande à tous les religieux qui n'étaient point malades (2). On ne se contenta pas à Citeaux de repro-

---

(1) *Bibl. patr. cist.* III, 248.

(2) *Regula S. Benedicti*, cap. XXXVI et XXXIX. Les règles sur la distinction du gras et du maigre ne semblent pas avoir été

duire cette prohibition dans une foule de réglements successifs (1); on alla plus loin, les légumes accommodés au gras furent défendus dès l'origine (2), et même un statut du Chapitre général de 1152 condamna à jeûner au pain et à l'eau, pendant sept vendredis, le Cistercien qui en aurait mangé sciemment dans une maison d'un autre ordre (3). Les malades eux-mêmes durent en général s'abstenir de viande tous les jours, depuis la Septuagésime jusqu'à Pâques, et tous les samedis du reste de l'année (4).

Au quatorzième siècle, l'ancienne ferveur s'était bien relâchée : une partie des Cisterciens prétendaient que l'usage de la viande était autorisé chez eux par décision des souverains pontifes; il y avait des abbayes où tous les moines en mangeaient régulièrement plusieurs jours par semaine. Il fallut l'intervention du pape Benoît XII pour les rappeler à

---

du temps de saint Benoît les mêmes qu'aujourd'hui; il ne défend que la chair des quadrupèdes, il paraît donc permettre celle de tous les oiseaux. Cf. Greg. Tur., *Hist. Franc.*, lib. V, ap. D. Bouquet, II, 244, et Augustin Thierry, *Récits mérovingiens*, 4e édition, t. II, p. 70.

(1) Voir notamment *Institutiones, cap. gen. cist.*, dist. XIII, cap. I, ap. *Nom. cist.*, p. 350, et *Stat. cap. gen. cist.*, 1157, ap. Mart., *Anecd.* IV, 1247.

(2) *Exordium cænobii cisterciensis*, cap. XV. *Instituta capituli generalis*, cap. XXIV, ap. *Nom. cist.*, p. 254.

(3) Mart., *Anecd.* IV, 1245. Cf. *Institutiones cap. gen. cist.* Dist. XIII, cap. II, ap. *Nom. cist.*, 351.

(4) *Stat. capit. gen. cist.*, 1152, ap. Mart., *Anecd.* IV, 1246. *Institutiones cap. gen. cist.*, Dist. XIII, cap. II, ap. *Nom. cist.*, p. 351.

l'observance primitive. Enfin, en 1493, le droit de manger de la viande les dimanches, mardis et jeudis, sauf le temps de l'Avent, la Septuagésime, le Carême et les Rogations, fut reconnu à tout l'ordre par les articles de Paris (1).

La règle de saint Benoît gardait le silence sur la qualité du pain ; l'usage du pain blanc fut défendu par les premiers réglements cisterciens. On le réservait aux malades et aux étrangers (2). Les constitutions prévoyaient le cas où, manquant de froment, on mangerait du pain de seigle (3). Souvent à Clairvaux on se contentait de pain d'orge, d'avoine, de mil et de vesces (4).

On apportait la même sévérité dans le choix et la préparation des autres aliments. Point de poivre ni de cumin, genre d'épice alors très-apprécié (5). Rarement du poisson, quoique les réglements le permissent (6). Ernaldus, dans son livre de la Vie de saint Bernard (chapitre I), racontant la visite d'Innocent II à Clairvaux en 1131, nous dit que ce fut à peine si l'on put trouver un poisson pour le servir au pape, et que les moines n'en eurent que la vue. Dans ce banquet « les turbots étaient remplacés

---

(1) *Constit. Bened.* XII, cap. XI, ap. *Nom. cist.*, p. 601-603. *Articuli Parisienses*, IV, ap. *Nom. cist.*, p. 679.

(2) *Instit. cap. gen.*, cap. XIV, ap. *Nom. cist.*, p. 250.

(3) *Ibid.*

(4) *Vita S. Bernardi, auct. Guillelmo*, cap. V, ap. Mabillon, *S. Bernardi opp.* II, 1073. Cf. *Bibliotheca patrum cisterciensium*, III, 238.

(5) *Instit. cap. gen.*, cap. LXI, ap. *Nom. cist.*, p. 264.

(6) *Instit. cap. gen.*, cap. XLIX, ap. *Nom. cist.*, p. 261.

par des légumes ; en fait de friandises, il n'y avait que des légumes (1). » Cependant, quand le premier auteur de la vie de saint Bernard nous dit que, pendant le temps qui suivit immédiatement la fondation de l'abbaye, les moines de Clairvaux mangeaient souvent des plats de feuilles de hêtre (2), nous pouvons considérer ce fait comme exceptionnel et comme le résultat d'embarras financiers momentanés. Les mêmes moines qui, durant les dernières années de leur bienheureux fondateur, se nourrissaient habituellement, par mortification, d'herbes cuites sans huile ni graisse, et qui, le jour de Pâques, se contentaient de haricots et de pois (3), auraient pu être moins austères sans violer la règle. Elle permettait non-seulement l'huile et le poisson, mais le fromage, le beurre, le lait, même les gâteaux (4).

L'usage du beurre, du fromage et des œufs était autorisé tous les jours où l'on n'était pas réduit à la nourriture quadragésimale, c'est-à-dire pendant

---

(1) Mabill., *S. Bernardi opp.*, II, 1094-1095.

(2) Lib. I, cap. V, apud. Mabill., *S. Bernardi opp.*, II, 1073. Cf. Johannes Eremita, *Vie de S. Bernard*, livre II, chap. II, ap. Mabillon, *S. Bern. opp.* II, 1285, et Guillaume de Nangis, ap. *Rec. des Hist. de Fr.*, XX, 726 A.

(3) Lettre de l'abbé de Clairvaux Fastredus, ap. *Bibl. patr. cist.*, III, 238. Mabill., *S. Bern. opp.*, I, 391. Cf. *Exordium magnum ordinis cisterciensis*, Dist. II, c. XXI, ap. *Bibl. patr. cist.* I, 59.

(4) *Stat. cap. gen.*, 1157, ap. Mart., *Anecd.* IV, 1248. *Vita S. Bernardi*, lib. I, cap. 8, ap. Mabill., *S. Bernardi opp.*, II, 1079. *Cartulaire de Clairvaux*, *Elemosine*, X et LII *bis*, années 1204 et 1218. Voir aussi la note suivante.

toute l'année, sauf l'Avent, le lundi et le mardi-gras, le carême, la veille de la Pentecôte, les Quatre-Temps de septembre, la veille des fêtes de saint Jean-Baptiste, de saint Pierre et saint Paul, de saint Laurent, de l'Assomption, de saint Mathieu, de saint Simon et saint Jude et de la Toussaint (1). La nourriture quadragésimale consistait en légumes et en poisson. C'est seulement en 1350 que l'autorisation fut donnée de manger en Avent du laitage à défaut de poisson (2).

Le vin était permis par la règle de saint Benoît, mais les premiers Cisterciens n'en buvaient pas beaucoup. D'abord ils étaient trop pauvres, souvent ils manquaient de pain : ils durent, par conséquent, se trouver plus d'une fois dans ce cas prévu par la règle de saint Benoît, où « la mesure prescrite ne pouvant se trouver, et la portion de vin étant beaucoup moindre, même nulle, on n'avait autre chose à faire que de bénir Dieu et de ne pas murmurer, car la recommandation qui doit passer avant tout, c'est de s'abstenir de murmure (3). » Telle était la situation où l'on se trouvait à Clairvaux en 1131, lorsque le pape Innocent II visita cette abbaye. « En guise de vin d'extra on donna de la soupe maigre au seigneur pape (4). » A défaut de vin il fallait bien

---

(1) *Instit. capit. gen. cist.*, Dist. XIII, cap. V, ap. *Nom. cist.* p. 352.

(2) *Libellus novel. defin. ord. cist.*, Dist. XIII, cap. I, ap. *Nom. cist.*, p. 656.

(3) *Regul. S. Bened.*, cap. XL.

(4) *Vita S. Bernardi*, lib. II, *auct. Ernaldo*, cap. I, ap. Mabill., *S. Bernardi opp.*, II, 1094.

se contenter d'une autre boisson : alors on buvait ordinairement de la bière ou de l'eau (1). D'ailleurs un principe de mortification faisait conseiller, sinon l'abstention complète du vin, au moins un usage très-restreint de cette boisson. Saint Benoît considérait l'introduction du vin dans les monastères comme un résultat de la décadence de son temps. « Nous lisons, » dit-il, « que le vin n'est pas fait pour les moines, mais on ne peut pas le persuader à ceux d'aujourd'hui (2). » Jean l'Hermite, dans sa Vie de saint Bernard, nous raconte l'histoire d'un moine, nommé Chrétien, qui avait planté une vigne sur la montagne, auprès de Clairvaux. Les frères de saint Bernard, Guy et Gérard, vinrent à passer et excommunièrent la vigne, en disant au moine : « Frère Chrétien, où as-tu l'esprit, et où est ton cœur? Comment n'as-tu pas fait attention au livre qui dit que le vin n'est pas fait pour les moines? » Il leur répondit : « Vous êtes des frères spirituels, et vous ne voulez pas boire de vin ; mais moi je suis un pécheur et je veux boire du vin. » Alors Gérard lui dit : « Je t'affirme, frère Chrétien, tu ne verras pas le fruit de ta vigne. » Sur ce, Gérard et Guy retournèrent au monastère ; lui bêcha sa vigne et la cultiva longtemps : enfin il mourut sans avoir vu le fruit de son travail. Longtemps après, le gardien de la vigne vint trouver saint Bernard et lui dit : « Père, notre vigne est anathème et ne peut donner de fruits. —

---

(1) *Descriptio Claraevallis*, ap. Mabill., *S. Bernardi opp.*, II, 1307. Cf. Lettre de Pierre de Roye, ap. *Bibl. patr. cist.*, III, 272.

(2) *Regul. S. Bened.*, cap. XL.

Pourquoi, mon fils? demanda le saint. — Vos frères l'ont excommuniée, répondit le gardien, et depuis ce temps elle est improductive. » Une aspersion d'eau bénite par saint Bernard rendit à cette vigne sa fécondité, et tous ceux qui la voyaient étaient dans l'admiration (1).

Saint Bernard admettait l'usage du vin. Une des raisons pour lesquelles il déplaça son monastère, en 1135, fut que la situation du nouvel établissement serait favorable à la culture de la vigne (2). Mais son principe était que l'on ne devait boire de vin que par nécessité, et que « lorsqu'un moine était obligé d'en prendre il devait le faire de telle sorte qu'on ne pût dire qu'il eût vidé la coupe. » Pour donner l'exemple, quand il se laissait servir du vin, il en buvait si peu qu'on ne s'apercevait pas que sa cruche fût moins pleine après qu'avant (3). Ordinairement même, il ne buvait pas de vin du tout, disant que cette boisson était contraire à son estomac; il préférait le lait, le bouillon de légumes et l'eau pure (4).

Plus tard, par exemple au treizième siècle, l'abbaye de Clairvaux posséda beaucoup de vignes, comme on le voit par les nombreuses donations conservées dans son cartulaire; il est probable qu'alors les

---

(1) Lib. II, ap. Mabill., *S. Bernardi opp.*, II, 1288-1289.

(2) *Vita S. Bernardi*, lib. II, auct. Ernaldo, cap. V, ap. Mabill., *S. Bernardi opp.*, II, 1103.

(3) *Vita S. Bernardi*, lib. III, auct. Gaufrido, cap. I, ap. Mabill., *S. Bernardi opp.*, II, 1117.

(4) *Vita S. Bernardi*, auct. Alano, cap. X, ap. Mabill., *S. Bernardi opp.*, II, 1247.

moines furent moins sévères sur l'usage du vin que leur bienheureux fondateur. Mais alors aussi la décadence commença. Dès le douzième siècle, nous voyons une abbaye cistercienne de Hongrie s'endetter pour acheter du vin. « Nous devons en rougir, » disaient les abbés de l'ordre réunis en Chapitre général; c'était en 1181 (1). Hélas! un temps allait venir où l'on violerait sans rougir bien d'autres principes de la vie monastique.

§ 2. — Nombre et ordre des Repas.

Tous les réglements cisterciens s'accordent avec la règle de saint Benoît pour décider que jamais on ne peut faire par jour plus de deux repas proprement dits. (2) Un statut du Chapitre général de 1184 condamne à une pénitence de six jours, dont un au pain et à l'eau, les abbés qui auront admis à la profession des adolescents assez jeunes pour avoir besoin de manger trois fois par jour.

Cependant une espèce de collation supplémentaire était permise par exception en certains cas; on l'appelait *mixtum*. Il est déjà question du *mixtum* dans la règle de saint Benoît (chap. XXXV et XXXVIII). D'après les anciens usages de l'ordre de Cîteaux (chap. LXXIV), il consiste dans le quart d'une livre de pain et dans le tiers d'une hémine de vin, soit environ 0$^{lit.}$ 31. Cette collation se prenait le matin; elle

---

(1) *Stat. cap. gen. cist.*, 1181, ap. Mart., *Anecd.* IV, 1283.

(2) *Regul. S. Bened.*, cap. XLI. *Stat. capit. gen. cist.*, 1183, ap. Mart., *Anecd.* IV, 1256. *Institutiones capit. gen. cist.*, Dist. XIII, cap. IV, ap. *Nom. cist.*, 351.

était permise à ceux qui ne pouvaient attendre l'heure du dîner, par exemple aux convers (1), aux moines qui étaient chargés d'un travail extraordinaire et aux jeunes gens : ceux-ci devaient prendre le *mixtum* avant tierce, c'est-à-dire vers huit ou neuf heures du matin (2). Cette espèce de déjeûner était interdite en Carême, les dimanches exceptés ; elle était aussi défendue les jours de Rogations, Quatre-Temps et Vigiles (3).

Quant aux repas, ils étaient organisés de la manière suivante : de Pâques à la Pentecôte, on dînait à sexte, c'est-à-dire à midi, et l'on soupait au coucher du soleil ; de la Pentecôte aux ides de septembre (13 septembre), l'ordre était le même, sauf les mercredis et vendredis, où l'heure du dîner était reculée jusqu'à none, c'est-à-dire à trois heures, à moins que la fatigue causée par le travail des champs n'y mit obstacle. Du 13 septembre au Carême, l'heure du dîner était toujours none ; quand on dînait à none, le souper était supprimé. En Carême, il n'y avait aussi qu'un repas, il se faisait au coucher du soleil (4).

La communauté n'avait pas de cuisinier en titre, chaque moine faisait la cuisine à son tour (5). Voici quel

---

(1) *Inst. cap. gen.*, Dist. XIV, cap. XIV, ap. *Nom. cist.*, 360.

(2) *Us. ord. cist.*, cap. LXXIII, ap. *Nom. cist.*, page 174.

(3) *Ibid.*

(4) *Regul. S. Bened.*, cap. XLI.—*Usus ord. cist.*, cap. LXXXIV, ap. *Nom. cist.*, p. 187 ; cap. LXXXIII, ap. *Nom. cist.*, p. 189 ; cap. LXXXIV, ap. *Nom. cist.*, p. 190.

(5) *Regul. S. Bened.*, c. XXXV. *Usus ord. cist.*, c. CVIII, ap. *Nom. cist.*, p. 224-227.

était l'ordre établi pour chaque repas. Quand on avait chanté l'heure liturgique correspondant à l'heure du jour à laquelle le repas devait avoir lieu, c'est-à-dire, suivant les temps, sexte, none ou vêpres, le prieur, ou le moine commis par lui, donnait le signal, les moines se lavaient les mains, puis se rendaient au réfectoire. Si, une fois les moines entrés, le prieur, qui devait présider le repas, se faisait attendre, on pouvait s'asseoir jusqu'à son arrivée. A l'entrée du prieur tout le monde se levait ; alors le prieur, s'arrêtant devant son siége, sonnait la cloche ; il devait la sonner assez longtemps pour que l'on pût réciter le psaume *Miserere* en son entier. Quand il avait fini, on disait le *Benedicite*, le prieur donnait la bénédiction, et alors on se mettait à table. Les plats devaient se trouver servis, car on devait les apporter avant que le prieur ne sonnât la cloche. Cependant, quelquefois il y avait du retard, et on ne les apportait qu'après le *Benedicite;* dans ce cas, on observait un ordre déterminé, en commençant par le prieur ou l'abbé, s'il était présent, puis en suivant alternativement à droite et à gauche, deux plats par deux plats. Il se faisait une lecture pendant le repas. On ne pouvait manger qu'elle ne fût commencée et que le prieur n'eût donné le signal en découvrant le pain placé devant lui. Il était défendu d'essuyer ses mains sur la nappe, dans quelque cas que ce fût, et d'y essuyer son couteau avant de l'avoir nettoyé avec son pain. Ceux qui voulaient prendre du sel devaient le faire avec leur couteau. Quand on buvait, on devait tenir sa tasse (1) à deux mains. Le prieur donnait

---

(1) On conserve encore au musée de Dijon la tasse de saint Ber-

le signal de la fin de la lecture, par conséquent du repas, puis il sonnait la cloche; les moines se levaient et sortaient deux à deux, en chantant le *Miserere*, pour se rendre à l'église où se disaient les grâces (1).

§ 3. — Quantité d'Aliments.

La quantité d'aliments pour chaque jour était fixée par la règle de saint Benoît à deux plats cuits, un par repas quand il y avait deux repas, tous les deux au même repas dans le cas contraire, plus une livre de pain et une hémine de vin, c'est-à-dire environ une pinte de Paris, soit 0^{lit},93. Quand il y avait des fruits ou des légumes nouveaux, on pouvait en servir un plat supplémentaire, mais alors il ne fallait pas les faire cuire (2). Au lieu d'adoucir ces dispositions, les premiers Cisterciens y ajoutèrent une rigueur de plus : c'est que, tous les vendredis de Carême, le seul repas permis ne consisterait qu'en pain et en eau, sauf le cas où une fête de douze leçons tomberait un de ces vendredis ou le

---

nard. Elle est en buis. Elle a été montée, dans les derniers temps du moyen-âge, sur un pied où se trouvent gravés ces mots : *Ciathus sancti Bernardi, abbatis Clarevallis*. Guignard, ap. Migne, *Patrologie*, t. CLXXXV, col. 1728-1729. Les religieux ne se servaient pas de verres. Césaire, *Dialogi miraculorum*, Dist. XI, c. LXVIII, nous parle d'un prêtre qui buvait dans un verre pendant l'été, *propter incitamenta gulæ*. *Bibl. patr. cist.*, III, 312.

(1) *Usus ord. cist.*, c. LXXVI, ap. *Nom. cist.*, 179-181.

(2) *Regul. S. Bened.*, c. XXXIX et XL, ap. *Nom. cist.*, § 37 et 38. Cf. *Exord. magn. ord. cist.*, Dist. II, cap. XXI, ap. *Bibl. patr. cist.* I, 59 et *Nom. cist.*, p. 180.

lendemain. Encore ne pouvait-on, sous prétexte de fête, supprimer ce jeûne au pain et à l'eau plus de trois vendredis (1). Cette mortification disparut vers la fin du treizième siècle : un plat et l'usage du vin furent permis tous les vendredis de carême, excepté le vendredi-saint (2).

Nous ne voyons nulle part quel devait être le volume ou le poids des rations. Seulement il est certain qu'elles étaient fortes et que le bon appétit des moines leur permettait de se dédommager de la mauvaise qualité des aliments par la quantité. Un jour quelqu'un témoignait, devant l'abbé d'Himmelrod, son étonnement de voir que tant de chevaliers, de bourgeois et de clercs riches étaient entrés dans cette abbaye, et qu'après avoir été si difficiles dans le monde ils pouvaient se contenter de pois, de lentilles et d'autres légumes sans assaisonnement. « Je leur donne, » répondit l'abbé, « trois grains de poivre dont ils assaisonnent ces mets grossiers, en sorte qu'ils ne laissent à peu près jamais rien dans leurs écuelles. Le premier grain de poivre consiste à se lever de bonne heure pour chanter matines ; le second, c'est le travail des mains ; le troisième, c'est l'impossibilité de choisir une meilleure nourriture. Ces trois grains donnent à nos plats un goût exquis. Je crois qu'un moine pèche bien plus gravement en refusant ses pois ou ses lentilles, crainte des coliques ou des

---

(1) *Stat. cap. gen. cist.*, 1187, 1193, ap. Martène, *Anecd.* IV, 1250, 1276. *Instit. cap. gen. cist.*, Dist. XIII, cap. VI, ap. *Nom. cist.*, p. 352.

(2) *Libell. ant. defin. ord. cist.*, Dist. XIII, cap. I, ap. *Nom. cist.*, p. 566.

mauvaises digestions, que s'il en mangeait trop. A défaut de ses pois ou de ses lentilles, il faut qu'il demande ou qu'on lui offre une meilleure nourriture; si on la lui donne habituellement, le scandale est à craindre; si on la lui refuse, ses forces s'épuiseront vite. Un moine qui a le ventre vide ne peut ni bien jeûner, ni bien veiller, ni bien travailler. Saint Bernard a fait un sermon contre les religieux qui ne prennent pas la nourriture nécessaire. Les aliments dont nous usons sont peu fortifiants, on doit donc en manger jusqu'à ce qu'on soit rassasié complétement (1). »

Les réglements que nous venons d'exposer nous font connaître l'état ordinaire de l'alimentation dans toute abbaye cistercienne qui observait rigoureusement les maximes primitives de l'ordre. Cependant, des cas exceptionnels devaient se présenter : saint Benoît lui-même en avait prévu. Je ne parle pas seulement du cas de maladie déclarée, de celui où des moines retenus à l'infirmerie pouvaient même y manger de la viande. Il devait quelquefois se présenter des circonstances où un homme, sans être malade, avait besoin d'une nourriture plus substantielle et plus abondante que l'ordinaire de l'abbaye.

« Quand il y aura eu un travail plus grand que de coutume, dit saint Benoît, l'abbé pourra, s'il le juge convenable, augmenter la quantité des aliments dans la mesure du nécessaire, et en se gardant de céder aux désirs de la gourmandise. »

---

(1) Césaire, *Dialog. miracul.*, Dist. IV, c. 78, ap. *Bibl. patr. cist.*, II, 112.

Les moines de Cluni, considérant comme insuffisant l'ordinaire commandé par la règle, se faisaient servir tous les jours, excepté le vendredi, un plat supplémentaire, qu'ils appelaient pitance ou *generale*, suivant les cas. La pitance se servait le lundi, le mercredi et le samedi : elle consistait en un plat pour deux ; le *generale* se servait le dimanche, le mardi et le jeudi, et consistait en un plat pour chacun. On donnait pour la pitance et le *generale* des aliments meilleurs que ceux qui composaient les deux plats prescrits par la règle et qui étaient connus sous le nom de *pulmenta regularia*. Le premier *pulmentum regulare* consistait en haricots, le second encore en légumes, au lieu que pour la pitance et le *generale* on avait du poisson, du fromage, des œufs. La pitance en œufs était de quatre œufs, et le *generale* de cinq (1). Ce qui, dans la règle de saint Benoît, dépendait de l'appréciation de l'abbé et n'était qu'un fait exceptionnel, était devenu chez les Cluniciens un droit dont les religieux ne pouvaient être privés sans injustice, à moins que ce ne fût à titre de peine. Cette innovation fut une de celles contre lesquelles réagirent les premiers Cisterciens. Ils laissèrent subsister la faculté accordée par saint Benoît à l'abbé, de donner, en cas de nécessité, un supplément de nourriture (2); mais, dans les deux premiers siècles, le Chapitre général interdit toujours formellement aux religieux de le réclamer comme

---

(1) *Antiquiores consuetudines Cluniacensis monasterii*, lib. II, cap. XXXV, ap. d'Achery, *Spicil.*, in quarto, IV, 185.

(2) *Usus ord. cist.*, cap. LXXVI, ap. *Nom. cist.*, p. 180.

un droit. Le statut de 1217 ordonne que le moine ou le convers qui aura voulu exiger une pitance soit un jour au pain et à l'eau, et reçoive en outre des coups de verges (1).

Et cependant l'esprit de relâchement dont les Cluniciens avaient déjà donné l'exemple à ce point de vue avait pénétré, au quatorzième siècle, dans un grand nombre de monastères cisterciens. Une des causes de ce relâchement fut la générosité des bienfaiteurs qui firent des donations, à charge par l'abbé de faire servir à ses moines une pitance à des époques déterminées. La plus ancienne donation de ce genre que nous ayons trouvée dans le Cartulaire de Clairvaux est de Gautier II, comte de Brienne, qui mourut vers l'année 1152, et qui par conséquent fut contemporain de saint Bernard. Il donne une rente de cent sous sur le *passage* de Brienne, afin que « de cet argent les moines aient une fois chaque année une distribution extraordinaire et générale d'aliments (2). » Vient ensuite une charte de Louis VII, en 1175. Il donne trente livres parisis à prendre sur les revenus qu'il tirait des changeurs établis sur le Grand-Pont, aujourd'hui le Pont-au-Change. Ces trente livres devront être employées à acheter pour les moines de Clairvaux six pitances, moitié à Pâques,

---

(1) *Stat. capit. gen. cist.*, 1157, 1183, 1194, 1217, ap. Mart., *Anecd.* IV, 1250, 1256, 1281, 1319. *Instit. cap. gen. cist.*, Dist. XIII, cap. VIII, ap. *Nom. cist.*, p. 352, 353. *Libell. ant. defin. capit. gen. cist.*, Dist. XIII, cap. III; ibid., pag. 868.

(2) « Cibum generalem. » *Cartul. de Clairvaux, Elemosine,* III bis.

moitié à Noël (1). A partir de cette époque, les moines de Clairvaux durent ajouter à leurs *pulmenta regularia* un supplément de trois autres plats, les jours de Pâques et de Noël. Vers la même époque, le comte de Champagne, Henri Ier, fait donation à Clairvaux d'une rente de dix livres pour une pitance générale ; cette donation est rappelée dans une charte de son petit-fils, Thibaut IV (2). Quelques années après, 1180-1190, l'abbaye reçoit de Hugues de Plancy une rente de soixante sous sur le péage et la foire de Plancy, « pour la réfection des moines » le jour de son anniversaire (3). En 1204, Guyard de Reynel donne le droit de pêche dans toutes ses propriétés, ses viviers exceptés, huit jours avant le Chapitre général et huit jours après, pour les abbés cisterciens et les personnes de leur suite qui passaient à Clairvaux en se rendant au Chapitre général et en en revenant (4). C'était, en effet, l'usage de donner des pitances aux hôtes. En 1207, Christophe Maucuins lègue à Clairvaux, pour frais d'une pitance, une rente de vingt sous, assise sur sa maison du Petit-Pont à Paris (5) ; on sait que les ponts de Paris étaient autrefois couverts de maisons. En 1215, Udra, dame et avouée de Saint-Mihiel, et Gilles, son fils,

---

(1) *Cart. de Clairvaux, Elemosine,* I. — Sur l'étymologie du mot Pont-au-Change, voir Guillermy, *Itinéraire archéologique de Paris,* page 372.

(2) *Cart. de Clairvaux, Comitum Campanie,* XVII.

(3) *Cart. de Clairvaux, Elemosine,* VI.

(4) *Cart. de Clairvaux, Elemosine,* IX.

(5) *Cart. de Clairvaux, Elemosine,* XIX.

donnent une rente de quarante sous sur le gîte de Saint-Mihiel, lesquels doivent être employés en une pitance, le jour de leur anniversaire. Ils ajoutent que ce sera à la volonté du prieur, méconnaissant ainsi les réglements qui soumettaient la distribution des pitances au jugement de l'abbé (1). En 1216, Garnier, ancien évêque de Langres, et qui avait été antérieurement abbé de Clairvaux, donne à l'abbaye divers biens, à condition qu'une pitance sera accordée à tout le couvent de Clairvaux le jour de la Trinité, tant qu'il vivra, et, après sa mort, le jour anniversaire de son décès à perpétuité (2). En mars 1229, Guillaume, fils de feu Garnier, prévôt de Troyes, et Marguerite, sa femme, font donation à Clairvaux d'une maison située à Provins, et où l'on vend du poisson à la foire de Saint-Ayoul. Les moines pourront, disent-ils, en employer le revenu à une pitance générale (3). Une donation faite à Clairvaux, au mois d'octobre 1232, par Etienne de la Ferté-sur-Aube, clerc, est soumise à cette condition : qu'après la mort du donateur il y aura, le jour de son anniversaire, une pitance générale pour le couvent (4). En janvier 1236 (v. st.), Guillaume, fils de Garnier, citoyen de Troyes, probablement le même que celui qu'on vient de nommer, donne dix livres de rente payables aux foires de Saint-Jean et de

---

(1) *Cart. de Clairvaux, Elemosine*, LV.

(2) *Catalogue des manuscrits des bibliothèques des départements*, t. II, pag. 26, 27.

(3) *Cart. de Clairvaux, Elemosine*, LIX.

(4) *Cart. de Clairvaux, Ultra Albam*, CXXV.

Saint-Remi de Troyes, sur le tonlieu des maisons où les drapiers de Châlons, d'Amiens et d'Abbeville vendent leurs marchandises à Troyes. Ces dix livres devront être employées en une pitance pour le couvent de Clairvaux, tous les jeudis-saints (1). La même année (v. st.), nous trouvons deux autres donations, l'une du mois de janvier, l'autre du mois de février, l'une de dix livres de Provins de rente, l'autre de la quatrième partie des terrages de Longpré, toutes deux encore à charge de pitances annuelles pour tout le couvent; dans la seconde donation, le donateur a soin de dire que son argent ne pourra pas être détourné de la destination qu'il lui attribue (2). Je ne parlerai pas des rentes de beurre, d'huile, de fromage, fondées en 1204 par Guillaume, châtelain de Saint-Omer (3); en 1216 par Jean, seigneur de Reynel (4); en 1218 par Gautier, prévôt de Saint-Omer (5). Ces donations permettaient d'assaisonner, au treizième siècle, les aliments un peu mieux que du temps de saint Bernard. Elles n'ajoutaient pas de plats nouveaux à ceux que la règle avait prescrits.

Le nombre des pitances fondées au profit des moines de Clairvaux, depuis l'origine de l'abbaye jusqu'en 1237, est de dix-sept. Ce chiffre n'est pas considérable; mais, ce qu'il est très-important de

---

(1) *Cart. de Clairvaux*, Elemosine, LXXIX.
(2) *Cart. de Clairvaux*, Elemosine, LXXXI, LXXXII.
(3) *Cart. de Clairvaux*, Elemosine, X.
(4) *Cart. de Clairvaux*, Elemosine, LIV.
(5) *Cart. de Clairvaux*, Elemosine, LI bis.

remarquer, c'est que onze de ces pitances sont accordées pour des jours déterminés, et que l'abbaye de Clairvaux, en acceptant ces donations, violait les réglements que nous avons rappelés, et qui furent renouvelés pendant toute la durée du douzième et du treizième siècle. Une autre remarque, c'est que six de ces pitances, celles qui sont données par **Louis VII**, sont attribuées à deux jours seulement, qu'en vertu de la donation de ce prince, le nombre des plats du repas unique de Noël est élevé de deux à cinq, et que le jour de Pâques il y a cinq plats au lieu de deux à répartir entre les deux repas de la journée. Tout ce que les anciens réglements cisterciens permettaient à l'époque de la plus grande fatigue de l'année, c'est-à-dire pendant la moisson, c'était d'élever le nombre des plats à quatre par jour; pendant ce temps-là, autant que possible et sauf décision contraire de l'abbé, chaque moine avait à diner et a souper, outre les *pulmenta regularia*, un plat de pitance, et la livre de pain habituelle était augmentée d'une demi-livre (1).

Le droit des moines aux pitances fut érigé en loi au milieu du quatorzième siècle, lorsque, maintenant l'ancienne défense d'inscrire les pitances sur un livre particulier appelé calendrier, on permit d'en prendre note dans le livre de la règle ou dans le martyrologe (2), en sorte que la lecture du jour ap-

---

(1) *Usus ord. cist.*, cap. LXXXIV, ap. *Nom. cist.*, p. 190. Julien Paris nie l'existence de ce supplément, ap. *Nom. cist.*, p. 181. Nous croyons qu'il se trompe.

(2) *Libellus novellarum definitionum ord. cist.*, Dist. XIII, cap. III, ap. *Nom. cist.*, 657.

prit aux religieux s'ils devaient ou non avoir un *extra*. On ne voit pas renouveler, au quatorzième siècle, l'ancienne prescription du Chapitre général qui défendait à l'abbé de donner trois jours de suite des pitances à ses moines (1). Cette précaution prise par l'ancienne discipline, contre la faiblesse des abbés, était aussi tombée en désuétude. Il n'est pas davantage question, à la même époque, de la peine dont le Chapitre général menaçait, en 1240, le moine ou le convers qui aurait suggéré à un séculier de donner ses aumônes à charge de pitance (2); tant l'abus avait pris de racines, tant on était loin de l'ancienne austérité monastique et de cet amour de la mortification qui, après avoir fondé l'ordre de Cîteaux, en avait fait la grandeur et l'illustration ! Déjà, vers 1260, un chapitre du Cartulaire de Clairvaux, intitulé *Elemosine*, paraît être consacré aux titres des biens affectés exclusivement aux pitances. Une décision contenue dans le *Libellus antiquarum definitionum ordinis cisterciensis* (1289) nous apprend que, dans certaines abbayes, on avait établi un officier appelé *elemosinarius* ou *pitanciarius*, qui distribuait les pitances sans demander l'assentiment de l'abbé (3). Il semble évident qu'en 1260 cet officier, institué en violation de la règle, existait à Clairvaux. En 1289, le Chapitre général prescrivit la suppression des

---

(1) *Instit. capit. gen. cist.*, Dist. XIII, cap. VIII, apud *Nom. cist.*, 352-353.

(2) *Instit. capit. gen. cist.*, Dist. XIII, cap. VIII, apud *Nom. cist.*, 352-353.

(3) Dist. XIII, c. III, ap. *Nom. cist.*, p. 568.

elemosinarii et des *pitanciarii* (1). Mais il eût fallu autre chose que des ordonnances du Chapitre général pour rappeler l'esprit de saint Robert et de saint Bernard dans le grand corps qu'ils avaient créé.

CHAPITRE VII.

DU COSTUME ET DU COUCHER.

§ 1. — Du Costume.

Un des signes distinctifs du moine, c'est qu'il ne portait pas la barbe longue. Les Anciens usages de l'ordre de Cîteaux décident que les moines doivent être rasés sept fois l'an, à Noël, le dimanche de la Quinquagésime, à Pâques, à la Pentecôte, à la Sainte-Madeleine, à la Nativité de la Vierge et à la Toussaint (2). Plus tard on dut se raser neuf fois chaque année (3). Puis un réglement du Chapitre général de 1257 établit que ce serait douze fois l'an. Enfin, à partir de 1294, on se rasa tous les quinze jours (4). C'était les mêmes jours qu'on rafraîchissait la tonsure et que l'on coupait les cheveux. Un moine était chargé de la garde des peignes, des ci-

---

(1) Dist. XIII, c. III, ap. *Nom. cist.*, p. 568.
(2) Cap. LXXXV, ap. *Nom. cist.*, p. 191.
(3) *Stat. cap. gen. cist.*, 1191, ap. Mart., *Anecd.* IV, 1270.
(4) *Stat. cap. gen. cist.*, ap. Mart., *Anecd.* IV, 1407, 1488.

seaux, des rasoirs et de l'instrument qui servait à les repasser; il livrait le tout en bon état le jour fixé. Les cuisiniers faisaient chauffer de l'eau et l'apportaient dans le cloître, et au signal donné par la crecelle, les moines investis par l'abbé des fonctions de perruquiers se mettaient à l'œuvre. A mesure que le travail des perruquiers s'avançait, ceux dont les cheveux étaient coupés se rasaient mutuellement (1). Quant aux frères convers, ils ne se rasaient jamais la barbe (2).

Les premiers réglements des Cisterciens décident que les habits des moines, comme ceux des frères convers, seront de laine commune et non teinte. C'est Albéric, second abbé de Citeaux, qui fit substituer ces vêtements non teints au costume noir que les premiers Cisterciens avaient apportés de Molesme (3). Les vêtements des Cisterciens furent donc, à partir de cette époque, gris plutôt que blancs. Toutefois, un statut du Chapitre général de 1269, renouvelé en 1270 (4), ordonne aux moines de porter des coules blanches au chœur, et par conséquent établit, sous ce point de vue, une distinction entre eux et les convers. Mais les coules grises restent permises aux moines hors du chœur (5). Ce fut en 1466 seulement que la couleur grise fut, pour la première fois, assignée aux convers comme carac-

---

(1) *Usus antiquiores ordinis cisterciencis*, chap. LXXXV, ap. *Nom. cist.*, p. 191.
(2) *Exordium cœnobii cisterciensis*, chap. XV.
(3) *Gall. christ.*, IV, 981, Manrique, *Ann. cist.*, I, 34.
(4) Mart., *Anecd.* IV, 1431.
(5) *Stat. ann.*, 1271, ap. Mart., *Anecd.* IV, 1435.

tère distinctif (1). Plusieurs vêtements portés dans d'autres ordres monastiques étaient interdits aux moines cisterciens; tels étaient : 1° le froc, espèce de robe très-ample et flottante avec manches ; 2° la pelisse, c'est-à-dire les robes garnies de fourrure; 3° l'étamine, ou chemise de laine ; 4° le capuce, espèce de capuchon couvrant la tête et les épaules; 5° les gants ; 6° les bottes (2). Un fragment d'un écrit de Pierre-le-Vénérable, sur les vêtements des religieux, cité en note par Mabillon (3), prescrit au prieur de Cluny de donner à chaque frère des coules, des pelisses, des capuces, ou chapeaux en peau d'agneau, des chemises et des culottes. Les moines de Cîteaux étaient vêtus bien plus simplement. Leur costume devait être entièrement conforme aux prescriptions de la règle de saint Benoît, c'est-à-dire qu'il devait consister en une tunique, ou robe étroite à manches, qui descendait à mi-jambe (4), et qui servait de vêtement de dessous, en une coule, ou robe plus large aussi à manches et munie d'un capuchon (5), laquelle se plaçait sur la tunique, en une ceinture, en bas et en

---

(1) Mart., *Anecd.* IV, 1621-1622, *lisez* 1631-1632.

(2) *Exordium cœnobii cisterciensis*, cap. XV, *Inst. cap. gen. cist.* Dist. XIII, cap. XI, *Nom. cist.*, pag. 353-354. *Stat. cap. gen. cist.*, 1195, 1262, 1269, ap. Mart., *Anecd.* IV, 1285, 1421, 1430.

(3) *S. Bernardi opera*, vol. II, col. 1143-1144.

(4) Mabill., *S. Bernardi opp.*, vol. I, col. 714.

(5) On voit saint Bernard rabattre ce capuchon dans le livre VII de sa vie, chap. XVII, Mabill., *S. Bernardi opp.*, vol. II, col. 1205. Cf. *Otto Frising.*, livre VII, chap. 35, cité en note au même endroit. *Usus antiq. ord. cist.*, c. LXXII, § V, ap. *Nom. cist.*, p.

souliers (1). Pour le travail, on remplaçait la coule par un scapulaire qui couvrait la tête et les épaules (2). On y joignait en v... des culottes et des guêtres (3). Enfin, en c... froid, on pouvait porter double coule ou double tunique (4). Tout autre vêtement était interdit. Geoffroy, secrétaire de saint Bernard, nous donne un exemple du respect de cet homme illustre pour cette partie de la règle. Il nous apprend que saint Bernard, dans les dernières années de sa vie, où l'état déplorable de sa santé exigeait des ménagements infinis, ne consentit, que sur l'ordre du souverain pontife, à porter une chemise de laine et un bonnet de même étoffe (5). Avant de se soumettre à cet adoucissement de la règle, il avait ajouté à sa rigueur en portant un cilice sous sa tunique; mais aussitôt qu'il eût appris que cette mortification était connue, il s'empressa de la cesser de peur que cet excès de sévérité ne fût considéré comme irrégulier (6). Ce fut seulement dans les temps de décadence que les Cisterciens furent autorisés à porter un manteau sur la coule

---

173. — *Voyage littéraire de deux bénédictins*, 1re partie, p. 6. — Manrique, *Annales cist.*, I, 26.

(1) *Regula S. Benedicti*, c. LV.

(2) Mabill., *S. Bernardi opp.*, vol. I, col. 714.

(3) *Regula S. Benedicti*, LV. *Instit. cap. gen. cist.*, cap. LXXXV, ap. *Nom. cist.*, pag. 272.

(4) *Exord. magn. ord. cist.*, Dist. II, c. 31, ap. *Bibl. patr. cist.*, I, 77.

(5) *Vita S. Bernardi*, lib. III, auct. Gaufrido, cap. II, ap. Mabillon, *S. Bernardi opp.*, vol. II, col. 1148.

(6) *Vita S. Bernardi*, lib. I, auct. Guillemo, cap. VIII, ap. Mabillon, *S. Bernardi opp.*, vol. II, col. 1079.

hors de la maison. C'est en 1493 que nous voyons permettre, pour la première fois, cette addition interdite jusque-là, m... aux abbés (1). Nous devons ajouter que le costume d... sterciens se rapprochait, au XII° et au XIII° siècle, beaucoup plus qu'aujourd'hui de celui de tout le monde. Ainsi, l'usage du capuchon était très-répandu parmi les paysans; et ce qui prouve que les étoffes dont s'habillaient les moines de Clairvaux ressemblait à celles qui étaient d'un usage commun, c'est qu'en 1250, ils promirent à un de leurs bienfaiteurs de lui donner tous les ans un habit fait de l'étoffe dont ils se servaient eux-mêmes (2). En défendant aux premiers Cisterciens de teindre la laine de leurs robes et par conséquent de porter ces vêtements de plusieurs couleurs, si recherchés au moyen-âge, on ne faisait que leur interdire une dépense de luxe permise alors seulement aux gens riches. On établissait aussi par là une distinction entre eux et la plupart des Bénédictins, les Cluniciens, notamment, qui s'habillaient de noir (3).

Les convers portaient, comme les moines, la tunique, les bas et les souliers; pour eux, la coule était remplacée par la chappe, sorte de robe de laine, probablement un peu plus courte. Ils y joignaient le capuce qui, en général, ne devait leur couvrir que les épaules et la poitrine; mais lorsqu'ils étaient pâtres, charretiers ou bergers, ils pouvaient, avec l'autorisation de l'abbé, porter des capuces de plus

---

(1) *Stat. cap. gen.*, 1252, ap. Mart., *Anecd.* IV, 1399, *Articuli Parisienses*, XIV, ap. *Nom. cist.*, p. 683.

(2) *Ultra Albam*, CLXXII.

(3) Manrique, *Annales cisterc.*, I, 34.

grande dimension. L'usage des chemises était accordé aux convers exerçant le métier de forgeron (1). Ceux qui étaient maçons pouvaient avoir des gants de cuir ; les mitaines d'étoffes étaient permises parmi eux, aux charretiers, aux pêcheurs et aux vendengeurs. Enfin, les frères convers pouvaient, en certains cas, porter des bottes (2).

Loin de nous la pensée de critiquer ces rigueurs saintes. Mais une chose qui paraîtra bien forte, c'est le peu de soin que les premiers Cisterciens prenaient de la propreté. A lire Césaire, il semblerait que ces bons moines considéraient encore, au XIIIe siècle, la saleté comme une de leurs plus belles vertus.

Un chevalier, qui avait un nom connu dans la chevalerie, entra dans l'ordre de Cîteaux. « Il avait eu
» pour ami, dans le monde, un autre chevalier éga-
» lement habile dans le métier des armes, et un jour
» il l'exhortait à se faire aussi moine. Celui-ci lui
» répondit d'une manière qui prouvait une grande
» pusillanimité : Oui, mon ami, j'entrerais volontiers
» dans votre ordre, si ce n'était une chose que je
» crains. Le moine lui demanda qu'elle était cette
» chose. — La vermine de vos vêtements, répondit
» le chevalier, car vos étoffes de laine nourrissent
» beaucoup de vermine. Alors le moine se mit à
» rire : O courageux chevalier, dit-il, vous qui à la
» guerre, dans ce monde pervers que le diable
» inspire, ne craignez pas l'épée de l'ennemi, vous

---

(1) *Instit. cap. gen. cist.*, Dist. XIV, c. 20, ap. *Nom. cist.*, p. 362-363.

(2) *Instit. cap. gen.*, Dist. XIV, c. 21, ap. *Nom. cist.*, p. 363.

» craignez les poux dans la milice de J.-C.? Le che-
» valier se tut en entendant ces mots; sa réponse
» vint cependant quelque temps après, et elle con-
» sista en un grand acte. Décidé par les discours et
» par l'exemple de son ancien ami, il entra dans
» l'ordre. Il arriva ensuite qu'ils se rencontrèrent
» dans l'église Saint-Pierre de Cologne. L'ancien
» moine, après avoir salué l'autre, suivant la règle,
» ajouta en souriant : Eh bien! mon frère, craignez-
» vous encore les poux? Le nouveau moine se rap-
» pela à quoi cette question faisait allusion, et il y
» répondit par une bonne parole, par une parole
» mémorable. Croyez-moi, mon frère, et tenez ceci
» pour certain : Quand la vermine de tous les moines
» se réunirait sur mon corps, elle ne pourrait, par
» ses morsures, me faire sortir de l'ordre. L'autre
» fut très-édifié de cette réponse, et il la répétait
» souvent pour l'édification de ses auditeurs (1). »

§ 2. — Du Coucher.

D'après la règle de saint Benoît, on devait se contenter pour le coucher d'une paillasse, de deux
couvertures et d'un oreiller (2). Cette prescription
n'était plus guère observée à la fin du xi° siècle (3),
et les Cisterciens formèrent la résolution de s'y con-

---

(1) Césaire, *Dialog. miracul.*, Dist. IV, c. 48, ap. *Bibl. patr. cist.*, II, 98.

(2) *Regul. S. Bened.*, cap. LV.

(3) Les Cluniciens avaient des matelats, *Consuet. clun.*, lib. III, c. XI, ap. d'Achery, *Spicilege*, in-4°, IV, 190.

former (1), ils ne permirent l'usage des matelas qu'aux malades. Ils ajoutèrent même de nouveaux réglements, notamment la défense de donner aux oreillers plus d'un pied et demi de long, et celle d'emporter, sans permission du Chapitre, un matelas en voyage (2). Hors du monastère, ils ne pouvaient se servir de matelas qu'à défaut de paillasse (3); de plus, nous savons qu'ils se couchaient tout habillés, c'est-à-dire avec la coule et la tunique, et sans même pouvoir ôter leurs souliers (4). Le pape Eugène III, ancien moine de Clairvaux, ne quitta jamais sa tunique et sa coule de laine; il les portait de jour, même en voyage, sous ses habits pontificaux, et les conservait la nuit dans son lit, gardant à l'intérieur, dit un écrivain du temps, ses vieilles habitudes monacales, pendant qu'à l'extérieur il ne laissait voir que les manières et le costume de sa haute dignité. On portait autour de lui des coussins ornés de broderie; son lit était revêtu d'une draperie de pourpre, mais si l'on avait soulevé cette riche couverture, on n'aurait trouvé dessous que des étoffes de laine grossière enveloppant un amas de paille (5).

---

(1) *Exordium cœnobii cisterciensis*, cap. XV, *Usus antiq. ordinis cisterciensis*, c. LXXII, § V, ap. *Nom. cist.*, p. 173.

(2) *Instituta capituli generalis ordinis cisterciensis*, cap. XXXV et XXXIX, ap. *Nom. cist.*, p. 257-258.

(3) *Stat. cap. gen. cist.*, 1185, ap. Mart., *Anecd.* IV, 1259.

(4) *Usus antiq. ord. cist.*, cap. LXXXII, ap. *Nom. cist.*, pag. 185.

(5) *Vita S. Bernardi*, lib. II, auct. Ernaldo, cap. VIII, ap. Mabill., *S. Bernardi opp.*, col. 1112-1113.

Les moines ne devaient point se coucher dans des cellules comme il se fait dans d'autres ordres : usage qui cependant s'introduisit dans beaucoup d'abbayes cisterciennes, dès le commencement du xiv° siècle (1), et qui malgré des prohibitions multipliées existait à Clairvaux au xviii° (2). La règle de saint Benoît, dans son chapitre XXII, décidait que le dortoir devait être commun ; et les Cisterciens primitifs furent, à l'égard des moines, très-rigoureux dans l'application de ce principe. D'abord, la réunion dans le même local était une garantie de moralité : c'est à ce point de vue que saint Benoît avait prescrit d'éclairer le dortoir pendant la nuit; mais il y avait de plus, pour les moines, une raison spéciale : dormant ensemble dans la même salle, ils devaient être plus exacts à l'office de nuit, et les absences individuelles, causées par la négligence, devenaient impossibles. Il était donc interdit aux moines d'habiter d'une manière continue les établissements agricoles situés au dehors du monastère; c'étaient des frères convers qui devaient avoir la direction de ces établissements (3), et aucun abbé ne devait y envoyer de moines, autrement qu'à titre momentané et pour faire la récolte (4). Le même motif empêchait les anciens moines cisterciens de

---

(1) *Constitution de Benoît XII pour la réforme de l'ordre*, ap. *Nom. cist.*, p. 603.

(2) *Voyage littéraire de deux bénédictins*, 1re partie, p. 103.

(3) *Exordium cœnobii cisterciensis*, cap. XV.

(4) *Instituta cap. gen. ord. cist.*, cap. VI, ap. *Nom. cist.*, p. 247-248.

posséder régulièrement aucun bénéfice avec charge d'âmes (1).

Les convers, dont une partie résidait à l'abbaye et dont l'autre demeurait dans les différentes fermes qui en dépendaient, ne pouvaient avoir de dortoir commun, et passaient la nuit les uns dans l'abbaye, les autres dans la ferme à laquelle ils étaient attachés, mais ils étaient toujours plusieurs ensemble; les bergers seuls pouvaient être dispensés de venir coucher, soit à l'abbaye, soit à la ferme, et l'abbé ne devait leur accorder cette dispense que lorsque l'éloignement du pâturage l'exigeait et que la nécessité de cette exception à la règle avait été constatée par le Chapitre général de l'ordre (2). C'est sans doute en conséquence d'une dispense de ce genre que, dans le *Cartulaire de Clairvaux*, il est question des loges où les bergers de l'abbaye passaient le jour et la nuit pour garder leurs troupeaux au pâturage (3).

Les dortoirs n'étaient pas chauffés. L'établissement de cheminées dans les dortoirs ne paraît avoir été imaginé qu'au XVe siècle, et c'est un abus dont le Chapitre général ordonna la suppression (4). Les

---

(1) *Stat. cap. gen. cist.*, ann. 1215, ap. Mart., *Anecd.* IV, 1317. *Libell. antiq. defin. ord. cist.*, Dist. IV, c. III, ap. *Nom. cist.*, p. 502. On fut moins rigoureux plus tard.

(2) *Instit. cap. gen. ord. cist.*; cap. LVII, ap. *Nom. cist.*, page 263.

(3) *Fravilla*, XXVIII. Cf. *Ultra Albam*, LXVI.

(4) *Stat. cap. gen. cist.*, 1482, ap. Mart., *Anecd.* IV, 1639.

moines qui avaient froid devaient se rendre dans une salle spéciale qu'on appelait chauffoir : *Calefactorium* (1).

---

(1) *Us. antiq. ord. cist.*, cap. LXXII, § III, ap. *Nom. cist.*, p. 172.

LIVRE DEUXIÈME.

DU GOUVERNEMENT ET DES FONCTIONNAIRES DANS LES ABBAYES CISTERCIENNES, ET PRINCIPALEMENT A CLAIRVAUX,

AU XII° ET AU XIII° SIÈCLE.

CHAPITRE I.

DU CHAPITRE GÉNÉRAL.

La règle de saint Benoît contient, et contient seulement, un plan d'organisation isolé pour chaque abbaye. L'observation de cette règle, dans le plus grand nombre des monastères de l'Europe, depuis l'époque carlovingienne, constituait, sans aucun doute, entre ces monastères, une sorte de fraternité, et c'était pour le monde chrétien un beau spectacle que cette foule de petites sociétés monastiques organisées d'après un type uniforme, malgré la différence des peuples et des climats. On appelait ordre l'ensemble caractérisé par cette uniformité, c'était l'ordre de saint Benoît. Mais cette fraternité entre les fils du même père, cette uniformité issue de l'identité des réglements, n'établissait entre les monastères que de très-vagues rapports. Chaque abbaye bénédictine avait son gouvernement à elle indépendant de celui des autres, et saint Benoît n'avait créé aucun pouvoir supérieur pour relier entre eux les établissements soumis à sa règle. De là des inconvénients graves. Le chef placé à la tête de chaque abbaye, et investi sous le nom d'abbé, c'est-à-dire de père, d'une autorité qui ne relevait que de Dieu, pouvait souvent en abuser et gouverner en despote. En ce cas, ses moines n'avaient guère moyen d'échapper à cette tyrannie, car il fallait des motifs très-graves pour leur donner le droit de poursuivre leur abbé devant le tribunal de l'Evêque diocésain ou du souverain Pontife.

L'abbé, au lieu d'être despote, pouvait manquer de fermeté, et n'ayant pas derrière lui pour le soutenir un pouvoir plus élevé et plus fort, ne pas trouver en lui-même l'énergie nécessaire pour faire observer par des moines mous et négligents les réglements austères auxquels le vœu de religion les soumettait. Ce danger était plus grand encore que le premier. L'autorité sans contrôle, créée par la règle de saint Benoît, était trop antipathique à l'esprit humain pour subsister longtemps : partout le pouvoir démocratique de la communauté, du couvent, comme on disait, s'était érigé en regard du pouvoir monarchique de l'abbé. Aucune décision importante de l'abbé n'était valable sans le consentement du couvent. Ainsi se trouvait presque annulée en fait l'autorité dont l'abbé était investi par la règle bénédictine pour faire respecter les sévères traditions de l'institut monastique. De là le relâchement qui peu à peu s'était introduit dans les monastères, et avait même souvent ouvert la voie aux déréglements les plus honteux.

Les réformateurs qui fondèrent l'ordre de Cîteaux voulurent prévenir une semblable chute. Ils enlevèrent aux moines de chaque abbaye leur pouvoir usurpé; ils rendirent à l'abbé l'autorité qu'il avait primitivement exercée pour la direction de la communauté qui lui était confiée. Mais en ôtant aux subordonnés le droit de contrôler les actes de leur supérieur, ils ne méconnurent pas la nécessité du contrôle que la règle de saint Benoît avait négligé d'établir, seulement ils le mirent en d'autres mains. Le Chapitre général, placé au-dessus de l'ordre tout entier, dominant par sa haute position les influences locales, s'élevant par la vertu et la longue expérience de ses membres dans cette région supérieure et calme où ne parvient pas le cri des passions humaines, fut chargé de veiller à la défense des maximes saintes transmises par saint Robert, saint Bernard et saint Etienne Harding, à leurs fils spirituels; il dut, la verge de la discipline à la main, en assurer à travers les siècles la conservation perpétuelle. Ainsi l'abbaye de Cîteaux devint le centre d'une sorte d'état qui s'étendait des bords du Jourdain à ceux de l'Océan atlantique, des côtes glacées de la Suède au beau ciel de l'Espagne et de la Sicile, conservant dans ces contrées si différentes, au milieu de tant de nations indépendantes et souvent ennemies, son unité d'intérêts, de gouvernement et d'action. L'ordre de Cîteaux formait ce que l'on appelle, pour employer l'expression technique, une congrégation.

Le Chapitre général fut fondé en 1119. Les abbayes cisterciennes étaient alors au nombre de treize. D'abord les cinq abbayes-mères, Cîteaux et Laferté, diocèse de Châlons-sur-Saône ; Pontigny, diocèse d'Auxerre ; Clairvaux et Morimond, diocèse de Langres : ensuite Prully, diocèse de Sens ; Trois-Fontaines, diocèse de Châlons-sur-Marne ; la Cour-Dieu, diocèse d'Orléans ; Bonnevaux, diocèse de Vienne ; Bouras, diocèse d'Auxerre ; Cadouin, diocèse de Périgueux ; Fontenay, diocèse d'Autun ; Mazan, diocèse de Viviers. On sentit le besoin de donner une tête aux membres déjà dispersés de ce grand corps, dont on prévoyait les vastes développements à venir. Les abbés réunis à Cîteaux votèrent la constitution primitive de l'ordre, *la Charte de Charité*, monument admirable que les siècles ne purent détruire, et qui, jusqu'aux derniers temps, resta la base de l'organisation cistercienne ; car les hommes qui l'avaient élevé étaient à la fois des sages et des saints. Un des cinq chapitres de la Charte de Charité, le troisième, prescrit l'établissement du Chapitre général, et réglemente cette nouvelle institution.

« Tous les abbés de notre ordre, » y lisons-nous, « se rendront chaque année à Cîteaux pour assister au Chapitre général. Deux seules causes de dispense seront admises : l'une sera la maladie, mais encore les malades devront-ils envoyer un exprès pour prévenir le Chapitre de l'impossibilité où ils sont de se déplacer ; l'autre motif d'excuse sera la distance. Ceux qui demeureront dans des pays trop éloignés, viendront, non pas tous les ans, mais seulement aux époques fixées par le Chapitre général. Si quelque abbé manque au Chapitre général pour une autre raison que ces deux-là, il en demandera pardon au Chapitre suivant, et il faudra qu'on lui inflige une punition sévère. »

« Les abbés réunis en Chapitre général traiteront du salut des âmes. Ils examineront si la règle de saint Benoît et les constitutions de l'ordre sont violés, et dans ce cas ils prescriront le retour à ces institutions saintes. Si de nouveaux réglements sont nécessaires, ils les feront; si le règne de la paix et de la charité est troublé parmi nous, ils s'efforceront de le rétablir. »

« Si un abbé néglige la règle, s'occupe trop des affaires du monde, ou s'il y a quelque faute à lui reprocher, on l'en accusera charitablement; il demandera pardon et exécutera la pénitence qui lui sera infligée. Des abbés seuls pourront faire cette accusation. »

« Si une contestation s'élève entre deux abbés, ou si un abbé est convaincu d'une faute assez grave pour mériter la peine de la suspense ou de la déposition, on observera sans résistance ce que le Chapitre général aura décidé. »

« Si les avis sont partagés, tout le monde se ralliera au sentiment de l'abbé de Cîteaux et de ceux des membres du Chapitre qui paraîtront les plus sages et les plus aptes à bien juger. Les intéressés ne prendront jamais part à la délibération. »

Hors le temps des sessions du Chapitre général, la surveillance des abbayes cisterciennes appartient à l'abbé de Cîteaux sur tout l'ordre, et aux abbés des quatre autres abbayes-mères, Laferté, Pontigny, Clairvaux et Morimond, sur les abbayes de leur filiation. Mais les décisions prises par ces dignitaires ne sont pas définitives, elles peuvent être réformées par le Chapitre général quand ils ont abusé de leur autorité.

Le réglement primitif du Chapitre général se développa, se modifia et s'altéra dans la suite des temps.

Ainsi le Chapitre général cessa d'être annuel à partir de l'année 1477. En 1605, on décida qu'il se tiendrait tous les quatre ans, et quelques années après Alexandre VII prescrivit qu'il aurait lieu tous les trois ans (1). Alors l'ordre était arrivé à un état de décadence dont il était encore loin à l'époque qui nous occupe. Mais, dès le treizième siècle, nous trouvons le principe de cette décadence : à côté du Chapitre général on établit des Chapitres provinciaux. Les plus anciens que nous connaissions sont ceux d'Angleterre et d'Irlande, qui remontent à l'année 1248 (2). Au quinzième siècle, ces Chapitres provinciaux étaient devenus très-nombreux (3). C'est leur existence qui permit de rendre les Chapitres généraux moins fréquents, et ainsi de relâcher peu à peu le lien de l'unité.

Antérieurement, les abbés de Syrie et de Palestine n'étaient obligés de venir au Chapitre général que tous les sept ans (4). Ceux de Norwège, de Grèce, de Livonie, tous les cinq ans (5). Ceux d'Irlande,

---

(1) *La manière de tenir le Chapitre général de l'ordre de Citeaux*, p. 17-18, par D. Louis Meschet, abbé de la Charité.

(2) *Stat. cap. gen. cist.*, 1248, ap. Mart., *Anecd.* IV, 1389.

(3) *Stat. cap. gen. cist.*, 1439, ap. Mart., *Anecd.* IV, 1596.

(4) *Institutiones cap. gen. cist.*, Dist. V, c. 2, ap. *Nom. cist.*, p. 302.

(5) *Instit. cap. gen. cist.*, Dist. V, c. 3, ap. *Nom. cist.*, p. 303.

d'Ecosse, de Sicile, de Portugal, de Gallice, tous les quatre ans (1). Ceux de Hongrie, de Frise, de Léon, de Castille, tous les trois ans (2). Ceux d'Aragon, de Catalogne et de Navarre, tous les deux ans (3). Cette liste des dispenses n'est pas complète. Ainsi les abbés de Danemark, de Pologne, de Suède, de Bohême, tous ceux qui avaient la mer à passer pour arriver à Citeaux devraient figurer dans cette liste, seulement nous ne savons quelle était la durée de la période au bout de laquelle ils devaient se présenter au Chapitre général (4). La présence annuelle des abbés de France, d'Allemagne et d'Italie, était obligatoire. Les abbés qui, sans cause légitime, manquaient au Chapitre général, devaient jeûner au pain et à l'eau tous les vendredis, et se tenir hors de leur stalle jusqu'à ce que le Chapitre général les eût relevés de cette double peine (5). La célébration de la messe leur fut même interdite par deux Chapitres généraux (6).

---

(1) *Stat. cap. gen. cist.*, 1190, 1270, ap. Mart., *Anecd.* IV, 1266, 1434. — *Institutiones cap. gen. cist.*, Dist. V, c. 2, ap. *Nom. cist.*, p. 302.

(2) *Institutiones cap. gen.*, Dist. V, c. 3, ap. *Nom. cist.*, p. 303. — *Stat. cap. gen. cist.*, 1266, 1270, ap. *Nom. cist.*, p. 1426, 1434.

(3) *Stat. cap. gen. cist.*, 1270, ap. Mart., *Anecd.* IV, 1434.

(4) *Stat. cap. gen. cist.*, 1184, 1201, 1412, ap. Mart., *Anecd.* IV, 1256, 1296, 1557.

(5) *Stat. cap. gen. cist.*, 1157, ap. Mart., *Anecd.* IV, 1247. — *Institutiones cap. gen. cist.*, Dist. V, c. 10, ap. *Nom. cist.*, 305. — *Libell. antiq. Defin.*, Dist. VI, c. 3, ap. *Nom. cist.*, p. 512.

(6) *Stat. cap. gen. cist.*, 1194, 1195, ap. Mart., *Anecd.* IV, 1281, 1285.

Ils devaient venir demander pardon l'année suivante, autrement ils étaient déposés (1).

Jusqu'à l'année 1440, le Chapitre général se tint au mois de septembre. En 1439, on décida que cette réunion aurait lieu à l'avenir pendant les jours des Rogations. Cette époque paraissait plus commode, parce que ce n'était pas celle de la moisson; qu'alors, les troupes étant encore dans leurs quartiers d'hiver, il n'y avait pas de rencontres fâcheuses à craindre; qu'enfin les épidémies ne sévissaient ordinairement que plus tard, c'est-à-dire pendant l'été (2). Avant cette décision, on devait arriver à Cîteaux le 12 septembre avant tierce, et l'on commençait le Chapitre le jour même. C'est ce que prescrit le Chapitre général de 1211, et ce qui eut lieu à partir de 1212 (3). Antérieurement à l'année 1212, les abbés n'entraient à Cîteaux que le 13 septembre, fête de la sainte Croix, et l'on n'ouvrait le Chapitre que ce jour (4).

Les abbés, revêtus de leur coule blanche (5), se rangeaient au Chapitre dans l'ordre d'ancienneté de leurs maisons. Les simples moines étaient exclus de l'assemblée; on n'admettait, outre les

---

(1) *Stat. cap. gen. cist.*, 1258, 1274, 1275, 1276, 1277, 1278, 1279, ap. Mart., *Anecd.* IV, 1411, 1442, 1446, 1454, 1455, 1460, 1463, 1465, 1467. — *Libell. antiq. Defin.*, Dist. VI, c. 3, ap. *Nom. cist.*, p. 512.

(2) *Stat. cap. gen. cist.*, 1439, ap. Mart., *Anecd.* IV, 1595-1596.

(3) *Stat. cap. gen. cist.*, 1211, ap. Mart., *Anecd.* IV, 1309.

(4) *Stat. cap. gen. cist.*, 1210, ap. Mart., *Anecd.* IV, 1308.

(5) *Libell. antiq. Defin.*, Dist. VI, c. 6, ap. *Nom. cist.*, p. 516.

abbés, que les prieurs envoyés par des abbés pour les remplacer (1). La présidence appartenait à l'abbé de Cîteaux. Il parlait assis, les autres debout (2). Il promulguait les décisions. A la fin du douzième siècle et au commencement du treizième, il joignait à ces droits honorifiques un autre droit qui augmentait beaucoup son influence ; il nommait les définiteurs, c'est-à-dire la commission chargée de rédiger les décisions du Chapitre général. Il est question pour la première fois de ce droit en 1197 (3). Il est mentionné dans les *Institutions du Chapitre général* en 1256 (4). L'abbé de Cîteaux devait cependant consulter, sur son choix, les quatre abbés de Laferté, Pontigny, Clairvaux et Morimond ; mais il n'était pas obligé de suivre leur avis (5). En 1265, une bulle du pape Clément IV décida que chacun de ces quatre abbés présenterait cinq candidats de sa filiation, total vingt, sur lesquels l'abbé de Cîteaux choisirait seize définiteurs, quatre appartenant à chacune de ces quatre filiations ; qu'il y joindrait quatre autres définiteurs pris par lui dans sa propre filiation ; qu'à ces vingt définiteurs il se réunirait lui-même avec les quatre autres premiers abbés de

---

(1) *Stat. cap. gen. cist.*, 1134, Mart., *Anecd.* IV, 1243. — *Institutiones cap. gen. cist.*, Dist., V, c. 14, ap. *Nom. cist.*, p. 307.

(2) *Stat. cap. gen. cist.*, 1134, ap. Mart., *Anecd.* IV, 1243. — *Instit. cap. gen. cist.*, Dist V, c. 13, ap. *Nom. cist.*, p. 306.

(3) *La manière de tenir le Chapitre général de Cîteaux*, p. 61. — Cf. *Stat. cap. gen. cist.*, 1210, ap. Mart., *Anecd.* IV, 1308.

(4) Dist. V, c. 15, ap. *Nom. cist.*, p. 307-308.

(5) Dist. V, c. 15, ap. *Nom. cist.*, p. 307-308.

l'ordre : ce qui ferait en tout 25 définiteurs. Les résolutions des définiteurs étaient prises à la pluralité des voix. En cas de partage, l'abbé de Citeaux avait voix prépondérante. Les définiteurs avaient une grande importance dans l'ordre, parce que le Chapitre général, ayant des sessions fort courtes, se séparait avant que ses décisions pussent être rédigées dans la forme régulière. Cependant, la rédaction arrêtée par les définiteurs devait être soumise au Chapitre général suivant pour acquérir force de loi (1).

La durée du Chapitre général était de cinq jours, y compris celui de l'arrivée et du départ (2). On commençait par une messe du Saint-Esprit (3), on finissait par des prières pour le roi de France Philippe 1er, sous le règne et dans le royaume duquel avait été fondé Citeaux, pour le roi d'Angleterre, l'empereur, le roi d'Aragon et le duc de Bourgogne (4). Pendant la durée de chaque session, les membres du Chapitre vivaient, eux et leur suite, aux dépens de l'abbaye de Citeaux. Pendant le voyage d'aller et le voyage de retour, ils étaient logés et nourris aux frais des maisons de l'ordre qui se trouvaient sur leur passage (5). C'était une

---

(1) *Nom. cist.*, p. 472-473. — Cf. *Libell. antiq. defin. ord. cist.*, Dist. VI, c. 6. ap. *Nom. cist.*, p. 516.

(2) Ancien règlement du Chapitre général dans *la Manière de tenir le Chapitre général de l'ordre de Citeaux*, p. 51-58.

(3) *Stat. cap. gen. cist.*, 1211, ap. Mart., Anecd. IV, 1309.

(4) *Stat. cap. gen.*, 1105, ap. Mart., Anecd. IV, 1282.

(5) *Inst. cap. gen. cist.*, Dist. V, c. 1, ap. *Nom. cist.*, p. 302.

lourde charge pour Cîteaux et pour les abbayes voisines.

Clairvaux reçut des donations destinées à nourrir les hôtes que le Chapitre général lui amenait, tant à l'abbaye même que dans les établissements secondaires qui en dépendaient, notamment dans la maison que Clairvaux avait à Dijon pour héberger l'abbé la nuit qui précédait son arrivée à Cîteaux, et la nuit qui suivait son départ.

En 1210, Jorinz de Bèze donne à la maison de Clairvaux, dans la ville de Dijon, une rente d'un sac de sel pour les abbés qui y viennent. La même année, Alard, pelletier, et Fauconnet, tavernier, donnent chacun à la même maison une rente de deux cents œufs payables à l'arrivée des abbés qui se rendent au Chapitre (1).

En 1216, Simon de Joinville donne à l'abbaye de Clairvaux le droit de pêche dans toutes les eaux qui lui appartiennent, excepté ses étangs, trois jours et trois nuits avant le Chapitre général, pour nourrir les abbés qui y vont (2).

En 1228, Raymond, comte de Toulouse, s'engage à payer à l'abbaye de Clairvaux cinq cents marcs d'argent pour acheter des revenus. Ces revenus devront être employés à nourrir les abbés et les religieux qui se rendent à Clairvaux le jour de la Nativité de la Vierge, 8 septembre, c'est-à-dire quatre jours avant le Chapitre général (3).

Afin d'empêcher que le devoir de l'hospitalité

---

(1) *Cart. de Clairvaux, Divio* XI.
(2) *Cart. de Clairvaux, Blemosine* XXXIX.
(3) D. Bouquet, XIX, 220 E.

n'entraînât les abbayes à des dépenses trop élevées, on fit des réglements pour déterminer le nombre de chevaux que pouvait mener avec lui chaque abbé qui allait au Chapitre général. Ce nombre fut d'abord fixé à quatre pour les abbés de Laferté, Pontigny, Clairvaux et Morimond ; à trois pour l'abbé de Savigny (1) ; à deux pour tous les autres (2). Plus tard, ces derniers purent amener trois chevaux et même un quatrième en sus pour leur secrétaire, quand ils étaient autorisés à se faire accompagner d'un secrétaire (3).

CHAPITRE II.

DES ABBÉS.

§ 1er. — Des Abbés cisterciens en général.

La règle de saint Benoît parle en termes magnifiques de la dignité abbatiale et des devoirs qu'elle impose. L'abbé est le représentant du Christ : il en porte le nom ; car, suivant l'apôtre, le cri de notre

---

(1) *Stat. cap. gen. cist.*, 1189, 1220, ap. Mart., *Anecd.* IV, 1263, 1350. — *Institutiones cap. gen. cist.*, Dist. V, c. 6, ap. *Nom. cist.*, p. 303.

(2) *Stat. cap. gen. cist.*, 1134, 1152, 1182, 1189, 1220, ap. Mart., *Anecd.* IV, 1243, 1246, 1253, 1263, 1350. — *Institutiones cap. gen. cist.*, Dist. V, c. 6, ap. *Nom. cist.*, p. 303.

(3) *Libell. antiq. defin.*, Dist. VI. c. 4, ap. *Nom. cist.*, p. 513.

prière au Christ est *Abba,* qui veut dire Père (1). Il a reçu en charge le gouvernement des âmes, il en rendra compte un jour. Autant il y a de religieux confiés à sa garde, autant il y a d'âmes dont au jour du jugement il devra rendre compte à Dieu, sans parler de la sienne dont il faudra aussi qu'il réponde (2).

L'abbé nommait les fonctionnaires de l'abbaye, il infligeait les punitions, il accordait les dispenses, il avait la direction suprême du personnel comme du matériel ; mais, quelque haute que fût sa position, il était soumis à la règle comme les autres moines. C'est la règle qui est la maîtresse du monastère, et tous lui doivent obéissance (3). L'abbé était vêtu du même costume que ses moines (4). Quoiqu'il eût une cuisine distincte de celle de la communauté et deux frères pour en faire le service (5), il n'était pas mieux nourri que le reste des moines : comme eux, il ne mangeait que des légumes (6). La seule raison qui lui faisait faire table à part était la nécessité de recevoir honorablement les hôtes, sans que leur présence au milieu des moines vînt distraire la com-

---

(1) On lui donnait aussi le titre de *Domnus,* seigneur, Monsieur, à l'exclusion des autres moines. Le titre français de *Dom,* ou de Père, n'a été donné à tous les moines qu'à une époque relativement récente. — Mabill., *S. Bernardi opp.*, note sur la lettre XXVII.

(2) *Reg. S. Bened.*, c. II.

(3) *Reg. S. Bened.*, C. III.

(4) *Stat. cap. gen. cist.*, 1252, ap. Mart., *Anecd.*, IV, 1399.

(5) *Regul. S. Bened.*, c. LIII, LVI. — *Usus antiq. ord. cist.*, c. LXXII, § 1-2, ap. *Nom. cist.*, p. 171-172.

(6) *Us. antiq. ord. cist.*, c. CIX, ap. *Nom. cist.*, p. 227.

munauté de ses pieux exercices ; c'était avec les hôtes que l'abbé mangeait (1).

L'abbé ne devait prendre aucune décision sans avoir demandé l'avis des anciens de la communauté ; et dans les circonstances graves, il devait appeler à son conseil la communauté tout entière (2). Dans l'ordre de Cîteaux, il était défendu à l'abbé de faire aucune aliénation d'immeuble sans consulter des anciens (3). Plus tard même, il dut se pourvoir du consentement du Chapitre général, à peine de déposition (4). En effet, il n'était pas obligatoire pour l'abbé cistercien de se conformer à l'avis de ses moines (5); par conséquent il fallait une autre garantie.

Cette indépendance de l'abbé, à l'égard de sa communauté dans les abbayes cisterciennes fidèles à l'esprit de la règle bénédictine, se manifestait juridiquement et diplomatiquement par le fait que l'abbé seul avait un sceau, et que la communauté n'en avait point. Au douzième siècle, au treizième, on voyait dans toute l'Europe les communautés bénédictines, les Chapitres cathédraux, s'affranchissant de la subordination primitive, faire usage de sceaux distincts de ceux des abbés et des évêques. « Que toute communauté qui a un sceau, le brise, » dit un statut du Chapitre général de Cîteaux

---

(1) *Us. antiq. ord. cist.*, c. CIX, ap. *Nom. cist.*, p. 227.
(2) *Reg. S. Bened.*, c. III.
(3) *Stat. cap. gen. cist.*, 1233, ap. Mart., *Anecd.* IV, 1357.
(4) *Stat. cap. gen. cist.*, 1280, 1281, ap. Mart., *Anecd.* IV, 1473-1479.
(5) *Reg. S. Bened.*, c. III *in fine*.

en 1218 (1). C'est seulement au quatorzième siècle que cette prohibition fut levée. Chaque communauté cistercienne dut avoir un sceau dont l'apposition devint nécessaire à la validité des aliénations et des emprunts (2); mais l'ordre de Cîteaux avait alors perdu en toute matière son primitif esprit.

Les sceaux des communautés devaient représenter l'image de la sainte Vierge (3). Quant aux sceaux des abbés, on dut, à partir de l'année 1200, y graver l'effigie de l'abbé, la crosse en main (4). Antérieurement, il n'y avait pas de règle à ce sujet. Ainsi, pendant la plus grande partie de sa vie, saint Bernard fit usage d'un sceau où était gravée une main tenant une crosse avec la légende : *Sig. abbatis Clarevallis*. Ce sceau, ayant été volé en 1151 par un secrétaire infidèle, fut remplacé par un autre dont la matrice, gardée à Clairvaux jusqu'à la Révolution, se trouve aujourd'hui au musée de la ville de Rouen. On y voit l'effigie du saint, tenant d'une main un rouleau, de l'autre une crosse, légende : *Sigillum Bernardi abbatis Clarevallis* (5). Il était dans les usages primordiaux de l'ordre de conserver les sceaux des

---

(1) Mart., *Anecd.* IV, 1322. — Cf. *Institutiones cap. gen. cist.*, Dist. VIII, c. 1, ap. *Nom. cist.*, p. 327. — On y voit diverses prescriptions relatives au sceau de l'abbé.

(2) *Constit. Bened.*, XII, ap. *Nom. cist.*, p. 588 et suiv.

(3) *Libell. Novell. defin. cist.*, Dist. IX, cap. 1, ap. *Nom. cist.*, p. 640. Cette décision date de 1350.

(4) *Stat. cap. gen. cist.*, 1200, ap. Mart., *Anecd.* IV, 1294.

(5) Guignard, ap. Migne, *Patrologie*, t. CLXXXV, col. 1745-1748.

abbés décédés (1). Ce fut seulement à partir du milieu du quatorzième siècle qu'il fut prescrit de les briser. Cette opération se faisait solennellement au moment de l'élection du nouvel abbé.(2).

Au quinzième siècle, la plupart des abbayes cisterciennes commencèrent à tomber en commende (3), et par une confiscation déguisée, plus désastreuse que celle de 1790, on vit des séculiers étrangers à l'état religieux s'emparer du titre d'abbé pour dépouiller les monastères de la plus grande partie de leurs revenus. Cet abus déplorable dut être toléré par la cour de Rome, et subsista par la nomination royale jusqu'à la Révolution française. Antérieurement au quinzième siècle, les abbés étaient élus par les moines qu'ils devaient régir, c'est-à-dire en général par les moines de l'abbaye : la règle de saint Benoît l'avait décidé ainsi (4). Mais les règlements cisterciens conféraient en outre les droits électoraux aux abbés des monastères engendrés par l'abbaye vacante, lesquels devaient, dans le système de la réforme cistercienne, reconnaître l'autorité de l'abbé qui allait être choisi (5).

Les abbés des principales abbayes cisterciennes n'exerçaient pas seulement dans l'intérieur de leurs monastères le pouvoir dont ils étaient investis; ils

---

(1) *Stat. cap. gen. cist.*, 1238, ap. Mart., *Anecd.* IV, 1366.

(2) *Libell. Novell. defin. ord. cist.*, Dist. IX, c. 1, ap. *Nom. cist.*, p. 640.

(3) *Stat. cap. gen. cist.*, 1473, ap. Mart., *Anecd.* IV, 1635.

(4) Chap. LXIV.

(5) *Carta Charitatis*, c. IV, ap. *Nom. cist.*, p. 69.

possédaient sur les abbayes de leur filiation une prééminence qui, en cas d'urgence, leur conférait dans l'intervalle des Chapitres généraux une autorité presque sans limite. Cette autorité allait jusqu'à leur donner le droit de déposer l'abbé qui violait les principes fondamentaux de l'ordre. Pour que cette déposition fût valable, il suffisait qu'elle eût été précédée de quatre avertissements, et qu'elle fût prononcée dans une assemblée d'abbés de l'ordre convoqués à cet effet par le père abbé (1). La démission d'un abbé devait être acceptée par le père abbé dans une assemblée semblable (2). Pendant la vacance, c'était le père abbé qui gouvernait (3). Le père abbé devait, chaque année, inspecter par lui-même, ou par un autre abbé de l'ordre délégué par lui, toutes les abbayes de sa filiation. Les visiteurs avaient le droit d'infliger des pénitences aux auteurs des infractions qu'ils constataient, et même de destituer, sans aucune formalité, les prieurs et autres fonctionnaires inférieurs dont la conduite était répréhensible (4).

On comprend donc quelle puissance avaient dans l'ordre les abbés des cinq principales abbayes : Citeaux, Laferté, Pontigny, Clairvaux et Morimond, dont toutes les autres abbayes étaient filles. Comme exemple de la manière dont cette puissance s'exerçait, nous donnons la lettre suivante, adressée par

---

(1) *Carta Charitatis*, c. V, ap. *Nom. cist.*, p. 70.
(2) *Ibid.*
(3) *Carta Charitatis*, c. IV, ap. *Nom. cist.*, p. 69.
(4) *Carta Charitatis*, c. II, ap. *Nom. cist.*, p. 67. — *Stat. cap. gen. cist.*, 1180, ap. Mart., *Anecd.* IV, 1203, 1206.

l'abbé de Clairvaux Fastredus à un abbé de sa filiation. L'irrégularité de la conduite de cet abbé a été signalée à Fastredus. Avant de songer à punir, le successeur de saint Bernard espère obtenir que le coupable se corrigera lui-même : il l'y exhorte, mais il lui laisse entrevoir dans un avenir prochain, pour le cas où il résisterait, la certitude du châtiment.

« FASTREDUS, *serviteur indigne et abbé des moines de Clairvaux,*
» *à N..., abbé, salut en Jésus-Christ, et puisse-t-il avoir*
» *davantage l'esprit de la pauvreté évangélique !*

» Par le rapport de quelqu'un qui a autant de
» compassion pour votre âme, que vous de faiblesse
» pour les appétits de votre corps, nous avons appris
» qu'oublieux de votre règle et du devoir qui vous
» est imposé de donner l'exemple à vos moines, vous
» faites dresser la table dans la maison des hôtes,
» non pour des hôtes, car il n'y en a point, mais
» pour satisfaire vos désirs sensuels. Dans votre vê-
» tement et dans votre coucher, au lieu d'imiter le
» pauvre Lazare, vous suivez l'exemple de ce riche
» qui mangeait : ne vous rappelant point la peine
» dont le Seigneur a menacé les hommes attachés
» aux plaisirs de cette vie. Mon fils et mon frère, à
» quoi sert de porter notre habit, si c'est pour des-
» cendre en enfer ainsi vêtu ? Il se trouve ailleurs
» un autre chemin plus commode et plus large où
» vous pouviez marcher. Mais puisque Dieu vous
» a appelé dans celui où vous êtes, travaillez à n'en
» pas perdre le mérite. Jamais dans un cloître ou
» un monastère il n'a été convenable de porter les
» habits dont vous faites usage. Sont-ce là ces étoffes

» grossières prescrites par nos statuts? Le sens éty-
» mologique du mot moine est solitude et tristesse.
» Comment peuvent convenir à un solitaire ces
» vêtements somptueux qui sentent la pompe du
» monde? Comment la tristesse peut-elle s'accor-
» der avec ces marques de joie et d'allégresse? Un
» moine, mon fils, peut se contenter de ce qui pa-
» raissait encore de trop à l'apôtre saint Paul, c'est-
» à-dire de manger ce qui suffit à soutenir la nature,
» à conserver la vie, et de se vêtir assez pour se cou-
» vrir le corps. Si quelqu'un demande plus, nous
» devons le traiter comme ce pharisien hypocrite
» qui cherchait à s'attirer les honneurs par la beauté
» de ses vêtements ; jamais nous ne verrons en lui
» un disciple et un imitateur de la pauvreté évan-
» gélique. Non, ce n'est point le genre de vie qu'a
» enseigné à vous et à moi notre Père et notre pré-
» décesseur Bernard, d'heureuse mémoire. Ce n'est
» point l'usage suivi par les abbés et les moines de
» notre ordre sacré, qui nous ont nourris de pain
» d'avoine, et d'herbes cuites sans huile ni graisse ;
» même le jour solennel de Pâques, on ne nous a
» jamais servi que des haricots et des pois. Dans
» toutes les maisons de l'ordre on observe la même
» austérité, ou du moins on l'imite. Et vous, comme
» si vous n'étiez pas de l'ordre, vous vous procurez
» des mets délicats et exquis pour satisfaire votre
» gourmandise. Si vous êtes abbé, votre conduite
» doit servir d'exemple à vos moines. Comment
» donc osez-vous manger des viandes recherchées,
» du poisson frais accommodé de diverses manières,
» et du pain cuit par des femmes hors du monas-
» tère? Je rougis de le dire, et cependant il faut

» que je le dise : on trouve dans la voie de Dieu
» beaucoup de moines soumis à leur abbé, navi-
» guant dans le vaisseau dont il tient le gouvernail,
» soldats quand il est général, et plus parfaits que
» lui. Il y a dans votre monastère beaucoup de
» moines qui, au moment même où vous passez les
» heures de la nuit en festins somptueux et inutiles,
» se livrent à la prière, et pour expier leurs fautes
» et en obtenir la rémission, se donnent la disci-
» pline. Combien vous êtes loin, mon père et mon
» frère, de la perfection d'un de nos compagnons
» mort l'année même de son noviciat, et que la
» rigueur de l'abstinence accompagna jusqu'à la
» fin ! En effet, dégoûté de toute espèce d'aliment,
» et désirant pour unique chose manger un œuf
» cuit, il ne voulait pas le dire de peur de perdre
» le mérite d'avoir résisté à sa volonté et à ses ap-
» pétits. Il ne le fit connaître qu'au dernier moment
» de sa vie, à l'instant où il allait expirer, et après
» que l'abbé lui eût promis qu'il ne serait pas forcé
» de satisfaire ce désir. Vous, abbé, homme placé
» pour servir d'exemple aux autres, en quoi votre
» mérite est-il comparable à celui de ce novice ?
» Avant de prêcher, le Christ jeûne; Élie obtient par
» le jeûne d'être enlevé dans un char de feu. Les
» Ninivites rachetèrent par le jeûne leur ville de la
» destruction ; c'est par le jeûne qu'Esther sauva
» son peuple et apaisa l'indignation d'Assuérus.
» Saint Jean-Baptiste passa toute sa vie dans le
» jeûne pour préparer la voie à l'Evangile ; les
» saints ont suivi la même route : et vous qui mar-
» chez dans un chemin si différent, croyez-vous
» qu'il vous conduira au ciel ? C'est par la gour-

» mandise qu'a succombé l'innocence de nos pre-
» miers parents ; l'ivresse fit prendre à Noé une
» posture indécente et commettre à Lot un inceste ;
» après avoir mangé, le peuple se leva et adora le
» veau d'Or : c'est dans un festin qu'Ammon fut
» tué ; c'est aussi un festin qui prépara la perte
» d'Holopherne ; c'est en mangeant que Balthazar
» vit écrire les caractères qui annonçaient sa mort ;
» enfin c'est dans un festin que l'on montra, en
» forme de parade, la tête de cet homme prodi-
» gieux et surnaturel qu'aucun enfant de la femme
» n'a surpassé. Voilà de quelle manière tant d'hom-
» mes ont péri ; comment seriez-vous plus heu-
» reux ? Vous donnez pour excuse votre estomac et
» vos maux de tête ; vous dites que l'ordinaire de
» l'abbaye vous fait mal ! mais vous vous trompez
» complètement, si vous croyez que la santé d'un
» moine se traite comme celle d'un séculier. Nous
» sommes venus au monastère pour y chercher les
» incommodités du corps, et non une position com-
» mode ou des plaisirs. La maladie donnait des
» forces à saint Paul : pourquoi chercher à éloi-
» gner de vous une cause de tant de biens ? Croyez-
» moi, mon père, j'ai vu plusieurs fois saint Bernard
» la conscience troublée, parce qu'il mangeait pour
» réchauffer son estomac des potages à la farine,
» assaisonnés d'huile et de miel. Je lui reprochais
» cette austérité ; il me répondit : « Mon Fils, si
» vous connaissiez toutes les obligations des moi-
» nes, il faudrait arroser de larmes toutes les bou-
» chées que vous mangez. Nous sommes entrés
» dans ce monastère pour pleurer nos péchés et
» ceux du peuple. Quand nous mangeons le pain

» que les fidèles nous ont préparé par leurs travaux,
» nous mangeons pour ainsi dire leurs péchés pour
» contracter l'obligation de pleurer ces péchés comme
» s'ils étaient les nôtres. » Il ajoutait : « Il ne suffit
» pas à un moine d'alléguer la maladie. Les saints
» Pères, nos prédécesseurs, cherchaient des vallées
» profondes et humides pour bâtir des monastères,
» afin que les moines fussent souvent mal portants,
» et qu'ayant toujours la mort devant les yeux, ils
» ne pussent vivre en sécurité. » Ainsi les saints ont
» cherché les moyens de souffrir : vous, vous ne
» songez qu'à vivre splendidement. Ils ont appelé
» à eux les maladies comme la cause de biens sans
» nombre : en vertu de quelle dispense donc prodiguez-vous, sous prétexte de mauvaise santé, les
» biens du monastère pour la plus grande commodité de votre corps ? Mon Frère, la maladie de
» votre âme est plus grande que celle de votre corps;
» car si votre âme était dans la grâce de Dieu, votre
» corps ne serait pas si faible ni si attaché aux délices de la terre. Supprimez donc les habits recherchés, et évitez les festins exquis. Sans vous
» avoir étudié à fond, je sais quel est le remède qui
» vous convient, et si cette admonition émanée d'un
» frère et d'un collègue ne vous suffit point, il faudra que j'emploie pour votre guérison les moyens
» mis à ma disposition par l'autorité dont je suis
» revêtu (1). »

---

(1) Henriquez, *Fascicul.*, *SS. ord. cist.*, I, 230-240; *Bibliotheca patr. cist.*, III, 237-238 ; Mabillon, *S. Bernardi opp.*, I, 301-302.

§ 2. — Les Abbés de Clairvaux au douzième et au treizième siècle.

1°. S. BERNARD, abbé de Clairvaux depuis l'année 1115 jusqu'au 20 août 1153. Sa vie est trop connue pour que nous en parlions ici.

2°. ROBERT DE BRUGES, 1153-1157, était abbé de Dunes quand il fut appelé à succéder à saint Bernard (1). Pendant son administration, André, archidiacre de Verdun, étant venu visiter Clairvaux, entra au Chapitre des moines pour leur demander leurs prières. La vue de cette assemblée vénérable le toucha tellement que, sans prendre un délai même d'une heure pour arranger ses affaires, il demanda immédiatement d'entrer au noviciat. Admis alors, il trouva bientôt que l'entreprise était au-dessus de ses forces, et communiqua à l'abbé le projet d'entrer dans un ordre plus doux. Robert obtint, quoiqu'avec peine, qu'André attendrait trois jours avant d'exécuter sa détermination, et il invita les moines réunis au Chapitre à prier pour le novice qui voulait les quitter. Le même jour, quand André arriva au réfectoire, il trouva servi un plat de pois, genre de légumes qui le dégoûtait plus que tous les autres, et qui souvent lui donnait envie de vomir. A cette vue, il fut troublé ; malgré la faim, il ne pouvait se décider à manger. Enfin il goûta de ces pois, et sentit

---

(1) *Gall. Christ.*, IV, 790-800. — D. Bouquet, XIII, 275 E, 277 A. — *Chron. Claræv.*, ap. Chifflet, p. 81-82. — *Exord. magn. ord. cist.*, Dist. II, c. 21-23, ap. *Bibl. patr. cist.*, I, 58-61. — La vie de Robert se trouve dans Henriquez, *Fasciculus, SS. ord. cist.*, I, 174-183.

avec surprise une saveur plus agréable que celle de la viande et du poisson. Aussi se hâta-t-il d'approcher de lui l'écuelle, et saisissant sa cuiller, il dévora sa part tout entière et sans en rien laisser. En mangeant, il mettait souvent ses doigts dans sa bouche, pensant y trouver, au milieu des pois, des morceaux de lard qui auraient servi à les accommoder. Après le repas, il courut trouver l'abbé et lui demanda s'il avait fait mettre de la graisse ou un autre assaisonnement inusité dans la portion qui lui avait été servie. L'abbé déclara que non, et fit venir les cuisiniers. Ceux-ci affirmèrent n'avoir employé que les deux assaisonnements accoutumés, savoir, du sel et de l'eau. Ce miracle se renouvela plusieurs fois et toucha tellement le novice, qu'il ne parla plus de quitter l'ordre (1). Robert mourut des suites d'un refroidissement qui lui arriva un vendredi-saint, où il était à l'église les pieds nus. On trouve son nom au ménologe de Cîteaux le 29 avril.

3°. Fastredus, 1157-1161, quitta le siège abbatial de Camberon pour celui de Clairvaux, devint ensuite abbé de Cîteaux, et mourut à Paris en 1164 (2). On rapporte de lui que, deux ans avant son entrée en religion, il avait résolu de ne plus vivre que de

---

(1) Herbert, *de Miraculis*, II, 4, ap. Chifflet, *S. Bern. gen.*, 233-236. — *Exord. magn. ord. cist.*, Dist. II, c. 21, ap. *Bibl. patr. cist.*, I, 58-59.

(2) *Fasciculus, SS. ord. cist.*, I, 231-233. — *Gall. Christ.*, III, 171; IV, 800, 987. — D. Bouquet, XIII, 277 A E. — *Exord. magn. ord. cist.*, I, 24, ap. *Bibl. patr. cist.*, I, 37-40. — *Chron. Claraevall.*, ap. Chifflet, p. 82. — Il paraît une fois dans le cartulaire de Clairvaux, en 1158, *Wangionis Rivi*, I.

pain et d'eau. Une maladie mortelle qui l'attaqua à cette époque ne put ébranler cette détermination, dans laquelle il persévéra jusqu'à son admission au monastère. Cet homme, si sévère pour lui-même, était, dit-on, très-indulgent pour les autres. Il était en même temps fort instruit et avait fréquenté les écoles. Sa nomination à l'abbaye de Clairvaux eut lieu à l'unanimité. Quand le bruit public la lui eut apprise, il n'attendit pas que les envoyés de l'abbaye vinssent la lui notifier officiellement, il s'enfuit dans un prieuré de Chartreux et s'y cacha. Il y employait les jours et les nuits à prier : une extase lui survint. La sainte Vierge lui apparut portant entre ses bras son royal enfant. Fastredus se prosterna aux pieds de la mère de Dieu, la priant d'avoir pitié de lui. O homme, lui dit-elle, pourquoi vous troublez-vous? Et déposant son fils sur les épaules de l'abbé : Prenez-le, dit-elle, et gardez-le-moi. Aussitôt la vision disparut. Fastredus revint à lui, et réfléchit que les moines de Clairvaux, dont on voulait le charger, étaient les fils de Dieu et les membres de Jésus-Christ. Cette vision renfermait donc un ordre, cet ordre émanait de Dieu. Fastredus se soumit à l'élection dont il avait été l'objet (1). Il prit part aux négociations auxquelles donnèrent lieu à cette époque la double élection du pape Alexandre III et de l'antipape Octavien, et la guerre des Milanais contre l'empereur Frédéric 1er. Il jouissait d'une considération telle, que, lorsqu'il fut sur son lit de

---

(1) Herbert, *de Miraculis*, lib. II, c. 25, ap. Chifflet, p. 205, Mabill., *S. Bern. opp.*, II, 1231. *Exord. magn. ord. cist.* Dist. I, c. 24, ap. *Bibl. patr. cist.*, I, 37.

mort, le pape vint l'assister, le roi de France et sa cour le visitèrent. On vit pleurer Louis VII.

4°. GODEFROID, 1161-1165 (1), ancien secrétaire de saint Bernard, l'avait accompagné dans ses voyages, et était ensuite devenu abbé d'Igny. Il se démit des fonctions d'abbé de Clairvaux, ou fut déposé après les avoir remplies pendant cinq ans. Il devint ensuite successivement abbé de Fosseneuve et de Hautecombe. Il a écrit trois livres de la vie de saint Bernard (2), un traité sur le Cantique des Cantiques, la vie de saint Pierre de Tarantaise, et un sermon pour l'anniversaire de la mort de saint Bernard.

5°. PONCE, 1165-1170 (3), avait été abbé de Grandselve à partir de 1158 (4). Devenu abbé de Clairvaux, il fut envoyé en ambassade auprès de Frédéric Ier par le pape Alexandre III. Il quitta l'abbaye de Clairvaux pour devenir évêque de Clermont. Alain, ancien évêque d'Auxerre, lui avait dédié sa vie de saint Bernard (5), et le cistercien Thomas son exposition sur le Cantique des Cantiques. En 1163, lorsque Ponce était encore abbé de Grandselve, il y eut, dans cette abbaye, une

---

(1) *Fasciculus, SS. ord. cist.*, II, 268-278. — *Gall. Christ.*, IV, 800-801. — D. Bouquet, XIII, 277 E; XV, 850 n. — *Chron. Clarævall.*, ap. Chifflet, p. 82, 83, 84.

(2) Mabill., *S. Bernardi opp.*, II, 1115-1162. — *Exord. magn. ord. cist.*, Dist. II, c. 24, ap. *Bibl. patr. cist.*, I, 62.

(3) Henriquez, *Fasciculus, SS. ord. cist.*, II, 86-91. — *Gall. Christ.*, IV, 801. — *Chron. Clarævall.*, ap. Chifflet, *S. Bern. gen.*, p. 83. *Exord. magn. ord. cist.*, Dist. II, c. 24-26, ap. *Bibl. patr. cist.*, I, 62-68.

(4) *Gall. Christ.*, XIII, 130-131.

(5) Mabill., *S. Bernardi opp.*, II, 1235.

épidémie (1) qui enleva quarante-cinq religieux; ils accueillirent la mort comme la bien-venue et comme l'objet de leurs désirs : ils semblaient prévoir, par une révélation divine, la béatitude éternelle qui allait succéder pour eux aux misères de cette vie. L'un d'eux se trouvait à sa dernière heure, les complies étaient dites, la crécelle convoqua les religieux pour assister à sa mort. Ils se rangèrent autour de lui, et chantèrent les litanies et les psaumes; le mourant joignit sa voix à la psalmodie. Quand les chants furent terminés, l'abbé ordonna à la communauté de se retirer. Il avait entendu la voix du malade, qui lui semblait avoir encore quelque temps à vivre. Le malade, sans ouvrir la bouche, car la règle défendait de parler après complies, exprimait par signe à l'abbé le désir de voir les religieux rester encore un peu de temps auprès de lui. Le respect de la règle, dans ce moment suprême, remplit l'abbé de joie; il bénit le moribond et lui dit : Cher frère, je vois que Dieu est avec toi; je te conjure de nous dire si tu as eu quelque révélation du bonheur que tu espères. Nous serions heureux de nous en réjouir avec toi : J'ai vu, dit le moribond, des choses qu'il ne m'est pas permis de dire. Je puis seulement affirmer que, eussé-je à moi seul plus de mérite que tous les autres hommes ensemble, je ne serais pas digne de la gloire et du bonheur éternels qui me sont préparés, que j'ai vu d'avance, et que je vais dans un instant posséder.

---

(1) *Chron. Claraevallense*, ap. Chifflet, *S. Bernardi genus*, p. 83.

Aussitôt il expira (1). Le nom de Ponce se lit au ménologe de Cîteaux le 6 mars.

6°. Gérard Ier : nommé ailleurs Géraud, *Gerardus*, *Geraldus*, 1170-1175 (2), avait été d'abord abbé de Fosse-Neuve. Il devint célèbre dans l'ordre par sa mort que nous avons racontée plus haut, et qui eut lieu le 16 octobre 1175. On le vénéra comme un martyr, et son nom se lit au ménologe de Cîteaux le 7 décembre.

7°. Henri, 1176-1179, ancien abbé de Haute-Combe (3). On raconte qu'un jour, à l'époque de la fenaison, il travaillait avec ses religieux à rentrer le foin de la grange d'Outre-Aube. On vint lui annoncer qu'un des convers se mourait et demandait l'extrême-onction. Henri, sachant que sa présence encourageait les religieux au travail, ne voulut pas les quitter, et envoya un de ses moines donner l'extrême-onction au malade, qui expira tranquillement ensuite. Quelque temps après, Henri était un soir dans son lit. Un moine, dont la mort remontait plus haut

---

(1) Herbert, *de Miraculis*, lib. III, c. 6, ap. Chifflet, *S. Bern. gen.*, 313-314. — *Exord. magn. ord. cist.*, Dist., II, c. 28, ap. *Bibl. patr. cist.*, I, 63-64.

(2) *Fascic., SS. ord. cist.*, II, 376-388. — *Gall. Christ.*, IV, 801. — *Chron. Clarævall.*, ap. Chifflet, p. 83-84. — Il est question de lui deux fois dans le *Cartulaire de Clairvaux*. — 1171, *Fontarcia*, XXVIII. — 1174, *Bellus Mons*, IX. — Il est appelé *Gerardus* dans la première pièce, *Geraldus* dans la seconde. Voir aussi sur lui l'*Exord. magn. ord. cist.*, Dist. II, c. 27-28, ap. *Bibl. patr. cist.*, I, 66-72.

(3) *Gall. Christ.*, IV, 802-803. — Henriquez, *Fascicul., SS. ord. cist.*, I, 356 et SS. — D. Bouquet, XIV, 473 E n. — *Chron. Clarævallense*, ap. Chifflet, 84, 86, 88, 89.

que celle du convers, lui apparut : Sachez mon père, dit-il à l'abbé, qu'à peine dépouillé de ce vêtement périssable de la chair, le convers qui vient de mourir fut présenté par les saints anges devant le trône glorieux de notre Seigneur J.-C. Là, il fut interrogé sur sa vie; et quand on en vint à ses derniers moments, le divin juge lui demanda si l'on avait fait pour lui ce que l'on fait pour les autres religieux. Le convers répondit que oui, mais que cependant l'abbé lui avait fait administrer l'extrême-onction par un vicaire. Alors le Seigneur m'appela et me dit : Allez trouver l'abbé, et dites-lui de ma part que, pour peine de cette négligence, il devra dire tous les jours de sa vie les sept psaumes de la pénitence. Henri se soumit à cet ordre, et fut fidèle à l'exécuter jusqu'à son dernier jour (1). Henri fut chargé par le Pape de combattre l'hérésie albigeoise (2). Il refusa l'évêché de Toulouse (3). Il devint, en 1179, cardinal-évêque d'Albano (4). Il mourut en 1180, dans la ville d'Arras, lorsqu'il s'occupait de rétablir la paix entre le roi de France et le roi d'Angleterre, et de régler les conditions d'un arrangement entre le Chapitre d'Arras et le comte de Flandre. Son corps, rapporté à Clairvaux, y fut enterré derrière le grand-autel, entre les tombeaux de saint Bernard et de saint Malachie. On a de lui

---

(1) *Exord. magn. ord. cist.*, Dist., II, c. 29, ap. *Bibl. patr. cist.*, I, 73-74. Voir aussi sur lui c. 30, p. 74-76.

(2) D. Bouquet, XIII, 174 A; XV, 939.

(3) *Bibl. patr. cist.*, III, 283, 268. D. Bouquet, XV, 908 et suiv.

(4) D. Bouquet XIII, 170 D; 715 D.

plusieurs lettres (1) et un traité : *De peregrinante civitate Dei* (2).

8°. Pierre-le-Borgne, 1179-1186, était abbé d'Igny (3). Appelé au siége abbatial de Clairvaux, il abandonna complètement au cellerier et aux autres fonctionnaires de l'abbaye le soin des affaires temporelles. Il passait ses journées au parloir. Quand il était seul, on le voyait assis, la tête baissée vers la terre. Il attendait que quelque frère affligé de peines ou de tentations vînt lui soumettre ses chagrins et ses doutes, lui demander soit des conseils, soit des paroles de consolation. Il était effrayé de son insuffisance et de l'importance de ses fonctions. Un jour il s'entretenait avec le roi de France qui était son parent. Vous voyez, Monseigneur le Roi, disait-il, quel pauvre homme je suis. Je n'ai ni apparence, ni esprit, ni jugement, et j'ai accepté le gouvernement d'une si grande maison. Je crains bien que mon ignorance et mon incapacité ne fassent dépérir Clairvaux, qui jusqu'à présent est resté pur de toute souillure. Seigneur Père, lui dit le Roi, pourquoi cette pusillanimité et ce découragement ? Voudriez-vous abandonner le soin des âmes dont vous êtes chargé ? N'en faites rien, je vous prie. Soyez abbé au-dedans, occupez-vous des choses du salut. Moi, je serai abbé au dehors ; je protégerai

---

(1) *Bibl. patr. cist.*, III, 252 et suiv. — Martène, *Anecd.*, I.

(2) *Bibl. patr. cist.*, III, 1-74.

(3) Henriquez, *Fascicul., SS. ord. cist.*, II, 214-231. — *Gall. Christ.*, IV, 803. — *Chronic. Claraevall.*, ap. Chifflet, 86-88. — Il figure au *Cartulaire de Clairvaux*, Campigni, XXIII, 1180-1181.

vos propriétés, mon autorité royale les défendra contre les attaques des méchants (1). Pierre mourut pendant ses visites abbatiales à Foigny, abbaye de l'ordre de Cîteaux, filiation de Clairvaux, au diocèse de Laon. Son corps fut rapporté à Clairvaux. On a de lui plusieurs lettres (2); deux sont relatives à l'assassinat d'un abbé de Trois-Fontaines. L'assassin était un moine que le Chapitre général de l'ordre condamna à une prison perpétuelle, au pain et à l'eau, sauf trois jours par semaine où l'on pouvait joindre un plat à son ordinaire (3). Son nom se lit au ménologe de Cîteaux le 18 mai.

9°. GARNIER DE ROCHEFORT, 1186-1193, avait été abbé d'Auberive (4). Richard-Cœur-de-Lion lui écrivit de Terre-Sainte pour lui annoncer une victoire remportée sur Saladin, et le prier d'encourager les fidèles à entreprendre le voyage de Palestine. Il l'appelle, dans la suscription de cette lettre, son cher ami en J.-C. : « Prosterné aux pieds de votre » Sainteté, » lui dit-il, « versant des larmes, nous vous » adressons des prières affectueuses afin que vous

---

(1) *Exord. magn. ord. cist.*, Dist. II, c. 52, ap. *Bibl. patr. cist.*, I, 77-78.

(2) *Bibl. patr. cist.*, III, 264 et suiv.

(3) *Bibl. patr. cist.*, III, p. 266.

(4) *Gall. Christ.*, IV, 803. — *Chron. Clarævall.*, ap. Chifflet, 88-89. — On trouve au *Cartulaire de Clairvaux*, Elemosine, XV, une charte de l'année 1192 qui est émanée de lui, et où il prend la qualité d'abbé de Clairvaux. Dans une autre charte, où il agit comme évêque de Langres, il dit qu'il était abbé de Clairvaux en 1192, *Bellus-Mons*, XIII, ce qui confirme une observation des auteurs du *Gallia Christiana*.

» exhortiez, comme il convient à vos fonctions et à
» votre dignité, les princes, les nobles et le peuple
» de toute la chrétienté à se dévouer au service du
» Dieu vivant (1). » Garnier fut condamné à une pénitence de trois jours, en 1192, pour n'avoir pas montré assez de sévérité dans ses visites abbatiales (2).
Il devint évêque de Langres en 1193. Il paraît avoir
fort mal administré comme évêque, au moins temporellement. Il alla jusqu'à vendre les biens meubles
et immeubles de son église. Les chanoines de Langres le poursuivirent pardevant son métropolitain.
Il en appela au Pape, puis n'osa pas se rendre à
Rome pour répondre à ses accusateurs. Il prit la
croix, donna sa démission (1198), et finit par se
retirer à Clairvaux où il vivait encore en 1216 (3).
Il y fut enterré. On a imprimé de lui un recueil de
sermons (4). Il a laissé aussi un dictionnaire que l'on
désignait par le titre d'*Angelus*, c'est le mot par lequel cet ouvrage commence (5). L'*Angelus* est inédit. On trouve à la bibliothèque de Troyes un manuscrit qui vient de la bibliothèque de Garnier, et
qui a été légué par lui à l'abbaye de Clairvaux (6).

10°. Gui, 1193-1214, avait été d'abord abbé

---

(1) *Bibl. patr. cist.*, III, 75.

(2) Mart., *Anecd.* IV, 1274.

(3) *Catalogue des Manuscrits des Bibliothèques des départements*, t. II, p. 26.

(4) *Bibl. patr. cist.*, III, 74-192.

(5) *Catalogue des Manuscrits des Bibliothèques des départements*, t. II, p. 26, 177, 718, 721.

(6) N° 455.

d'Ourscamp (1). Le Chapitre général le condamna à une pénitence de trois jours, en 1194, pour avoir été l'un de ceux qui, lors de la Dédicace de l'Eglise abbatiale de Cîteaux, firent prolonger le délai de neuf jours accordé aux femmes par les réglements cisterciens, pour visiter une église conventuelle nouvellement dédiée (2). Il fut choisi pour arbitre par le roi de France et l'archevêque de Rouen en 1198. Elu à l'archevêché de Rouen en 1204, il refusa (3). Une irrégularité dans une visite d'abbaye, une autre irrégularité dans une élection présidée par lui, attirèrent sur lui la censure du Chapitre général en 1213; si ce n'eût été sa santé, on l'eût condamné au pain et à l'eau. On se contenta de lui infliger une pénitence plus légère (4).

11°. CONRAD, 1214-1217 (5). Il était fils du comte Eginon et de la famille des ducs de Thuringe. Il avait été abbé de Villiers. Il quitta le siége abbatial de Clair-

---

(1) *Gall. Christ.*, IV, 803-804. — Il figure au *Cartulaire de Clairvaux* dans les chartes suivantes : 1193, *Borda*, XXVII; 1197, *Belinfai*, XXIV; 1198, *Grangia abbatie*, XXX ; 1201, *Cornay*, XVII; 1206, *Fontarcia*, XXXVI; *Cornay*, XXII; *Moreins*, LXXXVI; *Ultra Albam*, LXXIV; 1209, *Elemosine*, XXXII; 1210, *Elemosine*, LXV.

(2) Mart., *Anecd.*, IV, 1280.

(3) Baluze, *Miscellanea*, II, 245, 247.

(4) Mart., *Anecd.*, IV, 1311.

(5) Henriquez, *Fascicul., SS. ord. cist.*, I, 370-378. — *Menolog. cist.*, I, 331. — *Gall. Christ.*, IV, 804, 991-992. — Une charte scellée de lui, datée de 1214, se trouve dans Mart., *Anecd.*, IV, 1314.

vaux pour celui de Citeaux. Le Pape Honorius III le créa cardinal en 1219. Après la mort de ce pape, Conrad refusa la tiare et fit élire Grégoire IX. Il mourut à la croisade en 1227, et fut enterré à Clairvaux. Lorsqu'il se trouvait encore à la tête de cette abbaye, il avait été chargé par Honorius III de négocier, de concert avec l'abbé de Citeaux, la paix entre Philippe-Auguste et le roi d'Angleterre Henri III (1). Il paraît avoir, comme beaucoup d'autres membres de son ordre, pris part aux affaires des Albigeois. On a de lui une charte datée du siége de Toulouse, où il se trouvait avec Simon de Montfort le 3 novembre 1217. On prétend qu'on vit plusieurs fois la nuit briller comme des flambeaux les deux doigts dont il se servait pour consacrer l'hostie quand il célébrait la messe. On a inscrit son nom au ménologe de Citeaux le 3 septembre.

12°. GUILLAUME Ier, 1217-1221 (2). Il avait été abbé de Moutier en Argonne. Honorius III l'envoya comme légat au roi de France Philippe-Auguste.

13°. ROBERT II, 1221-1223, avait été d'abord cellerier de Clairvaux, puis abbé de Nerlac (3).

14°. LAURENT, 1223-1224, avait été à la tête d'une abbaye cistercienne de Gallice (4).

---

(1) D. Bouquet, XIX, 616 C.

(2) *Gall. Christ.*, IV, 804. — Il est question de lui, en 1220, dans le *Cartulaire de Clairvaux*, *Bellus-Mons*, XLIX.

(3) *Gall. Christ.*, IV, 804.

(4) *Gall. Christ.*, IV, 804. — Il figure deux fois dans le *Cart. de Clairvaux*, en 1223 et en 1224; *Porta*, XI et XLII.

15°. Raoul, 1224-1233, fils d'Eustorge de La Roche-Aimon. Sa sœur utérine, Pernelle de Chambon, était devenue comtesse d'Auvergne par son mariage avec le comte Gui II, et elle était mère du comte Guillaume X qui régnait alors. Ainsi, Raoul était oncle du comte d'Auvergne. Il passa du siége abbatial d'Igny à celui de Clairvaux en 1224. Son élection à l'abbaye de Clairvaux fut attaquée pour vice de forme, en 1225, pardevant le Chapitre général de l'ordre qui, tout en la validant, condamna tous les électeurs à jeûner au pain et à l'eau pendant un jour (1). Raoul quitta l'abbaye de Clairvaux pour l'évêché d'Agen, en 1233, puis devint archevêque de Lyon en 1235. Quand il mourut, on l'enterra dans l'église de Clairvaux (2). Son nom se trouve au ménologe de Cîteaux le 5 mars.

16°. Dreux, 1233-1235, avait commencé par entrer dans l'ordre de Grandmont ; avait quitté cet ordre pour se faire recevoir moine à Clairvaux ; avait été ensuite élu au siége abbatial d'Ourscamp, d'où il fut appelé à celui de Clairvaux (3).

17°. Evrard ou Ebrard, 1235-1238 (4), occupait

---

(1) *Stat. cap. gen. cist.*, 1225, ap. Mart., *Anecd.*, IV, 1340.

(2) *Gall. Christ.*, IV, 141, 804-805. — D. Bouquet, XVIII, 776 E. — Il y a une charte de lui, datée de 1230, dans Henriquez, *Fasciculus, SS. ord. cist.*, I, 82. — On en trouve d'autres datées de 1226, 1228 et 1229, dans le *Cartul. de Clairvaux; Ultra albam,* LXXIXbis*; Campigny,* XLVII; *Bellus-Mons,* XXXVI; *Porta,* XLVIII; *Cellaria,* XXXI.

(3) *Gall. Christ.*, IV, 805.

(4) *Ibid.*

le siége abbatial de Larrivour lors de son élection. Le Pape Grégoire IX l'investit des fonctions de légat, et le chargea de négocier la paix entre saint Louis et le comte de Champagne Thibaut IV, qui était en même temps roi de Navarre (1).

18°. GUILLAUME II, 1238-1242 (2), était abbé de Villiers quand il fut chargé du gouvernement de Clairvaux. Il fut du nombre des abbés cisterciens arrêtés par ordre de l'empereur Frédéric II, quand ils se rendaient à Rome près du Pape pour assister au Concile général convoqué par ce dernier. Le Chapitre général de 1241 ordonna à tous les moines de l'ordre de dire tous les jours pour ces captifs, jusqu'à leur délivrance, un *Pater*, un *Veni Creator* et une oraison. Les convers devaient remplacer le *Veni Creator* et l'oraison par un *miserere*, le chantre de chaque abbaye célébrer toutes les semaines une messe à la même intention. Le Chapitre général décida en même temps que toutes les dépenses faites tant par les abbés prisonniers que par leurs compagnons et domestiques, pendant leur captivité, seraient payées sur les fonds généraux de l'ordre (3). L'année suivante, les prisonniers n'étant pas encore délivrés, le Chapitre général ordonna la

---

(1) *Gall. Christ.*, IV, 805.

(2) *Gall. Christ.*, IV, 805-806. — Henriquez, *Fasciculus, SS. ord. cist.*, I, 404-409. — Une charte de lui, datée de février 1238, se trouve dans le *Cartul. de Clairvaux, Comitum Flandrie*, XIX.

(3) Mart., *Anecd.*, IV, 1375-1376. — Cf. D. Bouquet, XXI, 73, 764.

continuation des prières déjà prescrites pour eux(1). Frédéric les mit en liberté peu après sur la demande de saint Louis ; mais Guillaume n'était plus, il venait de mourir dans sa prison. Ses compagnons ne rapportèrent à Clairvaux qu'un cadavre. Lorsqu'on dépouilla le corps de Guillaume pour le laver, on le vit entouré d'une lumière miraculeuse. Son âme apparut toute resplendissante de gloire à une sainte femme. On lit son nom au ménologe de Cîteaux le 8 avril.

19°. ETIENNE DE LEXINTON, 1242-1257 (2), était d'origine anglaise. Il étudia d'abord à Paris sous la direction de saint Edmond, depuis archevêque de Cantorbéry. On raconte qu'une nuit Edmond vit son élève changé en une torche ardente pour éclairer les hommes. Devenu moine de Cîteaux, Etienne fut appelé au siège abbatial de Savigny, d'où il passa à celui de Clairvaux. Il fonda, pour l'instruction de ses moines, le collége Saint-Bernard de Paris. Il fut déposé, et cela, dit-on, pour ce fait, en 1257. Il se retira à Ourscamp. Il mourut dans cette abbaye au moment où la nouvelle y arrivait qu'il venait d'être nommé archevêque par le Pape, et il y fut enterré. On trouve son nom au *Ménologe de Cîteaux* le 18 septembre. Ainsi son ordre, après l'avoir frappé, le vénérait comme un saint.

---

(1) Mart., *Anecd.*, IV, 1375-1376. — Cf. D. Bouquet, XXI, 1379.

(2) *Gall. Christ.*, IV, 806. — Henriquez, *Menologium cisterciense*, I, 318. — Deux chartes de lui, datées de juillet 1246, se trouvent dans le *Cartulaire de saint Maclou de Bar-sur-Aube*, V, 9, 18.

20°. Jean I*, 1257-1262 (1), avait commencé par être moine de Saint-Denis. Entré dans l'ordre de Cîteaux, il occupa successivement le siége abbatial d'Igny, ceux de Clairvaux et de la Grâce-Dieu, devint archevêque de Mitylène, et fut enterré à Clairvaux (2).

21°. Philippe, 1262-1273 (3). Avant d'embrasser la vie monastique, il avait été chanoine et official du Mans. Elevé ensuite à la dignité abbatiale dans l'abbaye de Foucarmond, il fut en dernier lieu élu abbé de Clairvaux. Ses attaques contre l'élection de l'abbé de Cîteaux, Jacques, donnèrent lieu à des difficultés excessivement graves. Il refusa l'évêché de Saint-Malo que le Pape lui offrait pour pacifier l'ordre de Cîteaux en l'en faisant sortir. Cependant les choses finirent par s'arranger.

22°. Bovon, 1273-1280 (4), avait été abbé de Trois-Fontaines. En 1275, le Chapitre général le chargea d'inspecter, soit par lui-même, soit par un délégué, une partie des abbayes cisterciennes de Hongrie (5).

23°. Thibaut de Saxey, 1280-1284 (6). D'abord

---

(1) *Gall. Christ.*, IV, 806-807. — Une charte de lui, datée de 1260, a été publiée par M. Guignard dans sa *Lettre sur les Reliques de saint Bernard.* — Migne, *Patrologie*, CLXXXV, 1797. — C'est de lui qu'il est question dans les visites d'Eudes Rigaud. — D. Bouquet, XXI, 584.

(2) Henriquez, *Fasciculus, SS. ord. cist.*, I, 173, II, 473. — *Menologium cist.*, I, 127.

(3) *Gall. Christ.*, IV, 807.

(4) *Gall. Christ.*, IV, 808. On l'a par erreur appelé *Bono.*

(5) *Stat. cap. gen. cist.*, ap. Mart., *Anecd.*, IV.

(6) *Gall. Christ.*, IV, 808. — Les auteurs du *Gall. Christ.* lui donnent, pour prédécesseur, un personnage imaginaire nommé

abbé de Nerlac, il avait abdiqué pour devenir secrétaire de Bovon, abbé de Clairvaux. Nommé prieur de cette abbaye, puis abbé, il la quitta pour le siége abbatial de Cîteaux.

24°. GIRARD II, 1284-1286 (1), était abbé d'Igny quand il fut appelé à Clairvaux.

25°. JEAN II, 1286-1291 (2), exerçait, au moment de son élection, les fonctions abbatiales à Nerlac. Il fit, à Clairvaux, des constructions considérables; il y bâtit deux cloîtres, une infirmerie et plusieurs salles (3).

26°. JEAN III DE SAXBY, frère de Thibaut, 1291-1312 (4), fut élevé du siége abbatial de Barbeaux à celui de Clairvaux, où il mourut.

Ces deux derniers personnages et saint Bernard sont les seuls abbés de Clairvaux du douzième ou du treizième siècle qui soient décédés dans l'enceinte de cette abbaye (5). Saint Bernard rendit à l'église des services immenses, et c'est par son rôle extérieur surtout qu'il s'est immortalisé dans l'histoire. Mais en employant une grande partie de sa vie à des oc-

---

Jean. — Voir sur cette erreur une note de notre confrère M. Guignard, à la suite de sa *Lettre sur les Reliques de saint Bernard*, ap. Migne, *Patrologie*, t. CLXXXV, col. 1713-1716.

(1) *Gall. Christ.*, IV, 808.

(2) *Ibid.*

(3) Voir la seconde liste inédite des abbés de Clairvaux que nous publions dans nos pièces justificatives.

(4) *Call. Christ.*, IV, 808.

(5) Voir la seconde liste inédite des abbés de Clairvaux que nous publions dans nos pièces justificatives.

cupations étrangères à ses fonctions abbatiales, il traçait à ses successeurs une voie désastreuse pour son ordre ; car en leur laissant l'exemple de ses travaux si divers, il emportait dans la tombe ce vaste génie qui seul pouvait y suffire. Le système d'avancement, établi dans la congrégation cistercienne, avait des effets également déplorables, parce que les dignitaires changeaient continuellement ; les vingt-cinq premiers successeurs de saint Bernard furent chacun, en moyenne, six ans en fonctions. Ainsi, d'un côté, mêlés à la politique et aux affaires générales de l'Eglise, ils négligeaient les intérêts monastiques dont ils étaient chargés ; de l'autre côté, la courte durée de leurs fonctions ne leur permettait ordinairement pas d'en faire une étude approfondie. C'est une des causes principales de la décadence si rapide de l'ordre de Cîteaux.

CHAPITRE III.

DU PRIEUR *(Prior)*.

§ 1. — De l'Office de Prieur dans l'ordre de Cîteaux.

Le prieur était, comme son nom l'indique, le second dignitaire de l'abbaye. La règle de saint Benoît l'appelle Prévôt, *præpositus* (1). Mais dans la suite le titre de prévôt ne fut plus usité que dans les cha-

---

(1) C. 21 et 65. — Cf. Ducange, v° *Prior*.

pitres de chanoines, ou pour désigner un fonctionnaire de l'ordre civil. Dans l'organisation clunicienne, le titre de grand-prieur répond à celui de prieur dans l'ordre de Cîteaux (1). Le prieur a peu d'attributions spéciales (2). Il est d'une manière générale, et sous toute espèce de points de vue, le lieutenant de l'abbé qu'il supplée en cas d'absence, et dont il est le premier auxiliaire et le premier conseiller. D'après la règle de saint Benoît, il devait être nommé par l'abbé (3). Ce principe fut maintenu dans l'ordre de Cîteaux (4). Le choix du prieur ne devait, en aucun cas, être fait par l'élection. Seulement l'abbé devait, pour procéder à la nomination, s'entourer d'un conseil formé des moines craignant Dieu (5). Dans les abbayes bénédictines, le prieur est le représentant de la communauté quand les intérêts des moines sont opposés à ceux de l'abbé. Il est probable qu'il y était souvent élu par les moines. Dès le commencement du treizième siècle, nous voyons aussi les moines de certaines abbayes cisterciennes élire leur prieur malgré la règle (6).

---

(1) *Antiq. consuet. Cluniac*, lib. III, c. 4, ap. Dachery, *Spicilege*, in-4°, t. IV, p. 169.

(2) *Usus antiq. ord. cist.*, c. CXI, ap. *Nom. cist.*, p. 230-231.

(3) C. 65.

(4) *Stat. cap. gen. cist.*, 1217, ap. Martène, *Anecd.*, IV, 1320. — *Instit. cap. gen. cist.*, Dist., VII, c. 23, ap. *Nom. cist.*, p. 327. — Il en était de même à Cluny, *Antiq. consuet. Cluniac. monast.*, lib. III, c. 4, ap. Dachery, *Spicil.*, in-4°, IV, 169.

(5) *Ibid*.

(6) *Stat. cap. gen. cist.*, 1217, ap. Mart., *Anecd.*, IV, 1320.

§ 2. — Des Prieurs de Clairvaux.

Henriquez a publié, d'après un manuscrit de l'abbaye de Dunes, une liste des prieurs de Clairvaux (1). Nous avons aussi consulté celle qui se trouve dans le manuscrit 1402 de la bibliothèque de Troyes, elle date de la fin du treizième siècle. Nous avons complété, au moyen d'autres documents, les renseignements fournis par ces listes :

1°. Le premier prieur de Clairvaux fut Gautier, qui devint abbé de Morimond en 1126 (2).

2°. Vient ensuite Humbert, l'un des premiers moines de saint Bernard. Il avait auparavant passé vingt ans de sa vie à la Chaise-Dieu, ordre de saint Benoît. Il entra à Clairvaux en 1118. Saint Bernard l'envoya fonder l'abbaye d'Igny, dont il fut le premier abbé, 1126. Humbert se démit de cette charge en 1144, vint terminer ses jours à Clairvaux, où il mourut en 1148, et saint Bernard prononça son oraison funèbre (3).

3°. Son successeur fut Godefroid I*er*, parent de saint Bernard, qui, d'abord moine à Clairvaux, devint abbé de Fontenay au diocèse d'Autun en 1118, puis abandonna cette fonction pour revenir à Clair-

---

(1) *Fasciculus, SS. ord. cist.*, II, 480-483.
(2) *Gall. Christ.*, IV, 815.
(3) *Exord. magn. ord. cist.*, Dist. III, c. 4 et 5, ap. *Biblioth. patr. cist.*, I, 87-89. — *S. Bern. epist.*, 141, et *Sermo in obitu Humberti monachi*, ap. Mabillon, *S. Bern. opp.*, I, 146, 147, 1066-1070. — *Gall. Christ.*, IX, 300-301. — *Fasciculus, SS. ord. cist.*, I, 266-271.

vaux (1). Il fut un de ceux qui conseillèrent le déplacement de l'abbaye en 1135 (2). Il était prieur à cette date (3). Il figure encore avec cette qualité dans une charte de 1137 (4). Il conserva ces fonctions jusqu'en 1139, année où il devint évêque de Langres (5). Il devait plus tard abandonner volontairement son siége épiscopal et venir mourir à Clairvaux.

4°. Geoffroy, *Gaufridus*, quatrième prieur de Clairvaux, devint abbé de Clairmarais en 1140 (6).

5°. Godefroy II de Péronne, *Godefridus de Peronna*, issu d'une noble famille de Picardie, était entré à Clairvaux d'après le conseil de saint Bernard. Il fut le cinquième prieur de cette abbaye, et y mourut en 1146 après avoir refusé l'évêché de Tournay (7). Il est inscrit au ménologe de Citeaux le 15 janvier.

6°. Le sixième prieur de Clairvaux fut Rainier de Térouanne, *Rainerus*, dont on trouve le nom dans le ménologe de Citeaux le 11 juin.

---

(1) *Gall. Christ.*, IV, 492.

(2) *Vita S. Bern.*, lib. II, c. V, ap. Mabill., *S. Bern. opp.*, II, 1103.

(3) *Vita S. Bern.*, lib. II, c. V, ap. Mabill., *S. Bern. opp.*, II, 1103. — Cf. Henriquez, *Fasciculus, SS. ord. cist.*, II, 116.

(4) *Cart. de l'Yonne*, p. 320.

(5) *Exord. magn. ord. cist.*, Dist. III, c. 23, ap. *Bibl. patr. cist.*, I, 117. — *S. Bern. epist.*, 170, ap. Mabill., *S. Bern. opp.*, I, 166-168. — *Gall. Christ.*, IV, 577.

(6) *Gall. Christ.*, III, 525.

(7) *S. Bern. epist.*, 109, et *Vita S. Bern.*, lib. IV, c. 3, ap. Mabill., *S. Bern. opp.*, I, 117-118, XLII; II, 1136-1137. — *Cæsarii Dialog. miracul.*, Dist. II, c. 29, ap. *Bibl. patr. cist.*, II, 45.

7°. Après lui se place Philippe, ancien évêque de Tarente, témoin dans deux chartes datées l'une de 1152 (1), l'autre 1153 (2), et dans une autre non datée (3). Il était prieur à la mort de saint Bernard. Il conserva cette fonction sous le successeur de ce vénérable patriarche. Il devint ensuite abbé de l'Aumone, diocèse de Chartres, 1156. Vers l'année 1170 il quitta cette fonction pour se retirer à Clairvaux, où il mourut (4).

8°. Hugues, huitième prieur de Clairvaux, devint abbé de Longpont, diocèse de Soissons, en 1168 (5).

9°. Le neuvième prieur de Clairvaux fut Gérard, qui assista en 1176 aux funérailles de l'abbé de même nom. Il avait été admis par saint Bernard qui, en le voyant venir à lui, avait dit : Voici un véritable Israélite, chez lequel il n'y a pas de fourberie (6). Il n'était plus prieur en 1179, il le redevint après Roger en 1181. Il fut élu abbé d'Erbach, diocèse de Mayence, 1190 (7). On lit son nom au ménologe de Cîteaux le 14 mai.

10°. Jean Ier fut le successeur de Gérard. Le Grand

---

(1) Archives de l'Aube, fonds de Montiéramey.

(2) Mabill., *S. Bern. opp.*, I, p. LXXXI (*Not. super epist.* 299).

(3) *Cart. de Clairvaux*, Campigni, VIII.

(4) *Gall. Christ.*, VIII, 1397-1398. On a de lui quarante lettres qui ont été publiées dans la *Bibl. patr. cist.*, III, 238-252. Cf. *Bibl. script. sacr. ord. cist.*, p. 314-352.

(5) *Gall. Christ.*, IX, 475.

(6) *Exord. magn. ord., cist.*, Dist., II, c. 28, ap. *Bibl. patr. cist.*, I, 72.

(7) *Gall. Christ.*, V, 655.

Exorde de l'ordre de Citeaux donne sur lui quelques détails (1).

C'était sous tous points de vue un religieux modèle, exact à remplir tous ses devoirs, ne manquant jamais aux offices, l'un des meilleurs chantres de l'abbaye, faucheur et moissonneur opiniâtre. Il avait imaginé et établi au-dessus de sa stalle un petit marteau qui venait lui frapper la tête, lorsqu'appesantie par le sommeil, pendant l'office de nuit, elle s'inclinait sur sa poitrine. Il choisissait et portait de préférence les habits les plus grossiers. Il avait remplacé dans son oreiller la plume par de la paille et du foin. Il conserva jusqu'aux derniers moments de sa vie cet amour de la mortification. Voici comment on raconte la mort du prieur Jean :

« Il arriva une fois que, se trouvant à l'office de
» nuit, il éprouva des souffrances qui annonçaient
» une maladie; il ne pouvait plus chanter les psau-
» mes avec la force ordinaire. Il sentait le mal pé-
» nétrer de plus en plus en lui, et se répandre dans
» tous ses organes. Cependant, malgré tout le besoin
» qu'il éprouvait de sortir du chœur, il y resta acca-
» blé de tristesse, songeant en lui-même que peut-
» être la violence de ses souffrances le forcerait
» d'entrer à l'infirmerie, lui qui avait toujours fait
» tous ses efforts pour l'éviter. Une fois les vigiles
» finies, il se retira à l'écart, et là, sans témoins,
» éloigné de tous, il exhalait ainsi tranquillement
» son chagrin : « Malheureux Jean, que va-t-il arri-
» ver! es-tu malade? Te verra-t-on, vaincu par une

---

(1) Dist. IV, c. 26-27, ap. *Bibl. patr. cist.*, I, 154-158.

» si petite incommodité, entrer dans cette infirmerie
» qui entoure de soins charitables les corps flagellés
» par les fléaux de Dieu, ou qui est le chemin terrible
» de la perdition pour les consciences qui simulent
» ces fléaux ? Oui, tu y entreras, et ce sera pour te
» coucher sur un lit orné de bons matelas; tout ce
» qu'il y a de meilleur dans le cellier, de plus déli-
» cat dans le garde-manger, sera préparé avec soin
» pour cette chair destinée à la mort et à la pourri-
» ture. On le fera par respect pour tes fonctions,
» malgré ton indignité, et ainsi ton exemple provo-
» quera tous les frères négligents à chercher les
» moyens de flatter leurs désirs charnels. Cette ma-
» ladie délicieuse doit-elle interrompre le cours des
» pénitences ? Pourquoi ne mettrais-tu pas plutôt ta
» confiance dans la miséricorde de Dieu ? Il est as-
» sez puissant pour régler ta maladie; en sorte qu'à
» la fois elle châtie ton corps et te laisse pratiquer
» les exercices de la pénitence qui sont la semence
» de la béatitude éternelle. » Mais, par la volonté de
» Dieu, un moine se trouvait près du lieu où le saint
» homme parlait ainsi. Ce moine n'était séparé de lui
» que par l'épaisseur d'un mur.... Il courut aussitôt
» trouver le très-révérend abbé Giraldus (1), et lui
» raconta ce que le prieur avait dit. Giraldus fit
» venir Jean, et le fit entrer à l'infirmerie. . . .
» . . . . . Le vénérable Eskilus, ancien ar-
» chevêque des Danois, et le vénérable Alain, ancien
» évêque d'Auxerre, vinrent le visiter. Ils virent que,

---

(1) Cet abbé *Giraldus* remplissait provisoirement les fonctions d'abbé pendant la vacance du siége. Henri venait d'être nommé cardinal. Cf. *Petri Monoculi epist.* 15, ap. *Bibl. patr. cist.*, III, 268-269.

» malgré une maladie excessivement grave, il pous-
» sait la ferveur jusqu'à ne rien changer à ses habi-
» tudes austères, jusqu'à refuser d'accepter pour se
» réchauffer les vêtements réclamés par son état de
» souffrance et de faiblesse. Ils eurent pitié de lui,
» et firent apporter des habits un peu moins gros-
» siers, en rapport avec l'état de sa santé et la dignité
» dont il était investi. Ils le prièrent de les revêtir,
» espérant qu'il s'en trouverait mieux. Le courageux
» athlète du Seigneur jeta un regard sévère sur ces
» vêtements placés près de lui. « Est-ce que des
» habits moelleux et doux au toucher me rendront
» plus heureux que des habits grossiers et rustiques?
» Quel avantage sera-ce pour moi de perdre à l'ar-
» ticle de la mort une humilité, de la conservation de
» laquelle j'ai pris tant de soins depuis mon entrée
» en religion? Croyez-moi, aussi longtemps qu'il me
» restera de la vie, je ne renoncerai pas à cet amour
» de la pauvreté qui m'a fait choisir d'être petit et
» méprisable dans la maison de mon Dieu, et je ne
» fournirai pas au démon le moyen de me confondre
» lorsqu'il m'accusera au jour du jugement. Quand, à
» l'appel du Seigneur, je dépouillerai ce corps mo-
» ribond, ou même déjà mourant, vous habillerez et
» vous ornerez, autant que vous voudrez, ce sac de
» chair pourrie. Peu m'importe ce qu'il adviendra
» de ce corps privé de vie. »

Jean mourut dans ces saintes dispositions. Son nom se trouve au ménologe de Cîteaux, sous la date du 12 novembre. Sa mort avait eu lieu le même jour de l'année 1179. La chronique de Clairvaux lui attribue un livre des miracles qui, suivant Chifflet, n'est autre chose que la vie de saint Bernard par

Jean l'Hermite. Cette opinion n'est pas admise par Mabillon (1).

11°. Garnier de Rochefort devint, en 1180, abbé d'Auberive, et en 1186, abbé de Clairvaux (2).

12°. Roger, ancien abbé de Lapeyrouse, diocèse de Périgueux, 1153, quitta les fonctions de prieur de Clairvaux pour devenir abbé de Trois-Fontaines, diocèse de Châlons, où il vécut de 1181 à 1198 (3). Gérard reprit après lui les fonctions de prieur de Clairvaux.

13°. Tranquillus, témoin en 1192 (4), devint abbé d'*Esrom* en Danemark.

14°. Etienne, témoin en 1198 (5), devint en 1203 abbé de Loos, diocèse de Tournay, où il mourut en 1207 (6).

15°. Geoffroi II, témoin en 1205 et en 1206 (7), devint abbé de La Prée-sur-Arnon, diocèse de Bourges, où nous le trouvons de 1208 à 1213 (8).

---

(1) Voir *Chronic. Claraevall.*, ann. 1178, ap. Chifflet, *S. Bernardi gen. illustre*, p. 85 ; et dans le même ouvrage de Chifflet, la préface placée en tête du livre de Jean l'Hermite, p. 94-96. — Voir aussi la préface de Mabillon, au même ouvrage. — On trouve une lettre de Jean dans la *Bibl. patr. cist.*, III, 262.

(2) *Gall. Christ.*, IV, 803, 834. — Il manque dans la liste publiée par Henriquez, et dans celle de manuscrit 1402 de la bibliothèque de Troyes.

(3) *Gall. Christ.*, II, 1505 ; IX, 958-959.

(4) *Cart. de Clairvaux, Elemosine*, XV.

(5) *Cart. de Clairvaux, Ultra Albam*, XLIX.

(6) *Gall. Christ.* III, 304.

(7) *Cart. de Clairv., Elemosine*, XXVII. *Ultra Albam*, LVIII.

(8) *Gall. Christ.*, II, 208.

16°. Jean II de Limoges, ensuite abbé de Boccan, en Hongrie (1).

17°. Jacques, témoin en 1208 (2), avait été abbé de Larrivour, diocèse de Troyes, avait échangé en 1197 cette abbaye contre celle de Signy, diocèse de Reims, qu'il avait résignée la même année (3). Alors il était devenu sous-prieur, puis cellérier d'une abbaye cistercienne de Hongrie, qu'il quitta pour être investi des fonctions de prieur à Clairvaux.

18°. Mannet, témoin en 1216 (4), devint abbé de Clairmarais, diocèse de Saint-Omer, en 1224, et mourut au bout de neuf mois. Il était d'origine lombarde (5).

19°. Siger, témoin en 1220 (6). Césaire parle de lui dans ses dialogues des miracles (7). Il devint abbé de Cambron, diocèse de Cambray, où on le trouve de 1221 à 1233 (8).

20°. Jean III d'Aspre, qui mourut en fonctions sous l'abbé Laurent, 1223-1224, le jour où il avait été élu abbé de Clairmarais, probablement pour succéder à Mannet.

---

(1) Cette abbaye avait été fondée en 1182, *Chron. Clarœvall.*, ap. Chifflet, p. 86.

(2) *Cart. de Clairvaux, Cornay*, XXIII.

(3) *Gallia Christ.*, XII, 598 ; IX, 306.

(4) *Cart. de Clairvaux, Grangia abbatie*, XLVIII, et *Porta* III. On trouve souvent son nom défiguré.

(5) *Gall. Christ.*, III, 527.

(6) *Cart. de Clairvaux, Bellus-Mons*, XLIX.

(7) Dist. III, c. 54, ap. *Bibl. patr. cist.*, II, 76.

(8) *Gall. Christ.*, III, 172.

21. Jean IV de Cantorbéry fut élu abbé de Font-Morigny, diocèse de Bourges, en 1224, l'année même où il avait été nommé prieur de Clairvaux (1). Il quitta cette abbaye pour celle d'Olive, en Angleterre, redevint simple moine à Clairvaux, et monta en dernier lieu sur le siége abbatial de la Grâce-Dieu, diocèse de Poitiers, où il se trouvait en 1273 (2).

22°. Guillaume I de Montaigu, dont nous avons deux chartes datées de 1224 (3), fut élu abbé de Laferté en 1233, de Cîteaux en 1238, résigna ses fonctions en 1244, et mourut en 1245 à Clairvaux, où il s'était retiré (4). Son nom se lit au ménologe de Cîteaux le 19 mai.

23°. Jean V de Gonesse devint abbé d'Auberive, diocèse de Langres, en 1246. Il conserva cette fonction jusqu'à sa mort en 1264, suivant les uns (5); suivant d'autres, il la quitta pour devenir proviseur du collége de Saint-Bernard à Paris, sous l'abbé de Clairvaux Jean, 1257-1261, et il redevint prieur de Clairvaux sous l'abbé Philippe, 1262-1273.

24°. Pierre I de Bar devint abbé de Mores, diocèse de Langres, vers 1238, puis abbé d'Igny, diocèse de Reims; enfin cardinal en 1244 ou 1245, et mourut en 1252 (6). Il existe encore à la bibliothèque de

---

(1) *Gall. Christ.*, II, 199. — On doit sans doute faire deux abbés de l'abbé Jean, qui aurait été en fonctions de 1220 à 1226.

(2) *Gall. Christ.*, II, 1398.

(3) *Cart. de Clairvaux, Porta*, XLIII, XLIIII.

(4) *Gall. Christ.*, IV, 1023, 995.

(5) *Gall. Christ.*, IV, 835.

(6) *Gall. Christ.*, IV, 843; IX, 302.

Troyes plusieurs manuscrits légués par Pierre de Bar à l'abbaye de Clairvaux (1).

25°. Pierre II d'Ormoy fut élu abbé de Melon, en Espagne; refusa d'accepter, et mourut en 1263.

26°. Bernard était prieur de Clairvaux en 1250 (2).

27°. Henri de Dommartin-le-Franc devint abbé de *Padula*, en Sardaigne.

28°. Guillaume II de Bruxelles avait été sacristain de l'abbaye.

29°. Hugues II de Saint-Oyand, ancien Chartreux, quitta ses fonctions pour rentrer dans l'ordre dont il était sorti.

30°. Ponce de Reims avait été abbé de Grandselve, 1259-1262 (3), et proviseur du collége Saint-Bernard de Paris.

31°. Nicolas de La Ferté devint abbé d'Auberive en 1278, et mourut en 1299 (4).

32°. Thierry de Sully mourut prieur.

33°. Jean VI, dit Favette, étant prieur, fut élevé au siége abbatial de Balerne, diocèse de Besançon. Il devint ensuite grand cellerier de Clairvaux. Chargé de visiter les abbayes cisterciennes d'Angleterre, il fit naufrage et périt dans la traversée.

---

(1) *Catalogue des manuscrits des bibliothèques des départements*, t. II, p. 47, 49, 60, 61, 66.

(2) Une charte de lui se trouve dans le *Fasciculus, SS. ord. cist.*, d'Henriquez, t. I, p. 82; et chose extraordinaire, Henriquez l'a oublié sur sa liste. Il manque aussi dans celle du manuscrit 1402 de la bibliothèque de Troyes.

(3) *Gall. Christ.*, XIII, 135.

(4) *Gall. Christ.*, IV, 835.

34°. Thibaut de Saxey, d'abord abbé de Nerlac, diocèse de Bourges en 1270. De prieur il devint abbé de Clairvaux en 1280, de Cîteaux en 1284, et mourut en 1293 (1).

35°. Paris de Bar, d'abord *vestiarius* de Clairvaux, y fut prieur pendant dix-neuf ans neuf mois, et mourut en fonctions vers l'année 1300 ou environ. Il avait refusé l'abbaye de Boulancourt.

CHAPITRE IV.

SOUS-PRIEUR (*Supprior*).

Le sous-prieur n'a guère d'autres fonctions que de suppléer le prieur en cas d'absence, et de l'aider à l'accomplissement des devoirs nombreux de sa charge (2). Il est dans les abbayes cisterciennes à peu près ce qu'était à Cluny le prieur claustral (3).

Le premier sous-prieur de Clairvaux que nous connaissions est Eudes, disciple de saint Bernard. Il mourut avant son illustre maître. C'était lui qui, d'ordinaire, conduisait les moines au travail et les en ramenait. Il était d'une douceur si admirable,

---

(1) *Gall. Christ.*, II, 197, IV, 808, 997.
(2) *Usus antiq. ord. cist.*, c. CXII, ap. *Nom. cist.*, p. 231-232.
(3) *Antiq. consuetudines Cluniac.*, lib. III, c. 6, ap. Dachery, *Spicilége*, in-4°, t. IV, p. 173.

qu'on en parlait encore avec éloges à Clairvaux quarante ans après, c'est-à-dire à l'époque où fut écrit l'*Exordium magnum ordinis cisterciensis.* Quelque temps avant la mort de saint Bernard, un moine eut une vision. C'était le vénérable abbé de Clairvaux qui se préparait « à gravir les sommets de la Jérusalem céleste. » Eudes s'approcha du saint, et lui dit qu'il le précéderait. Après cette vision, Eudes fut atteint d'une maladie mortelle. Saint Bernard vint le voir, il le trouva effrayé et inquiet. « Pour-
» quoi tremblez-vous, lui dit-il? Pourquoi êtes-vous
» troublée, âme chrétienne? Depuis les jours de
» votre jeunesse, vous vous êtes montrée zélée pour
» le service du Christ dans de grands et nombreux
» travaux, et vous craignez de sortir de ce corps!
» Allez, allez sans crainte; je vous le dis en vérité,
» vous arriverez droit aux pieds de votre Créateur,
» et vous paraîtrez saint devant lui. » Eudes mourut, et S. Bernard le suivit de près (1). Il figure au ménologe de Cîteaux le 17 novembre. Il fut enterré dans le cloître de l'abbaye. On y voyait encore son tombeau au commencement du dix-huitième siècle (2).

Robert, sous-prieur de Clairvaux, est témoin d'une donation faite à cette abbaye en 1206 (3).

Nous trouvons encore :

Geoffroy, témoin en 1246 (4).

---

(1) *Exord. magn. ord. cist.*, Dist. III, c. 6, ap. *Bibl. patr. cist.*, I, 89-90.

(2) *Voyage littéraire de deux bénédictins*, 1re partie, p. 101.

(3) *Fontarce*, XXXVI.

(4) *Grangia abbatie*, XLVIII; *Porta*, III.

Gui, témoin en 1220 (1). Ses neveux, nommés Ponce et Thierry, avaient chacun une rente viagère de deux setiers de froment sur les revenus du portier de Clairvaux. Ce droit est reconnu par deux chartes, l'une de 1221 (2), l'autre de 1223 (3). De sous-prieur Guy devint portier de l'abbaye. Il l'était dès le mois d'octobre 1224 (4).

CHAPITRE V.

DU CHANTRE (Cantor).

Le chantre dirigeait la partie vocale du culte, et prenait soin des livres qui y servaient. Il écrivait les rouleaux des morts et les lisait au Chapitre avant de les envoyer. Il pouvait être bibliothécaire et archiviste. Il avait un aide, moine comme lui, qu'on appelait sous-chantre, *succentor* (5). Le chantre était un des premiers dignitaires de l'abbaye. On l'appelait préchantre à Cluny (6).

---

(1) *Bellus-Mons*, XLIX.
(2) *Porta*, VIII.
(3) *Porta*, XI.
(4) *Porta*, XLIII.
(5) *Usus antiq. ord. cist.*, c. CXV, ap. *Nom. cist.*, p. 235-237.
(6) *Antiq. consuet. Cluniac.*, lib. III, c. 10, ap. Dachery, *Spicilége*, in-4°, IV, 185-188.

CHAPITRE VI.

DU BIBLIOTHÉCAIRE (*Armarius*).

A Cluny, le même moine était à la fois chantre et *armarius*, parce que, dans l'origine, les bibliothèques monastiques se composaient principalement des livres de chant, dont naturellement le chantre était chargé (1). Dans l'ordre de Citeaux, l'abbé pouvait enlever au chantre la charge de bibliothécaire et la donner à un dignitaire spécial. Cette faculté était justifiée par l'importance de la fonction. Le bibliothécaire n'était pas seulement un conservateur. Aujourd'hui, un bibliothécaire achète des livres. Le bibliothécaire cistercien en faisait écrire par les moines écrivains de l'abbaye, lesquels étaient placés sous ses ordres. Le bibliothécaire ne s'occupait pas seulement des livres : les archives étaient confiées à sa garde, et les titres qui composaient les archives étaient rédigés sous sa direction par les scribes du monastère (2).

---

(1) *Antiq. consuet. Cluniac.*, lib. III, c. 10, ap. Dachery, *Spicilége*, in-4°, p. 185-188.

(2) *Usus antiq. ord. cist.*, c. CXV, ap. *Nom. cist.*, p. 236. — Cf. Guérard, *Cart. de saint Père de Chartres*, *Prolég.*, p. LXXXVII.

CHAPITRE VII.

DU SACRISTAIN (*Sacrista*).

Le sacristain sonnait les cloches, réglait l'horloge, ouvrait les portes de l'église le matin, les fermait le soir, et préparait les divers objets nécessaires au culte. Il s'occupait notamment de l'éclairage. Celui de toute la maison rentrait dans son département. C'était lui qui faisait les hosties, qui nettoyait les calices, qui balayait l'église, etc. (1). Il était dispensé des exercices ou des réglements qui pouvaient faire obstacle à l'accomplissement de ses fonctions (2).

Dans l'*Exordium magnum ordinis cisterciensis*, il est question d'un sacristain de Clairvaux nommé Gérard, qui était un saint homme. Il restait d'ordinaire à l'église après complies pour prier, et une fois il y entendit le son de la crécelle qui convoquait la communauté pour assister à la mort d'un religieux. Mais aucun homme n'avait agité cette crécelle ; c'était un signe céleste qui lui annonçait une mort prochaine. La fièvre le prit aussitôt, et il mourut le dixième

---

(1) *Usus antiq. ord. cist.*, c. CXIV, ap. *Nom. cist.*, p. 233-234.

(2) *Usus antiq. ord. cist.*, c. LXXV, LXXXII, LXXXIV, ap. *Nom. cist.*, p. 176, 185, 187.

jour (1). On trouve son nom au ménologe de Cîteaux sous la date du 27 août.

Gérard vivait au douzième siècle.

Au treizième, nous trouvons Guillaume de Bruxelles, sacristain de Clairvaux pendant 22 ans. Il devint prieur de l'abbaye (2).

CHAPITRE VIII.

DU MAITRE DES NOVICES (*Magister novitiorum*).

La règle de saint Benoît dit que lorsqu'il se présentera quelqu'un pour entrer dans un monastère, ce postulant sera mis en relation avec un vieillard habile dans l'art de gagner les âmes. Ce vieillard s'occupera de lui avec soin, et s'assurera s'il cherche vraiment Dieu (3). Ce vieillard, c'est le maître des novices. Il doit instruire les novices de leurs devoirs, leur procurer ce dont ils ont besoin, les punir des fautes de négligence dont ils s'accusent à lui ; enfin, l'année d'épreuve terminée, il les présente à l'abbé pour recevoir la bénédiction (4). Un moine, nommé Achard, fut maître des novices à Clairvaux au temps

---

(1) Dist. III, c. 12, ap. *Bibl. patr. cist.*, I, p. 97.

(2) *Catalogue des prieurs de Clairvaux*, ap. Henriquez, *Fasciculus, SS. ord. cist.*, II, 431.

(3) *Reg. S. Bened.*, c. 58.

(4) *Usus antiq. ord. cist.*, c. CXIII, ap. *Nom. cist.*, p. 232-233.

de saint Bernard. C'était un des principaux membres de la communauté. Il fut chargé de fonder plusieurs monastères. Il eut des visions (1).

CHAPITRE IX.

DU PORTIER (*Portarius*).

§ 1. — De l'Office de Portier dans l'ordre de Cîteaux en général.

D'après la règle de saint Benoît, chaque monastère doit avoir un portier. Ce portier est un moine, et afin de pouvoir remplir ses fonctions plus exactement, il est logé dans une cellule placée près de la porte (2). Les anciens usages de Cîteaux lui prescrivent d'être à son poste le matin dès qu'on a chanté laudes, et le soir jusqu'après complies, c'est-à-dire depuis le lever du soleil jusqu'à la nuit close, sauf le temps des repas, celui d'une messe, et en été celui de la méridienne. Pendant ces intervalles, un autre moine, le sous-portier, lui sert de suppléant. Quand un étranger frappe à la porte, le portier lui répond : *Deo gratias*, lui ouvre, le prie de lui donner sa bénédiction, et lui demande ce qu'il veut. Si cet étranger

---

(1) *Exord. magn. ord. cist.*, Dist. III, c. 20. ap. *Bibl. patr. cist.*, I, 112-114. D'après la *Bibl. script. sacr. ord. cist.*, I, il aurait composé un recueil de ses instructions aux novices.

(2) C. 66.

désire entrer et peut régulièrement être admis, le portier le reçoit à genoux. Ensuite il le fait asseoir dans sa cellule et lui dit : « Attendez un instant, je vais annoncer votre arrivée à l'abbé, et puis je reviens auprès de vous. » Alors il va chercher l'abbé dans toutes les parties du monastère, jusqu'à ce qu'il le trouve, ou s'assure de son absence. Dans ce dernier cas il s'adresse au prieur. L'abbé, ou à son défaut le prieur, envoie avec le portier un moine qu'il charge de recevoir l'étranger de sa part, à moins que, par exception, il ne croie devoir le recevoir lui-même. Le moine représentant l'abbé et le portier, arrivés près de la porte, se mettent à genoux aux pieds de l'hôte; ils le conduisent à l'église, prient avec lui, lui font une lecture, la lui expliquent s'il est nécessaire, puis le conduisent à l'hôtellerie du monastère (1).

Le portier est aussi chargé de la distribution des aumônes de l'abbaye. A Cluny, un dignitaire particulier, appelé *Elemosinarius*, avait pour mission le soin des pauvres. Il allait même visiter les malades à domicile une fois la semaine, entrant dans la maison quand c'était un homme, restant à la porte et faisant remettre les secours par son domestique lorsqu'il s'agissait d'une femme (2).

Les Cisterciens, dont les monastères étaient toujours fort éloignés des lieux habités, n'avaient pas établi l'usage de ces visites à domicile. Elles auraient pu, d'ail-

---

(1) *Usus antiq. ord. cist.*, c. LXXXVII et CXX, ap. *Nom. cist.*, p. 192, 193, 241, 242. — Cf. *Reg. S. Bened.*, c. 53.

(2) *Antiq. consuet. Cluniac.*, lib. III, c. 24, ap. Dachery, *Spicilége*, in-4°, IV, 211.

leurs, distraire les moines des devoirs de leur état. On ne donnait de secours aux pauvres qu'à la porte de l'abbaye. Le portier devait avoir toujours dans sa cellule des pains tout préparés pour les distribuer aux passants qui en avaient besoin (1). En outre, les pauvres avaient droit 1° aux restes des repas (2); 2° aux distributions fondées à leur profit par les bienfaiteurs de l'abbaye; 3° à ce qu'on appelait *pulmenta defunctorum*, c'est-à-dire trois parts de moine par repas. Ces trois parts représentaient la nourriture des derniers religieux morts (3). A Cluny, quand un moine était décédé, on donnait pendant trente jours sa nourriture aux pauvres (4). Dans l'ordre de Cîteaux, une aumône fixe et quotidienne avait remplacé cette aumône variable et accidentelle. A ces aumônes obligatoires, les Cisterciens en ajoutaient de plus abondantes, surtout en temps de famine. « Ils ne mangent pas seuls le produit du travail de » leurs mains, » disait l'abbé Gilbert, mort en 1167. « Ils n'ont pas leur nécessaire, et ils partagent avec » les pauvres : peu leur importe de souffrir de la » faim, pourvu que les autres soient dans l'abon- » dance (5). » En 1217, année de famine, il y eut un jour où quinze cents pauvres reçurent l'aumône

---

(1) *Usus antiq. ord. cist.*, c. CXX, ap. *Nom. cist.*, p. 242.

(2) *Usus antiq. ord. cist.*, c. CXVII, ap. *Nom. cist.*, p. 239.

(3) *Usus antiq. ord. cist.*, c. LXXVI et CXX, ap. *Nom. cist.*, p. 179, 242, 243.

(4) *Antiq. consuet. Cluniac.*, lib. III, c. 24; ap. Dachery, *Spicilége*, in-4°, IV, 210.

(5) *Gilleberti abbatis sermones in cantica*, XXIII, ap. Mabillon, *S. Bern. opp.*, II, 74.

à la porte du monastère d'Heisterbach. Tous les jours où le gras fut permis, jusqu'à la moisson, on tuait un bœuf dont on faisait cuire la chair dans trois chaudières avec des légumes, et on distribuait le tout aux pauvres. Les moutons du monastère n'étaient pas mieux traités que les bêtes à cornes. Les jours maigres, on supprimait la viande et on donnait seulement des légumes. Les aumônes en pain étaient si considérables que l'abbé craignit de voir ses greniers s'épuiser avant la récolte, et recommanda au frère boulanger de faire ses pains plus petits. Mais, lui dit le frère, je les mets petits au four et ils en sortent grands. On voyait la farine augmenter dans les sacs, dit Césaire, moine de l'abbaye, et notre charité ne nous ruina pas, car la même année André de Spire nous acheta une vaste propriété. Césaire nous parle aussi d'un autre monastère de Westphalie, où l'on tua tout le bétail, où l'on mit en gage les calices et les livres pour venir au secours des pauvres. Aussitôt il se trouva quelqu'un qui donna aux moines le double du montant de leurs aumônes (1). Les aumônes ne consistaient pas seulement en vivres, on donnait aussi des vêtements et des chaussures. Un statut du Chapitre général de 1185 décida que les trois parts des morts seraient remplacées par des distributions de vêtements et de chaussures (2).

---

(1) *Cæsar, Dialog. mirac.*, Dist. IV, c. 65 et 67, ap. *Bibliot. patr. cist.*, II, 107-108.

(2) Martène, *Anecd.*, IV, 1258.

§ 2. — De l'office de portier à Clairvaux.

André, frère de saint Bernard, fut portier de Clairvaux. Il était le cinquième fils de Tescelin et de la bienheureuse Aleth (1). Sa mère, étant morte, lui apparut un grand nombre de fois pendant cinq années consécutives (2). Quand Humbeline, sœur de saint Bernard, non encore convertie, se présenta à Clairvaux pour voir son frère, et que l'austère abbé, scandalisé par l'éclat de son cortége et de sa toilette refusa de sortir pour la voir, André gardait la porte de l'abbaye, et ce fut à lui qu'Humbeline s'adressa. André, aussi impitoyable que Bernard, traita d'ordures les vêtements recherchés dont elle s'était parée. C'est à André que, tout émue, elle dit en pleurant : Si je suis pécheresse, n'est-ce pas pour les pécheresses qu'est mort Jésus-Christ ? On sait que saint Bernard se laissa toucher, et qu'Humbeline devint plus tard abbesse de Juilly (3). André mourut du vivant de saint Bernard (4).

L'histoire de la porte de Clairvaux se continue par une suite de nombreuses fondations. En 1196, Guillaume *de Pontarlea*, portier de Clairvaux, acheta de

---

(1) Johannes Eremita, *Vie de S. Bernard*, lib. I, ap. Mabill., *S. Bern. opp.*, II, 1282.

(2) *S. Bern. vit.*, lib. I, *auct. Guillelmo*, c. 3, et Johannes Eremita, lib. I, ap. Mabill., *S. Bern. opp.*, II, 1066 et 1284.

(3) *Vit. S. Bern.*, lib. I, c. 6, ap. Mabill., *S. Bern. opp.*, II, 1075.

(4) *Vit. S. Bern. auct. Gaufrid.*, ap. Mabill., *S. Bern. opp.*, II, 1292.

l'abbaye de Molesme, moyennant une somme de trente livres, les droits de cette abbaye sur le marché de Ville, et tout ce qui appartenait à cette abbaye dans les finages de Ville et de Juvancourt. Cette acquisition fut faite au profit de l'office du portier, et à condition que les revenus à en provenir seraient distribués aux pauvres par les mains du portier, déduction faite d'un cens de trois sous de Provins, payables chaque année aux moines de Molesme, quinze jours avant la Saint-Remy (1).

En 1206, Rainaud de Ville, chevalier, Etienne de Silvarouvre, son beau-frère, et Léthécie, sa femme, donnèrent à Clairvaux tous leurs droits sur le moulin de Ville, à condition que le portier de l'abbaye aurait la jouissance de ces droits (2).

A partir de cette date, une partie notable du moulin de Ville appartint au portier de Clairvaux. Et cette année même, un traité passé entre Hugues, meunier du moulin, et Jean, alors portier de l'abbaye, détermina de la manière suivante les droits respectifs des propriétaires et du meunier :

S'il devient nécessaire de rebâtir le moulin et la maison qui en dépend, les propriétaires fourniront les bois et feront les frais du charroi de ces bois ; le meunier dirigera les travaux sans exiger d'autre salaire que sa nourriture, qui sera payée en commun par les propriétaires et par lui. Le reste des dépenses se partagera entre les propriétaires et le meunier, suivant leurs portions. Si par exemple il faut acheter

---

(1) *Grangia abbatie*, XXXIII.
(2) *Grangia abbatie*, XXXVIII.

des meules, le meunier ira les choisir et les acheter. Le prix d'achat et le coût du transport seront supportés par les propriétaires et par le meunier, suivant leurs portions, et le meunier, pendant son voyage, sera nourri à frais communs. Mais une fois les meules arrivées à la porte du moulin, le meunier devra pourvoir à leur installation sans le concours des propriétaires, à moins qu'il ne soit nécessaire de poser de gros ferrements neufs, lesquels se paieraient en commun. La façon de la grande et de la petite oue, des peignes et des marteaux, est à la charge du meunier ; mais les propriétaires devront lui fournir les bois et en payer le charroi. S'il faut réparer les écluses, la digue, curer le canal, la dépense sera supportée par les propriétaires et le meunier, selon leurs portions, et le meunier qui dirigera le travail vivra à frais communs, à moins qu'il n'ait été fait un traité spécial à la tâche. Le meunier doit tous les ans jurer fidélité aux propriétaires du moulin (1).

En 1209, Robert de Chassenay, chanoine de Saint-Maclou de Bar-sur-Aube, donne à la porte de Clairvaux, pour l'usage des pauvres, sa terre de Maranville (2).

En 1215, un échange se fait entre le portier et les celleriers de l'abbaye, par la volonté de l'abbé et le conseil des anciens. Le portier cède aux celleriers toutes les vignes, toutes les terres et tous les prés dépendant de son office, à charge toutefois, par les celleriers, de lui fournir chaque année le foin

---

(1) *Porta*, I.
(2) *Porta*, L.

nécessaire pour la nourriture d'un cheval. Il leur abandonne aussi la paille de ses moulins. En compensation, les celleriers lui cèdent le moulin de Moreins et tous ses produits, sauf la paille (1).

En 1216, Martin de Ville, clerc, sur le point de prendre l'habit monastique, donne à Clairvaux, « pour l'usage des pauvres, » le quart du moulin de Ville (2).

En 1218, Hugues, fils de messire Hugues Morehier de Laferté, donne à la *porte* de Clairvaux son moulin de Juvancourt (3).

En novembre 1219, Auviète, femme d'Ansérie, reconnaît qu'elle et son mari doivent au portier de Clairvaux 128 livres de Provins, et elle lui engage tous ses biens jusqu'à ce que les revenus capitalisés aient égalé cette somme (4).

Par acte de la même date, elle lui donne le tiers de ses biens (5).

En février 1221, Reine, veuve de Symon de Plancy, donne à Clairvaux, *pour l'usage de la porte,* tout ce qu'elle avait à Aizanville (6).

La même année, l'abbé de Clairvaux fait savoir qu'il a ordonné au portier de payer une rente viagère de deux setiers de froment à Ponce, neveu du sous-prieur Gui (7).

---

(1) *Porta*, II.
(2) *Porta*, III. — *Grangia abbatie*, XLVIII.
(3) *Porta*, V.
(4) *Porta*, VI.
(5) *Porta*, VII.
(6) *Porta*, IX.
(7) *Porta*, VIII.

En 1223, une rente semblable est constituée au profit de Thierry, autre neveu du même sous-prieur (1), et Isabelle, veuve de Boson d'Ormoy, chevalier, donne à Clairvaux, pour l'usage de la porte, ce qu'elle avait à Maranville (2).

L'année 1224 est marquée par des acquisitions nombreuses au profit de la porte de Clairvaux.

En juin, Aganon d'Aizanville, chevalier, donne le tiers de sa dîme d'Aizanville (3).

Le 24 juillet, Gautier, fils de Richard Ailanart, donne un tiers du quart de la dîme de Villiers-le-Sec, et vend pour 90 livres de Provins les deux autres tiers du même quart (4).

En octobre, Erard, fils de feu Guibert de Bar, vend pour 140 livres de Provins la moitié de la dîme de Couvignon, le sixième de celle de Fravaux, le tiers de celle de Spoix (5).

Le même mois, Dominique et Odette, sa femme, de Gillancourt, donnent tous leurs biens, meubles et immeubles, présents et à venir, qui se trouvent ou se trouveront à Gillancourt. L'abbaye leur fournira la nourriture et le vêtement pendant leur vie, et priera pour eux après leur mort (6). Ponce et Thierry, neveux de Gui, ancien sous-prieur et alors portier, donnent le quart de la dîme d'Aizanville, à cette condi-

---

(1) *Porta*, XI.
(2) *Porta*, X.
(3) *Porta*, XXXIII, XXXIX.
(4) *Porta*, XXIX, XXXI, XXXIIII. — Le prix est de 180 liv. dans cette dernière charte.
(5) *Porta*, XXX, XXXII, XXXVI.
(6) *Porta*, XXXVII, XLIIII.

tion, toutefois, qu'ils en conserveront la jouissance jusqu'à l'âge de 30 ans (1).

Les deux chartes suivantes sont datées de l'année 1224, sans indication de jour ni de mois :

Hélissende, comtesse de Bar-sur-Seine, donne au portier de Clairvaux la dîme de Villiers-le-Sec, à charge d'habiller vingt pauvres par an, et en outre de fournir à trois jeunes pauvres qu'elle désigne la nourriture, le vêtement et tout ce qui leur sera nécessaire jusqu'à l'âge de 25 ans (2).

Reinier d'Ambonville, chevalier, engage au portier de Clairvaux, pour une somme de 20 livres, la moitié des dîmes de Bretenay, Condé et la Hermand (3).

En 1225, Gui, étant encore portier de Clairvaux (4), les acquisitions continuent. Arvide de Châlons donne, pour l'usage de la porte de Clairvaux, le tiers de ses biens, et engage le reste pour 140 livres (5).

En janvier 1226 (v. st.), Barthélemy, fils de Flandrine de Laferté, et Emeline, sa femme, donnent, à l'usage de la porte, tous leurs biens présents et à venir. En compensation, l'abbaye leur fera une rente de quinze grands pains du couvent par semaine. Cette rente sera réduite de moitié quand aura lieu le décès de l'un des conjoints. Elle s'éteindra lorsqu'ils seront tous deux morts. Les grands pains dont il s'agit sont probablement ces pains

---

(1) *Porta*, XLIII.
(2) *Porta*, XXXV, XLI, XLII.
(3) *Porta*, XXXVIII.
(4) *Columbeium*, LVII.
(5) *Porta*, XVI.

d'une livre et demie que les moines recevaient chaque jour à l'époque de la moisson. Les pains ordinaires ne pesaient qu'une livre (1). En outre, le portier pourvoira au vêtement des donateurs tant qu'ils vivront; il le fera d'une manière à la fois suffisante et honorable. Le drap qu'il leur fournira sera pris dans les meilleures pièces de sa fabrication (2).

La même année, 1226, une charte de l'abbé de Clairvaux nous apprend que le portier Gui a fait faire deux grandes chaudières de cuivre pour cuire les aliments des pauvres de la porte : l'une contient sept muids, l'autre quatre. Les fonds nécessaires ont été fournis par les aumônes d'illustre dame Hélysende, comtesse de Bar-sur-Seine; de nobles dames Isabelle et Aéliz, dames de Châteauvillain; des dames de Juilly et de Chassenay, et de plusieurs autres bons hommes et bonnes femmes. L'abbé défend, sous peine d'excommunication, au prieur, au sous-prieur, aux celleriers, de détourner ces chaudières de leur destination charitable, et de les ôter au portier (3).

En septembre 1227, vente de terres au portier de Clairvaux, par Gautier de Bergères, moyennant sept livres de Provins (4).

La même année, Elisabeth (5), dame de Châteauvillain, ayant donné 620 livres de Provins à la porte

---

(1) *Regul. S. Bened.*, c. XXXIX. — *Usus antiq. ord. cist.*, c. LXXXIV, ap. *Nom. cist.*, p. 190.

(2) *Porta*, XIX.

(3) *Porta*, XXI.

(4) *Porta*, XXV, XXVI.

(5) La même qui est appelée plus haut Isabelle.

de Clairvaux (1), cette somme est employée à l'acquisition de la dîme de Morinvilliers. Clarembaud, seigneur de Chappes, et Gui, son frère, vendent cette dîme moyennant 640 livres, par acte du mois de décembre 1227 (2). Ils donnent quittance à l'abbaye de ce prix de vente au mois d'avril 1228 (n. st.) (3).

Les moines de Clairvaux décidèrent que le produit de cette dîme serait employé à habiller des pauvres au nombre de quatre-vingts au moins par an. Chacun de ces pauvres devait recevoir, au minimum, quatre aunes de drap brun et une paire de souliers neufs. Toutes les fois que ces trois cent vingt aunes de drap et ces quatre-vingts paires de souliers se trouveraient valoir une somme inférieure au produit de la dîme de Morinvilliers, le portier serait obligé d'employer la différence à acheter des souliers et de donner encore ces souliers aux pauvres. Cette distribution de drap et de souliers devait commencer à la Nativité de la Vierge, 8 septembre, et finir à Noël. La décision des moines paraît avoir été provoquée par la donatrice (4). Elle fut approuvée par l'abbé de Cîteaux (5).

En avril 1238 et en 1239, nous trouvons encore d'autres donations faites pour l'usage de la porte, l'une par Etienne de Laferté, qui se réserve une

---

(1) *Porta*, XLVII, XLVIII.
(2) *Porta*, XXIIII.
(3) *Porta*, XLV.
(4) *Porta*, XLVIII.
(5) *Porta*, XLVII.

rente viagère; l'autre, par Pierre le Juif de Bar-sur-Aube, et Jaquette, sa femme, qui se réservent un usufruit (1).

En 1245, une contestation entre frère Thibaut, moine et portier de Clairvaux, et Raoul, fils de Macelin de Doulaincourt, se termine par l'abandon d'un pré au portier, moyennant une somme de 20 sous payée à Raoul (2).

CHAPITRE X.

DE L'INFIRMIER (*Infirmarius*).

D'après la règle de saint Benoît, une salle particulière doit être réservée aux frères malades, et il faut leur donner un serviteur craignant Dieu, zélé et attentif. On leur offrira des bains toutes les fois qu'ils en auront besoin. Les malades et les infirmes pourront manger de la viande pour réparer leurs forces. L'abbé devra veiller avec grand soin à ce que les malades ne soient pas négligés par les celleriers et les serviteurs, car il est responsable des fautes de ceux qui lui sont soumis (3).

Il y avait dans toutes les abbayes cisterciennes deux infirmeries : l'une pour les moines, l'autre pour

---

(1) *Porta*, les deux dernières chartes.
(2) *Cart. de Clairvaux, Vallis Rodionis*, III, V.
(3) *Reg. S. Bened.*, cap. XXXVI.

les convers ; il s'y trouvait ainsi deux infirmiers. A Clairvaux on en avait ajouté un troisième, l'infirmier des pauvres, *infirmarius pauperum*.

Parlons d'abord de l'infirmier des moines. Il ne couchait pas au dortoir (1). Mais quand il y avait parmi les malades des hommes qui avaient conservé assez de force pour soigner les autres, il devait assister à tous les exercices du monastère. Dans le cas contraire, il était de droit dispensé d'assister aux heures, même aux vigiles et aux complies; il ne se rendait pas à la lecture spirituelle, il dînait à l'infirmerie. Il devait se contenter de la messe matutinale et du Chapitre. A l'infirmerie, il soignait les malades, leur procurait ce dont ils avaient besoin, et faisait observer les réglements. Ainsi, quand un moine entrait à l'infirmerie, l'infirmier allait chercher au réfectoire sa cruche et son verre; au dortoir, ses couchages. Il lavait le samedi les pieds des malades qui le désiraient ; il époussetait leurs vêtements le même jour. Il faisait observer le silence qui ne devait jamais être interrompu dans la salle de l'infirmerie, à moins que par un malade alité, quand ce malade avait besoin de quelque chose. Lorsque les malades qui pouvaient marcher avaient à parler à l'infirmier, ils lui faisaient un signe, se rendaient avec lui dans un parloir contigu, et là s'exprimaient à voix basse, évitant tout discours inutile. L'infirmier veillait à ce que les malades chantassent régulièrement les heures depuis matines jusques à complies sans exception. Il leur apportait les livres néces-

---

(1) *Usus ant. ord. cist.*, c. LXXXII, LXXXIV, ap. *Nom. cist.*, p. 185, 187.

saires, leur procurait de la lumière quand il en était besoin. Lorsqu'un moine était sur le point de mourir, c'était lui qui l'ôtait de son lit et le couchait à terre sur une couverture ; c'était lui qui convoquait le couvent à coups de crécelle, qui faisait chauffer l'eau pour laver le corps, et qui préparait la bière. C'était encore lui qui, en hiver, faisait du feu au chauffoir après matines, laudes ou prime (1). Les Instituts du Chapitre général nous apprennent que l'infirmier des moines avait un sous-infirmier moine pour aide, et qu'il pouvait lui parler. L'abbé était autorisé à lui donner pour second auxiliaire un convers (2). Nous retrouvons les mêmes réglements dans les institutions du Chapitre général (3). Il était défendu d'avoir à l'infirmerie des employés séculiers (4).

La règle des convers de l'ordre de Cîteaux mentionne l'infirmier des convers. Il avait le droit de parler avec ses aides, et ses aides avaient le droit de lui parler. L'infirmier des convers et ses aides pouvaient aussi adresser la parole aux malades. Mais alors ils devaient s'exprimer à voix basse (5).

Dans l'*Exordium magnum ordinis cisterciensis*, il est

---

(1) *Usus antiq. ord. cist.*, c. XCII et CXVI, ap. *Nom. cist.*, 201-203, 237-237. Cependant à Clairvaux un moine était spécialement chargé du chauffoir. *Voyage litt.*, Ire part., p. 102.

(2) C. LXXV, ap. *Nom. cist.*, p. 269.

(3) Dist. VIII, c 8, ap. *Nom. cist.*, p. 330.

(4) *Stat. cap. gen. cist.*, 1189, ap. Mart., *Anecd.*, IV, 1206, et *Institution. cap. gen.*, Dist. VI, c. 13, ap. *Nom. cist.*, p. 315.

(5) C. V, ap. Mart., *Anecd.*, IV, 1049. — Cf. *Institutiones cap. gen. cist.*, Dist. VIII, c. VII, ap. *Nom. cist.*, p. 329.

question de l'infirmerie des moines et de l'infirmerie des convers de Clairvaux. Deux religieux, l'un moine et l'autre convers, étant morts le même jour, quelqu'un eut une vision. Il vit bâtir deux temples, l'un dans l'infirmerie des moines, l'autre dans celle des convers (1).

Nous connaissons deux faits qui établissent l'existence de l'infirmerie des pauvres de Clairvaux : Frère Martin, infirmier des pauvres de Clairvaux, est témoin dans une charte de 1189 (2), et frère Léger, aussi infirmier des pauvres, est également témoin en 1219 (3). Cette infirmerie des pauvres était évidemment un hôpital destiné aux malades indigents, et annexé à l'hôtellerie de l'abbaye. Il y avait aussi à Grandselve, abbaye de l'ordre de Cîteaux, une infirmerie des pauvres dépendant de l'hôtellerie, et un infirmier spécial attaché à cette infirmerie (4).

Trois noms d'infirmiers de Clairvaux, outre ces derniers, sont parvenus jusqu'à nous. Ce sont des infirmiers des moines :

1°. Henri le Contrat était Allemand, de famille noble, et saint Bernard le convertit lorsqu'il alla prêcher la croisade (5). Henri mourut à Clairvaux vers

---

(1) *Dist.* III, c. 11, ap. *Bibl. patr. cist.*, I, 07.
(2) *Cart. de Clairvaux*, Borda, IIII.
(3) *Cart. de Clairvaux*, Belinfay, XXXIX.
(4) *Exord. magn. ord. cist.*, Dist. II, c. 20, ap. *Bibl. patr. cist.*, I, 64. Cf. Herbert, III, 8, ap. Chifflet, *S. Bern. gen.*, 343-344.
(5) *Cæsarii monachi Dialogi miraculorum*, Dist. I, c. 16, ap. *Bibl. patr. cist.*, II, 11.

l'année 1210. Lorsqu'il était infirmier, il lui arriva une nuit de se lever pour aller à matines, tandis qu'un de ses malades était au plus mal. Pensant que ce moribond ne mourrait pas avant la fin de l'office, il se rendit au chœur, s'assit et s'endormit. Alors il eut un songe. J.-C. lui apparut sous la figure d'un malade, et vint reposer sur sa poitrine. Henri, effrayé, voulut se lever. J.-C. le lui défendit, et lui dit : Mon ami, laissez-moi reposer. A ces mots Henri se réveilla, il se rappela son malade, courut à l'infirmerie, et le trouva à l'agonie. Il voulut l'ôter de son lit pour le mettre à terre suivant l'usage : il vit le malade expirer la tête sur sa poitrine, conformément à la vision (1).

2°. Bernard, moine et prêtre, dont le nom se trouve au ménologe de Cîteaux, sous la date du 13 août, fut délivré de tentations d'une manière miraculeuse (2).

3°. Geoffroy de Melun, qui fut infirmier des moines de Clairvaux sous Gérard, sixième abbé, 1170-1175, et quitta cette fonction pour l'évêché de Sora, en Sardaigne. Il mourut à Clairvaux le 14 octobre 1179, et y fut enterré (3).

---

(1) *Cæsarii monachi Dialogi miraculorum*, Dist. VIII, c. 30, ap. *Bibl. patr. cist.*, II, 235.

(2) *Cæsarii monachi Dialogi miraculorum*, Dist. IV, c. 97, ap. *Bibl. patr. cist.*, II, 121.

(3) Voir son épitaphe, ap. Henriquez, *Fascicul.*, SS. ord. cist., II, 475.

CHAPITRE XI.

DE L'HOTELLIER (*Hospitalis, Hospitalarius*).

Au moyen-âge, il existait peu d'auberges hors des villes. D'un autre côté, la misère était dans les campagnes bien plus grande que de nos jours, en sorte qu'un nombre considérable de malades ne pouvaient y recevoir à domicile les soins réclamés par leur état. Aussi la charité multiplia-t-elle les *Maisons-Dieu*, hôpitaux et auberges gratuites à la fois, dans des localités où ces établissements seraient aujourd'hui presque toujours inoccupés. C'est dans le même but que les abbayes avaient leur hôtellerie, *cella hospitum, hospitale, hospitium*, où l'on recevait les voyageurs et les malades.

« Que l'on mette tous ses soins à bien recevoir les » pauvres et les pèlerins, » dit la règle de saint Benoît, « car c'est surtout en eux qu'on reçoit Jésus-» Christ. Nous ne recommandons pas d'honorer les » riches, cette recommandation serait inutile, la » crainte que l'on a d'eux les fera toujours bien » traiter. »

« L'abbé donnera aux hôtes de l'eau pour se la-» ver les mains. L'abbé et tous les moines leur la-» veront les pieds. »

« Leur nourriture sera fournie par la cuisine de » l'abbé. »

« Qu'un frère, craignant Dieu, soit chargé de
» l'hôtellerie. Qu'il s'y trouve en quantité suffisante
» des lits garnis de matelas. C'est la maison de
» Dieu, qu'elle soit administrée sagement et par
» des sages (1). »

Ces principes furent ceux de l'ordre de Cîteaux. A l'époque où cet ordre s'établit, il s'était introduit un abus qui détournait l'hôtellerie de sa destination charitable. Les barons s'y réunissaient pour célébrer les grandes fêtes, et c'était là qu'à la suite de ces solennités religieuses les hauts barons tenaient leur cour de justice. Ainsi nous voyons le comte de Champagne, Hugues, tenir sa cour à Molême en 1097 (2). Cet abus fut interdit dans l'ordre de Cîteaux (3), et l'hôtellerie rendue à sa véritable destination.

On y recevait les pauvres et les malades. On raconte qu'une nuit saint Bernard étant en prières, il arriva qu'à la même heure un pauvre, véritablement pauvre d'esprit dans le sens évangélique, mourut dans l'hôtellerie. Saint Bernard entendit chanter les anges qui portaient son âme au ciel. Le matin il interrogea les religieux qui avaient assisté le mourant, et il apprit que l'heure où les voix angéliques avaient frappé son oreille était celle où le défunt avait expiré (4). Au commencement du treizième

---

(1) *Regul. S. Bened.*, c. LIII.

(2) Chifflet, *S. Bernardi genus illustre assertum*, p. 814.

(3) *Exord. cœnob. cist.*, cap. XVII.

(4) *S. Bernardi vit.*, lib. IV, auct. Gaufrido, c. III, ap. Mabill., *S. Bernardi opp.*, vol. II, col. 1137.

siècle, Césaire nous parle d'un convers qui servait les pauvres dans l'hôtellerie de l'abbaye de Villiers, en Brabant (1).

Il paraît avoir existé à Clairvaux, au xv⁰ siècle, une hôtellerie spéciale pour les pauvres. En 1437, Richard de *Plumbo* fut nommé dans cette abbaye *Rector hospitii pauperum* (2). Il est probable que cette organisation remontait plus haut. L'existence à Clairvaux d'une infirmerie des pauvres, annexée à cette hôtellerie, à une date bien antérieure, est un fait incontestable. Dans le chapitre précédent, nous donnons les noms de deux infirmiers des pauvres de Clairvaux, l'un du xii⁰, l'autre du xiii⁰ siècle.

L'hôtellerie était aussi ouverte aux personnes au-dessus du besoin ou d'une condition élevée, qui s'y rendaient par nécessité ou dans un but pieux. Ce qui donna lieu aux anecdotes cisterciennes que voici :

« Un chevalier de Bonn, nommé Henri, » dit Césaire, « vint en carême faire une retraite chez nous. Étant » retourné chez lui, il rencontra un jour Gérard » notre abbé : « Seigneur abbé, » lui dit-il, « vendez-» moi la pierre qui est auprès de telle colonne de » votre église, je vous en donnerai ce que vous m'en » demanderez. » « A quoi vous servira-t-elle ? » ré-» pondit l'abbé. « Je veux, » dit le chevalier, « la » mettre dans mon lit : elle est de telle nature que, » lorsqu'on ne peut dormir, il suffit de poser la » tête dessus, et l'on dort aussitôt. » Toutes les fois

---

(1) *Dialogi miraculorum*, Dist. IV, c. 31, ap. *Bibl. patr. cist.*, II, 92.

(2) Catalogue des Prieurs de Clairvaux, ap. Henriquez, *Fasciculus, SS. ord. cist.*, II, 482.

» que pendant sa retraite il était venu prier dans
» notre église et s'était appuyé sur cette pierre le
» sommeil s'était emparé de lui. »

« On rapporte une parole analogue d'un homme
» noble qui était venu faire une retraite à Himmel-
» rode. « Les pierres de votre église, » disait-il,
« sont plus moelleuses que tous les matelas de mon
» château. » Quoiqu'il fît, il dormait sur les pierres
» de l'église pendant le temps de l'oraison (1). »

Le Pape Innocent II visita Clairvaux en 1131 (2).
Etienne, évêque de Paris, s'y réfugia en 1133 (3).
Le Pape Eugène III s'y rendit en 1148 (4). En 1244,
saint Louis, ses frères, même sa mère et sa femme,
par une dérogation toute personnelle aux réglements
qui interdisaient aux femmes l'entrée des abbayes,
furent reçus à Citeaux avec l'autorisation du Chapitre général de l'ordre (5).

Les hôtes étaient mieux nourris que les religieux
de la maison (6). Cependant il était interdit de leur
donner de la viande (7). Le vendredi ils ne devaient

---

(1) Césaire, *Dialogi miracul.*, Dist. IV, c. 37, ap. *Bibl. patr. cist.*, II, 93.

(2) *Vit. S. Bern.*, lib. II, auct. Ernaldo, c. 1. ap. Mabillon, *S. Bernardi opp.*, II, 1094. — D. Bouquet, XIV, 365.

(3) D. Bouquet, XV, 336. Voir plus haut p. 116 et 118.

(4) D. Bouquet, XII, 89, note. Cf. Jaffé, *Reg. pont. rom.*, p. 634.

(5) *Gall. Christ.*, IV, 995. — *Stat. cap. gen. cist.*, 1244, ap. Mart., *Anecd.*, IV, 1382.

(6) *Stat. cap. gen.*, 1157, ap. Mart., *Anecd.*, IV, 1248, 1250.

(7) *Stat. cap. gen.*, 1253, ap. Mart., *Anecd.*, IV, 1401. — En 1412, le Chapitre général permit aux abbés de Frise de donner de la viande aux hôtes séculiers, Mart., *Anecd.*, IV, 1557.

manger ni fromages ni œufs (1). Pendant le Carême, l'Avent, les Quatre-Temps de septembre et aux veilles de certaines fêtes, on ne leur servait ni beurre, ni fromages, ni œufs (2). Bien entendu que ces réglements ne s'appliquaient pas aux malades (3).

Il y avait à Clairvaux, comme dans les autres abbayes cisterciennes, un moine hôtelier assisté d'un convers hôtelier.

En 1205, le convers hôtelier s'appelait Ingelbert; il prend part comme témoin à deux actes de donation (4).

En 1239, une donation faite à Clairvaux est reçue par le moine hôtelier, Dom Martin, en présence de plusieurs religieux de l'abbaye, parmi lesquels on remarque frère Hugues (5), convers hôtelier.

Le moine hôtelier devait s'occuper de procurer aux hôtes la nourriture et le coucher. Il les servait à table. Il pouvait s'entretenir avec eux dans l'hôtellerie; il pouvait aussi parler dans l'hôtellerie avec le convers hôtelier. C'était lui qui préparait ce qui était nécessaire pour laver les pieds des hôtes. C'était lui qui, le moment venu de procéder à cet acte pieux, appelait l'abbé ou les moines chargés de cet office (6); car on désignait toutes les semaines un certain nom-

---

(1) *Stat. cap. gen.*, 1192, Mart., *Anecd.*, IV, 1273.
(2) *Institutiones cap. gen. cist.*, Dist. XIII, c. V, ap. *Nom. cist.*, 352.
(3) *Stat. cap. gen.*, 1157, ap. Mart., *Anecd.*, IV, 1249.
(4) *Cart. de Clairvaux*, Ultra Albam, LXV; Elemosine, XXVII.
(5) *Cart. de Clairvaux*, Belinfay, XXXIX.
(6) *Usus antiq. ord. cist.*, c. CXIX, ap. *Nom. cist.*, p. 241.

bre de moines qui devaient, pendant la semaine suivante, laver les pieds des hôtes (1).

CHAPITRE XII.

DU MÉDECIN (*Medicus*).

Un statut du Chapitre général de Cîteaux nous apprend qu'il y avait des moines et des convers médecins dans les abbayes cisterciennes. Ces médecins ne se contentaient pas de soigner les religieux malades : on les voyait quelquefois faire des voyages, découcher, et abandonner tous les exercices monastiques pour aller soigner des étrangers, même des séculiers. Le Chapitre général s'émut de cette infraction aux réglements, et la défendit en 1157 (2); mais il n'interdit pas pour cela l'exercice de la médecine aux religieux, et cette décision n'empêcha pas les Cisterciens qui possédaient des connaissances médicales de les faire servir au soulagement des malades séculiers, pourvu cependant que l'accomplissement régulier des devoirs de la vie monastique ne fût pas interrompu. Nous trouvons dans la Bibliothèque des Pères de Cîteaux les deux types du médecin cistercien : d'un côté, le bon religieux qui respecte la règle de l'ordre et fait de la médecine par piété; de

---

(1) *Usus antiq. ord. cist.*, c. CVII, ap. *Nom. cist.*, p. 224.
(2) Martène, *Anecdota*, IV, 1250.

l'autre, le mauvais religieux qui met la médecine et sa vanité de médecin au-dessus des devoirs imposés par les vœux de religion.

« Il y avait à Clairvaux un moine dont les mœurs pures répondaient à la dignité de sa profession; il s'appelait Alquirin. C'était un homme religieux et spirituel, sobre dans sa nourriture, humble dans son vêtement, fort dur pour sa chair. Il était très-mortifié et tempérant dans l'usage des choses qui servent au corps. Il avait renoncé au plaisir et à la vanité, et usait avec parcimonie même du nécessaire, quoiqu'il se présentât souvent pour lui l'occasion de franchir ces limites rigoureuses. En effet, il était savant dans l'art de la médecine.

« Les nobles et les grands de la terre demandaient continuellement ses services, et contre son gré, malgré ses refus, l'entraînaient de divers côtés. Lui, préférant les indigents et les pauvres, consacrait tous ses soins à leur guérison ; il ne se contentait pas de guérir leurs maladies, il soignait de ses propres mains leurs chairs putrides, d'où coulait un sang corrompu. Il y mettait un si grand zèle, qu'on eût cru que c'étaient les plaies de Jésus-Christ, et c'était la vérité. En effet, il faisait tout pour Jésus-Christ, et Jésus-Christ rapportait tout à lui ; car ceux qui font des œuvres de miséricorde doivent lui entendre dire à la fin : J'ai été infirme, et vous m'avez visité..... Il ne cessa pas de faire le bien. Sa charité s'exerçait envers tout le monde, mais principalement envers les pèlerins et les pauvres malades..... Il consacrait avec ardeur tous ses soins à la guérison des indigents, et ces soins il se les refusait à lui-même. Quand il fut

» près de mourir, J.-C. lui apparut et lui dit : «Vos
» péchés sont effacés, venez voir et baiser mes plaies
» que vous avez tant aimées, et que vous avez soi-
» gnées si souvent. » Ce bon religieux mourut la
veille de la Saint-Martin, après l'avoir prédit (1).

Voici le second type :

« Il y avait dans notre ordre, » dit le Cistercien
Césaire, « un médecin plus moine par l'habit que
» par les actions. Il courait le pays pour exercer la
» médecine, et ne retournait au monastère qu'aux
» principales fêtes. Lors d'une fête de la sainte Mère
» de Dieu, il était dans l'église la nuit debout à chan-
» ter : il vit la bienheureuse vierge entourée d'une
» grande lumière, entrer dans le chœur. Elle fit le
» tour des moines qui chantaient, et puisant avec
» une cuiller dans un vase qu'elle portait à la main,
» elle y prenait une liqueur qu'elle mettait dans la
» bouche de chacun. Arrivée à lui, elle ne lui donna
» rien. « Vous n'avez pas besoin de mon elixir, » lui
» dit-elle, «vous êtes médecin, et vous vous procurez
» du soulagement en abondance. » Lui la suivit triste-
» ment des yeux, et reconnut sa faute. A partir de
» cette époque, il ne sortit jamais du monastère que
» malgré lui et par obéissance ; il se refusa tout sou-
» lagement corporel. A la fête suivante, Notre-Dame
» visita ses serviteurs de la même manière, et, arri-
» vée au médecin, elle s'arrêta et lui dit : « Puisque
» tu t'es corrigé et que tu préfères à tes médicaments
» les miens, me voici, et je te donne de mon elixir

---

(1) *Exord. magn. ord. cist.*, Dist. IV, c. 1, ap. *Bibl. patr. cist.*,
I, 150. — Cf. Herbert, III, 15, ap. Chifflet, *S. Bern. gen.*, 361-
364.

» comme aux autres. » Quand il en eut goûté, il y
» trouva tant de douceur et conçut tant de piété,
» qu'il resta toujours dans le monastère, et consi-
» déra comme des ordures toutes les jouissances du
» corps (1). »

Nous connaissons les noms de deux médecins de Clairvaux : Goduin, contemporain de saint Bernard, et qui figure au ménologe de Cîteaux le 24 mai ; Hugues, témoin dans une charte de 1189 (2). Les manuscrits médicaux de Clairvaux, conservés à la bibliothèque de l'Ecole de Médecine de Montpellier, attestent que l'art de guérir continua d'être cultivé dans l'illustre abbaye durant les siècles suivants. Hippocrate, Galien, Avicenne et d'autres auteurs moins connus aujourd'hui, fournissaient aux religieux médecins de Clairvaux, pendant les derniers temps du moyen-âge, un bagage scientifique qui, sans doute, valait bien celui de la plupart des médecins de cette époque.

CHAPITRE XIII.

DU CELLERIER (*Cellerarius*).

Le cellerier était, d'une manière générale, sous l'autorité de l'abbé chargé de l'administration finan-

---

(1) Cæsarii *Dialogi miraculorum*, Dist. VII, c. 46, ap. *Bibl. patr. cist.*, II, 216-217. — Herbert, III, 14, ap. Chifflet, *S. Bern. gen.*, 359-360.

(2) *Cart. de Clairvaux*, Fravilla, XIIII.

cière de l'abbaye (1), dont le sous-prieur avait, aussi en second ordre, la direction spirituelle. C'était lui qui commandait les repas et veillait à ce qu'ils fussent servis à temps (2). C'était lui qui salait les mets et faisait les parts de chaque religieux dans les écuelles destinées à cet usage (3). Il recevait les comptes des convers placés à la tête des exploitations agricoles, des usines et des divers corps d'ouvriers de l'abbaye (4). Il en avait l'inspection. L'auteur du Grand Exorde de l'ordre de Cîteaux nous représente un cellerier de Clairvaux parcourant les fermes de l'abbaye pour remplir les obligations de sa charge, *ex debito officii sui* (5). Dans les grandes abbayes, ces fonctions étaient trop importantes pour être remplies par un seul homme (6), et il y avait un sous-cellerier. Les intérêts temporels de Clairvaux étaient si considérables qu'on y avait établi deux sous-celleriers ; ce qui n'empêchait pas cette abbaye d'avoir, comme un certain nombre d'autres, plusieurs fonctionnaires subalternes subordonnés au cellerier, et dont il sera question plus loin.

Les premiers celleriers de Clairvaux furent Gérard et Gui, frères de saint Bernard (7). Gérard mourut

---

(1) *Reg. S. Bened.*, c. XXXI.
(2) *Usus antiq. ord. cist.*, c. LXXVI, ap. *Nom. cist.*, p. 179.
(3) *Usus antiq. ord. cist.*, c. CXVII, ap. *Nom. cist.*, p. 239.
(4) *Instituta capituli generalis cist.*, c. LXXVIII, p. 270.
(5) Dist. III, c. 2, ap. *Bibl. patr. cist.*, I, 85.
(6) *Usus antiq. ord. cist.*, cap. CXVII, ap. *Nom. cist.*, p. 240.
(7) *S. Bern. vita*, lib. I, *auctore Guillelmo*, c. VI, ap. Mabill., *S. Bern. opp.*, vol. II, col. 1073. — *Exord. magn. ord. cist.*,

au retour d'un voyage en Italie, où il accompagnait Bernard. Quelques instants avant de rendre l'âme, il chantait le psaume *Laudate Dominum de cœlis, laudate eum in excelsis;* et la joie avec laquelle il quitta ce monde étonna jusqu'aux moines de Clairvaux. L'illustre abbé prononça l'oraison funèbre de ce zélé compagnon de ses travaux : « Il n'avait pas fait d'é-
» tudes, » dit-il dans ce discours ; « mais il pénétrait
» le sens de l'Ecriture par les forces naturelles de
» son intelligence secondée de l'Esprit-Saint. Ce
» n'est pas seulement dans les grandes choses, c'est
» dans les petites qu'il était grand. En fait d'édifices,
» de champs, de jardins, de cours d'eau, d'arts ou
» de travaux agricoles, qu'y avait-il qui restât étran-
» ger à Gérard ? Il savait sans peine diriger les ma-
» çons, les forgerons, les cultivateurs, les jardiniers,
» les cordonniers et les tisserands. Au jugement de
» tous, il était au premier rang comme savant et
» comme sage, et lui-même ne se croyait ni science
» ni sagesse..... Mais je n'en dis pas davantage et je
» me tais, car c'est de mon frère bien-aimé qu'il
» s'agit (1). »

On rapporte de Gui qu'un jour saint Bernard voulant envoyer chercher en Normandie un moine de Clairvaux malade mortellement, et qui désirait mourir dans sa chère abbaye, Gui cherchait à détourner le saint abbé de faire cette dépense. « Vous pré-

---

Dist., II, c. X, ap. *Bibl. patr. cist.*, I, 48, et Mabill., *S. Bern. opp.*; vol. II, col. 1200.

(1) *Exord. magn. ord. cist.*, Dist. III, c. 1, 2, 3, ap. *Bibliot. patr. cist.*, I, 82-87. — Cf. *S. Bern. in Cantica sermo* XXVI, ap. Mabill., *S. Bern. opp.*, vol. I, col. 1353-1359.

férez donc les chevaux et l'argent à vos frères?» lui dit Bernard. « Puisque vous ne voulez pas que vos frères reposent dans cette vallée, vous n'y reposerez pas non plus. » Cette prophétie s'accomplit : Gui mourut en voyage dans l'abbaye de Pontigny, et il y fut enterré (1).

Nous avons recueilli les noms de quelques-uns des successeurs de Gérard et de Gui :

Rainaud, cellerier en 1162, 1170, 1171 et 1174 (2).

Gaucher, 1162, 1164, 1171 et 1174 (3).

Jean le Bel, 1164, 1171, 1179, 1180 (4).

Thomas de Meaux, 1192, 1193, 1197 (5).

Jean de Possesse, 1193, 1197 (6).

Jean de Lisi, 1199, 1202 (7).

Beroldus, 1200, 1202, 1205 (8).

Jacques de Reims, 1200, 1201, 1202, 1205, 1206 (9).

---

(1) *Exord. magn. ord. cist.*, Dist. II, c. 10, ap. *Bibliot. patr. cist.*, I, 48.

(2) *Cart. de Larrivour* aux archives de l'Aube. — Archives de l'hôpital de Bar-sur-Aube. — *Fontarcia*, XXVIII.

(3) *Cart. de Larriv.* — *Bellus-Mons*, V. — *Fontarcia*, XXVIII.

(4) *Bellus-Mons*, VII. — *Fontarcia*, XXVIII, XIIII. — *Campigni*, XXV.

(5) *Elemosine*, XV. — *Borda*, XXVII. — *Elemosine*, XXVI.

(6) *Borda*, XXVII. — *Elemosine*, XXVI.

(7) *Pasture*, XXXVIII, XXXIIII, XVIII. — *Ultra Albam*, LVII. — *Cellaria*, XIX. — *Bellus-Mons*, XV.

(8) *Pasture*, XVII. — *Bellus-Mons*, XVII. — *Wangionis Rivi*, VI. — *Ultra Albam*, LXV.

(9) *Forgie*, II. — *Cornay*, XIII. — *Bellus-Mons*, XV, XVII, XVIII. — *Elemosine*, XX, XXVII. — *Cornay*, XXV. — *Wangionis Rivi*, VI. — *Ultra Albam*, LXV. — *Fontarcia*, XXXVI.

Mathieu, 1200, 1201, 1202, 1205 (1).

Ancher, 1205 (2).

Gauthier, 1208, 1215 (3).

Everard, 1208, 1215, 1216 (4).

Robert, 1214 (5). Il devint abbé de Nerlac, puis de Clairvaux (6).

Mannet, 1216, 1218, 1221 (7), avait été prieur de Clairvaux, devint plus tard abbé de Clairmarais (8).

Thibaut, 1221, 1222 (9).

Manasses, 1222 (10).

Henri, déposé en 1223 (11)

Ancher, 1225, 1228, 1236 (12).

Evrard, 1228, 1231 (13). Il devint abbé de Larrivour en 1233, puis de Clairvaux en 1235 (14).

G., 1255 (15).

Les fonctionnaires qui suivent étaient les subordonnés du cellerier.

---

(1) *Forgie*, II. — *Cornay*, XIII. — *Bellus-Mons*, XVII, XVIII, XXIII. — *Elemosine*, XX. — *Pasture*, XXIIII, XXXVII. — *Cornay*, XXV. — *Ultra Albam*, LXV.

(2) *Columbeium*, CXXXII. — *Cellaria*, XX.

(3) *Cornay*, XXIII. — *Bellus-Mons*, XXIX, XII.

(4) *Cornay*, XXIII. — *Bellus-Mons*, XII. — *Pasture*, XXXV.

(5) *Cart. de Larrivour*.

(6) *Gall. Christ.*, IV, 804. Voir plus haut, p. 178.

(7) *Pasture*, XXXV. — *Fravilla*, XXX. — *Borda*, XVII.

(8) *Gall. Christ.*, III, 527. Voir plus haut, p. 193.

(9) *Borda*, XVII. — *Moreins*, IX. — *Columbeium*, IIII.

(10) *Columbeium*, III.

(11) *Stat. cap. gen. cist.*, 1223, ap. Mart., *Anecd.*, IV, 1337.

(12) *Moreins*, X. — *Porta*, p. 58. — *Ultra Albam*, CXXXIX.

(13) *Porta*, p. 58. — *Columbeium*, LXIX.

(14) *Gall. Christ.*, IV, 805. Voir plus haut, p. 179-180.

(15) *Morval*, LXI.

CHAPITRE XIV.

DU REFECTORARIUS.

C'était le *Refectorarius* qui faisait le service du réfectoire : il distribuait les serviettes, les cuillers, le pain, le vin, la bierre, l'eau. Cet office pouvait être confié au cellerier (1).

CHAPITRE XV.

DU GRANGIER (*Grangiarius*).

Les réglements défendaient à l'abbé de confier le soin des granges, c'est-à-dire des fermes, à aucun autre moine qu'au cellerier (2). Cependant on paraît avoir eu dans certaines abbayes cisterciennes un dignitaire spécial appelé Grangier, pris parmi les moines, parfaitement distinct des *maîtres* de chaque grange qui étaient convers, et sans doute placé au-

---

(1) *Usus antiq. ord. cist.*, c. CXVIII, ap. *Nom. cist.*, p. 240-241.

(2) *Instituta capit gener.*, c. LXVI. — *Institutiones*, Dist. VIII, c. 6, ap. *Nom. cist.*, p. 266 et 329.

dessus d'eux. Les anciens usages en parlent (1). Un moine nommé Reinier, converti par saint Bernard, fut successivement prieur, cellerier, grangier et maître des novices à Himmelrod (2). Deux grangiers de Clairvaux, Gauthier et Chrétien, figurent comme témoins : l'un dans une charte de 1202 (3), l'autre dans une charte de 1208 (4). Nous trouvons, à la même époque, un grangier dans une abbaye cistercienne de Lombardie (5). En effet, les réglements que nous venons de citer permettant en des termes formels de donner des aides au cellerier, doivent sans doute être entendus en ce sens, que le cellerier doit avoir seul sous l'abbé l'administration immédiate du temporel. Lorsque les affaires étaient nombreuses, il fallait bien que le cellerier eût sous ses ordres quelques employés. Le grangier était un de ces employés : il suppléait le cellerier dans la surveillance des granges de l'abbaye.

Un grangier cistercien, nommé Bertrand, joue un rôle dans l'histoire légendaire de l'ordre. Un jour, la veille de l'Assomption, il pria l'abbé de lui permettre d'aller passer cette fête dans une grange voisine. Il voulait éviter d'entendre au chœur le sermon de saint Jérôme qui se lisait à matines, et au Chapitre le sermon de l'abbé sur la fête; car il croyait à l'as-

---

(1) C. LXXXI, ap. *Nom. cist.*, p. 184.
(2) *Cæsarii Dialogi miracul.*, Dist. XI, c. 2, ap. *Bibl. patr. cist.*, II, 315.
(3) *Cart. de Clairvaux, Bellus-Mons*, XV.
(4) *Cart. de Clairvaux, Cornay*, XXIII.
(5) *Cæsarii Dialogi miracul.*, Dist. VII, c. 36, ap. *Bibl. patr. cist.*, II, 205.

somption corporelle de la Vierge, et tout doute à cet égard lui était excessivement pénible. L'abbé lui accorda ce qu'il demandait. Le grangier se mit en route à cheval, accompagné d'un domestique. Il était arrivé auprès de la grange, quand un ange l'enleva et le transporta à une journée de là, près d'une petite chapelle voisine du château de son frère, car son frère était chevalier. Le cheval et le domestique restèrent auprès de la grange. Il y avait un fleuve entre la chapelle et le château ; le moine entra dans la chapelle. Il vit la vierge dans son corps glorifié assise sur un trône magnifique, entourée de saints de divers ordres. « Bertrand, » lui dit-elle, « vous entendrez ici quelque chose de mieux que les sermons de saint Jérôme. » En effet, les saints chantèrent successivement les heures du jour et de la nuit ; leurs voix étaient si pures, l'harmonie si admirable, que la langue ne peut l'exprimer. Puis Marie regarda le moine d'un air agréable : « Je sais, Bertrand, » lui dit-elle d'une voix douce, » je sais pourquoi vous êtes sorti du monastère. Soyez certain que mon corps a été glorifié comme mon âme, et qu'il a été ressuscité le quarantième jour. » Aussitôt la vision disparut, et le moine se trouva seul. Un instant après son frère arriva. Bertrand raconta son histoire. « Attendez un instant, « lui dit son frère, » je vais vous amener un cheval. Il courut à son château pour chercher ce cheval. Mais tout d'un coup l'ange enlève le moine et le remet là où il l'a pris. Le chevalier revient et ne trouve pas Bertrand : il pense que son frère l'a trompé, qu'il est apostat ou qu'il a été chassé du monastère. Il y court, y arrive après complies, et demande l'abbé. L'abbé lui fait signe que la règle défend de parler jusqu'au matin. Alors le chevalier, furieux, lui dit : « Je sais que vous avez chassé mon frère, » et il se répand en menaces contre l'abbaye. L'abbé lui répond : « Il est parti pour une grange voisine avec mon autorisation. Je ne doute pas qu'il n'y soit. » Ils y allèrent ensemble, et trouvèrent le grangier priant dans la chapelle des convers. Ils surent, par le témoignage des convers, que Bertrand était entré dans la grange à l'heure où le chevalier l'avait quitté (1).

CHAPITRE XVI.

DU BOURSIER (*Bursarius*).

Dans l'institution primitive, le cellerier étant chargé de toutes les affaires temporelles de l'abbaye, avait en sa garde les clefs de la caisse du monastère. La légende suivante fait allusion à cet état de choses :

» Un usurier donna en dépôt une somme d'argent
» à un cellerier cistercien. Celui-ci la plaça dans un
» lieu sûr avec l'argent du monastère. Plus tard,
» l'usurier réclama son dépôt. Le cellerier ouvrit le
» coffre, et n'y trouva ni l'argent de l'usurier, ni
» l'argent de l'abbaye. Les serrures étaient intactes,
» les cachets des sacs n'avaient pas été brisés, il n'y
» avait pas moyen de soupçonner un vol. On com-

---

(1) *Cæsarii Dialogi miracul.*, Dist. VII, c. 36, ap. *Bibl. patr. cist.*, II, 205-207.

» prit que l'argent de l'usurier avait dévoré celui
» du monastère (1). »

La constitution de Benoît XII, pour la réforme de l'ordre de Cîteaux, 1335, ordonna d'établir dans chaque monastère deux caissiers, un principal et un adjoint, qui devaient recevoir tous les fonds de l'abbaye et ne s'en dessaisir que sur mandement de l'abbé. Cette prescription fut confirmée par les *Nouvelles définitions* de l'ordre de Cîteaux. On donnait à ces caissiers le nom de Boursiers (2). Leur institution, dans certaines abbayes, remonte plus haut que le quatorzième siècle. Les Instituts du Chapitre général permettent à l'abbé de charger un religieux de garder l'argent du monastère (3). Il est aussi question du boursier sous le nom de Gardien de tous les dépôts, *custos omnium depositorum*, dans les Institutions du Chapitre général (4). Cette fonction existait à Clairvaux dès le treizième siècle : frère Girard de Provins, boursier de cette abbaye, est témoin dans une charte de 1222 (5). Mais au quinzième et au seizième siècle, nous voyons dans cette abbaye le même personnage réunir les deux titres de cellerier et de boursier, ce qui est un retour à l'organisation originaire (6).

---

(1) Césaire, *Dialogi miracul.*, Dist. II, c. 33, ap. *Bibl. patr. cist.*, II, 48.

(2) *Const. Benedict.*, XII, c. IV. — *Libell. novell. definit.*, Dist. XII, ap. *Nom. cist.*, 592-594, 656.

(3) Cap. LXXVIII, ap. *Nom. cist.*, p. 270.

(4) Dist. VIII, c. 11, ap. *Nom. cist.*, p. 331.

(5) *Cart. de Clairvaux, Columbeium*, IIII.

(6) *Compte de Nicole d'Autreville, boursier et cellerier de*

CHAPITRE XVII.

DU CHAMBRIER (*Camerarius*).

Dans la plupart des abbayes bénédictines, le chambrier était un fonctionnaire important qui avait l'administration générale du temporel de l'abbaye (1). L'étendue donnée dans l'ordre de Citeaux aux attributions du cellerier rendait inutile, ce semble, l'existence d'un chambrier dans les abbayes cisterciennes. Aussi, nous n'avons rencontré le nom de ce dignitaire ni dans les règlements cisterciens, ni dans le cartulaire de Clairvaux. Cependant, Césaire nous donne les noms de deux chambriers du Val Saint-Pierre, Henri et Guillaume (2).

Nous ne saurions assurer en quoi consistaient leurs fonctions, qui évidemment se rattachaient à quelque partie du temporel de l'abbaye. Mais ne pourrait-on

---

Clairvaux, 1465-1466, *Bibl. de Troyes*, Ms. n° 732. — Catalogue des Prieurs de Clairvaux, ap. Henriquez, *Fasciculus, SS. ord. cist.*, II, 482.

(1) Ducange, au mot *Camerarius*, dernière édition, t. II, p. 52-53. — Cf. Guérard, *Cart. de S. Père de Chartres*, t. I, p. LXXXV-LXXXVI. — *Antiq. consuet. Cluniac.*, lib. III, c. XI, ap. Dächery, *Spicileg.*, in-4°, t. IV, p. 188-191.

(2) *Dialogi miraculorum*, Dist. I, c. 23, et Dist. III, c. 15, ap. *Bibl. patr. cist.*, II, 14 et 84.

pas croire qu'elles étaient identiques à celles du dignitaire appelé ailleurs boursier, et que le chambrier était le caissier de l'abbaye ? Chambrier, *camerarius*, vient de *camera*, trésor, caisse.

CHAPITRE XVIII.

DE L'AUMONIER ou PITANCIER (*Elemosinarius, pitantiarius*).

Le cellerier devait donner aux moines leur nourriture sous le contrôle de l'abbé. Dans certaines abbayes, pour assurer aux moines la distribution des pitances fondées et rendre impossible l'intervention de toute autorité supérieure qui aurait pu empêcher cette distribution, on établit un fonctionnaire particulier chargé de l'administration des biens et des fonds destinés aux pitances. L'ensemble de ces biens et de ces fonds porta le nom d'Aumônes, *Elemosine*. Les chartes qui les concernent sont dans le Cartulaire de Clairvaux, réunies au nombre de quatre-vingt-six, en une section particulière qui est désignée par ce titre. De là le nom d'aumônier donné au distributeur des pitances. Celui de pitancier était employé concurremment. Les anciennes définitions de l'ordre de Cîteaux, 1289, ordonnent la suppression des officiers dits aumôniers ou pitanciers (1).

---

(1) Dist. XIII, c. 3, ap. *Nom. cist.*, p. 568.

CHAPITRE XIX.

DU RENTIER (*Rentarius*).

Le texte le plus ancien où nous ayons rencontré le nom de ce dignitaire est la constitution de Benoît XII pour la réforme de l'ordre de Cîteaux en 1335 (1). Toutefois ce document parle du rentier, non pour prescrire l'institution de ce dignitaire, mais pour lui imposer l'accomplissement d'une formalité, pour l'obliger à prêter serment entre les mains de l'abbé. Il y avait donc des rentiers dans l'ordre de Cîteaux antérieurement à cette date. Le rentier, comme son nom l'indique, touchait les rentes de l'abbaye. L'office de rentier existait à Clairvaux dans les temps modernes, comme le prouvent des comptes rendus par ce fonctionnaire et conservés aux Archives de l'Aube; mais nous ne savons pas à quelle époque on l'a établi dans ce monastère. Le plus ancien rentier de Clairvaux que nous connaissions est Jacques de Bar, qui devint, en 1360, prieur à la place de Jean de Dullemont, nommé alors abbé (2).

---

(1) C. 4, ap. *Nom. cist.*, p. 592.
(2) Catalogue des Prieurs de Clairvaux, ap. Henriquez, *Fasciculus, SS. ord. cist.*, II, 482.

CHAPITRE XX.

DU MARCHAND (*Mercator*).

Frère Ancher, marchand de Clairvaux, est témoin dans une charte de l'année 1218 (1). Le nom de ce fonctionnaire désigne assez clairement son emploi. Le marchand était, sous l'autorité du cellerier, chargé de vendre les produits du travail des religieux, et de faire l'acquisition des objets nécessaires que l'abbaye ne produisait pas.

CHAPITRE XXI.

DE L'INTENDANT DES EAUX (*Aquarius*).

L'auteur de la *Description de Clairvaux* (2) nous représente le frère *Aquarius* monté sur une barque, et pêchant le poisson dans l'étang voisin de l'abbaye. C'est la seule mention que nous ayons trouvée de ce

---

(1) *Cart. de Clairvaux, Fravilla*, XXX.
(2) Mabillon, *S. Bernard. opp.*, II, 1309.

dignitaire dans nos documents cisterciens. Le même office existait dans d'autres monastères, comme on le peut voir dans Ducange au mot *Aquarius* (1).

CHAPITRE XXII.

DU MAITRE DES CHARRIOTS (*Magister cadrigarum*).

Il est question du pré du maître des charriots de Clairvaux dans une charte de l'année 1247 (2). C'était sans doute un frère convers. Les nombreuses exploitations agricoles de l'abbaye exigeaient qu'elle eût à sa disposition, pour l'écoulement de ses produits, des moyens de transports considérables. De là l'existence de cet office qui devait avoir une importance correspondante à celle de la production de Clairvaux.

CHAPITRE XXIII.

DU VESTIARIUS.

Le *Vestiarius* était un moine chargé de la garde du vestiaire de l'abbaye, et qui devait donner aux moi-

---

(1) 2, Ed. Henschel, I, 351.
(2) *Cart. de Clairvaux*, Grangia abbatie, LIII.

nes leurs lits, leurs habits et leurs souliers ; il remettait aussi aux hôtes les lits et les vêtements qu'on leur fournissait. Il avait à s'entendre avec les convers placés à la tête des ateliers de cordonnerie, de corroierie, de tisseranderie. Il pouvait, par conséquent, rompre le silence pour s'entretenir avec eux ; mais il n'avait plus ce droit quand il se trouvait hors des ateliers (1). Herbert nous parle d'un *vestiarius* de Clairvaux nommé Gautier, mort quelques années avant la rédaction du traité *de Miraculis*, c'est-à-dire avant 1178 (2). Paris, de Bar-sur-Aube, fut *vestiarius* de la même abbaye pendant dix-huit ans, vers la fin du treizième siècle (3).

CHAPITRE XXIV.

DU MAITRE DES CONVERS (*Magister conversorum*).

Quand les convers étaient trop nombreux pour que l'abbé ou le prieur pussent exercer immédiate-

---

(1) *Instit. cap. gen.*, Dist. VIII, c. 9. — *Libell. antiq. defin.*, Dist. IX, c. 3, ap. *Nom. cist.*, 330, 546.

(2) *De Miraculis*, lib. I, cap. 32, ap. Chifflet, *S. Bernardi genus*, I, 233. — Voir aussi un passage d'Herbert, relatif à l'abbé Fastredus, mort en 1163, liv. II, c. 25, ap. Chifflet, p. 295, et ap. Mabillon, *S. Bernardi opp.*, II, 1231.

(3) Liste des Prieurs de Clairvaux, Ms. de la bibliothèque de Troyes, N° 1402.

ment sur eux la surveillance nécessaire, l'abbé confiait à un moine le soin de cette partie de son troupeau. On appelait ce moine maître des convers. C'était lui qui, à défaut de l'abbé, recevait les confessions des convers et tenait leur chapitre, soit à l'abbaye, soit dans les fermes ou *granges* habitées par les convers (1).

Le maître des convers n'avait qu'une autorité très-limitée. Il ne pouvait pas même accorder une pitance aux convers de la grange où il se trouvait de passage (2).

---

(1) *Institutiones cap. gen.*, Dist. VIII, c. 7, ap. *Nom. cist.*, p. 329-330.

(2) *Stat. cap. gen. cist.*, 1189, ap. Mart., *Anecd.* IV, 1264.

LIVRE TROISIÈME.

COMMENT ON ENTRAIT DANS L'ORDRE DE CITEAUX,
ET
COMMENT ON EN SORTAIT,

AU XII° ET AU XIII° SIÈCLE.

CHAPITRE I.

DES VOCATIONS.

Le caractère désintéressé des vocations cisterciennes au douzième siècle, leur nombre énorme, voilà un des faits les plus remarquables que l'on rencontre dans notre histoire. Des hommes qui occupent les positions les plus hautes de la société les abandonnent pour vivre pauvrement du travail de leurs mains comme la dernière classe de la nation, comme ces misérables serfs des campagnes qui, plus d'une fois poussés au désespoir par l'excès de leurs maux, ont, au péril de leur vie, par leurs révoltes sanglantes, menacé le monde féodal des derniers bouleversements. L'immense majorité des moines cisterciens sortaient de l'une ou de l'autre des trois classes privilégiées, qui possédaient le monopole à peu près exclusif de la culture intellectuelle. Ils appartenaient à l'aristocratie féodale, au clergé ou à la bourgeoisie. « Combien de gens lettrés, combien de » rhéteurs et de philosophes, entrèrent dans le mo- » nastère de saint Bernard ! » nous dit son contemporain Ernaldus ; « combien abandonnèrent les » écoles séculières pour venir dans cet asile pieux » méditer sur les choses divines et pratiquer une » morale céleste (1)! » « Nous t'avons reçu dans ta » pauvreté à cause de Dieu, » dit un jour saint Bernard à un convers qui allait mourir, « et dès- » lors tu as été traité, en nourriture, en vêtements, » en toutes choses, comme l'égal des savants et des » gens de haute noblesse qui sont avec nous (2). »

On pourrait dresser une longue liste des hommes qui, au douzième et même au treizième siècle, ont sacrifié une carrière brillante pour obéir à la voix austère qui les appelait, et qui, sur le seuil de la vie, sont venus pieusement enfouir dans la sévère réalité du cloître leurs espérances mondaines d'avenir et les innocentes illusions de leur jeunesse. Tel fut Rainard, fils de Milon, comte de Bar-sur-Seine, qui devint moine de Clairvaux(3). Tel fut aussi Othon de Freisinghen, fils de Léopold, margrave d'Autriche, petit-fils de l'empereur Henri IV. Revenant de Paris, où il faisait ses études, il s'arrêta à Morimond avec douze de ses camarades, jeunes nobles allemands

---

(1) Préface, ap. Mabillon, *S. Bern. opp.*, vol. II, col. 1091.
(2) Herbert, *De Miraculis*, lib. I, c. 29, ap. Chifflet, p. 229.
(3) *Gall. Christ.*, IV, 085. — *Art de vérifier les dates*, II, 580.

comme lui. Ils voulaient seulement y passer la nuit. Ils ne purent résister à l'étonnante séduction de cette mort anticipée qui était la vie des cloîtres cisterciens, et ils entrèrent au noviciat. Mais de toutes les vocations, celle qui fit le plus d'impression en France, fut celle de Henri, fils du roi Louis VI. Quelles paroles que celles-ci tombant de la bouche d'un Pape, et adressées par lui, en 1147, à Louis VII, au premier roi de la chrétienté : Votre frère Henri, né d'une race qui depuis tant de générations n'a cessé de porter la couronne, est devenu moine et lave les écuelles dans le monastère de Clairvaux (1). Voici comment on rapporte qu'eut lieu l'entrée de Henri dans l'illustre monastère :

« Un jour Henri, frère du roi de France, vint à
» Clairvaux pour entretenir le bienheureux Bernard
» d'une affaire temporelle. Il visita les religieux et
» se recommanda à leurs prières. Le vénérable abbé
» lui parla du salut, et, entr'autres choses, lui dit :
« J'ai confiance dans le Seigneur : vous ne mourrez
» pas dans l'état où vous êtes. Vous allez bientôt
» prouver par votre exemple combien est grande
» l'efficacité des prières que vous avez demandées. »
» Ce que le saint avait annoncé se réalisa le jour
» même, non sans exciter l'admiration de beaucoup
» de personnes qui se réjouirent de l'entrée en re-
» ligion d'un jeune homme si haut placé. Ses com-
» pagnons et ses domestiques le pleuraient : ils
» étaient aussi inconsolables que s'ils l'avaient vu
» mort..... Un certain André, de Paris, éprouvait

---

(1) D. Bouquet, XII, 91 B.

» une douleur tellement vive, qu'elle se changea en
» fureur : il criait que son maître était ivre, fou, qu'il
» avait perdu l'esprit. Il n'épargnait ni l'injure, ni
» le blasphême. Henri priait le saint de s'occuper
» de la conversion de cet homme. « Ne vous inquié-
» tez pas de lui, » dit Bernard ; « son âme est dans la
» peine, mais il vous appartient. » Il répéta ces paroles
» devant André. André, qui avait la vie religieuse en
» horreur, se disait à lui-même en son cœur, ainsi
» qu'il l'a avoué plus tard : « C'est pour le coup que
» je sais que tu es un faux prophète, car je suis sûr
» que ce que tu as annoncé ne se réalisera pas. Je
» te le reprocherai devant le roi, les princes et une
» grande assemblée, afin que ta fausseté soit connue
» de tout le monde. » Il partit de Clairvaux le lende-
» main, souhaitant au monastère tout le mal imagi-
» nable, désirant que la vallée fût abîmée de fond en
» comble. La nuit même il fut vaincu et comme en-
» chaîné par la grâce et par la force de l'Esprit divin.
» Ce fut à peine s'il put attendre le jour : il retourna
» au monastère, comme un autre Saul, au milieu de
» l'étonnement général, et vint se mettre entre les
» mains de saint Bernard (1). »

Dans des rangs moins élevés de la noblesse féodale, nous citerons l'exemple de ces jeunes nobles
venus à Clairvaux par curiosité entre deux tournois.
Le carême était proche. Saint Bernard, leur rappelant les sentences sévères portées par l'Église contre
les jeux meurtriers auxquels ils se livraient, les con-

---

(1) *Vit. S. Bern.*, lib. IV, auct. Gaufrido, c. III, ap. Mabillon, *S. Bern. opp.*, II, 1135-1136. — Césaire, *Dialog. miracul.*, ap. *Bibl. patr. cist.*, II, 12-13.

jura d'y renoncer au moins pendant les quelques jours qui les séparaient encore de la sainte Quarantaine. Ils refusèrent avec obstination et sortirent du monastère. Un instant après, ils y rentraient touchés par la grâce, et demandaient l'habit. « Quelques-uns d'entre eux combattent encore dans la milice divine, » dit l'annaliste monastique; » les autres règnent avec Dieu déjà, car aujourd'hui la mort les a délivrés des chaînes de la chair (1). »

Les jeunes membres du clergé, auxquels saint Bernard avait adressé son livre *De conversione ad clericos* (2), fournirent aussi un contingent nombreux. On connaît, entre autres faits, l'histoire d'un voyage de saint Bernard à Paris. Les clercs le prièrent d'entrer dans leurs écoles, et il y vint deux jours de suite pour les entretenir du mépris du monde et de la pauvreté volontaire. Un grand nombre quittèrent leurs études pour le suivre à Clairvaux (3).

Ces jeunes gens rencontraient souvent au cloître des hommes plus âgés, qui, fatigués des grandeurs du monde, venaient terminer dans la paix du monastère une vie passée jusque-là au milieu des plaisirs ou des affaires. Quelques-uns avaient de grands crimes à expier; c'était le repentir qui les conduisait.

« Il y avait en Saxe, » dit Césaire, « un chevalier ap-

---

(1) *S. Bernardi vit.*, lib. I, *auctore Guillelmo*, CXI, ap. Mabillon, *S. Bern. opp.*, vol. II, col. 1084.

(2) Mabillon, *S. Bern. opp.*, vol. I, col. 477-496.

(3) Herbert, *De Miraculis*, lib. II, c. 17, ap. Chifflet, p. 270-281. — Mabillon, *S. Bern. opp.*, vol. II, col. 1202-1203.

» pelé Ludolf. Ses actes étaient ceux d'un tyran.
» Un jour il était vêtu d'habits neufs, couleur écar-
» late, et voyageait à cheval. Il rencontra un paysan
» qui conduisait un char. La boue, agitée par les
» roues, vint souiller ses habits. Son orgueil indomp-
» table de chevalier fut blessé ; il tira son épée, et
» coupa le pied du paysan. Plus tard, Dieu eut pitié
» de lui : il eut regret de ses péchés, et devint moine
» dans une maison de notre ordre qu'on appelle la
» Porte. Bientôt après il tomba gravement malade,
» et il déplorait tous les jours les mauvaises actions
» dont il s'était rendu coupable ; il parlait surtout
» de ce pied qu'il avait coupé. L'infirmier voulait le
» consoler. Il répondit : « Je ne me consolerai pas, si
» je ne vois dans mon corps les signes de Job. »
» Peu de jours après, on vit auprès de son talon,
» précisément au pied et à l'endroit où il avait
» frappé le paysan, une cicatrice qui ressemblait à
» un fil. Peu après, une ulcère s'y forma et les vers
» y pullulèrent. Alors rempli de joie, il dit : « Main-
» tenant j'espère le pardon, car je vois en moi les
» signes de Job. » Le mal fit des progrès, et il avait
» l'âme partagée entre la contrition et la reconnais-
» sance quand il expira (1). »

D'autres n'avaient pas des actes aussi graves à se reprocher, et tenaient seulement à sanctifier davantage une vie jusque-là régulière.

On nous a conservé le souvenir des prières de saint Bernard pour obtenir de Dieu l'entrée en religion de

---

(1) *Cæsar. Dialog. miracul.*, Dist. XI, c. 18, ap. *Bibl. patr. cist.*, II, 324-328.

Gunnar, l'un des souverains de la Sardaigne. Ces prières, restées sans effet du vivant de l'illustre abbé, furent exaucées aussitôt après sa mort. « Gunnar, âgé de 40 ans, quitta la Sardaigne, et méprisant la gloire du monde, entra pauvre et humble à Clairvaux. Il combattit sous la discipline de l'ordre jusqu'à la décrépitude et même jusqu'à la mort, disant que c'était une gloire pour lui d'avoir pu échanger un royaume de la terre pour un royaume dans le ciel (1). »

Au commencement du treizième siècle, le duc de Lorraine, Simon II, abdiqua pour se retirer à l'abbaye cistercienne de Stulzbronn.

Des archevêques, des évêques, abandonnaient leurs siéges, leur autorité, leurs revenus, pour se placer sous l'autorité d'un abbé, vivre dans la pauvreté, et se perdre aux yeux du monde dans la foule des moines. Saint Bernard a écrit la vie de saint Malachie, archevêque d'Irlande, qui vint terminer ses jours à Clairvaux (2). Cet exemple fut suivi par Eskilus, archevêque-primat de Suède et de Danemark, mort en 1181 (3); par Jean de Bellesme, ar-

---

(1) *Exord. magn. ord. cist.*, Dist. III, c. 27, ap. *Bibl. patr. cist.*, I, 125. — Cf. *Chron. Clarævall.*, ap. Chifflet, p. 81.

(2) Mabillon, *S. Bern. opp.*, vol. I, col. 687-692. — Voir aussi deux sermons de S. Bernard, *ibid.*, col. 1043-1049. — *Chron. Clarævall.*, ap. Chifflet, p. 81. — *Chronologie de saint Marien d'Auxerre*, ap. D. Bouquet, XII, 294 E. — Henriquez, *Fascicul., SS. ord. cist.*, II, 40-65, etc.

(3) *Exord. magn. ord. cist.*, Dist. III, c. 28, ap. *Bibl. patr. cist.*, I, 110-122. — *Chron. Clarævall.*, ap. Chifflet, p. 86. — *Ménol. cist.* 10 avril.

chevêque de Lyon, qui mourut à Clairvaux au commencement du treizième siècle (1). En même temps Alain, évêque d'Auxerre, ancien moine de Clairvaux, ancien abbé de Larrivour, se démettait de ses fonctions, et partageait entre sa chère abbaye de Larrivour et celle de Clairvaux les derniers jours de sa vie terrestre (2).

On voyait aussi des abbés résigner volontairement leur dignité et soumettre leur vieillesse à l'autorité d'un homme plus jeune qu'eux. Tel fut Serlon, abbé de Savigny, qui mourut simple moine à Clairvaux en 1158 (3). Tel fut Humbert, abbé d'Igny (4). Enfin on compta, parmi les moines de Clairvaux, un maître-général de l'ordre du Temple, nommé Everhard, qui abandonna ses hautes fonctions pour la vie humble et mortifiée de l'abbaye Bernardine (5).

Evidemment, ce n'était pas une ambition mondaine qui attirait dans les cloîtres cette population brillante. Sans doute, la vie monastique devint plus tard, pour quelques hommes, la voie des honneurs.

---

(1) *Gall. Christ.*, IV, 133. — Cf. *Cart. de Clairvaux*, Belinfay, XIII.

(2) *Chron. Clarævall.*, ap. Chifflet, p. 83. — Cf. D. Bouquet, XII, 303. — Voir aussi *Fascicul., SS. ord. cist.*, II, 108, et *Gall. Christ.*, XII, 203-205. — Alain écrivit une vie de saint Bernard, publiée par Mabillon, *S. Bern. opp.*, vol. II, col. 1235 et suiv.

(3) *Chron. Clarævall.*, ap. Chifflet, p. 82. — *Chron. Savigniac*, ap. D. Bouquet, XII, 781. — Cf. *Fasciculus, SS. ord. cist.*, II, 305.

(4) *Exord. magn. ord. cist.*, Dist. III, c. 4, ap. *Bibliot. patr. cist.*, I, 87-88.

(5) *Fasciculus, SS. ord. cist.*, II, 311-312.

Mais il y en eut qui poussèrent le mépris du monde jusqu'à entrer parmi les convers, afin de s'interdire l'entrée dans les dignités de l'ordre.

« La vertu de l'humilité est si grande, » dit Césaire, « que souvent des clercs qui entrent dans notre ordre » font semblant d'être laïcs ; ils aiment mieux faire » paître les troupeaux que lire les livres. Il leur pa- » raît meilleur de servir Dieu dans l'humilité, que » d'obtenir un rang plus élevé à cause de leur qualité » de clerc ou de leur instruction. C'est arrivé souvent » dans notre ordre, en sorte que ces convers sont » ensuite devenus moines. Le Chapitre général avait » décidé, il y a quatre ans, que de pareils convers » resteraient toujours convers. La même année il se » présenta quelqu'un, un diacre, je crois, qui fit » semblant d'être laïc, et fut reçu convers. Il fut » trahi par je ne sais quelle circonstance. L'abbé » devina que ce nouveau convers était clerc, et pro- » posa le cas au Chapitre général suivant. Les mem- » bres du Chapitre général, hommes sages et pru- » dents, trouvèrent absurde qu'un religieux revêtu » d'un caractère aussi auguste ne portât pas la ton- » sure et n'exerçât pas le ministère sacré : ils revin- » rent sur leur décision précédente (1). »

Césaire nous parle aussi d'un jeune homme noble qui fut reçu convers à Clairvaux, et y devint berger (2).

Cependant il y eut dans tous les temps, même à

---

(1) *Cæsar. monachi Dialog. miracul.*, Dist. I, c. 30, ap. *Bibl. patr. cist.*, II, 21-22.

(2) *Dialogi Miraculorum*, Dist. XII, c. 33, ap. *Bibl. patrum cist.*, II, 348 bis.

l'époque de saint Bernard, des religieux dont la vocation ne fut pas déterminée par le désir de la mortification. On connaît l'histoire de ce larron que le saint abbé arracha des mains du bourreau, auquel il fit accorder par le comte Thibaut la grâce de la vie, et qu'il conduisit à Clairvaux. Ce larron fut dans l'ordre un modèle d'obéissance, et y mourut au bout de trente ans (1). Une autre vocation, dont les exemples ne sont pas rares, est celle de Baudoin de Guise, tyran féodal qui, après une vie employée au pillage, au meurtre, à l'incendie, se trouvant atteint d'une maladie mortelle, fut saisi de remords, prit l'habit religieux et se fit transporter à l'abbaye d'Igny, où sa maladie l'emporta (2).

Les convers qui se recrutaient dans la malheureuse population des campagnes trouvaient souvent dans les monastères une amélioration de leur position matérielle. « Tu n'avais ni bas, ni souliers, » disait saint Bernard à un convers mourant; « tu
» marchais à demi-nu, la faim et le froid te tour-
» mentaient quand tu t'es réfugié auprès de nous,
» et que tes prières t'ont enfin obtenu l'entrée (3). »

Au treizième siècle, surtout, le nombre de ceux qui entraient dans l'ordre de Cîteaux, par des motifs mondains, était considérable. Césaire, moine de Cîteaux, l'avoue dans ses dialogues qui ont été composés en l'année 1221.

« LE MOINE. Nous voyons souvent, nous voyons

---

(1) Herbert, *De Miraculis*, II, 15, ap. Chifflet, 275-277.
(2) Herbert, *De Miraculis*, II, 27, ap. Chifflet, p. 302-303.
(3) Herbert, *De Miraculis*, I, 28, ap. Chifflet, p. 229.

» tous les jours des personnes riches et distinguées,
» des chevaliers, par exemple, et des bourgeois, ve-
» nir dans notre ordre pour échapper à la misère ;
» aimant mieux servir par nécessité un Dieu riche
» que de supporter, au milieu de leurs parents et de
» leurs connaissances, la confusion de la pauvreté.
» Un homme, qui avait occupé dans le monde une
» position honorable, me racontait comment il était
» entré en religion : « Certainement, ajouta-t-il, si
» j'avais réussi dans mes affaires, je ne me serais
» jamais fait admettre dans l'ordre. » J'en ai connu
» qui n'ont pas voulu suivre leurs pères ou leurs
» frères lorsque ceux-ci sont entrés au monastère.
» Ils ont dissipé les biens qui leur avaient été aban-
» donnés, et c'est alors seulement qu'ils se sont
» présentés, couvrant du manteau de la dévotion la
» misère qui les conduisait. »

» Le Novice. Il n'est pas nécessaire d'en donner
» beaucoup d'exemples ; car nous voyons beaucoup
» de gens, surtout des convers, entrer dans l'ordre
» pour la même raison. Mais heureux ceux qui ont
» eu des richesses et qui les ont méprisées pour l'a-
» mour de J.-C.! »

» Le Moine. Ils ne sont pas heureux parce qu'ils
» ont eu des richesses. Ils sont heureux parce qu'ils
» les ont méprisées. Les deux deniers de la veuve
» ont plu davantage à Dieu que les nombreuses au-
» mônes des riches. Il y a aussi, sachez-le, des gens
» qui se convertissent parce qu'ils rougissent d'une
» faute, ou parce qu'ils craignent le sceau de l'infa-
» mie (1). »

---

(1) Dist. I, c. 28, ap. *Bibl. patr. cist.*, II, 16.

Chose étonnante! Quand les monastères cisterciens étaient pauvres, que le nombre des vocations intéressées ou mauvaises était rare, les novices affluaient, et quand plus tard les richesses des monastères vinrent se présenter comme un appât aux yeux de ces oisifs, de ces paresseux qui remplissent toujours les sociétés de leur présence inutile, on vit les monastères se dépeupler peu à peu. Tant il est vrai que toute institution qui se détourne de son but est frappée de mort par un arrêt de la Providence! L'abbaye de Clairvaux n'acquit sa grande fortune que dans les temps qui suivirent la mort de saint Bernard. Saint Bernard y avait laissé sept cents religieux (1). En 1667, ils étaient réduits à cent trente (2). En 1790, il n'y en avait plus que trente-six (3). Dès le quinzième siècle, malgré les règles de l'ordre qui décidaient qu'un monastère ne pouvait contenir moins de treize moines, y compris l'abbé (4), on voit en Angleterre des abbayes cisterciennes de trois moines et même de deux seulement (5). Le nombre des convers surtout allait diminuant à mesure que la foi s'éloignait des masses, et que le but de la vie religieuse se concentrait dans les avantages

---

(1) *Vit. S. Bernardi*, lib. IV, auct. *Gaufrid.*, c. III, ap. Mabill., *S. Bernardi opp.*, vol. II, col. 1159.

(2) Meglinger, *Iter cisterciense*, c. 52 et 53, ap. Mabillon, *Vetera analecta*, IV.

(3) Migne, *Patrologie*, t. CLXXXV, col. 1715, note de M. Guignard, ancien archiviste de l'Aube.

(4) *Stat. cap. gen.*, 1189, ap. Mart., *Anecd.* IV, 1263. *Libell. antiq. defin.*, Dist. III, c. III, ap. *Nom. cist.*, p. 499.

(5) *Stat. cap. gen.*, 1482, ap. Mart., *Anecd.* IV, 1638.

matériels. Du temps de saint Bernard, il y avait à Clairvaux plus de convers que de moines (1). En 1667, le nombre des moines était de quatre-vingts, tandis que celui des convers était de cinquante (2). En 1790, on comptait vingt-six moines et seulement dix convers (3). Encore Clairvaux était-il une des abbayes qui avait conservé le plus de convers. Depuis longtemps on avait, faute de convers, autorisé les abbés cisterciens à prendre des filles de basse-cour (4).

Cependant un grand nombre d'abbayes cisterciennes avaient été supprimées. Nous ne possédons pas assez de renseignements statistiques pour dire combien il en subsistait en 1790, sur les dix-huit cents d'hommes et les quatorze cents de femmes qui avaient antérieurement existé dans les diverses contrées de l'Europe et jusqu'en Asie (5). Nous savons seulement que l'ordre de Cîteaux, dont la réforme avait violemment tranché plusieurs rameaux, avait aussi supprimé lui-même de nombreux monastères dans les pays restés catholiques. Ainsi les abbayes du Val-des-Vignes, de Benoîtevaux et de Clairmarais furent unies à Clairvaux au xive et au xve siècle (6).

---

(1) *Exord. magn. ord. cist.*, Dist. VI, c. 10, ap. *Bibl. patr. cist.*, I, 244, et Mabill., *S. Bern. opp.*, vol. II, col. 1221.

(2) Meglinger, *Iter cisterciense*, c. 52-53, ap. Mabillon, *Vetera analecta*, IV.

(3) Migne, *Patrologie*, t. CLXXXV, col. 1718. Note de M. Guignard, ancien archiviste de l'Aube.

(4) *Articuli Parisienses*, art. 11, ap. *Nom. cist.*, p. 682.

(5) *Gall. Christ.*, IV, 983.

(6) *Stat. cap. gen. cist.*, 1399, 1413, ap. Mart., *Anecd.* IV,

C'est l'inverse de ce qui avait eu lieu pendant les premiers temps. Clairvaux qui, du temps de saint Bernard, avait produit 160 abbayes (1), et qui avait fini par en compter près de 800 dans sa filiation (2), Clairvaux, comme un autre Saturne, dévorait ses enfants.

CHAPITRE II.

NOVICIAT.

Suivant la règle de saint Benoît, le noviciat durait un an (3). En outre, il devait y avoir, entre la demande du sujet qui se présentait et son admission au noviciat, un temps d'épreuve dont la durée n'était pas déterminée. « Qu'on n'ouvre pas facilement la » porte du monastère aux nouveaux venus qui » veulent entrer en religion. Suivant le précepte de » l'apôtre : Examinez les intentions, voyez si Dieu » les inspire. Le postulant sera reçu avec dureté; on » refusera d'abord de l'admettre dans la maison : s'il

---

1536, 1558. Une partie des archives de ces abbayes fait partie du fonds de Clairvaux aux archives de l'Aube. Cf. *Gall. Christ.*, IX, 179.

(1) *Vita S. Bern.*, lib. V, auct. *Gaufrido*, c. II, ap. Mabill., S. *Bern. opp.*, vol. II, col. 1157. Guillaume de Nangis, ap. D. Bouquet, XX, 735.

(2) *Gall. Christ.*, IV, 796.

(3) *Reg. S. Bened.*, c. LVIII.

» persévère et supporte tout avec patience, on le re-
» cevra au bout de quatre ou cinq jours ; il passera
» ensuite quelques jours dans le logement des hôtes ;
» puis il sera conduit au noviciat. (1) » Les Anciens
usages de Cîteaux fixent la durée de ce premier stage à
un minimum d'une semaine. Au bout de quatre jours
au moins d'attente, on conduisait le postulant dans la
salle du Chapitre, où il trouvait l'abbé entouré de
ses moines. Arrivé au milieu de l'assemblée, le postulant se mettait à genoux : Que voulez-vous ? lui
disait l'abbé. — La miséricorde de Dieu et la vôtre,
répondait le postulant. Alors l'abbé le faisait lever, lui
exposait les règlements les plus sévères de l'ordre, et
lui demandait s'il les voulait observer. Sur la réponse
affirmative du postulant, l'abbé disait : Que Dieu
achève ce qu'il a commencé en toi. La communauté répondait : Amen. Le postulant faisait une in-
clinaison, et on le conduisait au logement des hôtes,
où il restait encore trois jours avant d'entrer au noviciat (2).

D'après les premiers règlements de l'ordre de
Cîteaux, il fallait avoir au moins quinze ans pour
être reçu moine (3). L'âge nécessaire fut élevé à
dix-huit ans, à partir de l'année 1196 (4).

Originairement, les novices conservaient l'habit

---

(1) *Reg. S. Bened.*, c. LVIII.

(2) *Usus antiq. ord. cist.*, c. CII, ap. *Nom. cist.*, p. 218.

(3) *Instituta cap. gen. cist.*, c. LXXVI, ap. *Nom. cist.*, p. 269. *Stat. cap. gen. cist.*, 1195, ap. Mart., *Anecd.* IV, 1285.

(4) *Stat. cap. gen.*, 1196, 1201, Mart., *Anecd.* IV, 1289, 1295. *Institution. cap. gen.*, Dist. X, c. I, ap. *Nom. cist.*, p. 336. Cependant en certains pays la règle ne fut pas changée.

séculier jusqu'à leur profession (1). Quelques années après la fondation de l'ordre, on changea cet usage, et on leur fit porter le même costume qu'aux moines, sauf la coule qui fut remplacée pour eux par la chappe (2).

Les novices menaient exactement le même genre de vie que les moines. Leur nombre, à Clairvaux, au temps de saint Bernard, était de plus de quatre-vingt-dix en moyenne, souvent on le vit dépasser la centaine (3). Quelquefois ils remplissaient le chœur des moines qui étaient obligés de se retirer dans la nef de l'église (4).

Quand le moment de la profession était venu, on conduisait le novice, vêtu de ses habits laïcs, au Chapitre, où, en présence de la communauté, il renonçait à tous ses biens. Ensuite on le menait à l'église où on lui rasait la tête, et où il donnait solennellement lecture de son acte de profession, rédigé à l'avance sur une feuille de parchemin. Quand il ne

---

(1) *Reg. S. Bened.*, c. LVIII. Cf. *S. Bernardi epistola*, I, ap. Mabillon, *S. Bernardi opp.*, I, col. 4.

(2) *Us. antiq. ord. cist.*, c. CII, et *Inst. cap. gen.*, Dist. VIII, c. 0, ap. *Nom. cist.*, p. 218 et 330. Cf. *Exord. magn. ord. cist.*, Dist. II, c. 15, ap. *Bibl. patr. cist.*, I, 82. Mabill., *S. Bern. opp.*, vol. II, col. 1204. Herbert, *De miraculis*, lib. II, c. 13, ap. Chifflet, p. 275.

(3) *Exord. magn. ord. cist.*, Dist. II, c. 12, et Dist. VI, c. 10, ap. *Bibl. patr. cist.*, I, 49, 244, et Mabill., *S. Bern. opp.*, vol. II, col. 1221. Cf. D. Bouquet, XII, 116 B.

(4) *Exord. magn. ord. cist.*, Dist. II, c. 12, ap. *Bibl. patr. cist.*, I, 49, et Mabillon, *S. Bern. opp.*, vol. II, col. 1201. Le chœur des novices se trouvait au-dessous de celui des moines. *Cæsarii dialogi miracul.*, Dist. III, c. 54, ap. *Bibl. patr. cist.*, II, 101.

savait pas lire, le maître des novices lisait pour lui. Ces actes de profession, déposés sur l'autel par le récipiendaire, étaient conservés par le chantre dans les archives de l'abbaye (1). Il y en avait 888 à Clairvaux à la mort de saint Bernard, quoique sans doute, par suite du déplacement du monastère, un grand nombre se trouvassent égarés (2).

Quand l'acte de profession était lu, le novice venait se mettre à genoux au milieu du chœur, et les moines commençaient à chanter le *Miserere*. Pendant la psalmodie, le novice allait se prosterner aux pieds de chacun des moines ; puis il revenait au milieu du chœur, où il se prosternait encore jusqu'à la fin du psaume. Alors l'abbé s'avançait la crosse à la main. Le novice se levait, l'abbé bénissait la coule, l'en revêtait, et le monastère comptait un religieux de plus (3).

La pièce suivante, que nous avons tirée de la Bibliothèque des pères de Citeaux, donnera une idée de l'esprit qui animait les novices de l'ordre pendant les premiers siècles.

Lettre de Guillaume, *novice de Clairvaux, à* Guillaume, *son père.*

« Soyez en fête et réjouissez-vous, mon père,
» car votre fils était mort et il est ressuscité ; il était
» perdu et il a été retrouvé. Puissiez-vous ranimer
» vos forces et dire avec le patriarche Jacob : Il me

---

(1) *Us. antiq. ord. cist.*, c. CXV, ap. *Nom. cist.*, p. 236.
(2) *Exord. magn. ord. cist.*, Dist. VI, cap. X, ap. *Bibl. patr. cist.*, I, 244, et Mabill., *S. Bern. opp.*, vol. II, col. 1221.
(3) *Us. antiq. ord. cist.*, c. CII, ap. *Nom. cist.*, p. 219-220.

» suffit que mon fils vive, j'irai et je le verrai avant
» de mourir. Oui, mon père, plût à Dieu que ce
» projet fût le vôtre! Mais si vous voulez sortir pour
» me chercher, n'allez pas dans les rues et les pla-
» ces, comme si vous pouviez m'y trouver parmi les
» aveugles et les faibles. Déjà, assis à la table du
» divin père de famille, je sens et je vois combien
» le Seigneur est doux, et je m'enivre des délices de
» sa maison. C'est lui qui me gouverne, et rien ne
» me manquera. Il m'a placé dans un lieu de pâtu-
» rages. Ne me cherchez point parmi des parents
» ou des connaissances. Ne me croyez point dans la
» compagnie des enfants du siècle. Je pourrais vous
» répéter la réponse de cet Enfant qui dit à ceux qui
» le cherchaient : Pourquoi me cherchiez-vous ?
» Ne saviez-vous pas que je devais être dans la mai-
» son de mon Père? Si donc vous avez commencé à
» me chercher, continuez et venez : vous me trou-
» verez assis au milieu des docteurs, les écoutant et
» leur demandant s'ils ont vu le bien-aimé de mon
» âme, s'ils savent où il a mené paître ses troupeaux,
» et où il se repose à midi. J'ai quitté cette foule de
» camarades qui, entraînés par une folle curiosité,
» errent çà et là dans les chemins perdus de ce
» monde. J'ai résolu de courir à la suite de celui
» qui marque ses traces par l'odeur de ses parfums,
» et qui s'est élancé comme un géant sur la route,
» afin de ramener plus rapidement dans leur patrie
» ceux qui le suivent dans sa course. Vous me trou-
» verez dans son habitation, dans le secret de son
» tabernacle, c'est-à-dire à Clairvaux, qui est la mai-
» son de Dieu, la porte du ciel, le lieu disposé avant
» tous les siècles par la prescience divine, et préparé

» par elle à ceux qui désirent les cieux. Pour com-
» parer le présent au passé, Clairvaux est ce pays
» de Sichem, vallée illustre, où le fidèle Abraham
» planta sa tante, image de la milice spirituelle.
» Abraham figurait ces soldats futurs du Christ qui,
» à la parole d'un chef jusque-là étranger, ploient
» leurs épaules sous les travaux de l'obéissance, et
» qui, illustres par leur humilité, s'élèvent de cette
» vallée de larmes à la hauteur de la vraie joie. Ici
» je respire l'éternelle suavité des fleurs du paradis.
» Ici les œuvres des saints, comme des champs ver-
» doyants semés de fleurs diverses, nous charment
» par l'éclat des vertus. Ici j'entends le cantique
» nuptial, ici des chants célestes résonnent autour
» de moi. O qu'il est beau, qu'il est doux d'habiter,
» de combattre et de triompher en compagnie de
» tels hommes ! Venez donc, mon père, venez, mon
» Seigneur, et ne tardez point. A Dieu ne plaise que
» vous soyez privé de participer à tant de bonheur,
» ou que le désir de voir votre visage me fasse quel-
» que jour regarder en arrière ! Couronné de fleurs
» et de fruits, j'accourai au-devant de vous avec
» l'odeur d'une fécondité suave, et lorsque vous com-
» mencerez à sentir ce parfum nouveau, vous ap-
» plaudirez et vous direz : Voilà l'odeur de mon fils,
» c'est comme l'odeur d'un champ couvert de ré-
» colte et béni par le Seigneur. Pourquoi tardez-
» vous ? Pourquoi les soins de cette vie mortelle
» vous tiennent-ils encore enchaîné ? Votre fils vous
» a précédé, suivez-le. Ne devez-vous pas l'accom-
» pagner dans le royaume de Dieu ? Si vous le laissez
» marcher seul dans cette terre d'exil, n'est-ce pas
» dépouiller votre prérogative de père ? Le monde et

» ses désirs passent, et de bon ou de mauvais gré, il
» faudra que dans votre vieillesse vous quittiez ce que
» volontairement, dans ma première jeunesse, j'ai
» déjà quitté en corrigeant ma conduite. Quelque re-
» gret, quelque honte même que vous puissiez éprou-
» ver à suivre l'exemple d'un si jeune homme, vous
» ne pouvez envier à votre fils le bonheur de vous
» engendrer à Jésus-Christ par l'Evangile, vous,
» ô bon père, qui l'avez engendré à la vie du siè-
» cle (1) ! »

CHAPITRE III.

COMMENT ON SORTAIT DE L'ORDRE DE CITEAUX.

On sortait de l'ordre de Cîteaux par la mort, par l'élévation aux dignités, par l'expulsion et par l'apostasie.

Le jour de la mort était habituellement considéré comme un jour de fête par les premiers Cisterciens. On rapporte qu'une nuit Robert, second abbé de Clairvaux, vit en songe deux jeunes gens vêtus de robes éclatantes et qui répandaient en abondance les lis, les roses, les violettes et diverses autres fleurs dans le chœur de Clairvaux. C'était alors l'usage de joncher ainsi le pavé des églises aux jours de solennité. Mais les Cisterciens, par mortification et par humilité, n'admettaient pas chez eux cette pompe, qui

---

(1) *Bibl. patr. cist.*, III, 259.

n'est plus usitée chez nous que pour la fête du Saint-Sacrement. Robert, tout étonné, demanda aux deux jeunes gens pourquoi ils violaient ainsi les réglements de l'ordre. « Laissez-nous faire, » dirent-ils, « une fête nouvelle va être célébrée dans ce chœur. » Au même instant le son de la crécelle annonça la mort d'un religieux (1).

Une autre fois, dans la même abbaye, un convers étant à l'extrémité vit son lit entouré des anges. « Ne les voyez-vous pas? » dit-il aux moines qui assistaient à son agonie ; « frappez de la crécelle, car les voilà qui attendent ma sortie de ce monde (2). »

Il y eut cependant plus d'une fois des moines qui finirent tristement leur vie. Tel fut un nommé Baudouin, de naissance noble, et qui avait occupé une position dans le monde. Admis dans une abbaye cistercienne d'Allemagne, il fut envers lui-même d'une sévérité qui lui attira, pendant son noviciat, des réprimandes du maître des novices et de l'abbé. Une fois moine, il exagérait toutes les prescriptions de la règle, travaillant quand les autres se reposaient, veillant quand ils dormaient. Il finit par en perdre l'esprit. Une nuit il se leva un peu avant matines, entra dans la chapelle, monta sur un banc, noua autour de son cou la corde de la cloche, et s'élança dans l'espace. Le poids de son corps mit la cloche en branle, et aussitôt une sonnerie effrayante commença. Le sacristain accourut et coupa la corde. On rappela

---

(1) Herbert, *De miraculis*, I, c. 8, ap. Chifflet, p. 194-198. Cf. *Exord. magn. ord. cist.*, Dist. II, c. 23, ap. *Bibl. patr. cist.*, I, 61.

(2) Herbert, *De miraculis*, I, c. 14, ap. Chifflet, p. 208.

Baudouin à la vie, mais ce n'était plus que la vie matérielle, il resta idiot (1). Césaire raconte aussi l'histoire d'un convers qui, dans un accès d'humeur noire, se précipita dans la citerne du monastère, et qui y fut noyé (2).

Un certain nombre de moines sortirent de l'ordre de Cîteaux par leur promotion à l'épiscopat ou au cardinalat. Ernaldus, contemporain de saint Bernard, compte quinze évêques et un pape sortis de Clairvaux (3). Ce pape était Eugène III, qui avait fait à Clairvaux le service du chauffoir (4). Depuis, l'ordre de Cîteaux fournit encore trois autres papes, Grégoire VIII, Célestin IV et Benoît XII (5). Deux cardinaux figurent dans la liste que nous avons donnée des abbés de Clairvaux.

C'était là, surtout au XIIe siècle, que les Chapitres, chargés d'élire les évêques pouvaient faire de bons choix; et les moines cisterciens, qui se rendirent à cet appel, ont été fort utiles à l'Eglise. Cependant les moines cisterciens ne crurent pas toujours devoir accepter les dignités qu'on leur proposait. On en vit souvent qui eurent l'humilité de se croire incapables de supporter le fardeau de l'épiscopat. Tel fut Henri,

---

(1) Césaire, *Dialogi miracul.*, Dist. IV, c. 45, ap. *Bibl. patr. cist.*, II, 97.

(2) Césaire, *Dialogi miracul.*, Dist. IV, c. 4, ap. *Bibl. patr. cist.*, II, 96.

(3) *Vit. S. Bernardi*, lib. II, c. VIII, ap. Mabill., *S. Bern. opp.*, vol. II, col. 1112.

(4) *Voyage litt. de deux Bénéd.*, Ire partie, p. 101. Voir sur lui Guignard, ap. Migne, *Patrologie*, t. CLXXXV, col. 1785-1788.

(5) *Gall. Christ.*, IV, 983.

septième abbé de Clairvaux, qui refusa l'évêché de Toulouse (1). Conrad, onzième abbé de Clairvaux, étant devenu cardinal, se vit offrir la papauté par ses collègues, et eut assez de modestie pour la faire donner à un autre.

Les Cisterciens se faisaient une idée terrible de la responsabilité attachée aux fonctions épiscopales, et des dangers où les nombreux devoirs attachés à l'épiscopat mettaient le salut des évêques.

« Il y eut de nos jours à Clairvaux, » dit Césaire, « un moine qui fut élu évêque. Les électeurs le récla-
» mèrent ; il ne voulait pas accepter cette charge :
» son abbé, son évêque même lui ordonnèrent de
» le faire ; il refusa d'obéir. On le laissa tranquille,
» et peu après il mourut. Il apparut ensuite à un de
» ses amis qui lui demanda dans quel état il se
» trouvait, et s'il avait à souffrir de cette désobéis-
» sance. Il répondait que non, et ajouta : Si j'avais
» obéi, si j'avais accepté cet évêché, j'aurais été
» damné pour l'éternité. Il dit encore une parole
» terrible : L'état de l'Eglise est tel aujourd'hui,
» qu'elle n'est digne d'être gouvernée que par de
» mauvais évêques (2). »

L'expulsion était une peine très-rarement appliquée. Elle est cependant prévue par la règle de saint Benoît. C'est la peine la plus forte : on l'infligeait aux incorrigibles. Quand les réprimandes, l'excommunication, les verges ont été inutiles ; que les prières adressées en commun à Dieu par les moines, pour le

---

(1) D. Bouquet, XV, 968 et suiv.
(2) Césaire, *Dialog. miracul.*, Dist. II, c. 27, ap. *Bibl. patr. cist.*, II, 45.

salut de leur frère coupable, n'ont pu fléchir son opiniâtreté : « L'abbé doit faire usage du fer de la » séparation ; ôtez le mal du dedans de vous, dit » l'apôtre ; et encore : si l'infidèle se retire, qu'il se » retire, car il ne faut pas qu'une brebis malade » gâte le reste du troupeau (1). » Saint Bernard développe dans une de ses lettres cette disposition de la règle (2). Un passage des *Institutions du Chapitre général* y fait allusion (3).

On voyait aussi quelquefois, quoique rarement, des moines violant tous leurs vœux, abandonner leur abbaye pour aller dans le monde se livrer sans frein à une foule d'excès. Nous tirons de Césaire l'histoire de l'un de ces apostats.

« Un jeune homme noble entra en religion dans » une maison de notre ordre. Il avait pour parent » un évêque qui l'aimait beaucoup. Cet évêque, ayant » appris son entrée en religion, vint au monastère » et lui dit ce qu'il put afin de le décider à retour-» ner dans le monde. Mais il ne put le persuader. » Après un an de noviciat, ce jeune homme devint » moine ; puis, s'élevant peu à peu, il fut ordonné » prêtre. Alors il fut tenté par le démon, qui chassa » du paradis le premier homme ; il se laissa séduire ; » il oublia ses vœux et la dignité du sacerdoce dont » il était revêtu ; il oublia même ses premiers devoirs » envers son créateur ; il quitta l'ordre, et, rougis-» sant de retourner à ses parents, il se joignit à des » brigands qui, réunis fort nombreux en une seule

---

(1) *Reg. S. Bened.*, c. XXVIII.
(2) *Epist.*, CII, ap. Mabill., *S. Bernardi opp.*, I, 106-107.
(3) Dist. X, c. 13, ap. *Nom. cist.*, p. 341.

» bande, formaient ce qu'on appelait alors une
» *route*. Il s'abandonna à tous ses mauvais penchants;
» en sorte, qu'après avoir été un des meilleurs parmi
» les bons il devint un des pires parmi les mé-
» chants. Or, il arriva qu'au siége d'un château il
» fut atteint et percé d'un trait, et bientôt il se trouva
» à l'extrémité. Ses camarades le portèrent dans un
» village et mirent auprès de lui quelques personnes
» pour le soigner. Comme il n'y avait plus d'espé-
» rance de lui sauver la vie, ceux qui le gardaient
» l'exhortaient à se confesser pour échapper à la
» mort éternelle par le bienfait de ce sacrement. « A
» quoi pourrait me servir la confession? » répondit-il;
« mes péchés sont trop nombreux : j'ai commis des
» crimes trop énormes. » « La miséricorde de Dieu, » lui
» répliqua-t-on, « est plus grande que vos iniquités. »
» Vaincu enfin, quoique avec peine, par l'importu-
» nité de ceux qui l'entouraient, il leur dit d'appeler
» un prêtre. On alla en chercher un qui s'assit près
» du malade. Alors le bon Dieu, qui peut ôter un
» cœur de pierre, donna à ce malheureux une con-
» trition si grande qu'il fut obligé de recommencer
» sa confession à plusieurs reprises : les larmes et
» les sanglots lui coupaient chaque fois la parole.
» Enfin, reprenant haleine, il dit en pleurant : « J'ai
» commis plus de péchés que la mer n'a de grains
» de sable. Je suis moine de l'ordre de Cîteaux. J'y
» suis devenu prêtre; mes péchés m'en ont fait sor-
» tir : il ne m'a pas suffi d'être apostat, je me suis
» joint à des brigands et je les ai dépassés en cruauté.
» J'ai ôté la vie à ceux que mes compagnons dé-
» pouillaient de leurs biens. Je n'avais de pitié pour
» personne : mes compagnons avaient des moments

» de compassion et d'humanité où ils épargnaient
» une victime; moi, entraîné par la malice de mon
» cœur, je n'épargnais personne. J'ai violé beaucoup
» de femmes et de filles; j'ai commis de nombreux
» incendies. » Il énuméra une foule d'autres crimes
» qui paraissaient, en quelque sorte, dépasser la
» nature humaine. Le prêtre qui l'écoutait fut ef-
» frayé de l'énormité de ces péchés. Tout hors de lui,
» il répondit d'une manière fort sotte : « Vous êtes, »
« lui dit-il, » trop coupable pour mériter pardon. »
« J'ai fait des études, » lui répliqua son pénitent;
« j'ai entendu dire et j'ai lu plus d'une fois qu'il n'y
» a pas de comparaison possible entre la malice hu-
» maine et la bonté divine. Car, Dieu a dit par le pro-
» phète Ezechiel : *En quelque heure que le pécheur*
» *gémisse, il sera sauvé, et je ne veux pas la mort du*
» *pécheur, mais sa conversion et sa vie.* Je vous prie
» donc de vouloir bien, dans l'espérance de la misé-
» ricorde divine, m'enjoindre une pénitence. » « Je ne
» sais, » dit le prêtre, « quelle pénitence vous enjoin-
» dre, car vous êtes un homme perdu. » Le moine ré-
» pondit : « Puisque je ne suis pas digne de recevoir
» de vous une pénitence, je m'en enjoins une à moi-
» même, je choisis deux mille ans de purgatoire afin
» de trouver ensuite miséricorde devant Dieu. »

Il mourut : une vision fit connaître qu'il était exaucé, et que même la durée de sa pénitence était considérablement abrégée (1).

---

(1) Césaire, *Dialog. miracul.*, Dist. II, c. 2, ap. *Bibl. patr. cist.*, t. II, p. 27-28.

LIVRE QUATRIÈME.

DES PROPRIÉTÉS ET DES REVENUS DANS L'ORDRE DE CITEAUX, ET PRINCIPALEMENT A CLAIRVAUX,

AU XIIe ET AU XIIIe SIÈCLE.

CHAPITRE I.

DE LA PROPRIÉTÉ MONASTIQUE EN GÉNÉRAL AU XIIe ET AU XIIIe SIÈCLE.

Dès que les créations de l'homme quittent les régions de la théorie pure ou de l'imagination, et que, par un commencement ou une tentative quelconque d'application ou de pratique, elles franchissent le seuil de la réalité, une question préalable se présente, question de vie ou de mort : c'est la question d'argent. Cette règle n'a pas d'exception; et quelle que soit la prédominance donnée par l'homme aux facultés intellectuelles de son être, il ne peut jamais supprimer la partie matérielle de lui-même.

Il y a deux manières de subvenir aux besoins

physiques qui en résultent pour les institutions d'un pays : l'une est de prélever chaque année, sur le revenu social, une valeur correspondant aux dépenses que ces institutions exigent ; l'autre est d'enlever à la propriété privée une certaine partie du capital social, d'attribuer aux institutions du pays la propriété de cette portion de capital, et d'en affecter le revenu à l'acquittement des dépenses qui sont la conséquence nécessaire de l'existence de ces institutions. Le premier procédé est celui que la France moderne suit à peu près exclusivement : le développement des impôts fait que ce procédé suffit presque seul aux besoins des services organisés ou soutenus par l'Etat. Le second procédé était principalement suivi au moyen-âge, surtout dans les premiers temps. Son application suppose l'existence d'un domaine public étendu et de nombreux biens de main-morte.

La suppression graduelle du domaine et des biens de main-morte, auxquels peu à peu l'impôt se substitue : voilà, en deux mots, le résumé de notre histoire nationale, car tout se touche, et ce qu'il y a de plus relevé dans la vie de l'homme réagit dans les régions matérielles de son être, en même temps que son état matériel réagit sur son intelligence.

Dans les temps mérovingiens, le domaine suffit aux besoins de l'Etat; les biens de main-morte forment toute la dotation du clergé. Les Carlovingiens paraissent : deux hommes surtout personnifient la gloire et la grandeur de cette dynastie; ces hommes sont Charles Martel et Charlemagne. Une spoliation accomplie par le premier, réparée par le second, supprime une partie des biens de mainmorte qui est remplacée par la dîme, le premier impôt permanent créé par les monarques Français. Bientôt la féodalité s'établit, et proclame son triomphe en élevant au-dessus d'elle une nouvelle race de rois. Le domaine, réparti à titre héréditaire, entre tous les détenteurs du pouvoir, tient lieu d'appointements à tous les échelons du système politique. Mais peu à peu le domaine, ainsi démembré, devient propriété privée; les fonctions qu'il salariait deviennent purement nominales; un nouveau système politique se fonde : l'Etat, sans domaine, vit d'impôts. Les biens de main-morte suivent le sort de l'ancien domaine royal. La dotation immobilière du clergé, celles des communes, sont aujourd'hui tombées presque tout entières dans le gouffre immense de la propriété privée. Le clergé, les communes, comme l'Etat, vivent d'impôts.

Elevés au milieu de ce monde moderne, nous contemplons d'un regard d'étonnement les immenses dotations foncières que possédaient autrefois diverses personnes morales, notamment les abbayes fondées au xii° siècle, ou plus anciennement. Jetons les yeux sur la société qui les entourait.

C'est seulement au xiv° siècle que l'impôt devient en France une habitude : sa permanence n'y est officiellement proclamée que dans le cours du xv°. C'est à la fin du xii° siècle, ou au commencement du xiii°, que paraissent, sous le nom de baillis, les premiers fonctionnaires appointés. Les routiers, corps de troupe à solde journalière, qui se montrent dès le xii° siècle, acquièrent seulement au xiii°, ou même au xiv°, une véritable importance. Il leur faut la permanence officielle de l'impôt, au xv° siècle, pour devenir officiellement permanents. Jusqu'aux baillis et aux routiers, la féodalité, soutenue par son immense dotation immobilière, est tout dans l'ordre politique, judiciaire, administratif et militaire. La féodalité n'est supplantée que fort tard par les fonctionnaires et les soldats salariés : sa dépossession n'était pas encore complète en 1789.

Cette marche de l'histoire politique et civile est identique à la marche suivie par les ordres religieux dans leur développement historique. Au xiii° siècle, on voit surgir les ordres mendiants, vivant au jour le jour, comme les routiers et les baillis, sans dotation immobilière, appointés des produits de l'impôt volontaire qu'ils prélèvent, en forme d'aumône, sur les revenus annuels des fidèles charitables. Le clergé français vit de même aujourd'hui, si ce n'est que l'uniforme régularité d'un chapitre du budget a remplacé l'aumône incertaine qui tombait dans la besace du frère mendiant.

Mais c'est peu à peu que l'idée moderne, représentée au xiii° siècle par les baillis, les routiers, François d'Assise et Dominique, a pris sur notre France l'empire immense qu'elle exerce aujourd'hui. Cet empire même n'est pas exclusif, l'Etat a encore des forêts, bien des communes en ont conservé. La dotation immobilière des hospices est restée presque intacte. Tout près de nous, en Angleterre, que de capitaux ne voyons-nous pas qui sont enlevés au commerce de par la raison politique et pour assurer, par des substitutions, la prédominance de l'élément aristocratique!

Le système de la dotation immobilière et celui de

l'impôt ont chacun leurs avantages et leurs inconvénients. Nous ne prétendons pas ici juger quel est en principe celui de ces systèmes dont les avantages sont plus grands que ceux de l'autre, et les inconvénients moindres. Nous croyons que la solution de cette question doit varier suivant les circonstances. La propriété privée est en général plus favorable au développement de la production, que la propriété de l'Etat ou des corporations; mais la perception régulière des impôts exige un système administratif meilleur, et une autorité centrale plus puissante, plus respectée que celle qui existait dans la France du moyen-âge. Le crédit qui supplée à l'irrégularité des revenus était, au moyen-âge, une ressource très-bornée; un Etat, une institution qui, à cette époque, n'auraient pas eu l'appui du droit de propriété, seraient bientôt morts de faim. On respectait ordinairement le droit de propriété; tandis que tous les éléments du droit de souveraineté étaient continuellement contestés. Aussi, lorsque l'ordre de Citeaux fut fondé, le système de la dotation immobilière était-il universellement admis, presque seul connu. Ceux qui reprochent aux abbayes cisterciennes d'avoir eu une fortune territoriale transportent au xiie siècle nos idées modernes, alors irréalisables. Rien n'est juste comme cette parole d'un ancien qui se plaignait d'être obligé de défendre ses actes devant les hommes d'un autre siècle que celui où il avait vécu. Les institutions d'une époque ne doivent pas être jugées d'après les connaissances et la manière de voir d'un autre âge. L'application des théories économiques modernes n'était pas plus possible dans la France du xiie siècle que la navigation à la vapeur ou le bombardement des villes assiégées.

CHAPITRE II.

DES ACQUISITIONS DE BIENS DANS L'ORDRE DE CITEAUX, PRINCIPALEMENT A CLAIRVAUX, AU XIIe ET AU XIIIe SIÈCLE.

§ 1. — **Réglements généraux de l'Ordre.**

Ce qui a, dès le moyen-âge, fourni un thème fréquent d'accusation contre les Cisterciens, c'est le développement trop grand de la fortune territoriale possédée par certaines de leurs abbayes; mais si cet excès était un danger, il y avait un autre danger à craindre, c'était l'insuffisance des ressources. A côté de quelques établissements monastiques riches, on en voyait, au moyen-âge, beaucoup d'autres dépérir faute de revenus suffisants. Les exemples ne manquent pas de monastères que cette pénurie conduisit à une ruine complète. On doit rendre au Chapitre général de Citeaux la justice de reconnaître qu'entre ces deux écueils il fit tous ses efforts pour diriger le plus sagement possible le navire dont il tenait le gouvernail.

Ce sont les donations inspirées par le sentiment religieux qui ont partout formé la première dotation des établissements monastiques. Des économies ont permis plus tard d'accroître ce noyau par des acquisitions à titre onéreux. Le penchant naturel des religieux d'une abbaye devait être de travailler à augmenter le nombre des donations en imprimant aux sentiments pieux des fidèles cette direction charitable. C'était une tendance fâcheuse. Il était aussi à craindre que les religieux ne cherchassent à élever autant que possible le chiffre de leurs économies, pour les employer en acquisitions, au profit de leur maison et au détriment des pauvres qui avaient droit à leur superflu. Le Chapitre général de Cîteaux sut plus d'une fois s'élever au-dessus de ces préoccupations égoïstes et mesquines. Au lieu d'encourager les monastères à multiplier leurs acquisitions, il chercha souvent à retenir ceux qui s'engageaient dans cette voie si funeste. Sans doute, on peut lui faire le reproche d'avoir fréquemment faibli, d'avoir peu à peu laissé violer toutes ses prescriptions ; mais n'est-ce pas une grande et belle chose que ses protestations, quelque impuissantes qu'elles aient été à modérer l'entraînement irrésistible de cette passion de l'intérêt qui forme comme la base de la nature humaine !

Le premier règlement cistercien que nous ayons, la *Charte de Charité*, interdit aux monastères la possession des églises, des villages, des serfs, des fours et des moulins banaux. Les abbayes cisterciennes pourront se libérer du droit de dîme, mais jamais elles ne se feront payer la dîme du travail d'autrui ; elles auront des terres arables, des vignes, des prés, des bois, des cours d'eau pour la pêche et pour y établir des moulins qui seront à leur usage seulement ; elles se procureront des chevaux et les autres animaux domestiques dont elles auront besoin (1). Cette dé-

---

(1) *Carta caritatis*, cap. XV.

cision est renouvelée dans les Instituts du Chapitre général. Les rentes foncières ou cens, seules rentes alors connues, sont ajoutées à la liste des biens dont la propriété est défendue aux monastères cisterciens. Devant vivre du travail de leurs mains, et principalement du travail agricole, les moines ne doivent posséder que les biens sans lesquels ce travail serait impossible; le reste est contraire à la pureté de l'institut monastique (1). La défense d'acquérir des moulins qui ne seraient pas destinés à l'usage des moines est renouvelée par un statut de 1157 (2).

Ces prohibitions laissaient aux monastères cisterciens la possibilité de faire des acquisitions considérables; il suffisait que ces acquisitions eussent pour objet des biens d'une autre nature que ceux dont la possession était interdite; que l'on acquît, par exemple, des terres arables ou des vignes. Le Chapitre général chercha à mettre des restrictions à cette faculté. Comme pour acheter il fallait avoir de l'argent, et qu'il était permis d'accepter les offrandes, le Chapitre général défendit de les provoquer, soit en faisant des quêtes, soit en plaçant des troncs à l'entrée des abbayes. Les quêtes même qui auraient eues pour objet des constructions d'église, étaient formellement interdites aux Cisterciens (3). En 1195, un abbé fut condamné à une pénitence de six jours, dont un au pain et à l'eau, pour avoir,

---

(1) Cap. IX, ap. *Nom. cist.*, p. 248.

(2) Mart., *Anecd.* IV, 1249.

(3) *Stat. cap. gen. cist.*, 1198, ap. Mart., *Anecd.* IV, 1291. *Institutiones capit. gen. cist.*, Dist. II, cap. VI, ap. *Nom. cist.*, 347.

dit le statut : « envoyé un moine et un convers
» mendier avec des reliques, » et la collecte fut
confisquée au profit du Chapitre général (1). « Quant
» aux troncs, » dit un statut de 1204, « quant aux
» troncs qu'un amour indécent du gain fait exposer
» aux portes des abbayes, il est prescrit aux abbés
» de les enlever dans les trois jours qui suivront
» leur retour chez eux (2). »

Malgré ces défenses, les ressources annuelles des abbayes cisterciennes pouvaient dépasser leurs dépenses ; beaucoup d'établissements étaient dans cette situation prospère, et au lieu de consacrer leur superflu à des aumônes, ils l'employaient en acquisitions d'immeubles. Le Chapitre général reconnut lui-même, en 1191, « que l'ordre de Cîteaux avait la
» réputation de ne cesser d'acquérir, et que l'amour
» de la propriété y était devenu une plaie; » il décida, en conséquence, qu'à partir de cette année tous les achats d'immeubles seraient interdits (3). Cette défense fut renouvelée en 1215 (4). Mais on n'eut pas le courage de la maintenir et on la raya l'année suivante (5).

On voulut la renouveler en 1240, mais alors on y mit des restrictions qui la rendaient à peu près insignifiante. En effet, les statuts de cette année ne se contentent pas d'autoriser les abbayes à faire le rachat des rentes et des dîmes dont elles seraient

---

(1) *Stat. cap. gen. cist.*, 1195, ap. Mart., *Anecd.* IV, 1286.
(2) *Stat. cap. gen. cist.*, 1204, ap. Mart., *Anecd.* IV, 1300.
(3) *Stat. cap. gen. cist.*, 1191, ap. Mart., *Anecd.* IV, 1272.
(4) *Stat. cap. gen. cist.*, 1215, ap. Mart., *Anecd.* IV, 1317.
(5) *Stat. cap. gen. cist.*, 1216, ap. Mart., *Anecd.* IV, 1317.

grevées, ou l'acquisition du domaine utile d'un bien, quand elles ont déjà le domaine direct de ce bien. Ces statuts permettent aussi d'employer, en acquisitions de rentes et d'immeubles, les deniers donnés à charge de cet emploi. Les seules acquisitions, à titres onéreux, qui soient interdites, sont donc celles qui auraient pour objet des immeubles dont l'abbaye n'aurait pas le domaine direct ou des redevances dont elle ne serait pas débitrice; encore ces acquisitions sont-elles licites, quand le prix provient d'une donation qui a eu pour condition cet achat (1).

En 1248, cette restriction si bénigne à la liberté primitive fut suspendue; le Chapitre général donna aux pères abbés le pouvoir d'autoriser les abbayes de leur filiation à faire toutes les acquisitions qu'elles jugeraient convenables (2). L'année suivante, on décida même que cette autorisation ne serait plus nécessaire. On recommanda seulement aux pères abbés d'empêcher les abbayes de leur filiation de s'endetter pour faire des achats d'immeubles (3).

En 1256, le réglement de l'année 1240 fut renouvelé et inséré dans les Institutions du Chapitre général; on prononça même la peine comminatoire de la déposition contre l'abbé qui aurait violé les défenses contenues dans ce réglement, et la peine de l'expulsion contre le moine ou le convers qui aurait conseillé l'abbé. Il y avait un moyen d'échapper à cette sanction, c'était de déguiser, sous forme de

---

(1) *Stat. cap. gen. cist.*, 1240, ap. Mart., *Anecd.* IV, 1371.
(2) *Stat. cap. gen. cist.*, 1248, ap. Mart., *Anecd.* IV, 1389.
(3) *Stat. cap. gen. cist.*, 1249, ap. Mart., *Anecd.* IV, 1390.

donation, une acquisition à titre onéreux ; les Institutions du Chapitre général défendent cette fraude, mais comment la découvrir (1) ? Le Chapitre général renonça à maintenir une prohibition qu'il était si facile d'éluder ; nous ne la retrouvons pas en 1289 dans le Livre des anciennes définitions (2).

§ 2. — Situation financière comparée de l'abbaye de Clairvaux à la fin de son existence et au commencement.

Un grand nombre d'abbayes étaient trop riches et trop bien administrées temporellement pour que cette prohibition fût exécutable ; l'abbaye de Clairvaux était de ce nombre.

En 1790, les revenus de cette abbaye se montaient annuellement :

1°. En argent, à 133,826 livres 11 sols 10 deniers, qui vaudraient aujourd'hui deux fois autant ; soit. . . . . 267,653 f.

2°. En froment, à 481 sept. 16 boiss., ou 1517 hectol. 95 litres (3), qui à 20 fr. l'hectolitre font 30,359

3°. En avoine, à 434 sept. 16 boiss., ou 1369 hectol. 90 litres, qui à 7 fr. l'hectolitre font 9,589

4°. En seigle, à 16 sept., ou 50 hec-

A reporter. . . 307,601

---

(1) *Institutiones cap. gen. cist.*, Dist. VII, cap. III, ap. *Nom. cist.*, 319-320.

(2) Voir notamment Dist. VIII, cap. IV, ap. *Nom. cist.*, 538.

(3) Le septier de Bar-sur-Aube valait 3 hectolitres 15 litres, le boisseau 17 litres 50 centilitres.

Report.	307,601
tol. 40 litres, qui à 12 fr. l'hectolitre font	604
5°. En orge, à 47 sept., ou 148 hectol. 5 litres, qui à 10 fr. l'hect. font	1,485
6°. En navette, à 17 sept., 13 boiss., ou 55 hectol. 82 litres, qui à 25 fr. l'hectolitre font	1,395
7°. En pois et fèves, à 4 sept. 9 boiss., ou 14 hectol. 15 litres, qui à 4 fr. le double-décalitre donneraient aujourd'hui	283
8°. En paille, à 89 milliers, qui à 30 fr. le millier vaudraient aujourd'hui	2,670
9°. En bois, dans la coupe de la futaie de 325 arpents, et dans celle du taillis et de la futaie de 202 arpents. Il faut y joindre le revenu moyen de 4394 arpents de réserve qui ne s'exploitaient pas tous les ans. On peut évaluer la coupe annuelle à	240,000 [1]
Nous ne parlons pas de quelques redevances peu importantes en chapons, canards, lapereaux, poulets, fromages, etc., etc. (2).	
Total.	554,038 f.

(1) Je dois cette évaluation à M. de Missery, conservateur des forêts à la résidence de Troyes. Elle dépasse à peine la moitié du revenu actuel de ces forêts : mais il faut tenir compte du renchérissement accidentel causé de nos jours par la création d'un grand nombre d'usines métallurgiques.

(2) Guignard, *Lettres sur les reliques de saint Bernard*, ap. Migne, *Patrologie*, t. CLXXXV, col. 1716.

Le nombre des religieux était de trente-six; un homme auquel on donnerait un peu plus de 15,000 fr. par an pour faire pénitence ne serait guère à plaindre.

Clairvaux n'avait pas commencé ainsi.

Guillaume, le premier auteur de la vie de saint Bernard, nous parle d'un grand embarras financier, où le cellerier de cette abbaye se trouva peu de temps après la fondation. Il avait besoin d'une somme de 12 livres pour faire des achats indispensables, et cet argent lui manquait. Il vint trouver l'abbé, qui l'exhorta à la patience; mais le cellerier ne voulait rien entendre, et finit par dire à saint Bernard des paroles très-dures. Ce dernier recourut à la prière, et quelques instants après, une femme se présenta à la porte de l'abbaye et offrit les douze livres dont on avait besoin (1).

Une autre fois, la récolte faite, les moines calculèrent que, Pâques arrivé, elle serait épuisée. Ils cherchèrent à se procurer de l'argent pour acheter le grain qui manquait à leurs provisions, et la somme nécessaire ne put se trouver. Il fallut un miracle pour les faire vivre jusqu'à la moisson suivante (2).

Un jour, où l'on avait besoin de sel, le saint abbé appela un des moines qui se nommait Guibert, et lui dit : « Guibert, mon fils, prenez un âne, allez à la

---

(1) *Vita S. Bernardi, aut. Guillelmo,* cap. VI, ap. Mabill., *S. Bernardi opp.,* vol. II, col. 1073. Ces 12 livres avaient une valeur intrinsèque de 243f 12c au pouvoir de 1458f 72c. Voir plus loin les bases de cette évaluation.

(2) *Vita S. Bernardi, auct. Guillelmo,* cap. X, ap. Mabill., *S. Bernardi opp.,* vol. II, col. 1082.

foire et achetez-nous du sel. » « Mais, » répondit Guibert, « avec quoi le paierai-je? » « Mon fils, » répondit Bernard, « voilà je ne sais combien de temps que je n'ai ni or ni argent ; il y a là haut quelqu'un qui a ma bourse et qui tient mes trésors entre ses mains. » Guibert eut envie de rire. « Si je m'envais à vide, » répliqua-t-il, « je reviendrai à vide aussi. » « Ne craignez rien, mon fils, » lui dit le saint, « mais ayez confiance ; celui qui a nos trésors en garde, comme je viens de vous le dire, vous accompagnera et vous procurera le moyen de faire ce dont je vous charge. » Guibert reçut la bénédiction du vénérable abbé, et partit avec son âne pour se rendre à une foire qui se tenait au château de Reynel (1). Sa confiance était beaucoup moins grande que celle de saint Bernard ; or, quand il fut près de Reynel, il entra dans un village dans lequel il rencontra un prêtre, ce prêtre le salua : « Mon frère, » lui dit-il, « d'où êtes-vous et où allez-vous ? » Guibert profita de cette question pour lui exposer son embarras; le prêtre, vivement touché, conduisit le voyageur dans sa maison, et lui donna la moitié d'un muid de sel avec une somme qui dépassait cinquante sous (2).

Mais dans les commencements les aumônes étaient peu nombreuses, et Dieu ne faisait pas toujours des miracles pour nourrir ses serviteurs. Quand les moines de Clairvaux commencèrent les vastes défrichements qui devinrent plus tard pour eux une source

---

(1) Haute-Marne, arrondissement de Chaumont, canton d'Andelot.

(2) 50ᶠ 65ᶜ au pouvoir de 303ᶠ 90ᶜ. Johannes Eremita, *Vita S. Bern.*, lib. II, ap. Mabill., *S. Bern. opp.*, vol. II, col. 1285-1286.

de si grandes richesses, ils durent souvent se contenter des sauvages produits d'un sol encore inculte. On leur servait en été des plats de feuilles de hêtre, en hiver les racines des herbes venues naturellement à l'abri des forêts ; leur plus grand régal était de manger des faînes. N'ayant encore pu acheter ni bestiaux, ni poules, ils ne pouvaient se procurer ni œufs, ni fromage ; n'ayant point encore planté de vignes, ils se passaient de vin et buvaient de l'eau (1).

§ 3. — Des Acquisitions d'immeubles, à titre gratuit, faites par l'abbaye de Clairvaux au XIIe et au XIIIe siècle.

Peu à peu, et tandis que les défrichements en se développant rendaient productives les terres voisines de l'abbaye, Clairvaux et saint Bernard devinrent célèbres, et les fidèles voulurent contribuer, par leurs dons, aux grandes et saintes choses que faisaient les moines et le pieux abbé. Les deux premières chartes de donation contenues dans le *Cartulaire de Clairvaux* datent de l'année 1121 ; elles sont, par conséquent, postérieures de six ans au moins à la fondation de l'abbaye (2). Nous croyons qu'il y eut peu de donations antérieures. L'authenticité de la pièce datée de 1115, qui a été publiée plusieurs fois sous le titre de charte de fondation de Clairvaux, est très-contestable (3). Les bienfaits du comte Hugues,

---

(1) Johannes Eremita, *Vita S. Bernardi*, lib. II, ap. Mabill., *S. Bernardi opp.*, vol. II, col. 1285.

(2) *Grangia Abbatie*, IV, imprimée dans le *Gall. Christ.*, IV, Instr. 156-157 ; et *Fontarcia*, XXX.

(3) *Catalogue des Manuscrits des départements*, t. II, p. 1005.

de qui cette prétendue charte émane, consistaient sans doute en quelques dons d'argent, et dans une simple autorisation verbale accordée à saint Bernard de fonder son abbaye; c'est dans ce sens que l'on doit interpréter la xxxi® lettre de saint Bernard, où le saint Docteur dit au comte Hugues: Pouvons-nous oublier les bienfaits que vous avez si libéralement conférés à notre maison (1) ?

Le nombre des donations qui eurent lieu, d'après le *Cartulaire*, de l'année 1121 inclusivement jusques et y compris l'année 1163, c'est-à-dire en une période de 43 ans, fut de 210, ce qui donne une moyenne d'un peu moins de 5 donations par an. De l'année 1164 à l'année 1201, c'est-à-dire pendant un espace de 38 ans, Clairvaux reçut 964 donations, soit en moyenne un peu plus de 25 par an. Pendant les 40 années suivantes, le chiffre commence à baisser, il est de 522, ce qui donne une moyenne de 13. De 1242 à 1260, c'est-à-dire en 39 ans, nous ne trouvons plus que 60 donations, c'est-à-dire moins de 2 par an (2). Les fidèles, d'abord si prodigues, commencent à croire que Clairvaux n'a plus besoin

---

Voir aussi mon Essai sur les sceaux des comtes de Champagne, p. 9-10, et Guignard, *Lettres sur les reliques de saint Bernard*, ap. Migne, *Patrologie*, t. CLXXXV, col. 1750.

(1) Mabill., *S. Bernardi opp.*, vol. I, p. 45.

(2) La durée de nos périodes nous a été imposée par la détermination que nous avons faite des périodes auxquelles appartiennent les chartes non datées. Le nombre des donations dont nous n'avons pu fixer la date, même approximativement, est de 15, sur un total de 1771. Ces 15 donations sans date sont négligées dans les calculs ci-dessus.

de leurs largesses, et que l'opulence produite par les donations précédentes rendait inutiles des donations nouvelles. Les ordres mendiants se propageaient alors en France : le contraste de leur pauvreté, comme de leurs services, attirant à eux les dons des fidèles, faisait prendre à la pieuse libéralité des populations une autre voie que celle qu'elle avait précédemment suivie.

Cependant, c'était pour Clairvaux un magnifique honneur que ces témoignages multipliés de la sympathie des peuples pendant un siècle et demi. Le nombre total des donations est de dix-sept cent soixante et onze. Toutes, à deux ou trois exceptions près, sont faites entre vifs. Le donateur se dépouille immédiatement lui-même; il le fait, la plupart du temps, du consentement de ses héritiers, dont la législation d'alors exige le concours pour la validité de l'acte. On peut encore compter dans le *Cartulaire de Clairvaux* ces suffrages que tant d'hommes, au prix d'un sacrifice de leur fortune présente ou à venir, donnèrent, il y a six ou sept siècles, à une institution à laquelle d'autres se dévouaient tout entiers jusqu'au tombeau. Toutes les classes se mêlent dans cette longue suite de donateurs : souverains et barons féodaux, évêques et dignitaires ecclésiastiques divers, bourgeois, artisans, modestes laboureurs, tous confondent leurs rangs pour venir porter au monastère de saint Bernard l'hommage de leur libéralité. Dresser la liste de ces hommes qui, les uns par leur obole, et les autres par leurs trésors, concoururent à cette grande œuvre, serait une tâche si longue et si vaste que devant elle nous avons dû reculer.

§ 4. — Des Acquisitions d'immeubles à titre onéreux faites par l'abbaye de Clairvaux au XII° et au XIII° siècle.

Clairvaux ne commença à faire des acquisitions à titre onéreux que 32 ans après la première donation immobilière que le *Cartulaire* constate : c'est en 1153, en l'année de la mort de saint Bernard, qu'eut lieu le premier achat d'immeubles ; aucune autre acquisition à titre onéreux ne se fit dans notre première période, c'est-à-dire avant 1164. Dans la période suivante, de 1164 à 1201, le nombre des acquisitions à titre onéreux fut peu considérable : il y en eut en moyenne une tous les trois ans, on en compte treize en 38 ans. De 1202 à 1241, en 40 ans, nous en avons relevé 216, ce qui fait par an un peu plus de cinq. De 1242 à 1260, c'est-à-dire en 39 ans, nous en trouvons 107, soit un peu plus de deux par an. Ainsi, l'époque où nous comptons le plus grand nombre d'acquisitions à titre onéreux est celle où le chiffre des donations commence à baisser ; c'est notre troisième période, celle qui va de 1201 à 1240. A partir de l'année 1240, la fortune immobilière de Clairvaux tend à devenir stationnaire, on voit diminuer à la fois le nombre des acquisitions à titre gratuit et le nombre des acquisitions à titre onéreux.

On sera peut-être curieux de savoir quelle somme l'abbaye de Clairvaux a employé à ces acquisitions. La réponse à cette question ne peut être complète. Sur les 337 acquisitions à titre onéreux, constatées par le *Cartulaire*, il y en a 49 où le prix n'est pas exprimé ; nous pouvons donc seulement indiquer le prix d'achat des 288 autres qui forment un peu plus des cinq sixièmes du tout. On pourrait supposer que le total des prix énoncés constitue environ les cinq sixièmes des dépenses de cette nature faites par l'abbaye de Clairvaux; mais ce serait une simple probabilité. Le total des prix énoncés depuis l'année 1180, qui nous en donne le premier exemple, jusqu'à l'année 1260, est de 9,738 livres 1 sol 8 deniers, monnaie de Provins; de 2,182 livres 11 sols, monnaie forte de Provins; de 595 livres 16 sols, monnaie de Dijon; de 4 livres 8 sols, monnaie de Langres; de 160 livres, monnaie estevenoise; de 23 livres, monnaie de Vienne, et de 2 livres tournois.

Il est généralement admis que la monnaie de Provins avait en moyenne la même valeur intrinsèque que la monnaie tournois. Dans l'impossibilité où nous sommes de déterminer l'importance de la différence qui aurait existé entre la monnaie de Provins et celle que les chartes qualifient de monnaie forte de Provins, nous proposerons au lecteur de supprimer un instant cette distinction et d'additionner les deux sommes énoncées en monnaie de Provins, ce qui donnera un total de 11,920 livres 12 sols 8 deniers. M. de Wailly a prouvé que la valeur intrinsèque de la monnaie tournois était, sous Philippe-Auguste, la même que sous saint Louis (1). La livre tournois du temps de saint Louis, celle du temps de Philippe-Auguste, par conséquent, valait 20 francs 26 cent. de notre monnaie, abstraction faite de la différence qui existe entre le moyen-âge et notre

---

(1) *Recherches sur le système monétaire de saint Louis,* pages 51-63; extra. du tome XXI des *Mémoires de l'Académie des Inscriptions et Belles-Lettres.*

époque, au point de vue du pouvoir commercial de l'argent (1). Par conséquent, les 11,020 livres 12 sols 8 deniers, monnaie de Provins, vaudraient 241,512 fr. 02 cent., sans tenir compte du pouvoir commercial de l'argent. Si l'on admet que ce pouvoir commercial fût, au moyen-âge, sextuple de ce qu'il est aujourd'hui, nous arriverons à ce résultat que les acquisitions de Clairvaux en monnaie de Provins, depuis l'année 1180 jusqu'à l'année 1260, ont occasionné à l'abbaye une dépense qui serait aujourd'hui représentée par une somme de 1,449,072 fr. 12 cent.

Dans cette somme ne sont pas comprises ni les acquisitions dont le prix n'est pas énoncé, ni celles dont le prix est stipulé en autres monnaies que celle de Provins. Les deux livres tournois présentent une valeur intrinsèque de 40 fr. 52 cent. au pouvoir de 243 fr. 12 cent. En additionnant ensemble les sommes en monnaies seigneuriales, autres que la monnaie de Provins, nous trouvons un total de 783 livres 4 sols. Admettons, par hypothèse, que la valeur intrinsèque de ces monnaies seigneuriales fût la moitié de la valeur intrinsèque de la monnaie de Tours et de Provins, nous trouverons une somme de 79,338 fr. 16 cent. au pouvoir de 476,028 fr. 96 cent. En réunissant ce chiffre à ceux que nous ont déjà donné nos opérations sur les prix en mon-

---

(1) *Mémoires sur les variations de la livre tournois*, par M. de Wailly, page 222. Extraits du tome XXI des *Mémoires de l'Académie des Inscriptions et Belles-Lettres*.

M. Sollier, contrôleur principal des contributions directes à Troyes, nous a fourni la note suivante :

« Départ de deux deniers de Henri, comte de Champagne, frappés

naie de Provins et en monnaie tournois, nous avons un total de 1,925,344 fr. 20 c. dépensés par l'abbaye de Clairvaux en 107 ans pour les 5/6es, ou, plus exactement, pour les 288/337es de ses acquisitions immobilières. Si nous supposons que les 49/337es, dont le prix nous reste inconnu, aient coûté proportionnellement autant que les autres, nous arrivons à ce résultat que la dépense totale, occasionnée par ces acquisitions, se serait élevée à 2,205,290 fr. 38 c.

On trouvera résumés, dans le tableau suivant, les

à Provins : HENRI COMES, R. CASTIS PRVVINIS. (Essai de Bonneville, essayeur de la Banque, octobre 1856). »

« L'essai a porté sur deux pièces, chaque pièce pesait 1 gramme 20.

PREMIÈRE PIÈCE.

1° $\frac{300}{1000}$ argent fin.
2° $\frac{1}{1000}$ or fin.
3° $\frac{699}{1000}$ alliage.

» Au cours d'aujourd'hui :

1° $\frac{360}{1000}$ gramme, argent fin, à 0^{f}225 le gramme . . . 0^{f}0810
2° $\frac{1.20}{1000}$ id. or fin, à 3 fr. 60 le gramme . . . . 0^{f}0043
3° Alliage. »   »   »   »   »

Total. . . . . 0^{f}0853

DEUXIÈME PIÈCE.

1° $\frac{292}{1000}$ argent fin.
2° $\frac{0.50}{1000}$ or fin.
3° $\frac{707.50}{1000}$ alliage.

» Au cours d'aujourd'hui :

1° $\frac{350}{1000}$ gramme, argent fin, à 0^{f}225 le gramme . . 0^{f}07875
2° $\frac{60}{1000}$ id. or fin, à 3 fr. 60 le gramme . . . 0^{f}00216
3° Alliage. »   »   »   »   »

Total. . . . . 0^{f}08091

» *Nota.* L'alliage n'a pas été apprécié, parce que, d'après l'avis de l'essayeur et de l'orfèvre, il est sans valeur. Il se compose de plomb, étain, zinc et cuivre. »

chiffres qui servent de base aux calculs que l'on vient de lire.

Périodes.	Nombre des acquisitions.		Livres de Provins.	Livres fortes de Provins.	Livres de Dijon.	Livres de Langres.	Livres de Metz.	Livres estevenoises.	Livres viennoises.	Livres tournois.
1121 à 1163	Prix exprimé, 0	1	»	»	»	»	»	»	»	»
	Prix non exprimé, 1										
1164 à 1201	Prix exprimé, 9	13	1,167^l	»	»	»	»	»	»	»
	Prix non expr., 4										
1202 à 1241	Prix exprimé, 184	216	7233^l	1437^l	7·561^l 16^s ·	»	»	160	»	»
	Prix non expr., 52										
1242 à 1260	Prix exprimé, 95	107	1358^l 1^s 8^d	745^l 4^s ·	34^l · ·	4^l 8^s ·	95	»	23	2
	Prix non expr., 12										
Total.	Prix exprimé, 288	337	9758^l 1^s 8^d	2182^l 4^s ·	11·595^l 16^s ·	4^l 8^s ·	95	160	23	2
	Prix non expr., 49										

Si, de ce tableau général, nous passons à un exa-

En tirant les conséquences mathématiques de cette opération, nous aurons :

PREMIÈRE PIÈCE.

Valeur du sou . . . . 1 f. 02 c. 36
   Id. de la livre. 20 47 2

L'alliage, pour la livre de compte, représente un poids de

men un peu détaillé des éléments qui ont servi à le composer, nous serons obligé de reconnaître que les réglements de l'ordre de Cîteaux n'ont pas toujours été rigoureusement observés dans l'abbaye de Clairvaux. Cette critique ne porte pas sur les acquisitions antérieures à l'année 1191; mais de cette année à l'année 1216, alors que toute espèce d'achat d'immeubles était interdit, comme nous l'avons fait remarquer plus haut, l'abbaye de Clairvaux fit dix achats d'immeubles (1). Toutefois, trois de ces actes sont déguisés sous forme de donation, le vendeur est censé donner, et le prix qu'il reçoit prend le titre de présent (2); deux autres de ces ventes sont faites à Clairvaux par deux établissements ecclésiastiques, qui déclarent que cette opé-

---

201 gr. 312. En évaluant cet alliage 1 fr. 50 c. le kilogramme, on trouve à ces 201 gr. 312 une valeur de 30 c. 1968, ce qui porte la valeur totale de la livre à 20 fr. 77 c. 3968.

DEUXIÈME PIÈCE.

Valeur du sou . . . . 0 f. 97 c. 08
   Id. de la livre. 19 41 6
Et en tenant compte de l'alliage, 19 fr. 71 c. 7968.

MOYENNE.

Valeur de la livre, 20 fr. 24 c., ce qui, sauf une différence de 2 c., s'accorde avec le chiffre adopté par nous conformément au mémoire de M. de Wailly.

(1) 1° 1193, *Elemosine*, XVIII; 2° 1194, *Columbeium*, LXXXIII, et *Cellaria* V; 3° 1195, *Divio*, II et II bis; 4° 1196, *Belinfay*, VIII, X, XI et XIII; 5° 1196, *Grangia abbatie*, XXXIII, XXXIV, XXXV; 6° 1196, *Ultra Albam*, LV; 7° 1197, *Elemosine*, XXXVI; 8° 1200, *Elemosine*, XLI; 9° 1208, *Divio*, XV; 10° 1208, *Divio*, XVI.

(2) 1° 1196, *Ultra Albam*, LV; 2° 1200, *Elemosine*, XLI; 3° 1208, *Divio*, XVI.

ration est nécessitée par l'état de leurs affaires et par les dettes dont ils sont grevés (1) ; restent donc en tout cinq violations directes des statuts de 1191 et 1215, révoqués en 1216, qui défendaient aux abbayes cisterciennes toute acquisition d'immeubles à titre onéreux. Mais ces cinq infractions sont encore un fait grave et qui mérite d'être signalé. Les efforts du Chapitre général, en 1240 et en 1256, ne furent pas plus heureux. De 1240 à 1248, année où l'exécution du statut de 1240 fut suspendue, nous trouvons quarante-trois acquisitions faites en violation de ce statut (2). Renouvelé après un intervalle de huit ans, en 1256, il ne fut guère mieux observé,

---

(1) 1° 1196, *Belinfay*, VIII, X, XI, XIII ; 2° 1196, *Grangia abbatie*, XXXIII, XXXIV, XXXV.

(2) 1° 1241, *Pasture*, LXXII ; 2° 1242, *Moreins*, LXXIII ; 3° 1242, *Borda*, XXV ; 4° 1242, *Pasture*, LXXIII ; 5° 1242, *Pasture*, LXXVII ; 6° 1242, *Columbeium*, XCI ; 7° 1242, *Fontarcia*, LXXV ; 8° 1243, *Moreins*, LXXV ; 9° 1243, *idem*, LXXVI, LXXVII ; 10° 1243, *Cornay*, LXXXV ; 11° 1243, *Fenis*, XXII ; 12° 1243, *idem*, XXX ; 13° 1244, *Belinfay*, XCVI ; 14° 1244, *Moreins*, LXXVIII ; 15° 1244, *Ultra Albam*, CLXI ; 16° 1244, *Fenis*, XXIII ; 17° 1244, *Fenis*, XXVI ; 18° 1244, *Fravilla*, L ; 19° 1245, *Ultra Albam*, CLXXIX ; 20° 1245, *Belinfay*, CIV ; 21° idem ; 22° idem ; 23° idem ; 24° 1245, *Columbeium*, LXXX, LXXXI ; 25° 1245, *Vallis Rodionis*, XV ; 26° 1245, *Vallis Rodionis*, XIV ; 27° 1245, *Vallis Rodionis*, XVII ; 28° 1245, *Vallis Rodionis*, II ; 29° 1245, *Bellus Mons*, LVII ; 30° 1246, *Moreins*, LVI ; 31° 1246, *Pasture*, LXXV ; 32° 1246, *Columbeium*, CV ; 33° 1247, *Moreins*, LXI ; 34° 1247, *Moreins*, LXXIX ; 35° 1247, *Fontarcia*, LXXXVI ; 36° 1247, *Divio*, XLVI ; 37° 1247, *Columbeium*, CI ; 38° 1247, *Columbeium*, CVI ; 39° 1247, *Columbeium*, CXXXVI ; 40° 1247, *Vallis Rodionis*, XVIII ; 41° 1247, *Vallis Rodionis*, XIX ; 42° 1247, *Bellus Mons*, LIX ; 43° 1247, *Grangia abbatie*, LIII.

nous en trouvons la preuve dans neuf acquisitions faites à titre d'achat pendant les quatre années suivantes (1).

En même temps que l'on violait ces statuts du Chapitre général, on ne respectait pas davantage les prescriptions de la Charte de Charité qui avait interdit aux monastères cisterciens la possession de certains biens. En 1196, Clairvaux fait l'acquisition de l'église de Bologne (Haute-Marne) (2). En 1231, trois villages entiers lui appartiennent avec leurs habitants (3). On la voit aussi plusieurs fois acheter des serfs isolément (4). En 1224, Gautier de Vignory lui vend le moulin banal de Longchamp (5). Enfin, la liste des acquisitions de dîmes et de cens, faites par cette abbaye, serait trop longue pour que nous la donnions ici. Toutefois, nous devons dire que nous n'avons point remarqué d'acquisition de dîmes faite à titre onéreux antérieurement à 1221 (6).

---

(1) 1° 1257, *Ultra Albam*, CCV ; 2° 1257, *Belinfay*, CXVI ; 3° 1257, *Columbeium*, CXXXIX ; 4° 1258, *Ultra Albam*, CCX ; 5° 1258, *Ultra Albam*, CCXI ; 6° 1258, *Morval*, LXIX ; 7° 1260, *Ultra Albam*, CCXIII ; 8° 1260, *Ultra Albam*, CCXV ; 9° 1260, *Ultra Albam*, CCXIX.

(2) *Ultra Albam*, LV.

(3) Champignol (Aube), arrondissement et canton de Bar-sur-Aube ; Mondeville, village aujourd'hui détruit, commune de Champignol ; Saulcy (Aube), arrondissement de Bar-sur-Aube, canton de Soulaines ; *Comitum Campanie*, XX.

(4) 1236, *Elemosine*, LXXXIII ; 1237, *Wangionis Rivi*, XLIV ; 1238, *Belinfay*, LXXXII ; 1243, *Moreins*, LXXVI, LXXVII, et 1257, *Belinfay*, CXVI.

(5) *Wangionis Rivi*, XXX, XXXI.

(6) Pour l'année 1221, voir *Borda*, XVII.

Les moines de Clairvaux avaient bien le sentiment de l'illégalité de ces opérations et de la défaveur dont elles étaient l'objet. Ce qui le prouve d'abord, c'est, lorsqu'ils font une acquisition régulière, le soin qu'ils prennent d'énoncer le fait qui produit cette régularité. Quand ils achètent le domaine utile d'une propriété dont ils possèdent le domaine direct ; quand ils libèrent un immeuble d'un cens ou d'une rente dont il était grevé : actes licites d'après les statuts de 1240 et 1256, ils ne manquent pas de le dire clairement (1). D'autre part, un grand nombre de ventes sont déguisées plus ou moins complétement sous forme de donations ; ou, par ce fait, que le paiement du prix précède la transmission de la propriété, elles prennent le caractère de dation en paiement, atteignant ainsi, sous une autre forme, identiquement le même résultat qu'une vente proprement dite, car elles transforment en propriété immobilière les économies de l'abbaye. Les ventes déguisées sous forme de donation sont fort nombreuses, nous en avons déjà cité. Ce qu'il y a de plus curieux sous ce point de vue, ce sont les actes dans lesquels, pour faire passer sous le couvert d'une donation apparente une vente que l'on ne peut nier, que la législation monastique condamne

---

(1) 1° 1241, *Campigni*, LVI ; 2° 1242, *Belinfay*, CVII ; 3° 1242, *Fenis*, XVIII, XXI ; 4° 1244, *Moreins*, LXXVIII ; 5° 1245, *Belinfay*, XCVII ; 6° 1245, *Belinfay*, CIV ; 7° 1246, *Moreins*, LX ; 8° 1247, *Belinfay*, CV ; 9° 1247, *Fontarcia*, LXXI ; 10° 1257, *Ultra Albam*, CCIV ; 11° 1258, *Marsal*, XLII ; 12° 1259, *Ultra Albam*, CCXVI ; 13° 1260, *Ultra Albam*, CCXIV.

ou dont on rougit comme d'une note fâcheuse, on fait donner par le vendeur une partie du bien dont il déclare vendre l'autre partie. La partie donnée est ordinairement d'un tiers, et la partie vendue des deux autres tiers. Le plus ancien exemple que nous ayons rencontré de donation d'un tiers, et de vente des deux autres tiers, date de 1217 (1). Le dernier est de 1250 (2). Dans cet intervalle, nous avons compté cinquante-cinq de ces opérations caractéristiques. Nous avons rencontré aussi trois cas où le vendeur donne la moitié d'un bien dont il vend l'autre moitié (3). Enfin il y a un acte où la donation est d'un quart, et la vente des trois autres quarts (4).

Cette tendance qu'avaient les moines de Clairvaux à augmenter les possessions de leur monastère, contrairement à l'esprit de leur institut, était une chose bien connue dans l'ordre de Citeaux, et vivement blâmée au treizième siècle. Césaire nous le dit dans la légende suivante :

« Il est mort de nos jours, à Clairvaux, un prieur
» qui était un homme très-religieux, très-zélé pour
» l'observation de la règle. Il apparut ensuite à une
» servante de Dieu, nommée Azeline, et montra
» clairement, par l'état de sa personne et de ses
» habits, la position où il était réduit. Son visage
» était pâle et décharné, sa coule sale et misérable.
» Azeline lui demanda comment il se trouvait. Il

---

(1) *Columbeium*, XLIX.
(2) *Ultra Albam*, CLXXXVIII.
(3) 1° 1221, *Morval*, VIII; 2° 1338, *Belinfay*, LXXXI, LXXXIX; 3° 1239, *Moreins*, LIII.
(4) 1244, *Fenis*, XXIII.

» répondit : « J'ai subi de grands supplices jusqu'à
» présent ; mais, grâce à un frère qui m'a donné
» une très-utile assistance, je serai délivré à la pro-
» chaine fête de la Vierge. » Azeline en fut tout éton-
» née. « Nous vous considérions comme un saint, »
» dit-elle. Il répondit : « Dieu n'a puni qu'une chose
» en moi, c'est que je me suis trop occupé d'aug-
» menter les possessions du monastère. Le vice m'a-
» vait séduit sous les apparences de la vertu (1). »

CHAPITRE III.

DETTES DES ABBAYES CISTERCIENNES AU XIIe ET AU XIIIe SIÈCLE.

§ 1. — Du taux de l'intérêt au moyen-âge.

On serait grandement dans l'erreur si l'on croyait qu'au moyen-âge tous les établissements monastiques jouissaient de la même prospérité que l'abbaye de Clairvaux. Dans l'histoire de ces institutions, ce n'est pas un fait rare que de voir une abbaye ou un monastère de second ordre conduit à une ruine complète par l'insuffisance des ressources pécuniaires. A une époque où l'intérêt de l'argent était si élevé, il était beaucoup plus dangereux qu'aujourd'hui d'entrer dans la voie des emprunts. Au

---

(1) *Cæsarii monachi Dialogi miraculorum*, Dist. XII, c. 25, ap. *Bibl. patr. cist.*, II, 349.

taux de cinq pour cent, il faut vingt ans au débiteur pour débourser, sous forme d'intérêts, une somme égale au capital qu'il a reçu ; il faut vingt ans à la dette pour se doubler sans anatocisme. Une ordonnance de Philippe-Auguste, rendue en 1206, avait fixé à deux deniers par semaine et par livre l'intérêt que les juifs, c'est-à-dire les banquiers du temps, pouvaient exiger (1). Un statut du même siècle, postérieur d'environ trente ans, permettait aux juifs des bords du Rhin d'atteindre le même taux. On les voit se faire payer le même intérêt à Londres en 1264 (2). Ainsi les juifs paraissent avoir, au treizième siècle, exigé habituellement par semaine deux deniers pour livre, ce qui revient à 43 fr. 75 c. pour cent ; en sorte qu'au bout de deux ans et quinze semaines les intérêts cumulés égalaient le capital. Les intérêts de vingt ans auraient atteint plus de huit fois le capital. Encore les juifs ne s'étaient-ils pas toujours contentés du maximum fixé par l'ordonnance de Philippe-Auguste. Notre cartulaire nous fournit un exemple d'un intérêt de trois deniers par semaine, c'est-à-dire 65 fr. 62 c. pour cent dus par l'abbaye de Saint-Bénigne de Dijon, qui avait emprunté à ce taux, en 1196, une somme de 1700 livres près d'un juif nommé Valin. Les intérêts, calculés à raison de trois deniers pour livre par semaine, donnent, au bout de quatre-vingts semaines, soit un peu plus d'un an et demi, une somme égale au capital. Les intérêts de vingt ans auraient formé une somme

---

(1) *Ordonnances*, XI, 201, renouvelée en 1218, *ibid.* I, 36.
(2) Depping, *les Juifs dans le moyen-âge*, p. 178-179.

qui aurait égalé treize fois le capital. L'abbaye de Saint-Bénigne fut onze ans sans pouvoir rien payer, en sorte que, cet espace de temps écoulé, sa dette s'élevait à 9825 livres 11 sous 10 deniers, au lieu de 1700 livres. En onze ans la dette avait, sans anatocisme, quintuplé et au-delà, tandis qu'au taux de cinq pour cent elle se serait accrue seulement dans la proportion de 1 à 1,55. — On remarquera que l'emprunt dont il s'agit est antérieur à l'ordonnance de Philippe-Auguste, qui aurait eu pour objet d'obliger les juifs à réduire le taux d'intérêt exigé jusque-là.

Quoi qu'il en soit, et que l'intérêt fût de 43,75 ou de 65,62 pour cent, un emprunt à cette époque était très-dangereux, et l'on comprend sans peine combien avait d'actualité au treizième siècle cette légende rapportée par Césaire, et où l'on voit l'argent d'un usurier mis dans un coffre avec l'argent d'une abbaye, le dévorer comme une proie; de sorte qu'au bout de peu de temps on ne trouva plus rien dans le coffre.

§ 2. — Dettes de certaines abbayes étrangères à l'ordre de Cîteaux.

Les abbayes rencontraient quelquefois des riches bienfaisants qui payaient leurs dettes. En 1222, un juif nommé Salamine, créancier des abbayes de Saint-Seine et de Saint-Bénigne, fut remboursé par Alix, duchesse de Bourgogne (1); mais ces bonnes fortunes ne se trouvaient pas tous les jours. En

---

(1) Depping, *les Juifs dans le moyen-âge*, p. 173.

1207, la comtesse de Champagne, Blanche, avait consenti à se charger des dettes de l'abbaye de Saint-Bénigne, comme devait le faire plus tard Alix de Bourgogne ; mais cette abbaye avait été obligée de céder, en indemnité, une propriété considérable située à Moreins (Haute-Marne), et qui fut depuis donnée, par Blanche, à l'abbaye de Clairvaux (1). En avril 1220, l'abbaye de Saint-Loup, de Troyes, reconnaît devoir à un juif, de Dampierre (Aube), quatre cent cinquante livres de Provins; elle est obligée de lui abandonner, comme garantie, le village de Molins (Aube) sur lequel elle avait déjà constitué une rente viagère à son profit (2). Des embarras financiers analogues forcèrent plusieurs abbayes à vendre des immeubles à celle de Clairvaux. Une de ces ventes eut pour objet une propriété très-importante, la grange de Belinfay, qui, en 1196, fut payée 500 livres à l'abbaye de Beaulieu (3).

§ 3. — **Réglements sur les dettes des abbayes cisterciennes.**

Le plus grand nombre des établissements monastiques que l'on voit disparaître pendant le cours du moyen-âge n'ont pas dû leur ruine à une autre cause qu'à des embarras financiers. Ce danger fut prévu par les fondateurs de l'ordre de Cîteaux. Si une abbaye est réduite à une pauvreté intolérable, dit *la Charte de Charité*, l'abbé de ce lieu aura soin

---

(1) *Cart. de Clairvaux, Moreins*, II.

(2) *Cart. de S. Loup*, appartenant à M. de la Porte, de Troyes, f° 79.

(3) *Cart. de Clairvaux, Belinfay*, VIII, X, XI, XIII.

d'en donner connaissance au Chapitre général; alors tous les abbés, brûlant du feu de la charité, se hâteront de venir en aide à la misère de cette abbaye, et ils y consacreront, dans la mesure de leurs ressources, les biens qu'ils ont reçus de Dieu (1). Ce fut toujours une règle fondamentale dans l'ordre de Cîteaux que les abbayes riches devaient, en cas de nécessité, venir en aide aux abbayes pauvres. Il était à craindre que, dans la prévision de ce secours, certains abbés ne fissent des dépenses exagérées ou des dettes inutiles. Des réglements postérieurs furent destinés à prévenir ce danger. Un statut de l'année 1181 permet de vendre chaque année la laine de l'année suivante, mais il défend d'anticiper davantage sur les revenus à venir et de vendre les produits d'une année plus éloignée (2). En 1182, il est fait défense aux abbayes qui doivent plus de cinquante marcs (3) d'acheter des terres, de construire de nouveaux édifices, à moins que le Chapitre général n'en ait reconnu la nécessité (4). Ce statut fut renouvelé en 1188 (5). En 1240, cette décision fut de nouveau reproduite, seulement le chiffre de cent marcs remplaça celui de cinquante (6). Ce dernier statut fut inséré dans les Institutions du Chapitre général (7).

---

(1) Cap. III, apud *Nom. cist.*, 68-69.

(2) *Stat. cap. gen. cist.*, 1181, ap. Mart., *Anecd.*, IV, 1253.

(3) Ce marc était calculé au poids de Troyes, comme il résulte des deux statuts qui vont être cités.

(4) *Stat. cap. gen. cist.*, 1182, ap. Mart., *Anecd.*, IV, 1254.

(5) *Stat. cap. gen. cist.*, 1188, ap. Mart., *Anecd.*, IV, 1262.

(6) *Stat. cap. gen. cist.*, 1240, ap. Mart., *Anecd.*, IV, 1371.

(7) *Instit. cap. gen. cist.*, Dist. VII, cap. III, ap. *Nom. cist.*, 318.

On y ajouta la défense d'emprunter à usure, autrement que pour payer des dettes déjà contractées, ou dans le cas de grande et urgente nécessité, avec obligation pour l'abbé d'en rendre compte au Chapitre général (1).

Ce qui montre l'utilité de ces prescriptions, c'est la position gênée dans laquelle se trouvait, en 1235, l'abbaye de Cîteaux elle-même, le chef de l'ordre, celle qui devait donner l'exemple aux autres; il fallut lui voter un subside (2). L'abbaye de Clairvaux n'en avait pas besoin.

CHAPITRE IV.

DE L'ADMINISTRATION DES PROPRIÉTÉS, DANS LES ABBAYES CISTERCIENNES EN GÉNÉRAL, ET A CLAIRVAUX EN PARTICULIER, AU XIIe ET AU XIIIe SIÈCLE.

§ 1. — Granges et Celliers des Abbayes cisterciennes. — Règlements qui les concernent.

Les propriétés de l'abbaye de Clairvaux, comme celles des autres abbayes cisterciennes, étaient divisées en un certain nombre de groupes qui avaient chacun pour centre un établissement appelé *Grange* ou *Cellier*. Grange est un terme générique qui sert,

---

(1) *Institutiones cap. gen. cist.*, Dist. VII, cap. X, ap. *Nom. cist.*, 322.

(2) *Stat. cap. gen. cist.*, 1235, ap. Mart., *Anecd.*, IV, 1361. — *Gallia Christiana*, IV, 994.

au moyen-âge, à désigner tout bâtiment destiné à l'exploitation agricole. Les celliers étaient les établissements vinicoles.

On tomberait dans une grande erreur si l'on se faisait, des granges et des celliers cisterciens au XII° et au XIII° siècle, l'idée qu'exprime aujourd'hui le mot de grange ou de cellier. Les granges et les celliers cisterciens étaient souvent des sortes d'abbayes au petit pied. L'auteur de la description de Clairvaux, qui écrivait au plus tard au treizième siècle, nous dit que la présence des instruments aratoires dans les granges d'Outre-Aube et de l'Abbaye, toutes deux dépendant de Clairvaux, était le seul signe auquel on pût, au premier coup-d'œil, distinguer ces granges d'une abbaye (1). Les granges et les celliers avaient leur chapelle (2), leur dortoir, leur réfectoire, leur chauffoir (3), et même les bâtiments consacrés à l'exploitation étaient construits avec ce caractère monumental que les communautés religieuses d'autrefois, travaillant non seulement pour le présent, mais aussi pour l'avenir, savaient donner à tous les édifices élevés par elles, quelque modeste qu'en fût la destination. Cependant les granges et les celliers n'étaient point des monastères, c'est-à-dire que des moines ne pouvaient y habiter à poste fixe. C'est ce qui constitue un des caractères de l'ordre de Cîteaux, et qui distingue cet ordre de ce-

---

(1) Mabill., *S. Bernardi opp.*, t. II, 1309.

(2) Césaire, *Dialogi Miraculorum*, Dist. VII, caput XXXVII, apud *Bibl. patr. cist.*, II, 206.

(3) *Institutiones capitul. gen.*, Dist. XIV, cap. XII, ap. *Nom. cist.*, 359.

lui de Cluni et des anciens bénédictins. Les clunistes et les anciens bénédictins chargeaient des moines de l'administration de leurs propriétés rurales, et les envoyaient y résider. De là l'origine des prieurés. Les prieurés possédaient un couvent, c'est-à-dire une communauté de moines qui remplissaient ensemble tous les devoirs de la vie monastique. Mais l'existence des prieurés était prohibée dans l'ordre de Cîteaux, qui n'admit cette institution que dans les siècles de décadence.

Une des conséquences de la différence qui existait entre les granges cisterciennes et les prieurés bénédictins ou de Cluni, c'est que dans les granges cisterciennes on ne pouvait pas célébrer la messe (1), et il n'y avait pas de cimetière (2). Pour assister à la messe, il fallait se rendre à l'église de l'abbaye, et c'était dans le cimetière de l'abbaye qu'étaient enterrés tous les convers habitant les granges et les celliers. En effet, il n'y avait en règle générale, parmi les frères convers, aucun homme investi des fonctions sacerdotales ; tous les prêtres admis dans l'ordre étaient moines, et les réglements interdisaient aux moines d'exercer hors de l'abbaye, d'une manière habituelle, les fonctions ecclésiastiques. Ces occupations extérieures, quelque saintes qu'elles fussent, les auraient détournés des exercices austères de la prière claustrale qui devait, à titre de

---

(1) *Stat. cap. gen. cist.*, 1180 et 1204, ap. Mart., *Anecd.* IV, 1252, 1300. — Voir cependant *Ménolog. cist.*, II, 67, un. 1255.

(2) *Stat. cap. gen. cist.*, 1190, ap. Mart., *Anecd.* IV, 1267. — *Institution. cap. gen. cist.*, Dist. I, cap. XIV. — *Libellus antiquorum def.*, Dist. III, cap. IV, ap. *Nom. cist.*, p. 278, 499.

devoir d'état, primer toute œuvre de religion. On comprend que, pour rendre possible aux frères convers habitant les granges et les celliers, l'accomplissement régulier de leurs devoirs religieux, il ne fallait pas construire ces établissements à une trop grande distance des abbayes; aussi un réglement de 1152 défend-il de bâtir une grange à plus d'une journée de l'abbaye dont elle dépend (1). Un réglement postérieur décide que le Chapitre général rendra une ordonnance spéciale pour chaque cas particulier (2).

La distance des granges entre elles était aussi déterminée, elle devait être d'au moins deux lieues de Bourgogne (3); mais le but de ce réglement était tout différent, on voulait probablement éviter une multiplication dispendieuse de ces établissements, et les rivalités que des questions de pâture auraient pu exciter entre les frères de deux granges trop rapprochées.

A la tête de chaque grange ou cellier se trouvait un fonctionnaire appelé *maître*. Quelques priviléges étaient attachés à sa dignité, par exemple celui de pouvoir licitement rompre le silence pour s'entretenir avec les convers placés sous ses ordres (4); mais ces priviléges, comme son autorité, étaient très-limités;

---

(1) Mart., *Anecd.* IV, 1244.

(2) *Institutiones cap. gen. cist.*, Dist. I, cap. XIII, ap. *Nom. cist.*, 278.

(3) *Stat. cap. gen. cist.*, 1152, ap. Mart., *Anecd.* IV, 1244. — *Institutiones cap. gen. cist.*, Dist. I, cap. XIII, ap. *Nom. cist.*, 278.

(4) *Regul. conversorum cist.*, cap. VIII, ap. Mart., *Anecd.* IV, 1649.

il n'avait pas même le droit de monter à cheval pour se rendre à l'abbaye, comme eût pu le faire un simple moine; il allait à pied comme les autres convers (1).

Le second fonctionnaire de chaque grange était le frère hospitalier; il était chargé de recevoir les étrangers (2).

Le régime auquel étaient assujétis les convers habitant les granges, était, sous certains points, moins sévère que celui des moines. De Pâques au 13 septembre, on s'y levait au jour; du 13 septembre au 1ᵉʳ novembre, on devait s'y lever de manière à avoir récité avant le jour les prières assez courtes qui remplaçaient matines et laudes. Du 1ᵉʳ novembre au 22 février, on se levait après avoir dormi les trois quarts de la nuit; du 22 février à Pâques, la règle était la même que du 13 septembre au 1ᵉʳ novembre (3). Les convers habitant les granges et les celliers n'observaient que les grands jeûnes, c'est-à-dire qu'excepté les veilles des fêtes de quelques saints, le temps de l'avent, le carême et tous les vendredis du 13 septembre au mercredi des Cendres, ils prenaient tous les jours, le matin, le *mixtum*, ou qu'en d'autres termes, ils faisaient un déjeûner consistant en une demi-livre de pain, plus même s'ils le voulaient,

---

(1) *Regul. conversorum cist.*, cap. IX, ap. Mart., *Anecd.* IV, 1650.

(2) *Institutiones cap. gen. cist.*, Dist. X, cap. XXIII, ap. *Nom. cist.*, p. 344. — *Regul. convers. cist.*, cap. IX, ap. Mart., *Anecd.* IV, 1650.

(3) *Institutiones cap. gen. cist.*, Dist. XIV, cap. IV. — *Libell. antiquorum defin. ord. cist.*, Dist. XIV, cap. II, ap. *Nom. cist.*, 356, 571.

et en eau (1). Du reste, leur ordinaire était le même que celui des habitants de l'abbaye, sauf deux exceptions. La première était, qu'en règle générale, ils ne devaient boire que de l'eau (2).

On raconte que Gérard, frère de saint Bernard, cellerier de Clairvaux, obligé souvent par ses fonctions de parcourir les granges de cette abbaye, se contentait comme les autres d'eau pour boisson. Un jour, quoique malade, il allait sortir de l'abbaye pour se rendre à une grange, le convers qui l'accompagnait prévint le prieur. Le prieur donna à ce convers un vase rempli de vin pour le servir à Gérard. Ce dernier n'en savait rien. Quand il fut assis au réfectoire avec les convers de la grange, qu'il vit le vase de vin devant lui, et que son compagnon lui eût fait le signe qui indiquait un ordre du prieur, Gérard versa son vin dans le vase plein d'eau où tous les assistants devaient prendre l'eau qu'ils allaient boire (3).

Mais dès l'année 1180, il y avait des granges dans lesquelles on buvait du vin ou de la bière (4). Le Chapitre général fit de grands efforts pour empêcher cet usage de s'établir dans les pays dans lesquels il ne s'était pas encore introduit (5). Un statut de 1195

---

(1) *Institution. cap. gen. cist.*, Dist. XIV, cap. XIV, ap. *Nom. cist.*, 360.

(2) *Regul. convers. cist.*, cap. XII, ap. Mart., *Anecd.* IV, 1651.

(3) *Exord. magn. ord. cist.*, Dist. III, cap. II, ap. *Bibl. patr. cist.*, t. I, p. 85-86.

(4) *Stat. cap. gen. cist*, 1180, ap. Mart., *Anecd.* IV, 1252.

(5) *Stat. cap. gen. cist.*, 1184, 1185, 1186, ap. Mart., *Anecd.* IV, 1257, 1258, 1260.

décida même que, dans les granges et les celliers où l'on buvait du vin, on n'aurait qu'un plat par jour (1).

La seconde exception était que le maître de la grange ou du cellier, ne pouvant pas accorder de pitance, les *extrà* devaient être beaucoup plus rares dans les granges que dans les abbayes ; quand l'ordinaire ne pouvait suffire à un convers habitant une grange, on lui donnait un supplément de pain (2). L'abbé ou un évêque pouvaient seuls accorder une pitance générale dans une grange ou un cellier. Quand un convers habitant une grange avait besoin d'une pitance pour cause de maladie, il fallait s'adresser à l'abbé ; le maître de la grange avait seulement le droit, en cas d'urgence, d'accorder par provision au malade une pitance pendant trois jours. Pour rendre impossible toute violation indirecte de ces prescriptions, on avait défendu de servir jamais au réfectoire des granges et des celliers ni fromage, ni lait, ni œufs, ni poisson : en un mot, aucun des aliments qui composaient ordinairement les pitances ; à moins que ces aliments n'eussent été envoyés de l'abbaye (3).

La diminution graduelle du nombre des convers força peu à peu, à partir de la seconde moitié du treizième siècle, les abbayes cisterciennes à changer leur mode d'exploitation agricole. On vit successi-

---

(1) *Stat. cap. gen. cist.*, 1195, ap. Mart., *Anecd.* IV, 1284.

(2) *Libellus antiquar. defin. ord. cist.*, Dist., XIV, cap. V, ap. *Nom. cist.*, 575.

(3) *Regul. convers. ord. cist.*, cap. XII, ap. Mart., *Anecd.* IV, 1651.

vement disparaître les communautés de convers établies dans les granges ; des fermiers séculiers les remplacèrent (1), et les Cisterciens, qui avaient commencé par être des cultivateurs priant Dieu, devinrent quelquefois des savants, trop souvent des riches inoccupés mettant leur oisiveté sous la sauvegarde de la prière. Malheureusement cette sauvegarde sainte ne suffisait pas toujours, et de tristes scandales en apportèrent plus d'une fois la preuve.

§ 2. — Granges et Celliers de Clairvaux.

Quatorze divisions du cartulaire de Clairvaux correspondent à autant de grandes exploitations agricoles, douze granges et deux celliers dont nous répéterons les noms :

1. *Grangia abbatiæ.*
2. *Ultra Albam.*
3. *Fravilla.*
4. *Fontarcia.*
5. *Bellus Mons.*
6. *Campigni.*
7. *Borda.*
8. *Moreins.*
9. *Belinfuy.*
10. *Cornai.*
11. *Vallis Rodionis.*
12. *Fenis.*
13. *Columbeium.*
14. *Morval.*

---

(1) *Stat. cap. gen. cist.*, 1261-1262, ap. Mart., *Anecd.* IV, 1418, 1421. — *Libell. antiq. defin. ord. cist.*, Dist. XII, cap. I, ap. *Nom. cist.*, 564.

Nous allons dire quelques mots de chacune d'elles.

La grange de l'abbaye, *Grangia abbatie*, c'est-à-dire celle qui était cultivée par les convers habitant l'abbaye à poste fixe, est évidemment la plus ancienne de toutes; elle remonte à l'origine même de l'abbaye.

Outre-Aube, *Ultra-Albam*, devait son nom à sa situation ; elle était séparée de Clairvaux par la rivière : c'est une des plus anciennes granges de Clairvaux. Dans le Grand Exorde de l'ordre de Cîteaux, on raconte que l'abbé Henri, qui administra de 1176 à 1179, y travaillait un jour à la fenaison, ce qui fut l'occasion d'un évènement légendaire que nous avons rapporté ailleurs (1). Il est question pour la première fois du maître de la grange d'Outre-Aube, en 1198 (2). Cette fonction était remplie par un frère nommé Pierre, en 1202 (3), et par un frère nommé Garnier, en 1223 et en 1228 (4). Le plan de la grange d'Outre-Aube figure dans le plan général de l'abbaye de Clairvaux, dressé par Nicolas Milley en 1708. L'enclos, de forme irrégulière, avait 300 mètres de long sur 200 dans sa plus grande largeur; il renfermait un jardin, un verger, et de vastes bâtiments d'habitation et d'exploitation. Outre-Aube est aujourd'hui une ferme dépendant de la commune de Longchamp (Aube).

---

(1) P. 172-173. Cf. *Exord. magn. ord. cist.*, Dist. II, cap. XXIX, ap. *Bibl. patr. cist.*, I, 73.

(2) *Ultra Albam*, XLVII.

(3) *Bellus Mons*, XXIII.

(4) *Belinfay*, XLIII, et *Ultra Albam*, XCVII.

Fraville, *Fravilla*. Son existence, en 1147, est prouvée par une charte de cette date, où l'on donne à Clairvaux une pièce de terre située près la grange de Fraville (1). Fraville est aujourd'hui une ferme de la commune d'Arconville (Aube).

Fontarce, *Fontarcia*, avait déjà une communauté de convers de Clairvaux au temps de saint Bernard. Ils eurent longtemps chez eux un sourd et muet auquel l'illustre abbé rendit la parole et l'ouïe (2). Il est aussi question de cette grange dans deux chartes, l'une de 1164, et l'autre de 1179 (3). Le maître, qui administrait en 1216, s'appelait Henri (4). Fontarce, qui doit son nom à sa situation, se trouve à la source de l'Arce, sur le finage de Vitry-le-Croisé (Aube).

Beaumont, *Bellus-Mons*. La première mention précise que nous ayons de cette grange remonte à l'année 1200. Un frère, nommé Henri, en était maître (5). Il conservait encore ces fonctions en 1201 (6). Beaumont est aujourd'hui une ferme située partie sur le finage de Cunfin, et partie sur celui de Riel-les-Eaux, sur la ligne séparative des départements de l'Aube et de la Côte-d'Or.

Champigny, anciennement *Campaniacum* ou *Campigni*. Il est question pour la première fois de cette

---

(1) *Fravilla*, I.
(2) *Vita S. Bern. abb.*, lib. VI, cap. XIV, ap. Mabill., *S. Bern. opp.*, vol. II, col. 1186.
(3) *Fontarcia*, XVI-XV.
(4) *Wangionis Rivi*, XXIX.
(5) *Bellus Mons*, VII.
(6) *Pasture*, XIII.

grange en 1210 (1). Foulques en était maître en 1224 (2), et Frocon en 1239 (3). Champigny est actuellement une ferme qui se trouve sur le territoire de la commune de Riel-les-Eaux (Côte-d'Or).

La Borde, *Borda*. Les plus anciens textes qui établissent l'existence de cette grange datent de 1221. Alors le maître de cette grange s'appelait Pierre (4). La Borde est maintenant une ferme dépendant de la commune de Bayel (Aube).

Moreins, *domus de Moreins*, appartint d'abord à l'abbaye de Saint-Bénigne, de Dijon, qui la vendit à la comtesse de Champagne Blanche de Navarre, en 1207, et Blanche la donna à l'abbaye de Clairvaux la même année, en s'en réservant l'usufruit qu'elle abandonna en 1217 (5). Un convers, nommé Everard, était maître de la grange de Moreins en 1222 (6). La ferme de Moreins est située sur le finage de Monterie (Haute-Marne).

Blinfeix, autrefois *Belinfay*, vendu par l'abbaye de Beaulieu à Clairvaux en 1196 (7) pour 500 livres, ou 10130 fr. au pouvoir de 60780 fr. Nous connaissons les noms de plusieurs maîtres de cette grange : Lam-

---

(1) *Elemosine*, LXV.
(2) *Campigni*, LXVIII.
(3) *Campigni*, LXIIII.
(4) *Borda*, XVII.
(5) *Moreins*, I à IIII.
(6) *Moreins*, IX.
(7) *Belinfay*, VIII, X, XI, XIII.
(8) *Pasture*, XXIV, XXXVII, et *Cornay*, XXV.

bert, en 1202 (8); Huon, en 1208 (1); Jean, en 1209 (2); Etienne, en 1213 (3); Girard, en 1222 et 1223 (4). Bleinfeix est aujourd'hui une ferme située sur le finage de Burreville (Haute-Marne).

Cornet, autrefois *Cornaium* ou *Cornai*. Cette grange parait pour la première fois dans une charte de 1190 (5). Frère Garnier y était maître en 1200 (6), et frère Constance en 1225 (7). On trouve encore la ferme de Cornet sur le finage de Saulcy (Aube).

Le Val Rognon, *Vallis Rodionis*. On désignait ainsi l'ensemble des propriétés appartenant à Clairvaux, dans la vallée arrosée par le Rognon, petite rivière qui passe à Andelot, à Doulaincourt, et qui se jette dans la Marne, près de Donjeux. La grange était située à Doulaincourt. Il en est question dans une charte de 1225, par laquelle l'abbaye de Clairvaux en donna la jouissance à Morel, curé de Mussey (Haute-Marne), arrondissement de Vassy, canton de Doulaincourt. On y voit qu'il dépendait de cette grange la terre nécessaire pour une charrue, et qu'il s'y trouvait en ce moment, en fait d'animaux, huit bœufs, un cheval et trente brebis (8).

Fenus, anciennement *Fenis*, fut donnée à l'abbaye de Clairvaux en 1204, par Isabelle, dame de Chape-

---

(1) *Belinfay*, XXIX.
(2) *Belinfay*, LX.
(3) *Belinfay*, LXII.
(4) *Belinfay*, XLII, XLIII.
(5) *Cornai*, I.
(6) *Cornai*, XIII.
(7) *Cornai*, LXVIII.
(8) *Porta*, XIV.

laine (1). En 1210, Jean, comte de Brienne, qui fut plus tard roi de Jérusalem, lui accorda un droit d'usage dans ses bois (2). Fenus est aujourd'hui un hameau situé sur le finage de Dosnon (Aube). Fenus était la grange de Clairvaux la plus éloignée de l'abbaye, la distance est au moins de 70 kilomètres. Il devait être bien incommode, pour les convers, d'aller si loin remplir leurs devoirs religieux. Doulaincourt se trouve à 50 kilomètres, et les autres granges étaient situées dans un rayon de 30 kilomètres environ de l'abbaye.

Colombé, *Columbeium*, n'était pas une grange comme les établissements dont nous venons de parler, ou dont nous allons parler encore : c'était un cellier, *cellarium*. Les restes qui en subsistent encore aujourd'hui sur le territoire et près du village de Colombé-le-Sec (Aube), sont toujours connus sous le nom de cellier. Le cellier de Colombé était le principal centre de l'exploitation vinicole de l'abbaye. Frère Everard en était maître en 1202 (3), frère Martin en 1222 (4), et frère Girard en 1250 (5).

Morvaux, autrefois *Morval*, second cellier de Clairvaux, avait pour maître, en 1203, un frère G..., qui figure dans une charte de notre cartulaire (6). Eudes était maître de Morvaux en 1218 (7). Ancher l'avait

---

(1) *Fenis*, I, II.
(2) *Fenis*, V.
(3) *Cornai*, XXV.
(4) *Columbeium*, IV.
(5) *Columbeium*, XCII.
(6) *Pasture*, XXXVI.
(7) *Morval*, XIV.

remplacé en 1222 (1). Morvaux était situé sur le finage de Baroville (Aube).

Outre ces établissements agricoles principaux, l'abbaye de Clairvaux en possédait quelques autres d'ordre secondaire qui n'ont été l'objet d'aucune section spéciale du cartulaire, et qui étaient probablement des dépendances des grandes exploitations par lesquelles nous avons commencé. Nous en connaissons six, situées dans les localités suivantes :

Autreville.
Baroville.
Gillancourt.
Gomméville.
Leschères
Et Cirfontaine.

Il est question pour la première fois de la grange d'Autreville, *Altera-villa*, dans une charte de 1206 (2). Une charte de 1225 nous apprend que les moines de Clairvaux y devaient une rente de vingt sols de Provins, et d'un muid d'avoine (3), qui fut rachetée en 1232 (4). Autreville est une commune du département de la Haute-Marne.

La grange de Baroville, *Barrivilla* (Aube), existait en 1217. Cette grange, et une maison qui en dépendait, était alors détenue à titre d'usufruit par Payen, chanoine de Langres, curé du lieu (5).

---

(1) *Columbeium*, IV.
(2) *Moreins*, LXXXVI.
(3) *Moreins*, XLIV.
(4) *Moreins*, XXXIX.
(5) *Fravilla*, XXIX.

A Gillancourt, *Gillancurt*, l'abbaye de Clairvaux avait une grange où elle serrait ses dîmes, et un convers y restait attaché après la moisson pour surveiller le battage du blé et pour le garder jusqu'à l'enlèvement (1). Gillancourt est un village de la Haute-Marne.

Il est question, en 1213, de la maison de Clairvaux à Gomméville, *Gommevilla* (Côte-d'Or) (2). Une charte de 1231 nous apprend que c'était un des trois celliers de Clairvaux (3).

Deux granges situées à Leschères (Haute-Marne), et appartenant à Clairvaux, sont mentionnées en 1249 et en 1250 (4).

Une charte de 1241 nous apprend que les moines de Clairvaux avaient bâti une grange dans un terrain leur appartenant à Cirfontaine, *Syrofons* ou *Sirusfons* (Haute-Marne) (5). Une autre charte, datée de 1250, parle également de cette grange (6).

On remarquera que ces six derniers établissements sont tous situés dans des villages. Il était contraire aux principes de l'ordre de Cîteaux d'avoir des établissements dans des lieux habités. Voilà pourquoi les cinq granges et le cellier dont nous venons de parler ont toujours eu moins d'importance que les douze granges et les deux celliers par lesquels nous avons commencé.

---

(1) *Moreins*, LXXXIV.
(2) *Campigni*, XLVI.
(3) *Comitum Campanie*, XX.
(4) *Belinfay*, CIX, CX.
(5) *Ultra Albam*, CLIII.
(6) *Ultra Albam*, CLXXII.

Outre ces établissements agricoles, l'abbaye de Clairvaux avait deux forges, une à Clairvaux même, l'autre à Vassy ; et des maisons d'habitation à Dijon, à Bar-sur-Aube, à Nogent, à Provins et à Troyes, pour loger ceux de ses religieux qui pouvaient avoir affaire dans ces villes. Nous devons, pour être complet, ajouter le collége fondé par elle à Paris.

La maison de Dijon, destinée à recevoir les abbés quand ils se rendaient au Chapitre général, avait des dépendances considérables dont l'administration exigeait la présence à poste fixe de plusieurs religieux. Un convers, nommé Eudes, était maître de la maison de Dijon en 1208 (1).

La forge de Vassy avait été donnée par le comte de Champagne, Henri Ier, en 1157 (2). Il est question, en 1235, du maître placé à la tête des convers établis dans cette maison (3).

CHAPITRE V.

OPÉRATIONS QUASI-COMMERCIALES DES CISTERCIENS.

La nécessité où se trouvaient les monastères cisterciens d'écouler ceux de leurs produits qui étaient inutiles à leur consommation, et d'acquérir les objets utiles ou indispensables qu'ils ne produisaient point,

---

(1) *Divio*, XV, XVI. — Voir aussi sur cette maison plus haut, p. 165, et *Stat. cap. gen. cist.*, 1195, ap. Mart., *Anecd.* IV, 1286.
(2) *Forgie*, I.
(3) *Forgie*, IX.

les entraînait forcément, au moyen-âge, à des opérations dont un propriétaire aujourd'hui peut se décharger sur d'autres, et qui nous paraîtraient inconvenantes chez des religieux. L'habitude des spécialités est entrée dans nos mœurs, le commerce a pris, depuis plusieurs siècles, un immense développement ; par conséquent, le nombre des hommes qui s'adonnent spécialement au commerce est bien plus considérable aujourd'hui qu'au moyen-âge. La création à poste fixe d'établissements commerciaux, dans les plus petits centres de population, rapproche du consommateur les objets qu'il eût été autrefois obligé d'aller chercher à de grandes distances ; la facilité des correspondances écrites et la multiplication des commis-voyageurs supplée à l'insuffisance des dépôts de marchandises qui existent dans les petites localités. Il n'est plus besoin d'aller aux foires chercher ces marchandises. Réciproquement le producteur peut écouler ses produits sans aller lui-même en faire l'offre au consommateur. Une classe tout entière d'hommes existe, dont la profession est de servir d'intermédiaire entre le producteur et le consommateur. On voit aujourd'hui les marchands de bestiaux, de laines, de grains, d'huiles, parcourir les campagnes; ils épargnent aux populations agricoles la peine de placer elles-mêmes la partie de leurs produits qui excède les besoins de la consommation locale.

Au moyen-âge, la situation était toute autre. Les commerçants, très-peu nombreux, étaient obligés de se restreindre à un très-petit nombre d'opérations. Ces opérations consistaient à acheter et à vendre à des époques, et dans quelques localités désignées par l'usage, les marchandises que les producteurs et les consommateurs apportaient ou venaient demander en personne ; de là, nécessité pour les producteurs et les consommateurs de se déplacer, d'entreprendre souvent de lointains voyages pour se procurer soit l'argent, soit les objets quelconques dont ils avaient besoin.

On trouve donc, dès le xiie siècle, les Cisterciens aux foires comme dans les conseils des rois, dans la chaire des églises, et bientôt dans les sanctuaires de la science sur les bancs des élèves et dans la chaire du professeur. Ils ont leur place marquée dans tous les grands centres de la vie sociale. Nous avons déjà parlé de ce frère Guibert que saint Bernard envoya sans argent acheter du sel à la foire de Reynel (1). La fréquentation des foires était considérée, dans l'ordre de Cîteaux, comme une chose dangereuse ; mais c'était un mal nécessaire dont on devait chercher à prévenir les inconvénients, sans essayer de le faire disparaître. « Il est périlleux, » disent les Instituts du Chapitre général, « et il n'est guère
» honnête pour des religieux de fréquenter les foires ;
» mais, comme notre pauvreté nous oblige de vendre
» ou d'acheter, les abbayes pourront, quand elles
» en éprouveront le besoin, envoyer des religieux
» aux marchés ou aux foires. Cependant la distance
» ne devra pas dépasser trois journées, quatre au
» plus, et le nombre des religieux qui seront en-
» voyés ne sera jamais au-dessus de deux, moines
» ou convers, par abbaye. Il ne faudra jamais passer
» la mer d'Angleterre pour aller à une foire ; ce-

---

(1) P. 283-284. Cf. *S. Bern. vita*, auct. Johanne Eremita, lib. II, ap. Mabill., *S. Bernardi opp.*, vol. II, col. 1285, 1286.

» pendant, si l'abbaye était située près d'un port de
» mer, on pourra, s'il est nécessaire, traverser la
» mer pour faire des achats ou des échanges ; pourvu
» toutefois que dans ce cas on ne se rende pas à une
» foire et qu'on ne s'éloigne pas de plus de deux
» journées du port où l'on abordera. Le moine ou
» le convers de notre ordre qui se trouvera à une
» foire aura soin . . . . de ne pas manger plus
» qu'il n'est convenable pour un religieux cistercien,
» il n'achètera pas de poisson pour lui, il ne cher-
» chera pas les délices, il ne boira de vin que bien
» mélangé d'eau, et il se contentera de deux plats
» par jour. Il n'achètera rien, ni ne vendra rien pour
» les séculiers (1). »

Un statut de 1157 augmente la distance au-delà de laquelle il est défendu d'aller faire des acquisitions aux foires; il permet d'acheter du cuir en foire à plus de quatre journées de marche (2). Les prescriptions qui concernent la distance des foires ne sont pas renouvelées plus tard et paraissent être tombées en désuétude ; les abbés envoyaient leurs religieux acheter et vendre aussi loin que l'intérêt du monastère leur semblait l'exiger.

La plupart des réglements relatifs à la matière qui nous occupe ont pour objet de défendre aux Cisterciens de faire le commerce, c'est-à-dire d'acheter pour revendre, de jouer le rôle de commissionnaires, ou d'augmenter par le travail industriel la valeur de leurs produits agricoles, afin d'en tirer

---

(1) *Instituta cap. gen. cist.*, cap. XLIX, ap. *Nom. cist.*, 260-261.

(2) *Stat. cap. gen. cist.*, 1157, ap. Mart., *Anecd.* IV, 1247.

un profit plus élevé. En effet, le travail industriel qui transforme la nature des produits agricoles et qui en augmente la valeur n'était permis que pour la consommation du couvent. Ainsi les statuts de l'ordre déclarent déshonnête tout échange dans lequel un religieux reçoit des marchandises qu'il revendra plus tard (1), et prohibent la vente des cuirs provenant des tanneries de l'ordre (2). En 1214, deux abbés sont chargés de faire une enquête pour s'assurer s'il est vrai que des convers d'Angleterre achètent de la laine pour la revendre plus cher (3). En 1235, il est fait défense d'échanger contre du blé le pain cuit dans les maisons de l'ordre (4). En 1270, défense d'acheter du vin pour le revendre à un prix plus élevé (5).

La vente en détail des produits était également interdite. Spécialement la vente du vin au cabaret ou *au broc*, par les religieux cisterciens ou par un séculier commissionné par eux, est formellement prohibée par les Instituts du Chapitre général. Un statut de 1182 permet de vendre en gros du vin à un séculier qui, à son tour, vendra ce vin au broc dans un bâtiment dépendant du monastère, mais situé à l'extérieur (6). Cette décision fut renouvelée en 1183 (7). On y ajouta, en 1186, que la célébra-

---

(1) *Stat. cap. gen. cist.*, 1157, ap. Mart., *Anecd.* IV, 1240.
(2) *Stat. cap. gen. cist.*, 1157, ap. Mart., *Anecd.* IV, 1247.
(3) *Stat. cap. gen. cist.*, 1214, ap. Mart., *Anecd.* IV, 1313.
(4) *Stat. cap. gen. cist.*, 1235, ap. Mart., *Anecd.* IV, 1361.
(5) *Stat. cap. gen. cist.*, 1270, ap. Mart., *Anecd.* IV, 1453.
(6) *Stat. cap. gen. cist.*, 1182, ap. Mart., *Anecd.* IV, 1254.
(7) *Stat. cap. gen. cist.*, 1183, ap. Mart., *Anecd.* IV, 1255.

tion de la messe serait interdite dans tout monastère à l'intérieur duquel cette vente en détail aurait lieu (1). Les débits de vin établis par les monastères cisterciens paraissent être devenus assez nombreux dans les siècles suivants, on les appelait tavernes, en latin *tabernæ*, comme tous les autres cabarets du temps. Un statut de 1270 défend d'y admettre les femmes et les joueurs ; il défend aussi de louer des maisons dans les villes, et notamment à Paris, pour en établir. Il est bien entendu que les Cisterciens ne pouvaient y mettre en vente que les vins de leur crû (2). Mais malgré tous ces réglements, nous ne pouvons nous empêcher de déplorer la faiblesse du Chapitre général, et de regretter que l'amour du gain ait pu faire perdre à ce point le sentiment des convenances à un ordre qui a produit tant de grands hommes et de saints.

Le malheur des Cisterciens a été de s'occuper trop des intérêts matériels de leur ordre, oubliant ainsi le but exclusivement spirituel que s'étaient proposé leurs premiers patriarches, et ces grands intérêts moraux et religieux qui étaient la seule raison d'être de leur institut. Leurs contemporains du XIIIe siècle voyaient bien la grandeur du mal et ne se gênaient pas pour en dire leur façon de penser, comme nous l'apprend la légende suivante, rapportée par Césaire :

« Il y a dans la ville de Cologne, » dit cet écrivain, « un étudiant âgé de quatorze ans à peine, fils d'un

---

(1) *Stat. cap. gen. cist.*, 1116, ap. Mart., *Anecd.* IV, 1259.
(2) *Stat. cap. gen. cist.*, 1270, ap. Mart., *Anecd.* IV, 1433.

» bourgeois du lieu, et chanoine de Notre-Dame du
» Capitole. Il aimait beaucoup les Cisterciens. Cette
» année les navires de l'ordre n'osèrent, crainte des
» pirates, dépasser la Zélande, et le bruit se répan-
» dit à Cologne qu'ils avaient tous été pris. Des gens
» disaient : « C'est bien fait; ces moines sont avares,
» ils sont marchands; Dieu ne peut supporter leur
» avarice. » Ces paroles montèrent la tête du jeune
» homme. Il conçut une telle haine contre l'ordre,
» qu'il parlait mal de l'état religieux en général, et
» ne pouvait apercevoir un moine ou un convers
» sans les regarder de travers. Une nuit, pendant
» qu'il dormait, il lui sembla être assis devant l'image
» de la mère de Dieu. Elle le regardait d'un air sé-
» vère; lui tremblait. Elle détourna le visage : « Mé-
» chant enfant, » lui dit-elle, « vous déchirez par
» des médisances et des calomnies les meilleurs amis
» que j'aie au monde. » Il comprit bien ce que cela
» voulait dire, la crainte le réveilla et la grâce de la
» bienheureuse mère de Dieu lui ralluma dans le
» cœur cet amour, alors éteint, qu'il avait eu aupa-
» ravant pour les Cisterciens (1). »

Quelle misérable réponse à des attaques malheureusement trop fondées ! Combien Césaire est loin de saint Bernard, et quelle honteuse décadence en moins d'un siècle ! Quelles tristes imaginations que ces rêves où la Vierge, qui avait honoré de son patronnage les austères débuts de Cîteaux, devient complice des égarements de ses anciens protégés !

---

(1) *Cæsarii Dialog. miracul.*, Dist. VII, c. 40, ap. *Bibl. patr. cist.*, II, 213.

Les opérations quasi-commerciales des abbayes cisterciennes étaient encouragées par de nombreux priviléges accordés tant par les souverains que par une foule de seigneurs féodaux. Au moyen-âge, le transit des marchandises était frappé de droits excessivement multipliés, il n'y avait pas de petit baron qui ne s'en fît payer : on retrouve partout ces droits, et, sous les noms de péage, de rouage, de portage, d'entrage, ils frappent toute espèce de marchandise, par quelque mode de locomotion qu'elles soient transportées. Primitivement, ces droits atteignaient tout le monde. Au treizième siècle, on voit s'établir l'usage que les nobles, les clercs et les religieux, ne faisant point le commerce, en sont exempts (1). Une bulle du pape Alexandre IV, datée du 7 octobre 1256, érige cet usage en règle au profit de l'ordre de Cîteaux (2). Cette exemption générale s'était consacrée peu à peu; elle était le résultat de la multiplication des exemptions particulières accordées par les rois et les barons.

On trouve, dans le *Cartulaire de Clairvaux*, 40 chartes contenant les priviléges de ce genre; elles forment un chapitre particulier intitulé *Pedagia*.

Cinq de ces chartes sont émanées du roi Louis VII, 1163 (3).

Deux de l'empereur Frédéric Barbarousse, 1159 et 1177-1186 (4).

---

(1) Beaumanoir, ch. XXX, § 69 ; Ed. Beugnot, t. I, p. 434.
(2) Original, *Arch. de l'Aube*.
(3) *Pedagia*, I à V.
(4) *Pedagia*, XIV et XV.

Une de l'empereur Philippe de Souabe, 1207 (1).

Une de Henri II, roi d'Angleterre (2).

Une de Waldemar II, roi de Danemark, 1236 (3).

A ces noms de souverains, nous trouvons juxtaposés ceux de plusieurs ducs et comtes, comme :

Galeran II, comte de Meulan, 1143-1153 (4).

Thibaut V, comte de Blois, 1152-1191 (5).

Louis, son successeur, 1202 (6).

Hugues IV, comte de Saint-Pol, 1203 (7).

Hugues III, duc de Bourgogne, 1165 (8).

Othon de Brunswick, duc de Guyenne et comte de Poitiers, 1196-1198 (9).

Thibaut I, comte de Bar-le-Duc et de Luxembourg, mort en 1214 (10).

Conon, comte de Soissons, 1178-1179 (11).

Léopold V, duc d'Autriche, 1177-1194 (12).

Léopold VI, 1197-1230 (13).

---

(1) *Pedagia*, XIII.

(2) *Pedagia*, XII. Imprimée dans Vallet de Viriville, *Archives historiques de l'Aube*, 247.

(3) *Pedagia*, XLIV, confirmée par Eric VI, en 1288. Voir Vallet de Viriville, *Arch. hist. de l'Aube*, p. 248-249.

(4) *Pedagia*, X.

(5) *Pedagia*, XVI et XVII.

(6) *Pedagia*, XVIII.

(7) *Pedagia*, XIX.

(8) *Pedagia*, XX.

(9) *Pedagia*, XXI.

(10) *Pedagia*, XXII.

(11) *Pedagia*, XXIII.

(12) *Pedagia*, XXV, deux chartes.

(13) *Pedagia*, XXV, une charte.

Conrad de Souabe, comte palatin du Rhin, 1156-1195 (1).

Agnès, comtesse douairière de Bar-le-Duc, après 1170 (2).

Simon II, duc de Lorraine, 1186 (3).

Guichard, ou Robert Guiscard, comte de Roucy, 1179 (4).

Raoul, comte de Vermandois, 1115-1168 (5).

Nous signalerons également :

Un évêque de Passau (6).

Un évêque de Wurtsbourg (7).

Un archevêque de Mayence (8).

D'autres documents nous donnent les noms de Philippe-Auguste, 1221 (9); de saint Louis (10); de Hugues, comte de Vaudémont, 1198 (11); de Henri-le-Libéral, comte de Champagne, 1154 (12); de Geoffroi, vicomte de Marseille, 1179-1190 (13).

---

(1) *Pedagia*, XXVI.
(2) *Pedagia*, XXXII.
(3) *Pedagia*, XXXVII.
(4) *Pedagia*, XL.
(5) *Pedagia*, XLI. Cette charte, n'étant point datée, nous ne savons s'il s'agit de Raoul I ou de Raoul II.
(6) *Pedagia*, XXXIII.
(7) *Pedagia*, XXXV.
(8) *Pedagia*, XXXVI.
(9) La charte de Philippe-Auguste a été imprimée plusieurs fois. Voir Delisle, *Catalogue des actes de Philippe-Auguste*, p. 465.
(10) Voir une charte du prévôt de Paris, 1261, orig. *Arch. de l'Aube*.
(11) Original, *Arch. de l'Aube*, et *Marsal*, XVII.
(12) *Comitum Campanie*, VI.
(13) A. Vallet de Viriville, *Arch. hist. de l'Aube*, p. 400-401.

Cette liste nous montre à quelle distance l'abbaye de Clairvaux étendait ses opérations. Elle nous prouve en même temps combien était générale la faveur dont jouissaient, au XIIe et au XIIIe siècle, les établissements monastiques.

Ce genre de privilége exposait à un danger sérieux ceux qui l'accordaient.

Dans un statut du Chapitre général de Citeaux, en 1210, il est question d'un convers chargé d'acheter des cuirs pour son abbaye, et qui achetait aussi des cuirs pour des séculiers ; en sorte que le tout passait sous le couvert de l'ordre de Citeaux, et se trouvait ainsi exempt de péage et des autres droits de transit. Cette fraude devait être facile, et par conséquent tentée souvent. Le Chapitre général chargea l'abbé de Morimond de faire une enquête ; elle l'investit en même temps du pouvoir de punir les infractions à la règle, s'il y avait lieu (1).

---

(1) *Stat. cap. gen. cist.*, 1210, ap. Mart., *Anecd.* IV, 1308.

APPENDICE.

I.

DESCRIPTION DE CLAIRVAUX AU XIIIe SIÈCLE,

Par un contemporain (1).

Si vous désirez connaître le site de Clairvaux, que cet écrit, comme un miroir, vous en représente l'image. Deux montagnes commencent non loin de l'abbaye. Une vallée étroite les sépare d'abord ; ensuite, plus on approche de l'abbaye, plus cette gorge s'élargit (2) : l'une de ces montagnes domine la moitié d'un des côtés du monastère, l'autre montagne la totalité du côté opposé. L'une de ces montagnes est féconde en vignes, l'autre fertile en céréales : toutes deux agréables à la vue, toutes deux également utiles aux habitants de l'abbaye, puisqu'ils trouvent leur nourriture sur les flancs et les pentes élevées de l'une, leur boisson sur ceux de l'autre. Sur les sommets, il y a pour les moines matière à un travail fré-

---

(1) Mabillon, *S. Bern. opp.*, II, 1306-1309.

(2) Le voyageur est censé venir de Bar-sur-Aube par l'ancienne route qui passait à Baroville, traversait la forêt et arrivait directement à la façade occidentale de l'abbaye. Maintenant la route comme le chemin de fer suivent la vallée de l'Aube qui est à l'orient de l'abbaye, et il faut faire le tour de l'enclos pour atteindre la façade.

quent, agréable, et dont le repos vient doubler le charme. Ils ramassent les branches mortes et en font des fagots pour brûler. Ils extirpent et préparent pour le feu ces affreux arbustes qui ne sont propres à aucun autre usage ; ils déracinent les ronces et les épines, ils arrachent, détruisent, et, pour parler comme Salomon, ruinent les plantes bâtardes qui arrêtent la croissance des arbres en enlaçant leurs rameaux ou en pénétrant jusqu'à leurs racines. Ils abattent les obstacles qui empêcheraient le dur chêne d'adresser aux astres le salut de sa tête majestueuse, le tendre tilleul de déployer ses bras, le frêne flexible d'élever librement vers le ciel sa tige qui se fend si facilement, et le hêtre d'étendre largement son branchage touffu.

Derrière l'abbaye se trouve un terrain plat et large en grande partie compris au-dedans du mur, dont le vaste circuit marque l'enceinte de l'établissement. Là se trouvent réunis dans la clôture de l'abbaye des arbres nombreux et variés, féconds en fruits de différentes sortes : c'est un verger pareil à un bois. Voisin de l'infirmerie, il procure aux frères malades un grand soulagement ; quand ils veulent prendre un peu d'exercice, ils y trouvent une vaste promenade ; et quand ils sont fatigués, un doux lieu de repos. On les voit assis sur un vert gazon ; et quand l'impitoyable canicule dessèche la terre par les rayons d'un astre inhumain, eux trouvent, dans l'ombre qui les cache, un sûr abri contre la chaleur du jour, et le feuillage des arbres tempère pour eux l'ardeur du soleil ; enfin, pour soulager leurs souffrances, l'odeur des fleurs champêtres vient flatter leur odorat. Leurs yeux sont charmés par l'agréable verdeur des herbes et des arbres ; ils voient croître suspendus devant eux des fruits sans nombre et délicieux. Ils peuvent dire avec raison, comme l'Ecriture : C'est à l'ombre désirée de cet arbre que je me suis assis, et son fruit est doux à ma bouche. Des oiseaux de diverses couleurs égaient les oreilles par le charmant concert de leurs chants. Un homme, attaqué d'une seule maladie, reçoit de la bonté divine en ce séjour une foule de soulagements. Le ciel lui adresse un sourire serein ; la terre ne respire que fécondité ; et lui, du regard, de l'ouïe, de l'odorat, hume, en couleurs, musique et parfums, ce qu'il y a de plus délicieux.

Là où finit le verger commence le jardin, partagé en carreaux, dont les limites sont tracées par de petits ruisseaux. L'eau paraît dormir ; cependant elle coule, quoique lentement. C'est un beau spectacle pour les frères malades, assis sur les bords verdoyants de ces canaux profonds : ils voient, sous l'onde limpide, les poissons se jouer, nageant à la rencontre les uns des autres comme deux armées qui vont s'entre-choquer. Cette eau sert à deux usages, nourrir des poissons, arroser les légumes. Le cours infatigable de l'Aube, fleuve au nom fameux, la fournit. Un bras de cette rivière, traversant les nombreux ateliers de l'abbaye, se fait partout bénir par les services qu'il rend. L'Aube y monte par un grand travail ; et s' elle n'y arrive pas tout entière, du moins elle n'y reste pas oisive. Un lit, dont les courbes coupent en deux le milieu de la vallée, a été creusé non par la nature, mais par l'industrie des moines. Par cette voie, l'Aube transmet une moitié d'elle-même à l'abbaye, comme pour saluer les religieux et l'excuser de n'être pas venue tout entière, puisqu'elle n'a pu trouver un canal assez large pour la contenir.

Quand parfois le fleuve débordé précipite hors de ses limites ordinaires une eau trop abondante, il est repoussé par un mur qui lui est opposé, et sous lequel il est forcé de couler; alors il retourne sur lui-même, et l'onde qui suivait son ancien cours accueille de ses embrassements l'onde qui reflue. Cependant, admis dans l'abbaye autant que le mur, faisant fonction de portier, le permet, le fleuve s'élance d'abord avec impétuosité dans le moulin, où il est très-affairé et se donne beaucoup de mouvement, tant pour broyer le froment sous le poids des meules, que pour agiter le crible fin qui sépare la farine du son.

Le voici déjà dans l'édifice voisin; il remplit la chaudière et s'abandonne au feu qui le cuit pour préparer une boisson aux moines, si par hasard la vigne a donné à l'industrie du vigneron la mauvaise réponse de la stérilité, et si, le sang de la grappe faisant défaut, il a fallu y suppléer par la fille de l'épi (1). Mais le fleuve ne se tient pas pour quitte. Les foulons, établis près du moulin, l'appellent à eux. Il s'est occupé dans le moulin de préparer la nourriture des frères; on est donc fondé en raison pour exiger que maintenant il songe à leur habillement. Il ne contredit pas et ne refuse rien de ce qu'on lui demande. Il élève ou abaisse alternativement ces lourds pilons, ces maillets, si vous préférez, ou pour mieux dire ces *pieds de bois* (car ce nom

---

(1) C'est-à-dire s'il faut boire de la bière au lieu de vin.

exprime plus exactement le travail sautillant des foulons), il épargne aux foulons une grande fatigue. Dieu bon! que de consolations vous accordez à vos pauvres serviteurs pour empêcher qu'une tristesse trop grande ne les accable! Combien vous allégez les peines de vos enfants qui font pénitence, et comme vous leur évitez la surcharge du travail! Que de chevaux s'épuiseraient, combien d'hommes se fatigueraient les bras dans des travaux que fait pour nous, sans aucun travail de notre part, ce fleuve si gracieux auquel nous devons et nos vêtements et notre nourriture! Il combine ses efforts avec les nôtres, et après avoir supporté la pénible chaleur du jour, il n'attend de son labeur qu'une seule récompense : c'est la permission de s'en aller libre après avoir soigneusement accompli tout ce qu'on lui a demandé. Quand il fait tourner d'un tournoiement accéléré tant de roues rapides, il sort en écumant; on dirait qu'il est moulu lui-même et qu'il devient plus mou.

Au sortir de là il entre dans la tannerie où, pour préparer les matières nécessaires à la chaussure des frères, il montre autant d'activité que de soin; puis il se partage en une foule de petits bras, et va dans sa course officieuse visiter les différents services, cherchant diligemment partout ceux qui ont besoin de son ministère pour quelque objet que ce soit, qu'il s'agisse de cuire, tamiser, tourner, broyer, arroser, laver ou moudre; offrant son concours, ne le refusant jamais. Enfin, pour qu'il n'y ait aucun remerciement qui ne lui soit du, pour ne laisser aucune de ses œuvres incomplètes, il emporte les immondices et laisse tout propre derrière lui.

Le bras dérivé dans l'abbaye a donc vigoureusement terminé tout ce qu'il était venu faire; d'un cours rapide il va regagner l'Aube; il la remercie au nom de Clairvaux de tous ses bienfaits, et à son salut rend le salut qu'elle mérite. Aussitôt il lui verse dans le sein les eaux qu'elle nous avait données; de deux fleuves il n'y en a plus qu'un. Il ne reste plus de traces de leur séparation. L'Aube, d'abord appauvrie et paresseuse dans son ancien lit, précipite sa course un instant ralentie.

Mais, après avoir rendu à son cours naturel le grand bras dérivé, revenons aux petits ruisseaux que nous avons laissés derrière nous, et qui, détournés du fleuve, serpentent çà et là dans les prés pour enivrer la terre, la pénétrer et faire sortir les germes de son sein. Lorsqu'au printemps elle s'entr'ouvre dans le travail de l'enfantement, ils empêchent le gazon renaissant de se flétrir faute d'eau; la prairie, suffisamment alimentée par les bienfaits d'un soleil ami, n'a pas besoin d'aller mendier aux nuages leurs gouttelettes. Ces ruisseaux, ces minces filets d'eau, après avoir rempli leurs fonctions, sont absorbés par le fleuve qui les avait versés hors de son lit; déjà l'Aube qui a réuni toutes ses ondes se précipite et suit la pente, d'un cours rapide. Mais comme nous l'avons conduit assez loin, et qu'elle, selon Salomon, retourne à son lieu, nous aussi retournons à notre point de départ, et traversons en quelques mots la vaste plaine de la prairie.

Cette prairie a un charme puissant qui peut beaucoup, pour le soulagement des âmes fatiguées, pour chasser les chagrins et l'inquiétude, pour allumer le feu de la dévotion chez ceux qui cherchent

Dieu, pour nous rappeler cette douceur d'en-haut vers laquelle nous soupirons. Le visage riant de la terre réjouit nos yeux par ses couleurs multiples et par sa verdoyante peinture : les doux parfums que nous respirons charment notre odorat. Mais quand je vois des fleurs, quand je sens l'odeur des fleurs, la prairie me rappelle l'histoire des anciens. Ces délicieuses exhalaisons qui me pénètrent rendent présent à mon esprit le parfum des vêtements du patriarche Jacob, comparé jadis à celui d'un champ couvert de sa récolte. Lorsque la couleur des fleurs me repose la vue, je me rappelle qu'elles ont été mises au-dessus de la pourpre de Salomon, qui, dans toute sa gloire, ne put égaler la beauté du lis des champs quoiqu'il joignît la science à la sagesse, et que de nombreux sujets fussent soumis à sa puissance. Ainsi, pendant que je jouis des bienfaits extérieurs, je me délecte intérieurement d'un mystère caché. Cette prairie est arrosée par le fleuve qui coule au milieu : l'herbe dont les racines sont abreuvées par l'humidité n'a rien à craindre quand l'été vient. L'étendue de cette prairie est si grande que, lorsque sa toison verte une fois tondue a été desséchée et jaunie par la chaleur brûlante du soleil, il y a là pour le couvent deux jours de fatigue. Ce ne sont pas les moines seuls qui font ce travail ; avec les moines, une multitude de convers, d'oblats, de mercenaires, ramassent les herbes coupées. On pourrait comparer le sol à une tête rasée, dont le râteau comme un peigne aux dents clairsemées enlèverait la dépouille.

Cette prairie est partagée entre deux granges. Pour prévenir entre elles toute contestation, l'Aube, juge et arpenteur nouveau, s'est approchée, et assignant à chacune sa part, s'est placée elle-même entre deux comme une limite que jamais ni l'une ni l'autre n'oserait dépasser pour envahir le domaine de sa sœur. Vous prendriez ces granges non pour des habitations de convers, mais pour des cloîtres de moines, si deux circonstances ne faisaient cesser l'illusion. D'abord les bœufs sous le joug, les charrues, les autres instruments propres à l'agriculture trahissent les habitants de ces lieux; ensuite, on ne s'y occupe pas de l'interprétation des livres.

Dans la partie du pré qui touche au mur de l'abbaye, on a fait de la terre ferme un lac liquide. Autrefois, l'ouvrier haletant y coupait le foin de sa faulx aiguë. Là, maintenant, le frère (1), intendant des eaux de l'abbaye, assis sur le mobile cheval de bois qui le conduit sur la glissante plaine du champ liquide, tient une rame légère comme éperon pour hâter sa course, comme frein pour la diriger. Le filet se déploie sous les ondes pour envelopper le petit poisson. On lui prépare les aliments dont il aime à se nourrir, mais l'hameçon s'y trouve caché et l'imprudent y est pris. Cet exemple nous apprend à mépriser la volupté. Funeste volupté qui s'achète au prix de la douleur! Tout le monde en sait les tristes conséquences; il n'y a d'exception que pour ceux qui n'ont pas commis de péchés ou qui ont fait bonne pénitence de leurs fautes. Daigne le Seigneur éloigner de nous le plaisir à l'entrée duquel est placée la mort! Ce plaisir, selon la parole d'un sage, ressemble à l'abeille qui vole; après avoir répandu son miel agréable, elle s'enfuit, et les cœurs qu'elle a pu

---

(1) Voir plus haut, p. 240.

atteindre restent blessés d'une piqûre qui reste longtemps cuisante. Autour du lac, les bords élevés de sa rive sont reliés par les racines de l'osier qui empêchent la terre fatiguée de céder à la pression de l'eau.

Ainsi, d'une course rapide où je parcours la plaine, ou, haletant, je transporte sur les hauteurs mon corps fatigué; je dépeins tantôt la face empourprée de la prairie peinte de la main même de la Sagesse, tantôt le sommet des monts dont les arbres sont la chevelure. Mais j'entends qu'on m'accuse d'ingratitude : c'est cette source si douce à laquelle j'ai bu tant de fois, et à qui je dois tant de reconnaissance. Mais je l'ai mal récompensée. Elle me rappelle avec reproches qu'elle a souvent servi à éteindre ma soif, qu'elle a humblement lavé non-seulement mes mains, mais mes pieds même. A ses bons offices j'ai répondu par un mauvais traitement : dans ma description je lui ai donné la dernière place, si même je lui ai donné une place. Je dois avouer que je me suis souvenu d'elle trop tard, si je me suis rappelé quelque chose avant elle. Cependant n'ai-je pas une excuse? Elle coule sans mot dire par des canaux souterrains; on n'entend pas même un doux murmure qui fasse soupçonner son passage. Comme les eaux silencieuses de Siloë, elle semble craindre d'être trahie, elle cache partout sa tête, elle évite les regards. Elle n'a voulu se laisser voir que sous l'abri d'un toit; n'ai-je pas dû croire qu'elle voulait rester oubliée? Cette source à sa naissance regarde l'orient, ce qui est, dit-on, l'indice d'une bonne source : au solstice d'été, elle salue la face rose de l'aurore rayonnante vers laquelle elle se trouve tournée. Une cabane, ou pour parler avec plus de respect, un tabernacle petit et beau la couvre et la renferme pour interdire de toutes parts l'entrée aux immondices. Là, où la montagne la verse de son sein, la vallée l'engloutit. Elle naît, meurt, est ensevelie dans le même lieu. Mais ne vous attendez pas à voir renouveler ici le miracle du prophète Jonas. Ne croyez pas qu'elle va rester cachée trois jours et trois nuits. A mille pas de distance, dans le cloître de l'abbaye, elle sort comme ressuscitée des entrailles de la terre, on dirait qu'elle a repris une nouvelle vie; mais elle veut n'être vue que des moines et ne servir qu'à eux, il lui faut à jamais n'avoir d'autre société que celle des saints.

II.

UNE VISITE A CLAIRVAUX,

Le 17 Juillet 1858.

Clairvaux est aujourd'hui à deux kilomètres environ d'une station du chemin de fer de Paris à Mulhouse. La distance de cette station à Paris est de 234 kilomètres. Partant de Paris, on y arrive en sept heures : un parisien qui a vingt-quatre heures à dépenser peut dans cet intervalle se procurer le plaisir d'une visite de dix heures à Clairvaux. Au douzième siècle on ne voyageait pas si vite. En 1147, il fallut deux jours et une nuit à saint Bernard pour le septième de ce parcours (1). Parti de Clairvaux un

---

(1) *Vit. S. Bernardi*, lib. VI, c. 14, ap. Mabill., *S. Bern. opp.*, vol. II, col. 1186-1187.

matin, il passa d'abord à Mondeville (1). De là il gagna Ville-sur-Arce (2), où il coucha. C'est de Ville-sur-Arce que le second jour il gagna Troyes, en laissant Bar-sur-Seine à gauche, et en traversant Bourguignons, Fouchères et Vaudes (3). Il avait fait le premier jour trente kilomètres, et le second trente-cinq. A ne pas aller plus vite, il fallait une quinzaine de jours aux touristes parisiens du douzième siècle qui voulaient visiter Clairvaux.

---

(1) Village aujourd'hui détruit, dont l'église seule subsiste, commune de Champignol, arrondissement et canton de Bar-sur-Aube (Aube).

(2) Aube, arrondissement de Bar-sur-Seine, canton d'Essoyes.

(3) Ces trois localités sont situées dans le département de l'Aube, arrondissement et canton de Bar-sur-Seine.
Ce que nous savons des voyages faits par saint Bernard dans le département de l'Aube, en 1147, est très-intéressant pour l'histoire des voies de communication de ce pays. Se rendant de Châlons-sur-Marne à Clairvaux, saint Bernard suivit une voie romaine signalée dans la Table Théodosienne, et figurée en grande partie dans la carte de Cassini. Il passa en effet à Donnement, Rosnay, Brienne et Bar-sur-Aube, qui sont situés sur cette route. L'auteur, témoin oculaire appelle *strata* le chemin suivi par saint Bernard. On sait que ce terme, au moyen-âge, est souvent employé pour désigner les voies romaines. (Voir *Vita S. Bernardi*, lib. VI, c. 13, apud Mabillon, *S. Bern. opp.*, II, 1185-1186. — Cf. Guignard, ap. Migne, *Patrologie*, t. CLXXXV, col. 1751.) — Le chemin qui conduisit ensuite saint Bernard de Clairvaux à Troyes paraît être celui qu'on fréquentait le plus au douzième et au treizième siècle. De Clairvaux passant par Mondeville, Champignol et la côte de Troprès, on gagnait à Vitry-le-Croisé la vallée de l'Arce, où M. Coutant a signalé les débris d'une voie romaine. Arrivé près du confluent de l'Arce et de la Seine, au sortir de Ville-sur-Arce, on se dirigeait au nord-ouest en suivant la rive droite de la Seine où se trouve Bourguignons. On passait la Seine au pont de Fouchères, et dès-lors, pour atteindre

Monté en wagon à la gare de Troyes à cinq heures du matin, j'en descendais moins de deux heures après, et je voyais se développer devant moi cette vallée à qui ses horreurs sauvages méritèrent, au commencement du douzième siècle, le nom de Vallée-d'Absinthe. Aujourd'hui, c'est une des vues les plus riantes du pays. La saison surtout était favorable. Au fond de la vallée, de vertes prairies et des peupliers semés çà et là; au-dessus, les moissons

---

Troyes, on ne quittait plus la rive gauche de cette rivière. D'abord on se tenait à quelque distance à l'ouest de la route actuelle, qui laisse de côté Vaudes que saint Bernard traversa. Après Vaudes, on passait à Saint-Thibaut, à Vove et à la Cumine; on coupait la route d'aujourd'hui auprès des Maisons-Blanches. Enfin, c'était par Courgerennes, Villepart et Saint-Julien que l'on gagnait la porte méridionale de la cité. La vie de saint Bernard n'est pas le seul témoignage que nous puissions alléguer. En 1206, sept bouchers de Troyes déposent qu'ils ont depuis quarante ans l'habitude de passer à Mondeville et à Champignol avec le bétail acheté par eux aux moines de Clairvaux (*Pedagia*, XLIII). — En 1213, Gui de Chappes constate que l'abbaye de Clairvaux a fourni volontairement des fonds pour la restauration du pont de Fouchères (*Pedagia*, XLV). Pour avoir fait cette dépense, il fallait que les moines y eussent un intérêt évident. Cet intérêt, c'était celui de leurs communications avec les foires de Troyes.

Sortant de Troyes, saint Bernard prend la voie romaine de Troyes à Chartres, dont le tronçon contenu dans le département est désigné depuis longtemps sous le nom de chemin de Troyes à Traînel. Saint Bernard passe à Prunay, Traînel, et de là gagne Etampes par Bray et Montereau (Lib. VI, c. 14, ap. Mabill., *S. Bern. opp.*, col. 1188). — Nous ferons remarquer que Mabillon a défiguré une partie de noms de lieu; qu'il a écrit *Davamant* pour *Donament*, Donnement; *Villa super Arnam*, pour *Villa super Arciam*, Ville-sur-Arce; *Bargonium*, pour *Burgundionum*, Bourguignons; *Wanda*, pour *Wauda*, Vaudes. Mais quand on connaît la géographie locale, ces fautes d'impression se rectifient facilement.

qui commençaient à jaunir; plus haut, des coteaux presqu'à pic couronnés de forêts. Au milieu de ce tableau on aperçoit, à moitié masqué par les arbres, un vaste ensemble de bâtiments que fait ressortir leur teinte grise ou blanchâtre. En approchant, on voit se développer le mur d'enceinte de l'abbaye. C'est celui qui existait déjà au dix-septième et au dix-huitième siècle, et dont l'étendue dépassait de 650 pieds celle des murailles de Chaumont en Bassigny, aujourd'hui chef-lieu du département de la Haute-Marne (1). Au-dessus du mur d'enceinte s'élèvent le premier étage et la toiture des bâtiments claustraux. Si ce n'était le clocher qui a disparu, l'aspect extérieur de l'abbaye serait le même qu'il y a environ un siècle, lorsque les moines de Clairvaux eurent rebâti le monastère que leur avaient laissé leurs prédécesseurs du moyen-âge.

Une jolie route, qui suit les contours du coteau septentrional, mène par une pente douce de la gare à l'abbaye. Bientôt on atteint le mur d'enceinte qu'il faut contourner pendant un quart-d'heure.

Si l'on fait cette courte promenade solitairement et livré à ses pensers; si par une lecture récente on a la mémoire meublée de ces récits du moyen-âge cistercien, que les majestueux in-folios des Bénédictins du dix-septième et du dix-huitième siècle ont transmis jusqu'à nous; si, traversant cette vallée célèbre qui a été le témoin de tant de grandes choses, on laisse son imagination par un élan créateur de sa nature rendre la vie aux morts illustres qui ont

---

(1) Vallet de Viriville, *Arch. hist. de l'Aube*, p. 277.

habité cet asile de paix, qui ont cru y reposer entourés de prières jusqu'au jour de la résurrection, et dont les cendres sont maintenant abandonnées sans prières ou même dispersées, on peut être un instant en proie à une illusion : on se croit reporté à un autre âge. Les lieux n'ont pas changé, l'édifice est presque le même : il semble le voir encore peuplé de ces moines austères vêtus de longues robes grises comme d'autant de linceuls, et qui, morts au monde, savaient trouver à Clairvaux, dans le travail, la méditation et la pénitence, une seconde vie plus belle et plus douce que la première, un avant-goût des joies du paradis.

Mais voici la porte d'entrée, un soldat de ligne en faction, l'arme au bras, me tire de ma rêverie. Sur le seuil, je suis arrêté par un concierge en uniforme, derrière lequel je vois, en arrière-plan, dans sa loge, une femme et des enfants. En face de moi, dans la basse-cour qui précède les bâtiments claustraux, se développe sur trois rangs la garnison qui fait l'exercice : Qui demandez-vous ? me crie une voix militaire. Une seconde auparavant, qu'aurais-je répondu ? Mais la réalité a chassé loin de moi les pieuses images où mon esprit s'arrêtait en songeant. Ce n'est pas un abbé de Clairvaux que je viens visiter ; à peine en fouillant le sol trouverais-je quelques ossements brisés des hommes qui avec ce titre régirent les moines de l'illustre abbaye. Le successeur de saint Bernard est un fonctionnaire qui peut, sans violer aucune règle, être marié, avoir des enfants, manger de la viande plusieurs fois par semaine. Il jouit de cette liberté sans craindre la critique. C'est un homme qui ne chante aucun office, et qui pourtant est sans reproche. Il ne porte ni coule ni scapulaire : son costume ordinaire est une redingote ; en cérémonie, il la remplace par un habit brodé, et il y a des réglements qui le lui permettent ou même le lui prescrivent. C'est le directeur de la maison centrale de détention de Clairvaux. Ce titre résume la révolution qui s'est faite.

En entrant dans la basse-cour on voit, à sa gauche, l'emplacement du second monastère de saint Bernard, monument vénérable, aujourd'hui détruit ; à droite s'élève une des faces des bâtiments substitués au troisième monastère dans le courant du dix-huitième siècle. Les proportions grandioses de cet édifice au milieu de la campagne, dans un pays où toutes les constructions sont si mesquines, frappent au premier abord ; et en dehors de toute préoccupation historique, c'est un spectacle d'une vraie grandeur. Mais en arrivant à la porte qui mène à la cour d'honneur, quel désenchantement ! Cette cour d'honneur, splendide à l'entrée, se termine à l'extrémité orientale par une muraille d'une hideuse nudité. Là où s'élève ce mur, l'église commençait. La vue gravée par le père Milley peut seule nous donner une idée du majestueux portail auquel la cour d'honneur servait comme de préface. L'église est démolie, comme si le sanctuaire de la prière cistercienne n'avait pu subsister dans ce séjour de malédiction, et comme si Dieu avait voulu, dans l'état d'abaissement et de honte où est tombé l'abbaye bernardine, épargner une suprême ignominie à l'édifice sacré où reposèrent les cendres de tant de saints.

En entrant je fus conduit par un planton près de M. l'inspecteur de la maison, qui, en l'absence de

M. Lucas, directeur, alors occupé de l'installation de la maison centrale d'Auberive, me reçut avec toute la politesse imaginable. Une lettre de M. de Charnailles, préfet de l'Aube, lui faisait connaître mon nom, mon but, et le priait de me faire visiter la maison. M. l'inspecteur s'empressa de me faire conduire dans les différentes parties de l'établissement. Il poussa l'obligeance jusqu'à m'accompagner lui-même dans une partie des services.

Je commençai ma visite par l'infirmerie : c'est un charmant bijou du dix-huitième siècle. Elle consiste en deux cloîtres superposés. Elle avait, dit-on, au temps des moines, la même destination qu'aujourd'hui. On y compte deux cents lits. Un médecin et un chirurgien y sont attachés.

De là je me rendis au quartier des hommes. Leurs dortoirs et leurs réfectoires sont établis dans le grand cloître. M. l'inspecteur qui m'accompagnait voulut bien me donner quelques détails sur le genre de vie de ces malheureux.

Ils se lèvent un peu plus tard que les moines, savoir : à quatre heures et demie en été, où ils se couchent à huit ; à sept heures en hiver, où ils se couchent à neuf : ce qui fait par nuit dix heures de sommeil en hiver, huit heures et demie en été ; il faut bien tenir compte de la faiblesse de certains tempéraments : aujourd'hui, les novices n'ont pas comme autrefois le droit de quitter la maison quand ils trouvent le régime au-dessus de leurs forces. On travaille de onze à douze heures par jour, autant que les convers, plus que les moines, puisqu'on n'a pas d'office à chanter.

On fait par jour deux repas. Le premier consiste en un potage maigre pour lequel chaque prisonnier reçoit 75 grammes de pain blanc, bluté à 22 p. 0/0; le second consiste en un plat de légumes accommodés également au maigre. Chacun a en outre, par jour, 750 grammes de pain bis bluté à 12 p. 0/0. Tous les dimanches on y joint une portion de viande qui est de 150 grammes par homme. De plus, ceux qui, vu leur conduite, ont été autorisés par l'administration à dépenser à la cantine une partie du produit de leur travail, ou une portion de leurs revenus; ceux qui, pour leurs services dans la maison, reçoivent des gratifications, peuvent joindre à l'ordinaire d'autres aliments, savoir : tous les jours, des fruits, du lait, du fromage; quatre jours par semaine, de la viande; du vin jamais (1); le tabac est également prohibé. Le maximum de ce qu'on peut dépenser à la cantine sur son gain ou ses revenus est de 40 centimes par jour. En fait, la moyenne est de 12 centimes. C'est là résurrection des pitances cisterciennes; mais les religieux recevaient seulement, en cas de nécessité, ces extra que sans besoin justifié on obtient à titre de récompense.

Ce régime est moins sévère que celui des premiers moines de Clairvaux, qui ne mangeaient pas de viande, qui ne mettaient point de graisse dans leurs aliments, qui n'avaient pas de vin. Jamais les habitants actuels n'ont été réduits à des plats de feuilles de hêtre et à des racines sauvages. Mais quand les moines de Clairvaux commencèrent, vers la fin du douzième siècle ou le commencement du treizième,

---

(1) Excepté pour les boulangers, les infirmiers et les malades.

à assaisonner leurs aliments au beurre et à l'huile, à manger du poisson et à boire du vin, leur ordinaire, où la viande ne paraissait jamais, dut cependant valoir à peu près celui des prisonniers qui peuvent s'adresser à la cantine. Il valait certainement mieux que celui des prisonniers sans fortune qui, rendus par leur âge ou leurs infirmités incapables de tout travail, sont obligés de se contenter de l'ordinaire de la maison.

Conformément à la règle cistercienne, les dortoirs ne sont pas chauffés. Les prisonniers couchent sur des matelas, ce qui est contraire à cette règle ; mais ces matelas ne contenant que quatre kilogrammes de laine et deux de crin, ne sont guère moelleux : je crois que j'aimerais autant une paillasse.

La couleur des vêtements est la même qu'au douzième siècle, elle est grise ; mais la forme a changé : la coule et son capuchon sont remplacés par une veste, un pantalon et une casquette ou un béret, et la tunique par une chemise, les souliers par des chaussons et des sabots ; les bas seuls subsistent, je crois, sans modification. L'étoffe de la veste, des pantalons, de la casquette, est de la laine, comme chez les anciens religieux, mais la chemise est en toile ; de plus, pendant l'été, la veste et les pantalons de laine sont remplacés par une veste et un pantalon de fil et de coton rayés pour tous les détenus dont la santé n'y fait pas obstacle, ce qui est un grand adoucissement à la règle bénédictine et cistercienne.

En parcourant les différents services établis dans le cloître, j'assistai du haut des galeries supérieures à la récréation de l'une des séries. Les moines primitifs de Clairvaux, dit une tradition légendaire rapportée par Meglinger (1), étaient si nombreux, qu'ils ne pouvaient tenir tous ensemble dans l'église, et qu'il avait fallu les diviser en trois séries qui se succédaient pour chanter les louanges de Dieu. Les successeurs des moines sont si nombreux, qu'il a fallu les partager pour le repas en trois séries qui se succèdent au réfectoire, et qui, à l'heure des récréations, viennent occuper à tour de rôle le préau du cloître. Mais quelles récréations ! D'abord silence absolu, le même silence qu'au temps de saint Bernard, lorsque Guillaume de Saint-Thierry visita Clairvaux; mais c'est le silence de la contrainte qui a succédé au silence de la liberté : un gardien, l'épée au côté, est là qui observe. Les détenus sont obligés de marcher un à un, en sorte que chaque mouvement de lèvres est aperçu et amène à sa suite une inévitable punition.

Dans une des salles qui ouvrent sur les galeries supérieures du cloître, on trouve la bibliothèque. Si on compte le nombre des volumes et si on le met en regard de celui qui existait à Clairvaux en 1472, on trouve une augmentation d'un sixième; mais cela ne veut pas dire que la bibliothèque actuelle vaille celle du quinzième siècle. Loin de là! Cependant elle s'accroît peu à peu d'ouvrages bien choisis : cette année, par exemple, 800 volumes ont été acquis par le directeur, de concert avec l'aumônier.

Sortant du cloître, je visitai les ateliers qui sont parfaitement dirigés. On est surpris de voir que des

---

(1) *Iter Cisterciense*, cap. 53.

hommes arrivés souvent sans état, et avec des habitudes d'oisiveté, puissent parvenir en quelques mois à des résultats d'une perfection si grande. On fait à Clairvaux des boutons, des souliers, de la confection, des chaussons, des chaînettes; il y a même une fabrique de velours. J'y ai vu sur le métier des velours bleus et noirs vraiment magnifiques, et faits par des détenus qui n'ont pas encore un an d'apprentissage. Il y a dans les ateliers de Clairvaux des hommes qui gagnent 40 sous par jour et plus : ils pourraient certes, s'ils le voulaient, vivre honnêtement dans le monde. Mais hélas ! ici c'est par la force que tout s'obtient. Les successeurs des moines bernardins sont chastes par force, pauvres par force, obéissants par force, silencieux par force. Ils travaillent parce qu'on les y contraint; ils prient ou paraissent prier à certaines heures et à certains jours parce que le réglement le veut, et que ce réglement est appuyé par la force. Si ce n'était la force qui nous protége, le visiteur qui parcourt Clairvaux y retrouverait, après sept siècles, les dangers de cette caverne de voleurs qui, d'après une opinion répandue au douzième siècle, aurait fait donner à cette vallée son ancien nom de Vallée-d'Absinthe, à cause de la douleur amère qu'éprouvaient ceux qui tombaient entre les mains des brigands (1).

Aussi le Chapitre a changé de nom. Ce sanctuaire de la correction fraternelle est devenu un tribunal, avec un accusateur public et un greffier : c'est le prétoire.

---

(1) *Vit. S. Bernardi*, lib. I, auctore *Guillelmo*, c. V, ap. Mabillon, *S. Bernardi opp.*, II, 1073.

Je le visitai en sortant des ateliers. De là je me rendis à la chapelle. C'est le réfectoire que les moines se firent bâtir au dix-huitième siècle. Ce serait une charmante salle de concert; les peintures qui la décorent seraient parfaitement appropriées à cette destination. On peut y réunir 1500 prisonniers. Il fallait cette pièce à vingt-six moines pour manger en 1789. Hélas ! qu'était devenu l'esprit de saint Bernard ! Mais si on peut le retrouver, ce ne sera pas dans les détenus qui viennent s'y agenouiller tous les dimanches. Cependant, le sacrifice auguste qui se célèbre en ce lieu de scandale, semble une réparation des excès qui y furent commis.

Le quartier des femmes, où je fus conduit ensuite, contient le seul débris qui subsiste du monastère cistercien du douzième siècle; c'est le cellier. Ce bâtiment se compose d'un rez-de-chaussée surmonté d'un étage. Le rez-de-chaussée servait de caves, l'étage de grenier. L'un et l'autre sont voûtés et divisés en trois nefs : chaque nef comprend douze travées, et chacune des travées a six mètres sur chaque face, ce qui donne au monument une longueur totale de 72 mètres sur une largeur de 18. L'étage supérieur forme une salle magnifique, malheureusement coupée en plusieurs pièces qui servent de dortoir. Le rez-de-chaussée a été transformé en réfectoire. Les ateliers sont de construction récente.

Du quartier des femmes je fus conduit à celui des enfants. Les enfants ont leur réfectoire et leurs salles de classe dans l'écurie des moines, fort belle pièce voûtée, à trois nefs et à huit travées. Ils ne sont nullement à plaindre d'habiter une écurie. Ils se trouvaient presque tous absents. On les occupe aux travaux agricoles, comme autrefois les moines et les convers. Pauvres enfants souvent punis pour une faute qui n'est pas la leur ! C'est chez eux qu'on trouve presque les seules physionomies intéressantes qui se puissent découvrir parmi les détenus.

Ces enfants étaient alors au nombre de 555 : on comptait 489 femmes et 1650 hommes. En y joignant 220 soldats, 67 gardiens, 16 sœurs, 1 directeur, 2 inspecteurs, 8 aumôniers, 2 médecins, 2 économes, 1 agent comptable, des commis aux écritures, etc., les femmes et les enfants d'une partie de ces fonctionnaires, on trouve un total d'environ 3,000 personnes. Jamais l'abbaye de Clairvaux n'a été aussi peuplée.

Un grand changement va s'y produire, en conformité aux règles de l'institut cistercien, qui défendaient de recevoir les femmes dans les abbayes d'hommes (1) et de bâtir une abbaye de femmes à moins de six lieues d'une abbaye d'hommes (2). Les femmes seront transférées de Clairvaux à Auberive, dans le département de la Haute-Marne.

De plus, ce qui empêchera complètement toute relation entre les enfants et les adultes, les enfants cesseront de se rendre à la chapelle des hommes. Une chapelle vient d'être bâtie pour eux. On se rappelle que les règlements cisterciens défendaient de recevoir les enfants dans les abbayes (3).

---

(1) Voir plus haut, p. 7-9.
(2) *Stat. cap. gen. cist.*, 1218, ap. Mart., *Anecd.* IV, 1322.
(3) Voir plus haut, p. 63.

Pendant que je me livrais à cet examen et à ces réflexions, le temps s'écoulait ; il fallut sortir de l'abbaye, je descendis lentement la vallée, je saluai d'un dernier regard les deux Clairvaux, celui de saint Bernard si grand par les souvenirs qu'il rappelle, et le Clairvaux si tristement déchu, mais pourtant si émouvant d'aujourd'hui ; puis je remontai en wagon, et à quatre heures du soir, après onze heures d'absence, je me retrouvais à Troyes, au milieu de mes occupations ordinaires qu'il me semblait à peine avoir quittées.

PIÈCES JUSTIFICATIVES.

PREMIÈRE PARTIE.

LISTES INÉDITES DES ABBÉS ET DES PRIEURS
de Clairvaux,

PUBLIÉES D'APRÈS DEUX MANUSCRITS DE CETTE ABBAYE,

CONSERVÉS A LA BIBLIOTHÈQUE DE TROYES.

Reverenda et brevis notula de abbatibus Clarevallis.

Primus abbas beatus Bernardus annis 39.

II. Robertus de Brugis, qui fuit unus de XXX^a noviciis quos sanctus Bernardus vocavit de partibus Flandrie. Hic fuit primus de Dunis abbas; prefuit annis III.

III. Wastredus, qui fuerat abbas de Gamberone, prefuit annis VI; postea factus est abbas Cistercii.

IIII. Quartus, Gaufridus, abbas Ignaci, prefuit annis IIII.

V. Quintus, Poncius, qui fuerat abbas Grandissilve, prefuit annis quinque; postea factus est episcopus clarimontensis.

VI. Gerardus, martir, qui fuerat abbas Fossenove, prefuit annis VI; martirizatus est apud Igniacum a fratre converso.

VII. Henricus, monachus Clarevallis primo, postea vero abbas Altecombe, prefuit annis III, postremum albanensis episcopus.

VIII. Petrus, qui fuerat abbas Igniaci, prefuit annis VI.

IX. Garnerus, qui fuerat abbas Alberipe, prefuit VI annis, postea factus est episcopus lingonensis.

X. Guido primo fuerat abbas Ursicampi, prefuit annis XIX.

XI. Conrardus, qui fuerat abbas de Villari, prefuit annis II cum dimidio; factus est abbas Cistercii, postremum portuensis episcopus et cardinalis; in presbiterio requiescit.

XII. Guillelmus, abbas de Monasteriis in Argona, prefuit annis IIII.

. XIII. Robertus, abbas de Domo Dei super Carum, prefuit annis II.

XIIII. Laurentius, abbas de Ursaria, prefuit annis II.

XV. Radulphus, abbas de Signiaco, prefuit annis VIII; postea episcopus aginensis, deinde archiepiscopus lugdunensis.

XVI. Drogo, abbas Ursicampi, prefuit annis II.

XVII. Evrardus, abbas Rippatorii, prefuit annis tribus et dimidio; post hunc vacavit Clarevallis anno dimidio.

XVIII. Guillelmus, abbas de Villari, prefuit annis V.

XIX. Stephanus, abbas savigniensis. Hic fecit domum Sancti Bernardi parisiensis, studium pro Claravalle et ejus generatione; prefuit annis XIIII; sepultus est honorifice in Ursicampo.

XX. Johannes, abbas igniacensis, prefuit annis VII.

XXI. Philippus, abbas Fulcardimontis, electus macloviensis, prefuit annis VIII mensibus VII.

XXII. Bovo, abbas Triumfoncium, prefuit annis VII, mensibus VIII.

XXIII. Theobaldus, prior Clarevallis, prefuit annis tribus et mensibus VIII; postea factus est abbas Cistercii.

XXIIII. Gerardus, abbas igniacensis, prefuit anno I, mensibus IX.

XXV. Johannes, abbas de Pratea, postea abbas de Domo Dei super Carum, prefuit annis V.

XXVI. Johannes de *Sauci*, germanus Theobaldi predicti et abbas Sacri Portus, prefuit annis XXII, postea cessit et sancte vitam finivit.

XXVII. Guillelmus, qui fuerat abbas de Balerna, et de Monte Sancte Marie, et in Caroloo. Hic, religiosus, valde magnanimus et grandevus homo, prefuit solummodo mensibus tribus.

XXVIII. Conrardus Metensis, monachus Clarevallis, postea abbas Altecombe, creatus autem in abbatem Clarevallis post purificationem beate Virginis anno Domini 1312, et prefuit annis.... deinde factus est abbas Cistercii; sepultus est in *Prulli*.

XXIX. Matheus, monachus Clarevallis, prefuit annis XIII.

Johannes de Ayzanvilla, monachus et cellerarius Clarevallis, prefuit annis..... Iste multa bona fecit domui Clarevallis. Iste fecit vasa argentea optime deaurata, in quibus sunt reposita capita gloriosorum confessorum beati Malachie et beati Bernardi. Fecit etiam crpciam argenteam et unum vestimentum rubeum de *veluet* totum munitum, cum capis preciosis de serico optime brodatis. Fecit eciam capsam argenteam ad reponendum corpus beati Bernardi (1).

Devota memoria abbatum Clarevallis.

1. Sanctus Bernardus abbatizavit annis XXXIX.

2. Robertus, abbas de Dunis, abbatizavit annis tribus.

3. Wastredus, abbas de Camberone, abbatizavit annis 6, postea fuit abbas Cistercii.

4. Gaufridus, abbas Ygniaci, abbatizavit annis 4.

5. Poncius, abbas Grandissilve, abbatizavit annis 5, postea fuit episcopus claromontensis.

6. Gerardus, abbas Fossenove, abbatizavit annis 6, apud Ygniacum occisus est.

7. Henricus, qui fuit abbas Altecombe, abbatizavit annis tribus; postea albanensis episcopus et cardinalis.

8. Petrus, qui fuerat abbas Ygniaci, abbatizavit annis 6.

9. Garnerus, abbas Alberippe, abbatizavit annis 7; postea lingonensis episcopus.

---

(1) Bibl. de Troyes, Ms. n° 180. Le dernier alinéa est d'une écriture plus récente que le reste.

10. Guido, abbas Ursicampi, abbatizavit annis 19.

11. Conradus, qui fuit abbas de Villari, abbatizavit annis 2 cum dimidio; postea portuensis et cardinalis.

12. Guillelmus, abbas de Monasteriis in Argona, abbatizavit annis 4.

13. Robertus, abbas de Domo Dei, abbatizavit annis 2.

14. Laurentius, abbas de Ursaria, abbatizavit annis 2.

15. Radulphus, abbas de Pinis, abbatizavit annis 8; postea episcopus agynensis, et postea archiepiscopus lugdunensis.

16. Drogo, abbas Ursicampi, abbatizavit annis 2.

17. Ewrardus, abbas de Ripatorio, abbatizavit annis duobus cum dimidio; post hunc vacavit Clarevallis anno dimidio.

18. Guillelmus, abbas de Villari, abbatizavit annis 5.

19. Stephanus Savigniacensis abbatizavit annis 15.

20. Johannes, abbas Igniaci.

21. Philippus, abbas Fulcardimontis.

22. Bovo, abbas Triumfontium.

23. Theobaldus de Saxiaco, qui prius fuit abbas de Domo Dei, post cessionem suam notarius domni Bovonis sicut ante, postea prior Clarevallis, postea de prioratu abbas Clarevallis, et postea abbas cisterciensis, et successit domino Johanni, qui clausit Cistercium latere cocto, et reliquit XX^{ti} millia librarum turonensium in thezauro cysterciensi.

24. Gerardus, abbas Ygniaci, annis duobus.

25. Johannes, abbas de Domo Dei. Iste fecit duo claustra nova de ligno pulcherima, infirmitorium, et omnes cameras novas et stagnum prope Saxiacum et alia multa (1).

Nullus abbatum predictorum mortuus est in abbatia Cla-

---

(1) On doit conclure de là, ce nous semble, qu'une grande partie des bâtiments figurés dans le plan du père Milley, en 1708, n'étaient pas antérieurs aux dernières années du treizième siècle; quelques-uns même étaient postérieurs comme nous l'avons établi plus haut pour la bibliothèque, page 108. M. Viollet le Duc a donc tort de présenter ce plan, dont il publie une réduction et un extrait (Dict. rais. d'archit., I, 266-267), comme étant le plan d'une abbaye du douzième siècle. (*Ibid.*, p. 265.)

revallis preter sanctum Bernardum, et Gerardum 24 et istum Johannem 25.

26. Est Johannes de Saxiaco frater Theobaldi, 23 abbatis Clarevallis, qui prius fuit abbas de Barbello (1).

Nomina priorum Clarevallis a Sancto Bernardo usque anno Domini 1294.

1. Galcherus, postea secundus abbas Morimondi.
2. Humbertus, postea primus abbas Igniaci, discipulus fuit sancti Roberti.
3. Godefridus, primus abbas Fontineti.
4. Gufridus, primus abbas Clarismarisci.
5. Gaufridus de Perona, eodem anno electus in episcopum nannetensem, noluit (2).
6. Renerus de Teruana : isti tres fuerunt de societatate trigenta noviciorum, quos beatus Bernardus de Flandria adduxit, similiter Alanus, et Robertus, abbas Clarevallis.
7. Philippus, qui fuerat archiepiscopus tarentinus, et ipso tempore scismatis degradatus, venit Claramvallem, cui concessum est de misericordia in officio diaconi ministrare. Prior erat, quando obiit beatus Bernardus ; deinde factus est abbas Elemosine. De istis 7 fit mentio in libro domni Gaufridi *de sepulturis* (3).
8. Hugo, postea abbas Longi pontis.
9. Gerardus, abbas in Ebberbach.
10. Johannes in prioratu obiit.
11. Rogerius, postea abbas Trium Foncium.
12. Gerardus, qui iterum factus est abbas de Ebberbach, hic fuit bis prior, ideo quasi bis locum tenet.

---

(1) Bibl. de Troyes, Ms. 1402.

(2) D'autres textes portent *Tornacensem*. Cette leçon est indiquée par Henriquez, *Fascicul., SS. ord. cist.*, II, 480. Mabillon l'a adoptée dans sa note sur la lettre 100 de saint Bernard, et je l'ai suivie page 187 de cet ouvrage. Mais il est évident que la leçon de la présente liste doit être préférée, car l'élection de Geoffroy à cet évêché a eu lieu l'année même de sa nomination aux fonctions de prieur en 1140. Or, l'évêché de Nantes était alors vacant, et celui de Tournay n'avait pas encore été rétabli.

(3) C'est cet ouvrage qui, avec des additions postérieures, a été imprimé par Henriquez à la fin du volume II de son *Fasciculus, SS. ord. cist.*

12. Tranquillus, qui factus est abbas in Dacia.
13. Stephanus, post abbas de Laude in Flandria.
14. Gaufridus, post hec abbas de Pratea.
15. Johannes Lemovicensis, post hec abbas de Boccam.
16. Jacobus, qui fuit abbas de Rippatorio et in Hungaria.
17. Mannetus Lombardus, post abbas de Elemosina.
18. Sigerus, post hec abbas de Camberone.
19. Johannes de Aspera, qui obiit in priorata.
20. Johannes Cantuariensis, post abbas Fontis Moriniaci, post de Oliva, post de Gratia Dei.
21. Guillelmus de Monteacuto post abbas Firmitatis, post Cistercii.
22. Johannes de Gonessia, post abbas Alberippe.
23. Petrus de Barro, post abbas de Moris, post de Ygniaco.
24. Petrus de Ulmeto, post abbas de Melone, post prior Clarevallis.
25. Henricus de Dompno Martino Franco, post abbas de Padulis.
26. Guillelmus de Bruxella.
27. Hugo de Sancto Eugendo, qui fuerat de ordine cartusiensi, et in fine de prioratus ad ordinem cartusiensem rediit.
28. Poncius Pilatus fuit abbas Grandissilve, in cilicio sanctissime obiit.
29. Nicholaus de Firmitate super Albam, post abbas Alberippe.
30. Theodericus de Suilleio obiit in prioratu.
31. Johannes dictus *Favette*, post abbas de Ballerna, postea magnus cellerarius Clarevallis. Per cum combustum fuit cellarium de *Morvals*, postea fregit sibi tibiam ; tandem in mari Hibernie cum fratre Haimone, monacho, submersus est.
32. Theobaldus de Saxiaco, qui fuerat abbas de Domo Dei, post hec de priore factus est abbas Clarevallis, post hec Cistercii.
33. Parisius de Barro super Albam, qui fuit annis XVIII vestiarius, electus in abbatem Bullencurie, sed noluit (1). Hic

---

(1) Les lignes qui suivent ont été ajoutées depuis 1091.

stetit in prioratu annis fere XVIII, sub venerabilibus et reverendis patribus Theobaldo 23, Gerardo 24, Johanne 25, et Johanne 26 abbatibus Clarevallis.

34. Guillelmus de Divione.
35. Johannes de Treeis.
36. Nicholaus de Ferrunculis.
37. Jacobus de Juvancuria, prius abbas de Alna (1).

DEUXIÈME PARTIE.

EXTRAITS DES ARCHIVES DE CLAIRVAUX.

Déjà plusieurs chartes intéressantes concernant Clairvaux ont été publiées par divers auteurs. Nous citerons notamment l'acte par lequel Alphonse, roi de Portugal, soumet son royaume à cette abbaye et la reconnaît comme suzeraine (*Fascicul., SS. ord. cist.*, I, 80-82; *Journal de Trévoux*, août 1739, p. 1875. *Archives hist. de l'Aube*, p. 396-399); mais on en trouve beaucoup d'autres, dans le *Fasciculus, SS. ord. cist.*, dans le *Gallia Christiana*, dans les *Archives historiques de l'Aube* (2), dans le t. 1 du *Thesaurus Anecdotorum* ; à la suite de la *lettre* de M. Guignard, *sur les Reliques de saint Bernard et de saint Malachie*, etc.

Cependant, nous avons cru nécessaire de don-

---

(1) Bibliothèque de Troyes, Ms. n° 1402.
(2) P. 145, 146, 147, 217-249, 399-401.

ner ici quelques pièces pour la plupart inédites. Nous les diviserons en quatre séries : la première série comprendra des bulles originales conservées aux Archives de l'Aube, et qui concernent le collége Saint-Bernard de Paris; la seconde série, des extraits de la section du cartulaire intitulée *Porta;* la troisième, des extraits de la section intitulée *Elemosine;* la quatrième, l'intégralité des pièces qui composent la section du cartulaire intituléo *Pedagia.*

—

PREMIÈRE SÉRIE.

BULLES EN FAVEUR DU COLLÉGE SAINT-BERNARD DE PARIS.

5 Janvier 1245.

Innocentius, episcopus, servus servorum Dei, dilecto filio, abbati clarevallensi, salutem et apostolicam benedictionem.

Virtutum intenta cultui sacra religio cisterciensis ordinis, cui Dei sapientia preclarum dedit initium, et ammirabile contulit incrementum, gloriosum nomen Altissimi studio glorificat vigilanti, generalis honorem exaltat Ecclesie, fidelium mentes illuminat, et infideles ad notitiam veritatis informat, placere sollicita universis et singulis per ordinate opera caritatis. Inter hujus etenim religionis angelice professores, cujus orbem terre speciosa latitudo complectitur, multos decet cunctis inveniri temporibus, qui splendeant thesauro scientie, sicut vite rutilant sanctitate, ut ex utriusque concursu luminis tanti dignitas ordinis taliter illustretur, quod et semper sit in lucem gentium, et perhempnis glorie mercatur augmentum.

Hinc est quod, cum tu, fili abbas, ut salus et honor predicti ordinis ad decus et decorem ipsius generalis Ecclesie augeatur, duxeris providendum, quod aliqui ex monasterii tui monachis honestis, et ad studendum idoneis, Parisius vel alibi, ubi melius expedire videbitur, commorentur, divine scripture studio sub regulari observantia vacaturi : Nos hujusmodi propositum plenis laudibus prosequentes tibi ac universis abbatibus cisterciensis ordinis, ut id libere possitis efficere auctoritate presentium indulgemus.

Nulli ergo omnino hominum liceat hanc paginam nostre concessionis infringere vel ei ausu temerario contra ire. Si quis autem hoc attemptare presumpserit, indignationem omnipotentis Dei et beatorum Petri et Pauli, apostolorum ejus, se noverit incursurum.

Datum Lugduni, nonis januarii, pontificatus nostri anno secundo.

4 Septembre 1245.

Innocentius, episcopus, servus servorum Dei, dilectis filiis.... Cistercii... de Firmitate... de Pontigniaco... de Claravalle... de Morimundo, ac universis aliis abbatibus cisterciensis ordinis, in generali capitulo congregatis, salutem et apostolicam benedictionem.

Diligentie studio contemplantes, quod religionis vestre sinceritas dignis undique laudum preconiis exaltatur, ad ea, que vestri ordinis decorem sapiunt et profectum, ex affectu intimo aspiramus. Sane quidam vestrum, sedula meditatione pensantes : quod, et si columbe simplicitatem, ne videlicet cuiquam dolos machinemini, habeatis : quia tamen, ne ipsa simplicitas aliorum supplantetur insidiis, serpentis astutiam prudenter convenit vos habere, cum in vitio posse decipere vel decipi parum distare noscatur : Parisius,—ubi auro locus est, in quo conflatur, ubi Turris David cum suis propugnaculis construi consuevit, ex qua non solum mille dependent clipei, sed omnis fere armatura fortium, dum indesinenter exinde fortes ex fortissimis prodeunt, tenentes gladios, et ad bella doctissimi, qui ambiunt per orbem undique lectulum Salomonis :—domos idoneas construxerunt, in quibus ad hauriendum aquas vivas in gaudio de fontibus Salvatoris, ad addiscendum legem immaculatam Domini animas convertentem, non nulli semper de vestris monachis residebunt, qui, cum docti fuerint, in ordine vestro velut splendor fulgeant firmamenti, ac alios sic eruditos faciant, ut nec eos astutia prefata decipi supplantatoris laqueis patiatur, immo, sicut stellas celi non extinguit nox, sic mentes ipsorum, inherentes firmamento sacre scripture, mundane iniquitatis umbraculum non obscuret : de quo tanto ampliori gratulatione animi jocundamur, ac spiritus noster in Domino recreatur, quanto ex hujusmodi facti circumstantiis cognoscimus evidentius atque scimus per hoc utilitatem totius ordinis procurari. Ut igitur, quod tam sancte et provide est inchoatum, principio finis laudabilis exitum sortiatur, universitatem vestram rogamus et monemus attente, per Apostolica vobis scripta mandantes, quatinus, considerato prudenter : quod ignorans ignorabitur, et qui scientiam repulit, ut non fungatur sacerdotio, repelletur a Domino, cum in culpa existat ignorantia affectata : hujusmodi studium, quod alibi quam in civitate prefata fieri prohibemus, sic amplecti ferventi desiderio studeatis, quod viros litteratos habere possitis, per quos non solum ordini vestro sed etiam universali Ecclesie fructus proveniat, qui non perit, nosque proinde diligentiam vestram dignis in Domino laudibus prosequamur.

Datum Lugduni, II nonas septembris, pontificatus nostri anno tertio.

6 Octobre 1246.

Innocentius, episcopus, servus servorum Dei, dilectis filiis, priori et monachis constitutis in loco, qui dicitur Beati Bernardi parisiensis, cisterciensis ordinis, in theologica facultate studentibus, salutem et apostolicam benedictionem.

Pridem personas vestras et locum, in quo sub observantia regulari degitis desudantes theologie studio, sub beati Petri et nostra protectione affectu benivolo admittentes, vobis, prout asseritur, de gratia speciali concessimus, ut privilegiis et libertatibus ordini cisterciensi ab apostolica sede concessis, sicut ceteri fratres ejusdem ordinis gaudeatis. Ut autem hujus modi vestrum augeatur gaudium, si pro voto vestra sinceritas favorem in nobis inveniat gratiosum : nos, vestre precibus devotionis inducti, ut vestros novitios et conversos post decursum legitimum probationis tempus secundum generalem observantiam ejusdem ordinis ad professionem recipere valeatis, dum modo dilectis filiis abbati Cistercii et

Capitulo generali non displiceat, vobis auctoritate presentium concedimus facultatem.

Nulli ergo hominum liceat hanc paginam infringere vel ei ausu temerario contra ire. Si quis autem hoc attemptare presumpserit, indignationem omnipotentis Dei et beatorum Petri et Pauli, apostolorum ejus, se noverit incursurum.

Datum Lugduni, V idus octobris, pontificatus nostri anno quarto.

26 Août 1250.

Innocentius, episcopus, servus servorum Dei, dilectis filiis, provisori et monachis loci qui dicitur beati Bernardi in Cardineto parisiensi, cisterciensis ordinis, salutem et apostolicam benedictionem.

Ex parte vestra fuit propositum coram nobis, quod de loco, ubi primitus fueratis, qui usibus vestris nimium ar[e]tus erat, ad locum de Cardineto, vobis accomodum, et studio cui insistitis magis aptum, vos deliberatione provida transtulistis. Unde, cum vobis, in priori loco degentibus, concessisse dicamur, ut privilegiis, indulgentiis et libertatibus, cisterciensi ordini ab apostolica sede concessis, sicut ceteri fratres ejusdem ordinis, gauderetis: Nos, premissis aliquid ad vestram supplicationem addentes, expressius vobis preter premissa privilegia, indulgentias, et libertates, quibus ob translationem hujus modi nolumus derogari, auctoritate presentium indulgemus, ut in capella vestra ejusdem loci de Cardineto divina possitis celebrare officia, et cimiterium, sicut moris est, ab episcopo benedictum, habere ad opus fratrum ibidem decedentium juxta consuetudinem cisterciensis ordinis approbatam.

Nulli ergo omnino hominum liceat hanc paginam nostre concessionis infringere, vel ei ausu temerario contra ire. Si quis autem hoc attemptare presumpserit, indignationem omnipotentis Dei et beatorum Petri et Pauli, apostolorum ejus, se noverit incursurum.

Datum Lugduni, VII kalendas septembris, pontificatus nostri anno octavo.

28 Janvier 1254.

Innocentius, episcopus, servus servorum Dei, dilectis filiis, fratribus cisterciensis ordinis, scolaribus, Parisius apud Sanctum Bernardum in theologica facultati studentibus, salutem et apostolicam benedictionem.

Ne studium vestrum inutile, si non proveniret exinde fructus aliquis, videatur, presentium vobis auctoritate concedimus, ut in predicando publice, si fueritis requisiti, et legendo ordinarie in theologia, cum licentiati fueritis, non obstante quod estis monachi, illa, qua fratres minores et predicatores illic morantes, omnimoda utamini libertate.

Nulli ergo omnino hominum liceat hanc paginam nostre concessionis infringere, vel ei ausu temerario contra ire. Si quis autem hoc attemptare presumpserit, indignationem omnipotentis Dei et beatorum Petri et Pauli, apostolorum ejus, se noverit incursurum.

Datum Laterani, V kalendas februarii, pontificatus nostri anno undecimo.

28 Janvier 1254.

Innocentius, episcopus, servus servorum Dei, venerabili fratri episcopo lingonensi salutem et apostolicam benedictionem.

Ne studium dilectorum filiorum..... fratrum cisterciensis ordinis, scolarium, Parisius, apud Sanctum Bernardum in theologica facultate studentium, inutile, si non proveniret exinde fructus aliquis, videatur, auctoritate litterarum nostrarum sibi duximus concedendum, ut in predicando publice, si fuerint requisiti, et legendo ordinarie in theologia, cum licentiati fuerint, non obstante quod sunt monachi, illa utantur, qua fratres minores et predicatores illic morantes utuntur, omnimoda libertate. Quo circa fraternitati tue per apostolica scripta mandamus, quatinus non permittas eos contra concessionis nostre tenorem super hiis ab aliquibus indebite molestari, molestatores hujus modi per censuram ecclesiasticam appellatione postposita compescendo, non obstante si aliquibus de partibus illis, quod excommunicari, suspendi, vel interdici, aut conveniri extra certa loca non valeant, a sede apostolica sit indultum.

Datum Laterani, V kalendas februarii, pontificatus nostri anno undecimo.

22 Juin 1255.

Alexander, episcopus, servus servorum Dei, dilectis filiis provisori et monachis constitutis in loco, qui dicitur Beati Bernardi Parisiensis, cisterciensis ordinis, in theologica facultate studentibus, salutem et apostolicam benedictionem.

Dudum personas vestras et locum, in quo sub observantia regulari degitis desudantes theologie studio, ad instar felicis recordationis Innocentii pape predecessoris nostri, sub beati Petri et nostra protectione affectu benivolo admittentes, vobis, prout asseritur, de gratia speciali concessimus, ut privilegiis et libertatibus ordini cisterciensi ab apostolica sede concessis, sicut ceteri fratres ejusdem ordinis, gaudeatis. Ut autem hujus modi vestrum augeatur gaudium, si pro voto vestra sinceritas favorem in nobis inveniat gratiosum, nos, vestre precibus devotionis inducti, ut vestros novitios et conversos post decursum legitimum probationis tempus secundum generalem observantiam ejusdem ordinis ad professionem recipere valeatis, maxime cum id dilectis filiis... abbati et generali capitulo cisterciensi, sicut ex eorum litteris nobis super hoc directis accepimus, placeat, ad instar predecessoris ipsius vobis auctoritate presentium concedimus facultatem.

Nulli ergo omnino hominum liceat hanc paginam nostre concessionis infringere, vel ei ausu temerario contra ire. Si quis autem hoc attemptare presumpserit, indignationem omnipotentis Dei et beatorum Petri et Pauli, apostolorum ejus, se noverit incursurum.

Datum Anagnie, X kalendas julii, pontificatus nostri anno primo.

5 Avril 1256.

Alexander, episcopus, servus servorum Dei, dilectis filiis

abbati et conventui monasterii Clarevallis, cisterciensis ordinis, lingonensis diocesis, salutem et apostolicam benedictionem.

Salubri consideratione dilectus filius nobilis vir Johannes de Lessington. (1), dominus de Eston., intelligens in loco vestro Beati Bernardi in Cardineto parisiensi talentum sacre pagine ad decorem Sponse Xpisti et illustrationem fidei dispensari, vobis pro hujus modi Dei opere exequendo jus patronatus, quod in medietate ecclesie de *Roderham* choracensis diocesis (2) obtinebat, liberaliter noscitur concessisse. Ut igitur ipsius nobilis oblatio juxta laudabile votum ejus fructuosa reddatur, nos, vestris supplicationibus benignius annuentes, presentium vobis auctoritate concedimus, ut medietatem ipsam, cedente vel decedente rectore ipsius, usibus fratrum vestri ordinis, in predicto loco theologice facultatis studio insistensium, cum omnibus suis juribus et pertinentiis applicare, ac ejus possessionem auctoritate propria ingredi et retinere libere valeatis, episcopi diocesani et capituli choracensis vel loci archidiaconi seu cujuscunque alterius assensu minime requisito : proviso tamen, quod ydoneo capellano, in eadem ecclesia Domino perpetuo serviturio, competens per vos de ipsius proventibus portio, ex qua congrue sustentari ac alia ecclesie ipsius onera sustinere valeat, assignetur. Nos enim nichilominus decernimus irritum et inane, si quid de predicta medietate secus fuerit attemptatum.

Nulli ergo omnino hominum liceat hanc paginam nostre concessionis et constitutionis infringere, vel ei ausu temerario contra ire. Si quis autem hoc attemptare presumpserit, indignationem omnipotentis Dei et beatorum Petri et Pauli, apostolorum ejus, se noverit incursurum.

Datum Laterani, nonis aprilis, pontificatus nostri anno secundo.

---

(1) C'est évidemment un parent d'Etienne, dix-neuvième abbé de Clairvaux, fondateur du collège Saint-Bernard. Il y a aux Archives de l'Aube une copie de la donation faite par Jean de Lessington, elle est datée du 18 juillet 1240.

(2) Diocèse d'York, en Angleterre.

24 Avril 1288.

Nicolaus, episcopus, servus servorum Dei, dilectis filiis, abbati et conventui monasterii Clarevallis cisterciensis ordinis, lingonensis diocesis, salutem et apostolicam benedictionem.

Presentata nobis ex parte vestra petitio continebat, quod vos medietatem ecclesie de *Roderham*, cujus patroni estis, in eboracensi diocesi constitute, canonice in usus proprios obtinetis, quodque proventus ejusdem medietatis fratrum monasterii vestri, Parisius studentium, sunt usibus deputati. Unde cum, sicut asseritis, super dictis proventibus a nonnullis illarum partium, qui, cum, malefecerint, gloriantur, adeo gravemini graviter injuriis et jacturis, quod, vobis propter loci distantiam adversus injuriatores hujus modi nequeuntibus justitiam vestram prosequi et obviare malitiis et molentiis eorumdem, prefatam medietatem non potestis possidere pacifice, nec integre ipsius percipere redditus et proventus : quare, super hoc ad providentie nostre oportunum remedium recurrentes, a nobis humiliter postulatis, ut concedendi hujus modi medietatem ecclesie prefate, abbati et conventui alicujus monasterii vestri ordinis, ejusdem eboracensis diocesis, ad firmam perpetuam, pro certo annuo censu, dictis fratribus studentibus pro futuro, liberam vobis licentiam largiremur. Nos itaque, vobis, sancte contemplationi deditis, in hiis, que illam impediunt, cupientes optatam quietem et votive consolationis comoda procurare, vestris supplicationibus inclinati, vobis auctoritate presentium licentiam concedimus postulatam ; ita tamen quod predicta ecclesia, pro parte vos contingente in ea, debitis obsequiis non fraudetur, eique per ydoneum vicarium serviatur. Volumus quoque, quod hii qui hujus modi medietatem ad firmam receperint, pro ejusdem medietatis juribus defendendis utantur libere privilegiis et indulgentiis, que pro defensione hujus modi jurium vobis sunt ab apostolica sede concessa, quibusve usi sunt hactenus rectores medietatis ejusdem.

Datum Rome, apud Sanctum Petrum, VIII kalendas maii, pontificatus nostri anno primo.

DEUXIÈME SÉRIE.

PORTA,

ou

CHARTES CONCERNANT L'OFFICE DU PORTIER.

XXI. (1226.)

Ego frater Radulfus, abbas Clarevallis, notum facio omnibus presentem paginam inspecturis : quod frater Guido, portarius noster, de voluntate nostra, operari fecit duas magnas ollas ereas ad pulmenta pauperum porte Clarevallis decoquenda. Quarum una tenet modios septem, altera vero quatuor. Hee quidem olle supramemorate comparate sunt de elemosinis illustris domine Helysendis, comitisse de Barro super Secanam, et nobilis domine Castrivillani majoris, et minoris domine scilicet Aeliz, et domine Juliaci, et domine de *Chacenay* necnon et aliorum plurimorum bonorum virorum ac mulierum. Nulli igitur liceat has predictas ollas, ad usum pauperum porte assignatas in perpetuum et collatas, priori, suppriori, seu alicui cellerariorum, sed omnino nulli a porta predicta sub pena excommunicationis alienare aut alicubi ullatenus amovere.

In hujus rei testimonium, et ut res ista permaneat inconcussa, presenti pagine sigilli nostri appensione tradidimus firmamentum.

Actum anno gratie M° CC° X.° VI° (1).

XXIV. (Décembre 1227.)

Nos Clarembaudus, dominus Capuam, et Guido de Capis, prepositus ecclesie Beati Stephani Trecensis, notum facimus tam presentibus quam futuris, quod nos vendidimus pro sexcentis et quadraginta libris pruvinensium fortium fratribus ecclesie Clarevallis, quicquid habebamus in decima de *Morinviler*, videlicet duas partes grosse decime et

---

(1) *Cartul. de Clairvaux.* — Cette charte et les suivantes ont été analysées en grande partie plus haut, p. 211-213, et notamment celle-ci, p. 212.

tractum totius decime, et dominium tale, quale nos hactenus habuimus in eadem decima, et redecimam totius decime de *Morinviler;* et quandam plateam sitam in eadem villa ; que omnia movent de feodo nobilis viri comitis Brene.

Super hiis autem omnibus tenemur fratribus ecclesie memorate portare legitimam garantiam. Si quid vero plus juris, quam superius est expressum, habemus in decima suprà dicta, concedimus in perpetuam elemosinam predicte ecclesie Clarevallis : promittentes etiam fratribus dicte ecclesie, prestito juramento, quod super premissis, nec per nos, nec per alium, molestabimus ecclesiam supra dictam.

Et ut hec omnia rata maneant in perpetuum, presentem cartulam sigillorum nostrorum munimine fecimus roborari.

Actum anno gratie Mº CCº XXº VIIº, mense decembri (1).

XXXV. (1224.)

Ego Helissendis, comitissa Barri super Secanam, notum facio universis sancte matris ecclesie filiis, presentibus et futuris, quod ego dedi Deo et beate Marie et portario Clarevallis decimam Villaris Sicci, quam propria pecunia comparavi ad usus porte, videlicet ad emendum vestes pauperibus, tali conditione, quod idem portarius et successores ejus in perpetuum singulis annis vestes vinginti pauperibus erogabunt. Creantavit etiam michi bona fide supra scriptus portarius et promisit, quod ipse vel successores ipsius tribus pueris michi familia[ri]bus et dilectis, quorum nomina in presenti pagina continentur, scilicet Haymo, Pontius et Terricus, tam ex hiis, quam ex aliis acquestibus, quos prenominatis pueris ex rebus propriis, quas habebunt, juste et fideliter acquisivit, in emptis ad hoc redditibus in victu et vestitu et aliis necessariis usque ad plenam vinginti quinque annorum etatem sine contradictione omni sufficienter in omnibus providebunt.

Actum anno Incarnati Verbi Mº CCº XXº IIIIº (2).

---

(1) *Cartul. de Clairvaux.*
(2) *Cartul. de Clairvaux.* — Voir aussi plus haut, p. 211.

XLV. (Avril 1228.)

Nos Clarambaudus, dominus Caparum, et Guido, prepositus ecclesie Beati Stephani Trecensis, notum facimus universis presentes litteras inspecturis, quod fratres ecclesie Clarevallis de sexcentis et quadraginta libris pruviniensium, quas nobis debebant pro decima de *Morinviler,* quam eisdem fratribus vendidimus, nobis plenarie satisfecerunt; et nos predictos fratres Clarevallenses de premissa pecunia omnino quittamus.

In cujus solutionis testimonium presentes litteras sigillorum nostrorum munimine duximus roborare.

Actum anno gratie M° CC° XX° VIII°, mense aprili (1).

XLVII. (Mars 1228.)

Ego Galcherus, dictus abbas Cistercii, notum facio universis tam presentibus quam futuris, quod de sexcentis et viginti libris pruviniensium, quas nobilis mulier Helysabez, domina Castrivillani, porte de Claravalle in puram et perpetuam elemosinam contulit, emerunt fratres Clarevallenses grossam decimam de Morinvillari, excepta parte presbiteri ejusdem ville; et eandem decimam ex parte dicte domine assignaverint dicte porte de Claravalle singulis annis pro remedio anime ejusdem domine in perpetuum pauperibus vestiendis erogandam, scilicet sub hac forma : quod portarius dicte porte Clarevallis, quicumque fuerit, ad hoc obligatur et ex abbatis clarevallensis tenetur assensu distribuere vestes et sotulares in perpetuum singulis annis octoginta pauperibus pro dicta decima de *Morinviler* ad hos usus assignata et collata, quam portarius dicte porte semper habebit et tenebit, ita videlicet quod unusquisque pauper quinque ulnas de burello novo et sotulares novos de proventibus dicte decime singulis annis percipiet et habebit.

Et sciendum quod, quotienscunque contigerit dictam de-

---

(1) *Cart. de Clairvaux.* — Nous avons cru devoir publier toutes les pièces relatives à l'acquisition de la dîme de Morvilliers, dont il a déjà été question dans la charte n° XXXIV.

cimam plus valere, portarius dicte porte Clarevallis, tociens tenetur de residuo sotulares emere et pauperibus erogare. Dictas vero vestes simul et sotulares a festo nativitatis Beate Marie usque ad sequentem nativitatem Domini tenebitur dictus portarius annuatim et in perpetuum distribuere bona fide pauperibus et conferre.

Abbas autem et conventus Clarevallenses prefate Domine piam intentionem attendentes et dictam ipsius elemosinam approbantes, hujus elemosine dispossitionem in hunc modum perhennem esse voluerunt, et perpetuo permanere; et dicte domine concesserunt unanimiter, et se et successores suos et totius domus provisores clarevallensis astringentes, quantum poterunt, et obligantes in posterum, quod dicta decima in alios usus nullo modo convertatur.

Que ut rata et firma in perpetuum permaneant, ad voluntatem Clarevallensium et dicte domine presentes litteras feci sigilli mei munimine roborari.

Actum anno gratie M° CC° XX° VIII°, mense marcio (1).

XLVIII. (Mars 1228.)

Ego frater Radulphus, dictus abbas Clarevallis, totusque conventus ejusdem loci, notum facimus universis presentes litteras inspecturis quod de sexcentis et viginti libris pruviniensium quas nobilis mulier Helysabeth, domina Castrivillani, karissima nobis in Xpisto, porte nostre de Claravalle in puram et perpetuam elemosinam contulit emimus grossam decimam de Morinvillari, excepta parte presbiteri ejusdem ville, et eandem ex parte dicte domine assignavimus dicte porte nostre singulis annis, pro remedio anime ejusdem domine, in perpetuum pauperibus vestiendis erogandam, scilicet sub hac forma : quod portarius dicte porte Clarevallis, quicunque fuerit, ad hoc obligatur et ex nostro tenetur assensu, distribuere vestes et sotulares in perpetuum singulis annis octaginta pauperibus pro dicta decima de *Morinviller* ad hos usus assignata et collata, quam portarius dicte porte Clarevallis semper habebit et tenebit : ita videlicet quod

(1) *Cartul. de Clairvaux.*

unusquisque pauper quinque ulnas de burello novo, et sotulares novos, de proventibus dicte decime, singulis annis percipiet et habebit. Et sciendum quod, quotienscunque contigerit dictam decimam plus valere, portarius dicte porte Clarevallis totiens tenetur de residuo sotulares emere et pauperibus erogare. Dictas vero vestes simul et sotulares a festo Nativitatis Beate Marie usque ad sequentem Nativitatem Domini tenebitur dictus portarius annuatim et in perpetuum distribuere bona fide pauperibus et conferre.

Nos autem prefate domine piam intentionem et dictam elemosinam ipsius approbantes, hujus elemosine dispositionem in hunc modum perhennem esse volumus et perpetuo permanere; et dicte Domine concedimus unanimiter et nos et successores nostros et totius domus Clarevallis provisores astringimus quantum possumus in posterum, quod dicta decima in alios usus nullo modo convertatur.

Ad majorem autem prefate elemosine confirmationem litteras nostras patentes dicte Domine tradidimus in perpetuum duraturas, et litteras venerabilium patrum nostrorum Domini Hugonis, lingonensis episcopi, et domini G., cisterciensis abbatis, super hujus rei attestatione confectas, tradere tenemur domine supradicte.

Actum anno gratie M° CC° XX° VIII° mense martio (1).

LIII. (Mars 1227, v. st. pour 1228.)

Robertus, divina permissione trecensis episcopus, universis presentes litteras inspecturis salutem in Domino.

Noverit universitas vestra, quod dilecti in Xpisto filii, Clarambaudus, dominus Caparum, et Guido de Capis, frater ejus, Beati Stephani Trecensis prepositus, in nostra presentia constituti, publice recognoverunt se transtulisse de manu sua in manus religiosorum virorum fratrum ecclesie Clarevallis, quicquid habebant, vel habere dicebantur in omnibus modis et commodis in decima *Morinviller,* videlicet duas partes grosse decime et tractum totius decime et dominium tale, quale hactenus habuerunt in eadem, et redeci-

---

(1) *Cartul. de Clairvaux.*

mam totius decime de *Morinviller*, et quandam plateam sitam in eadem villa.

Super hiis autem omnibus tenentur dicti Clarambaudus et Guido fratribus memorate ecclesie portare legitimam garantiam. Si quid vero juris aliud, quam superius sit expressum, in supradicta decima habebant, concesserunt in perpetuam elemosinam predicte ecclesie Clarevallis : promittentes etiam fratribus supra dictis, fide prestita, quod super premissis, nec per se, nec per alios predictam ecclesiam molestabunt. Hec autem laudavit et concessit coram nobis Galterus, domicellus, frater dictorum Clarambaudi et Guidonis, fide prestita corporali. De supradicta vero decima dicti Clarambaudus et Guido in manu nostra se devestierunt; et nos ad petitionem eorumdem, intuitu pietatis, dictos fratres Clarevallenses de eadem decima investivimus, et eisdem concessimus in perpetuum possidendam, salvo jure nostro, preter hoc quod dictam decimam ab eadem ecclesia nunquam de cetero poterimus revocare.

In cujus rei testimonium presentes litteras sigilli nostri munimine fecimus reborari.

Actum anno gratie M° CC° XX° septimo, mense martio (1).

LV. (Mars 1227, v. st. pour 1228.)

Ego Galterus, comes Brene, notum facio presentibus et futuris : quod dilectus et fidelis et consanguineus meus Clarambaudus, dominus Caparum et Guido, frater ejus, prepositus Beati Stephani Trecensis, recognoverunt in presentia mea se vendidisse fratribus Clarevallis, quicquid habebant in decima de *Morinviller;* que decima cum moveat de feodo meo, ad petitionem ipsorum Clarambaudi et Guidonis venditionem illam laudavi et concessi fratribus supra dictis in perpetuum possidendam.

In cujus rei testimonium presentes litteras predictis fratribus Clarevallis tradidi, sigilli mei munimine roboratus.

Actum anno gratie M° CC° XX° VII mense martio (2).

---

(1) Original, *Arch. de l'Aube.*
(2) *Cartul. de Clairvaux.*

LVI. (Avril 1228.)

Ego Guido, archidiaconus laticensis, notum facio omnibus tam futuris quam presentibus : quod Guia, domina Caparum, uxor domini Clarambaudi, in presentia mea constituta, recognovit se ratam habere venditionem, quam fecerunt Clarambaudus, dominus de Capis, maritus ejus, et Guido, prepositus sancti Stephani Trecensis, frater dicti Clarambaudi, fratribus ecclesie Clarevallis super decima de *Morinviller,* sicuti in litteris dictorum Clarambaudi et Guidonis plenius continetur, quas habent penes se de dicta venditione dicti fratres clarevallenses. Et, si quid juris habebat dicta Guia in predicta decima, dictis fratribus clarevallensibus in perpetuam elemosinam donavit et concessit. Promisit vero predicta Guia in presentia mea, corporali fide interposita, quod nunquam de cetero, nec per se, nec per alium, super hoc dictos fratres clarevallenses molestabit, vel permittet molestari.

In cujus rei testimonium presentem paginam ad petitionem utriusque partis sigilli mei munimine roboravi.

Actum anno domini M° CC° XX° octavo, mense aprili (1).

TROISIÈME SÉRIE.

ELEMOSINE.

I. (1175.)

Ludovicus, Dei gratia Francorum rex.

Notum fieri volumus tam futuris quam presentibus, quod monasterio Beate Marie Clarevallis et toti conventui pro salute anime nostre et predecessorum nostrorum et Philippi, karissimi filii nostri, concessimus XXX libras parisiensis monete Parisius super Magnum Pontem de redditu nostro

---

(1) *Cartul. de Clairvaux.*

in cambio ad emendas sex pitancias fratribus ibidem Deo servientibus, annuatim recipiendas, unam medietatem in Pasca, et alteram in Natali Domini.

Actum publice Parisius, anno incarnati Verbi millesimo centesimo septuagesimo quinto, astantibus in palatio nostro, quorum nomina supposita sunt et signa. S. comitis Theobaldi, dapiferi nostri; S. Guidonis, buticularii; S. Rainaldi, camerarii; S. Radulfi, constabularii (monogramme); vacante cancellaria (1).

II. (1173.)

Ego Stephanus, Dei gratia comes in Burgundia, et dominus de Treva, universitati fidelium ea que pacis sunt.

Noveritis igitur omnes, quod dederim comui Clarevallis duas monteas (2) apud Ledonium (3) et hominem unum, quem habere debet ad nutum Guidonis, prepositi de *Arlay*, et Humberti de *Pairney*.

Testes : Lucas, abbas Cariloci; Bernardus, abbas de Roseriis; Girardus, abbas Theoloci; magister Herpinus, medicus.

Hoc idem laudavit Judith, comitissa, uxor mea, coram eisdem testibus.

Actum Clarofonte, anno ab incarnatione Domini millesimo centesimo septuagesimo tercio (4).

III. (1173.)

Ego Girardus, in Burgundia comes matisconensis, omnibus Xpisti fidelibus in perpetuum.

Notificetur universitati vestre, quod elemosinam, quam pie memorie Stephanus, comes, frater meus, domui Clarevallis contulit apud Ledoneum ego concedo atque confirmo, ut liberam habeant eam et ab omni exactione et consuetu-

---

(1) *Cartul. de Clairvaux.* — Cf. plus haut, p. 128-129

(2) *Montea*, une certaine quantité d'eau salée. Ducange, éd. Henschel, IV, p. 541.

(3) Lons-le-Saulnier, Jura.

(4) *Cartul. de Clairvaux.*

dino immunem, sicut eadem carta prefati comitis attestatur. Quod ex parte mea facio, sicut ex parte sepedicti fratris mei. Hujus rei causa concessum est michi a Geraldo, venerabili abbate Clarevallis, ut pro me tantundem fiat in obitu meo, quantum pro uno abbate ordinis.

Testes sunt : Alexander, cisterciensis; Bernardus, Bellevallis abbates; Willelmus de Charvis, Willelmus de Ceis, milites; Humbertus de Paerna; et Arpinus, clericus meus.

Actum Laudone, anno ab incarnatione Domini millesimo centesimo, septuagesimo tercio (1).

IIII. (1177.)

Ego G., comes Matisconis et Vienne, notum facio presentibus et futuris, quod Aimo Desideratus in perpetuum dedit et concessit ecclesie Clarevallis in elemosinam medietatem badierne (2), que quinta dicitur. Alteram medietatem badierne predicte, et totam moriam (3), que ei in puteo contingebat, locavit predicte ecclesie fratribus per octo annos mille solidis fortium Ledonensis monete et decem libris divionensium. Hec autem moria, que juris ejus est, tertia pars none, dimidia montata singulis hebdomadibus, et quinta que est juris predicte badierne. Hec ita fecit predictus Aimo, uxore sua Cecilia laudante, et juramento in pace tenere asseruit; et, ut hoc laudarem, et cartam presentem sigillo meo signarem, rogavit. Proinde amore fratrum Clarevallis hoc totum laudo, et scriptum hoc sigillo meo confirmo.

Hujus rei sunt testes : Philippus, monachus Fontineti; Salo Quinciaci; Andreas Balbus; Humbertus, prepositus; Huldricus de Vienna; Petrus *Cluneseys;* Stephanus Antiochi; Xpistianus Salinis; Pontius Caballus; Johannes *Boisset.* Hujus pacti in pace tenendi sunt fidejussores : Andreas Balbus; et Filibertus, frater ejus; Humbertus, prepositus; Petrus Balbus.

Et sciendum est, quod, si infra predictum tempus ecclesia

---

(1) *Cartul. de Clairvaux.*
(2) *Badierna*, chaudière. Ducange, éd. Henschel, t. I, p. 633.
(3) *Moria*, réservoir d'eaux salées.

Clarevallis aliquid forte perderet, finito tempore, secundum usum et morem ville Ledonis sine contradictione ex integro liceret ei recuperare.

Actum est hoc anno ab incarnatione Domini millesimo centesimo septuagesimo septimo (1).

IX. (1204.)

Ego Guiardus, Dominus Risnelli (2), notum facio presentibus et futuris, quod ob anime mee et uxoris mee Ermengardis ac liberorum nostrorum, videlicet Johannis, Galterii, et Agnel salutem, ipsorum omnium laude et assensu, libere dedi Deo et beate Marie et fratribus Clarevallis in elemosinam sempiternam omnia winnagia et omnes costumias per totam terram meam pro rebus suis. Si autem aliquid forisfecerint in terra mea, sine emendatione forisfacti dampni sortem restituent. Preterea dedi eisdem fratribus, assensu et laude supradicte uxoris mee et liberorum nostrorum, piscationes omnium aquarum mearum exceptis vivariis, ut annis singulis, absque omni impedimento, liceat eis ubi ne piscari octo diebus ante generale capitulum et octo diebus post idem capitulum, ad usus abbatum et hospitum, qui tunc temporis veniunt Claramvallem.

Quod ut ratum permaneat, feci sigilli mei munimine confirmari.

Actum anno ab incarnatione Domini millesimo ducentesimo quarto (3).

XXXI. (1205.)

Ego Petrus, Dei gratia sorensis episcopus, notum facio presentibus et futuris, quod nobilis vir Comita, judex turritanus, devotionem concipiens edificandi monasterium de

---

(1) *Cartul. de Clairvaux.* — Une note placée en marge de cette charte et des deux précédentes nous apprend qu'à l'époque de la rédaction du cartulaire de Clairvaux l'abbaye d'Auberive était en jouissance des droits concédés par ces documents.

(2) Reynel (Haute-Marne), arrondissement de Chaumont, canton d'Andelot.

(3) *Cartul. de Clairvaux.* — Cf. plus haut, p. 129.

ordine cisterciensi, misit ad Claramvallem, omnimodis cupiens ex ea monachorum et conversorum habere conventum. Cujus voluntati et desiderio pius Dominus annuens, conventum fratrum, monachorum videlicet et conversorum, de prefata Clarevalle obtinuit. Quibus, videlicet fratribus, pro remedio anime sue omniumque parentum suorum, dedit et concessit omnia, que inferius descripta continentur, libere ac pacifice perpetuo possidenda.

In primis itaque predictus judex dedit prefato conventui *Paules* cum pertinentiis suis. In curatoria de Romagna curiam de Save cum pertinentiis suis omnibus, et Angosolum cum pertinentiis suis omnibus, excepto Dorgori de Monte cum filiis suis. Dedit etiam Hennene cum pertinentiis suis et Septupalme cum omnibus pertinentiis suis, et Taverra cum omnibus pertinentiis suis. In Nurra curiam de Herchilo cum omnibus pertinentiis suis, exceptis quibusdam liberis, quos ad servitutem incurvavit; et curiam de Loco cum omnibus pertinentiis suis; et curiam de Subiana cum omnibus pertinentiis suis. Et in curatoria de Nolauro curiam de Obneto cum omnibus pertinentiis suis. Et si in his prefatis curiis trecenti fuerint servi inventi, vel a numero trecentorum quot quot fuerint, dedit et concessit. Si autem minus trecentis fuerint, usque ad numerum trecentorum vult impleri. Similiter de ovibus : si fuerint in eisdem curiis decem milia, dedit; alioquin jubet impleri. Et capras mille, et porcos duo millia, et vaccas quingentas, et equas ducentas, sub eadem conditione, quam supra memoravimus, de ovibus videlicet restaurandis, si expediret. Et caballos centum inter domitos et domandas, et boves centum. Et similiter venientibus fratribus pro eorum indumentis et calciamentis et apparatu librorum et paramentorum dari jubet duo millia bizantiorum.

Jubet utique, ut expensas, quos ego P. sorensis episcopus, feci pro apportandis fratribus in integrum persolvantur. Panem, vinum, lecta et omnia necessaria ab adventu eorum, usque dum recolligant novos fructus, faciet eis dari. Preterea duo ligna pro piscari juxta velle venientium, ita quod unum sit in Nurra, si placuerit eis, et aliud in Nolauro, vel utrumque, si eis sederit, in Nolauro. Et si datum fuerit desuper, quod monasterium istud ad honorem Dei et beatissime Marie Clarevallis ordinis debeat fieri, illam eandem libertatem, quam habent in monasteriis suis dedit huic et servis ejus similiter. Preterea liberi, qui voluerint servire eis, voluit esse exemptos a regalibus operibus, prout fuerunt tempore illo illi de Capite Aque.

Actum anno Domini millesimo ducentesimo quinto (1).

Nous avons cru convenable de placer ici deux pièces qui appartiennent à d'autres sections du cartulaire, mais qui, comme les numéros II, III et IIII précédents (p. 375-376), concernent les approvisionnements de sel de Clairvaux.

1194.

Ego B., Dei gratia metensis episcopus, notum facio tam presentibus quam futuris, quod inter monasterium Clarevallis et monasterium Mediani Monasterii, utriusque monasterii laudante conventu, talis conventio intervenit : venerabilis igitur Symon, Mediani Monasterii dictus abbas, laudante capellano (2) suo, domum Clarevallis de quinque sessis (3) et furca (4), que illi domina Carissima pro anima Gerlandi, mariti sui, in elemosinam contulerat, corporaliter investivit ; et censum trium solidorum et dimidii, quem sibi domus Clarevallis annuatim solvere tenebatur, in perpetuum remisit ; et hec predicta in alodium libere et quiete donavit.

Nec est pretereundum, quod idem S., abbas, duas sessas a capite [hujus] elemosine usque ad versus puteum sibi retinuit cum jure in furca, quod alie due sesse in anci[n]a (5)

---

(1) *Cartul. de Clairvaux.* — Cf. plus haut, p. 56-57. — L'abbaye dont il s'agit est *Padulæ*, Paulles, diocèse de Torre, en Sardaigne. (Voir *Jongelinus, Notitia abbatiarum ordinis cisterciensis*, lib. VI, p. 91.) Nous avons nommé, p. 195, un abbé de ce monastère, Henri de Dommartin, vingt-septième prieur de Clairvaux.

(2) *Lege*, capitulo.

(3) *Sessa*, place pour une chaudière à sel. Ducange, éd. Henschel, VI, 159.

(4) *Furca*, potence qui supporte le seau au-dessus d'un puits à sel. Cf. Ducange, éd. Henschel, III, 439.

(5) *Ancina*, la poulie attachée à la potence, et où l'on passe la corde du seau.

habere debent etiam sine gravamine fosse (1). In reparatione vero ancine et furce solvere tenebitur portionem que eum continget. Et fratres Clarevallis, quotquot voluerint, sessas construere poterunt in ancina et pro voluntate sua libere ordinare, salvo jure duarum sessarum, que spectant ad Medianum Monasterium.

Idem etiam Symon in perpetuum ascensivit domui Clarevallis XV jornalia terre et pratum sufficiens ad carratum feni pro duobus denariis in medio maii reddendis, ita etiam quod fratres Clarevallis propter hoc censum placitum aliquod non debebunt.

Et, ne conventiones predicte in dolum vel in diminutionem Mediani Monasterii facte credantur, noverint universi, quod prefatus Symon, abbas, utilitatem domus sibi commisse plurimum in hac parte attendens, de substantia Clarevallis decem et septem libras habuit, quibus predictam possessionem et alia, que in villa de *Marsal* possidet, a creditorum manibus liberavit. Et notandum, quod predicta pecunia, que accepta fuerat, fuit de moneta metensi (2).

Horum autem omnium testes sunt : dominus Bertoudus, cantor et archidiaconus metensis; Johannes, capellanus; Anselmus de *Meenui;* Hugo de Doncreio; Nicholaus *li Eschivin;* Girardus, monachus de Mediano Monasterio.

Actum anno Verbi incarnati millesimo C° XC° IIII°, quintodecimo vero anno episcopatus mei, qui istas conventiones approbo et confirmo (3).

1242.

In nomine Patris et Filii et Spiritus Sancti.

Sciant omnes presentes pariter et futuri, quod ego Willelmus, comes Pontivi et Mosterioli, pro salute anime mee et antecessorum meorum, nec non et heredum meorum, de assensu conjugis mee Aalais, comitisse Pontivi, filie Ludo-

---

(1) *Fossa,* la mine de sel.

(2) Nous n'avons pas (et à tort peut-être) considéré cette opération comme une vente, et par conséquent cette somme ne figure pas dans le tableau qui se trouve à la page 292.

(3) *Cartul. de Clairvaux,* Marsal, IIII.

vici pii, regis Francorum, dedi in perpetuam elemosinam liberam penitus et quietam ecclesie Beate Marie Clarevallis et conventui ducentos modios salis, ad bonum assignamentum singulis annis ad communem mensuram salis de Rua mense mayo reddendos, vel XXV libras parisiensium singulis annis recipiendas in vicecomitatu meo de Rua in die Ascensionis ad emendum sal in proprium usum et esum domus Clarevallis expendendum. Hanc autem elemosinam ego et heredes mei ecclesie Clarevallis annis singulis faciemus.

Actum anno ab incarnatione Domini millesimo ducentesimo duodecimo.

Nos Guido, Dei gratia lingonensis episcopus, et nos Bartholomeus, eadem gratia quondam episcopus Quinque Ecclesiarum, notum facimus tam presentibus quam futuris quod nos anno Domini millesimo ducentesimo quinquagesimo tercio vidimus et diligenter inspeximus cartam nobilis viri domini Willermi, quondam comitis Pontivi, quam cartam penes se habent fratres Clarevallis, non cancelatam non abrasam, sed verbo ad verbum fideliter continentem omnia que superius in presenti pagina continentur.

In cujus rei testimonium presentem paginam sigillorum nostrorum munimine duximus roborandam.

Actum et datum sicut supra (1).

QUATRIÈME SÉRIE.

PEDAGIA,

ou

CHARTES DU XIIe ET DU XIIIe SIÈCLE, ACCORDANT DES EXEMPTIONS DE PÉAGES.

I. (1163.)

In nomine sancte et individue Trinitatis : amen.

Ego Ludovicus, Dei gratia Francorum rex, omnibus imperpetuum.

---

(1) *Cartul. de Clairvaux, Comites Pontivi,* 1.

Quecumque sunt ad honorem Dei et utilitatem servorum ejus, ex injuncta nobis cura providere nos oportet. Notum itaque volumus esse tam futuris quam presentibus, nos fratribus clarevallensis cenobii omnem pertinentem ad nos consuetudinem ubique in terra nostra penitus condonasse de his omnibus que sunt ad proprios usus suos, et, ut sine impedimento et libere per terram nostram sine consuetudine, in quantum ad nos pertinet, transseant imperpetuum, benigne concessisse.

Item Ansellus, vicecomes de Corbolio, assensu uxoris sue, Anne, et heredum suorum, Gisleberti et Anselli, pro amore Dei et pro sua atque antecessorum suorum animabus concessit, et in perpetuam elemosinam donavit ejustem clarevallensis monasterii fratribus, quicquid ab eisdem apud Corbolium solebat exigere. Et, quia super hoc nostram Ansellus serenitatem exoravit, elemosinam ipsam, sicut facta fuit, volumus et confirmavimus.

Similiter Gilo Senglerius de omnibus que portantur ad victum et vestimentum fratrum, transversum suum de Corbolio eidem monasterio clarevallensi et fratribus ejus concessit in presentia nostra, et in elemosinam dedit. Quam elemosinam nos laudavimus, et pro immobili firmitate sigillo nostro roborari precepimus.

Similiter Gilo de Ulmeta in presentia nostra consuetudinem suam de omnibus, quecunque portabuntur ad usum fratrum eorumdem tam in victum, quam in vestitum, eidem domui Clarevallis perdonavit et in elemosinam concessit. Nos autem donum ipsum concessimus et laudavimus.

Et hec omnia sigilli nostri auctoritate confirmavimus, addito karactere nostri nominis. Actum publice Parisius, anno incarnati verbi M° C° LXIII°, astantibus in palatio nostro, quorum ascripta sunt nomina et signa : S. Comitis Theobaudi, dapiferi nostri; S. Guidonis, buticularii nostri; S. Mathei, camerarii; constabulario nullo. Data per manum Hugonis, Cancellarii (1).

---

(1) Original, *Arch. de l'Aube.*

II. (1135-1151.)

Ludovicus, Dei gratia rex Francorum et dux Aquitannorum, universis prepositis servientibus atque fidelibus suis in perpetuum.

Vere dignum ac justum esse credimus eorum nos quieti et immunitati maxime providere, qui se divino servitio specialius manciparunt. Unde notum volumus esse omnibus tam futuris, quam et presentibus, fratribus clarevallensis cenobii omnem pertinentem ad nos consuetudinem ubique in terram nostram penitus condonasse de omnibus, que vel vendiderint, proprie suis, vel emerint ad proprios usus.

Quod ut ratum habeatur in posterum, scripto commendari et sigilli nostri auctoritate fecimus confirmari (1).

III. (1163.)

Ego Ludowicus, Dei gratia Francorum rex, notum facimus universis presentibus atque futuris quod Gilo Senglerius de omnibus, que portantur ad victum et vestitum fratrum, transversum suum de Corbolio domui et fratribus Clarevallis concessit in presentia nostra et in elemosina donavit. Elemosinam nos laudavimus in presencia plurimorum et pro immobili firmitate sigillo nostro roborari precepimus.

Actum publice Parisius, anno dominice incarnationis M° C° LXIII°; astantibus in palatio nostro quorum apposita sunt nomina et signa : S. comitis Theobaldi, dapiferi nostri; S. Guidonis, buticularii; S. Mathei, camerarii.

Data per manum Hugonis, cancellarii.

Point de monogramme (2).

IV. (1163.)

In nomine sancte et individue Trinitatis.

Nobis ipsis contulimus quociens pauperibus Xpisti misericorditer subvenimus.

---

(1) Original, *Arch. de l'Aube*, fragment de sceau.
(2) Original, *Arch. de l'Aube*. — Le sceau manque; il pendait par double queue.

Notum itaque facimus universis tam presentibus quam futuris, quod sanctæ ecclesiæ clarevallensis cœnobii, et fratribus ibidem deo servientibus, amore Dei et intuitu religionis ipsorum concessimus imperpetuum, et benigne donavimus, ut de propriis rebus suis, ad victum et vestitum eorum pertinentibus, per terram nostram, in quantum ad nos pertinet, nullam omnino dent consuetudinem. Precipimus ergo prepositis ac servientibus nostris, ut a fratribus nichil exigant, sed eos cum rebus suis sine impedimento transsire permittant.

Actum Meloduni, anno verbi incarnati M° C° LXIII°, astantibus nobis, quorum subscripta sunt nomina et signa: S. Comitis Theobaudi, dapiferi nostri; S. Mathei, camerarii; S. Guidonis, buticularii.

Data per manum Hugonis, kancellarii. *Monogramme* (1).

V. (1163.)

In nomine sancte et individue Trinitatis. Amen.

Ego Ludovicus, Dei gratia Francorum rex. Quecunque sunt ad honorem Dei ac utilitatem servorum ejus, ex injuncta nobis cura providere nos oportet. Qua ratione notum facimus universis presentibus et futuris, quod Gilo de Hulmeta in presencia nostra consuetudinem suam apud Corbolium de omnibus, quecunque portabuntur, ad usum fratrum, tam in victu, quam in vestitu, domui Clarevallis perdonavit, et in elemosinam concessit. Nos autem donum istud concessimus, et laudavimus, et sigilli nostri auctoritate confirmavimus, addito karactere nostri nominis.

Actum publice Parisius, anno incarnati verbi M°C° LXIII°, astantibus in palatio nostro, quorum apposita sunt nomina et signa: S. comitis Theobaldi, dapiferi nostri; S. Guidonis, buticulari nostri; signum Mathei, camerarii; constabulario nullo.

Data per manum Hugonis, cancellarii. *Monogramme* (2).

---

(1) Original, *Arch. de l'Aube.* — Le sceau manque; il pendait par double queue.

(2) *Cartul. de Clairvaux.* — On lit en marge ces mots: *Item regis Philippi due, sed modo vacant.*

VI. (Octobre 1227.)

Ingerannus, dominus Cociaci, cunctis servientibus et obsequentibus sibi salutem.

Mando vobis et precipio, quatinus fratribus clarevallensis ecclesie omnem honorem et obsequium deferatis, ut semper et ubique per totam terram meam absque ulla molestia pertranseant; et de rebus suis, quas secum ducunt, vel deferunt, in quibus marchandisia non contineatur, nullam prorsus exactionem vel wionagium ab eis exigatis.

Actum anno Domini M° CC° XX° VII°, mense octobri (1).

VII. (Au plus tard 1174.)

Ingelrannus de Fara cunctis servientibus et obsequentibus sibi salutem.

Mando vobis et precipio, quatinus istarum litterarum portitoribus, Claraevallis scilicet fratribus, omnem honorem et obsequium deferatis, ut semper et ubique per totam terram meam absque ulla molestia pertranseant, et de suis rebus, quas secum ducunt, nullam prorsus exactionem vel caritatem ab eis exhigatis.

Valete (2).

VIII. (1186.)

Ego Jacobus, dominus de Avennis, concessi fratribus Clarevallis ob remissionem peccatorum meorum et in perpetuum contradidi, ut per totam terram meam et per omnes transitus dominii mei ab omni teloneo et passagio et consuetudinibus universis, in eundo et redeundo, sive etiam inibi demorando, cum omnibus rebus sui juris liberi sint et immunes omnimodis, et ab omni exactione penitus absoluti.

Ut autem ratum hoc et stabile perseveret, elemosinam hanc sigilli mei munimine roboravi.

---

(1) *Cartul. de Clairvaux.*

(2) Original, *Arch. de l'Aube.* — Scellé d'un sceau de cire jaune, pendant par double queue. Dans le champ du sceau on voit un homme d'arme à cheval, passant de droite à gauche. Légende : [Si]gill[um Inge]lrani, domini de [Fara]. Point de contre-sceau.

Notandum autem, quod hoc solummodo concessi domui Clarevallis, et non aliis domibus que de ipsa exierunt.

Testes sunt hujus donationis illustris : Philippus, comes Flandrie et Viromandie ; et Giraldus, prepositus insulensis, et Lambrinus Brugensis ; et Matheus de Hera ; et Gilo de *Popiole*.

Actum ab incarnatione Domini M° C° octogesimo sexto (1).

IX. (1170.)

Ea que religiosis locis et viris Deo servientibus erogantur, ad honorem Dei spectant, et ad salutem pertinent animarum.

Ea propter ego Radulfus, dominus Cociaci, notum fieri volo presentibus et futuris, quod ego dedi et concessi ex dono patris mei, Ingelranni, pro ejus anima, et pro mea, et pro animabus antecessorum et successorum meorum, assensu Agnetis, uxoris mee, et consilio hominum meorum, fratribus ecclesie Clarevallis de omnibus rebus, quas ad proprios usus dicte ecclesie fratres illi aut emerint, aut vendiderint, aut que eis erogate fuerint, per totam terram meam transitum liberum et quittum ab omni teloneo et guionagio meo et ab omni consuetudine mea propria, et quod ipsi cum rebus suis per terram meam securi eant et redeant.

Ut igitur ea donatio mea eis indissolubilis et firma permaneat, hanc presentem cartam meam ad munimen ecclesie et fratrum, scribi et sigilli mei impressione et testium subscriptione muniri feci. Decerno etiam et indissolubili concessione confirmo, ut nullo in posterum tempore ab aliquo successorum meorum hec nostra donatio infringatur.

S. Raineri, abbatis Calniaci ; S. Guidonis de *Guni;* S. Simonis de *Coci;* S. Roberti de *Cameli;* S. Huvardi de *Marforfontaine;* S. Macharii de *Vernolio*.

Actum Cociaci anno incarnati verbi M° C° LXX°.

Data per manum Petri, cancellarii mei (2).

---

(1) *Cartul. de Clairvaux.*

(2) Original, *Archives de l'Aube.* — Le sceau manque ; il pendait par double queue en cuir.

X. (1113-1153.)

In nomine sancte et individue Trinitatis. Galerannus, comes Mellenti, universis fidelibus Dei in posterum.

Oportet nos operari bonum ad omnes, maxime autem ad domesticos fidei. Sic enim monet nos Dominus, ut faciamus nobis amicos de mammona iniquitatis, ut, cum defecerimus, recipiant nos in eterna tabernacula.

Propterea ego Galerannus, comes Mellenti, et dominus castri, quod dicitur *Gornai,* concessi in manus Bernardi, clarevallensis abbatis, fratribus clarevallensibus, et omnibus, qui sunt ex ordine cisterciensi, gratuitum transitum rerum suarum, ut neque apud Gurnaium, neque in alio loco ex hiis, que ad me pertinent, pedagium aliquod exigatur ab eis.

Ut autem firma sit concessio in eternum, et a nemine successorum possit evacuari, cartam hanc sigilli impressione firmavi, addens etiam episcopi parisiensis testimonium et sigillum.

Ego Theobaldus, Dei gratia parisiensis episcopus, concessionem hanc ratam esse precipio, et eam episcopali auctoritate confirmo.

Testes ejus sunt : Heinricus de Ferreriis, Willemus de *Pinu,* et Robertus de Fromevilla ; de clericis : Bernardus, archidiaconus, Radulphus, et Johannes, canonici parisiensis ecclesie (1).

XI. (1178.)

Ego Odo, Dei gratia dominus Hamensis, notum volo fieri, tam futuris, quam presentibus, quoniam, concedente uxore mea, Elysabeth, et filio meo, Odone, pro remissione peccatorum meorum et predecessorum meorum dedi in elemosinam universo ordini cisterciensi, ut fratres ejusdem ordinis per totam terram meam securi et liberi eant et redeant, nullumque winagium sive traversum, quantum ad meam attinet proprietatem, michi meisque successoribus in perpetuum

---

(1) *Cart. de Clairvaux.* Imprimé dans Migne, *Patrologie,* t. CLXXXV, col. 1753.

ex……nt, de his videlicet rebus, que ad eorum proprios usus transferrentur.

Ut igitur hoc elemosine mee beneficium nulla possit oblivione deleri, presenti scripto volui commendari, et, ut ratum consistat, sigilli mei impressione et testium subscriptorum astipulatione confirmari decrevi :

S. Gunteri, Hamensis ecclesie abbatis; S. Ingelranni, prioris; S. Hugonis, S. Roberti, S. Radulfi, S. Rogeri, presbiterorum et canonicorum predicte Hamensis ecclesie; S. Gerardi, et Simonis, fratrum meorum.

Actum est hoc anno ab incarnatione Domini M° C° LXX° VIII° (1).

XII. (1154-1189.)

Henricus, Dei gracia rex Angl. et dux Norm. et Aquit. et comes An..eg., omnibus justiciariis et ministris suis Anglie et Normannie et portuum maris tocius terre sue salutem.

Precipio quod omnes res monachorum monasterii Clarevallis, quas emerint vel vendiderint, vel ad opus suum deportare fecerint, sint quiete de theloneo et passagio et pontagio et omni consuetudine per totam terram meam, tam per terram, quam per aquam, quas servientes sui assecurare potuerint suas esse proprias. Et prohibeo, ne quis eos inde injuste disturbet, super forisfacturam meam.

Testibus : Rannulfo de Glanvilla et Hugone de *Morwich*, dapifero.

Apud Leon. (2).

XIII. (3 Janvier 1208.)

Philippus secundus, Dei gratia Romanorum rex et semper augustus.

Ad eterne vite premium et temporalis regni incrementum plurimum nobis proficere non ambigimus, si personis reli-

---

(1) Original, *Archives de l'Aube*. — Le sceau manque; il pendait par double queue en cuir.

(2) Original, *Archives de l'Aube*. — Scellé d'un sceau de cire verte mutilé, pendant par double queue. Edité par Vallet de Viriville, *Arch. hist. de l'Aube*, p. 217.

giosis et locis divino mancipatis obsequio prodesse studuerimus, et circa commoda sua curam et operam impenderimus diligentem.

Ea propter ad universorum imperii fidelium presentis etatis et posteritatis successure noticiam duximus perferendum, quod nos pro salute nostra et ob remedium animarum progenitorum nostrorum, Romanorum imperatorum, ecclesiam sancte Marie Clarevallis cum omnibus bonis ipsius, et nominatim possessiones illas, quas habet apud Marsallam, sub specialem et omnimodam majestatis nostre suscipimus protectionem, easque, ubicunque locorum in imperio nostro fuerint constitute, ab omni penitus molestia et exactionis onere benignitatis nostre expertes constituimus et immunes, nullique unquam aliquod preter consuetudinem ordinis sui ipsos fratres de prediis suis prestare volumus obsequium. Indulgemus ad hec memorati monasterii fratribus, et regia concedimus auctoritate, ut per totum imperium sub nostra securitate pro negociis suis libere vadant et revertantur, nec de his rebus, que ad usum suum emere aut vendere necesse habuerint, pedagium aliquod vel aliam indebitam dacionem persolvant. Statuimus itaque et regio sancimus edicto, ut nulli omnino persone fas sit deinceps sepefatum monasterium in bonis suis molestare vel aliquam sibi irrogare jacturam, seu etiam aliquo improbitatis ausu hanc nostre defensionis et concessionis paginam in irritum revocare. Quod qui facere presumpserit, iram omnipotentis Dei et nostre sublimitatis gravem offensam se noverit incursurum.

Datum apud Metim anno millesimo CC° VII°, III nonas januarii, indictione XI*a*. (1).

XIIII. (1189-1186.)

Fredericus, Dei gratia Romanorum imperator et semper augustus, universis hominibus et fidelibus suis gratiam suam et omne bonum.

Universitati vestre notum efficimus, quod venientibus ad nos venerabilibus personis cisterciensis ordinis videlicet

---

(1) *Cart. de Clairvaux.*

Petro, Clarevallis, et Bernardo, Bellevallis abbatibus, cum aliis religiosis confratribus suis ab eisdem nostre salutis curavimus obtinere ut, presentis vite termino consummato, plenarium nobis officium per omnes domos ejusdem ordinis persolvatur, sicut pro abbate uno facere consueverunt. Quoniam ergo universitati prenominati ordinis speciali dilectione deinceps et devocione astringimur, omnia loca et possessiones ipsorum in protectione nostra et defensione accepimus, mandantes vobis et firmiter precipientes, quatinus honori et paci ejusdem ordinis providere curetis, et districtam faciatis eis justiciam, cum ad vos accesserint, scientes gratum nobis futurum quicquid boni eis diligentia vestre sollicitudinis attributum. Si quis autem predicto ordini calumpniam seu violentiam attentaret inferre, vel illatas minus diligenter corrigere, pro certe sciret, quod oppressionem illorum, tanquam fratrum et amicorum nostrorum, imperialis majestas, prout esset debitum, vindicaret (1).

XV. (1159.)

In nomine sancte et individue Trinitatis. Amen.

F., Dei gratia Romanorum imperator et semper augustus, omnibus fidelibus, tam presentibus, quam futuris, in perpetuum.

Quoniam sepe contingit ea, que bene peracta sunt, vel hominum inconstancia mutari vel oblivione deleri, notum sit universis, quod ego voluntate et consensu Beatricis, imperatricis, uxoris mee, pro remissione peccatorum nostrorum et omnium antecessorum nostrorum, concedo domui de Claravalle in perpetuum possidendum, quicquid Guido de Wangionis Rivo eidem domui dedit et concessit de proprio feodo ceterisque omnibus, et homines ejus casati de suis casimentis, tempore bone memorie Bernardi, abbatis, in terris, silvis, aquis, pascuis, ceterisque aizanciis, quodque de eodem dono et elemosina Bartholomeus, filius ejusdem G., postea concessit.

---

(1) *Cart. de Clairvaux.*

Quod ut nullius temeritas ulterius audeat violare, sigilli mei et prefate imperatricis impressione confirmandum duco.

Actum in obsidione Chreme, anno ab incarnacione Domini M° C° LIX°.

Testes sunt : Reinaldus, cancellarius, electus Colonie archiepiscopus; Evrardus, bauerbergensis episcopus; Henricus, dux Saxonie; Beroldus, dux Ceringie; Adam abbas, de Ebra (1).

XVI. (1153-1191.)

Ego Theobaldus, blesensis comes et Francie senescallus, omnibus notum facio, quoniam fratribus clarevallensis cenobii Dei amore apud Carnotum ad suos proprios usus filatum emere concessi, et libere et sine omni consuetudine asportare (2).

XVII. (1170-1180.)

Theobaldus, blesensis comes, Francie senescallus, omnibus justiciis in terra karissimi fratres mei comitis Henrici constitutis, salutem.

Mando vobis et precipio, quatinus non permittatis, quod aliquis, sub potestate vestra constitutus, res ecclesie Clarevallis violenter accipiat, vel captas detineat, quandiu coram me vel aliquo fratrum meorum parati fuerint stare justicie. Quod si forte aliquis predicte ecclesie res ceperit, qui eas ad requisitionem vestram reddere noluerit, vel recredere, tantum de rebus illius capiatis, ut predicte ecclesie de dampnis illatis satisfacere possitis. Sciatis autem, quod, si mandatum meum non feceritis, meam incurretis indignationem, et excessum vestrum non relinquam impunitum (3).

XVIII. (Mai 1202.)

Ego Ludovicus, comes blesensis et Clarimontis omnibus notum facio, quod ego, Jherosolimam proficiscens, pro

---

(1) *Cart. de Clairvaux.* — Imprimé dans Migne, *Patrologie,* t. CLXXXV, col. 1753.

(2) *Cart. de Clairvaux.*

(3) Original, *Arch. de l'Aube.* — Beau sceau pendant par double queue.

amore Dei et anime mee remedio et antecessorum meorum in perpetuam elemosinam dedi et concessi abbatie Clarevallis, ut eis liceat per totam terram meam sine omni consuetudine vendere sua et emere aliena mercimonia ad proprios usus et extra portare.

Quod ut ratum semper sit, etc.

Actum apud Cistercium, anno gratie M° CC° secundo.

Datum per manum Theobaldi, cancellarii mei, mense maio (1).

XIX. (1203.)

Noverint universi, tam presentes, quam futuri, quod ego Hugo, comes de Sancto Paulo, dedi et concessi pro salute anime mee et omnium antecessorum meorum plenariam libertatem universis fratribus Clarevallis et vecturis eorum per totam terram meam et hominum meorum, ut sint ab omni pedagio et vianagio, ab omni exactione et custuma et servicio, tam in eundo, quam redeundo, modis omnibus in perpetuum liberi penitus et immunes. Si idem fratres vel eorum famuli sine dampno alicujus extra viam declinaverint, districte prohibeo, ne quis ob hoc illis aliquam omnino molestiam inferat aut gravamen. Si autem dampnum alicui intulerint, solum dampnum sine alia emendacione restituent.

Ut igitur hec mea donacio inconcussam obtineat firmitatem, ego presentem cartam adversus omnes calumpnias sigilli mei, etc.

Actum anno verbi incarnati M° CC° tercio (2).

XX. (1165.)

In nomine Domini. Amen.

Ego Hugo, Dei gratia dux Burgundie, notum fieri volo presentibus et futuris, quod monasterio Clarevallis et fratribus ibidem Deo servientibus in perpetuam helemosynam dedi et concessi, ut liceat eis per totam terram meam sine alicujus thelone vel pedagii seu alterius hujusmodi consue-

---

(1) *Cart. de Clairvaux.*
(2) *Ibid.*

tudinis exactione transire et quelibet sua bona transvehere.

Hoc autem donum ad perpetuam rei memoriam presenti pagine fecimus annotari et sigilli nostri impressione muniri.

Testes autem hujus nostre concessionis sunt nobiles viri Odo de Granceio, Jobertus de *Granci*, Johannes Erupellus.

Datum anno dominice incarnationis M° C° LX° V°, VI idus aprilis (1).

XXI. (1106-1108.)

Otho, dux Aquit., comes Pictav., omnibus senescallis, propositis, ballivis et fidelibus suis salutem.

Sciatis me pro amore Dei et salute mea ac parentum meorum dedisse et presenti carta confirmasse abbati et monachis clarevallensibus libertatem istam, ut omnes res ipsorum, cadrige et vecture, quocunque deferantur et transeant, per totam terram meam libere sint et immunes ab omni pedagio et consuetudine. Ipsos enim ac res omnes ipsorum et possessiones recepi in custodia et protectione mea, ut salvum et liberum conductum habeant ubique in terra mea. Quare volo et precipio, ut prescriptos monachos et res omnes corum custodiatis, et ab omni consuetudine defendatis, nec pedagium seu aliam quamcunque consuetudinem ab ipsis capiatis, aut capi permittatis.

Teste me ipso apud Mauseium, XIII° die marcii (2).

XXII. (Au plus tard 1214.)

Th., comes Bar. et Lusceb., fidelibus suis in Domino salutem.

Vestre omnium universitati notum facimus quod res fratrum Clarevallis per terram nostram et per terram amicorum nostrorum sonducimus (3).

---

(1) Original, *Arch. de l'Aube*. — Le sceau manque; il pendait par double queue.

(2) Original, *Arch. de l'Aube*. — Scellé d'un sceau de cire jaune mutilé, pendant par simple queue.

(3) Original, *Arch. de l'Aube*. — Le sceau manque; il pendait par simple queue.

XXIII. (1178-1179.)

Ego Cono, comes Suessionensis, dominus quoque Petrofontis et Nigellæ, notum volo fieri, tam presentibus quam futuris, quod, assensu uxoris meæ Agathæ, dedi in elemosinam æcclesiæ Clarevallis pro remissione peccatorum meorum, necnon et pro animabus antecessorum meorum, ut fratres ejusdem loci per totam terram meam et per omnes transitus dominationis meæ, tam in aquis, quam in terra, cum suis omnibus securi et ab omni exactione vectigalium seu pedagiorum vel aliarum quarumlibet consuetudinum liberi et absoluti eant, et redeant, nichilque pro hiis, quæ in terra mea emerint, vendiderint, seu transvexerint, michi vel meis successoribus solvant. Si quis ergo, in mea potestate consistens, eos contra hujus scripti tenorem gravare in talibus vel molestare presumpserit, divinam offensam et indignationem meam se non dubitet incursurum.

Ut autem hec elemosinæ meæ pagina legitimo firmamento non careat, eam impressione sigilli proprii et subscriptorum testium annotatione munivi, scilicet Gerardi de Chirisiaco; Radulfi, castellani de Nigella; Arnulfi *Boger;* Philippi de Berona (1).

XXIIII.

Ego Ansericus, Montis Regalis dominus, laudante uxore mea Sibilla, pro remedio anime patris mei, et mea ipsius salute concedo in elemosinam pro amore Dei domui Clarevallis libertatem et immunitatem in pedagio divionensi, scilicet ut nichil omnino accipiatur a fratribus prefate domus euntibus et redeuntibus per Divionem, sed de portione pe-

---

(1) Original, *Arch. de l'Aube.* — Scellé de deux sceaux de cire jaune, pendants par double queue en cuir. Celui de gauche est rond; il représente le comte en costume de guerre, à cheval, galopant de gauche à droite. Légende : *Sigillum Cononis comitis Suessionis, domini Petri[fo]ntis et Nigelle.* Contre sceau armorié. Ce sceau est enveloppé dans un sac de toile blanche, muni d'une étiquette sur laquelle on lit en écriture du treizième siècle : *Sigillum domini Cononis, comitis Suessionis.* Le sceau de droite est ovale; il représente une comtesse debout, tenant une fleur de la main gauche. Légende : *Sigillum domine Petrifuntis.* Point de contre-sceau.

dagii, que ad me pertinet, liberi sint, et ab omni exactione et pedagii consuetudine cunctis diebus.

Ut autem hec donacio mea illibata et firma permaneat, presenti carta eam confirmo et proprio sigillo, etc.

Testes, etc. (1).

XXV. 1°. (1177-1194.)

L., Dei gratia dux Austrie.

Noverint omnes tam presentes, quam hii qui post futuri sunt, quod nos venerabilibus fratribus de Claravalle hanc in nomine Domini in terra nostra libertatem indulsimus, ut, quicumque ex eis pro necessitate jamdicti claustri terram nostram transierunt, absque omni impedimento et sine theloneo, quod vulgari muota (2) dicitur, libere vadant et veniant. Volumus itaque, quod nemo sit, qui eos euntes vel redeuntes in terra nostra aliquo modo offendat, vel sub occasione thelonei quicquam ab eis exigat. Quod si quis in hoc nostre voluntatis interdicto contra ire presumpserit, absque dubio se noverit nostre indignationis iram incursurum (3).

2°. (1177-1194.)

L., Dei gratia dux Austriæ, universis fidelibus suis per terram suam constitutis salutem.

Universitati vestre mandamus, ut absque detentione et absque ulla exactione presentium latores monachos clarevallensis ordinis transire per terram nostram permittatis. Si quis itaque hujus mandati nostri statutum temerarie presumpserit irritare, indubitanter nos offendisse sciat (4).

3°. (1198-1230.)

L., Dei gratia dux Austrie et Styrie, universis, ad quos presentes littere pervenerint, salutem.

Noverint omnes, tam presentes, quam futuri, quod nos

---

(1) *Cart. de Clairvaux.*
(2) Sorte de redevance. — Ducange, v° *Muta.*
(3) Original, *Arch. de l'Aube.* — Le sceau manque.
(4) Original, *Arch. de l'Aube.* — Scellé d'un sceau de cire jaune, pendant par

religiosis in Claravalle fratribus, sicut et pater noster beate memorie fecerat, hanc in nomine Domini libertatem dedimus, ut, quicunque ex eis pro negociis jam dicti claustri transierint, terram nostram, absque omni impedimento et sine theloneo, quod in vulgari muota, dicitur libere vadant et veniant : ita quod nemo sit qui eos euntes et redeuntes in terra nostra aliquo modo offendat, vel sub occasione thelonei quicquam ab eis exigat. Si quis autem in hoc nostre voluntatis interdicto contra ire presumpserit, absque dubio se noverit nostre indignationis iram incursurum (1).

XXVI. (1156-1195.)

C., Dei gratia palatinus comes de Rheno, universis ei bona volentibus salutem cum sincere dilectionis affectu.

Scire volumus discretionem vestram, quia fratres nostros dilectos presentium latores Clarevallis legatos in nostram tuitionem suscepimus, et securum eis in nostro principatu conductum sive per terras sive per aquas iter agentibus prestamus : statuentes, ut nullum in nostra jurisdictione vectigal aut theloneum persolvant, et nullum ab aliquo aut in rebus aut in personis gravamen aut impedimentum sustineant. Rogamus itaque dilectionem vestram, intime monentes, ut eos intuitu nostri honoris, ubicunque res postulaverit, benigne foveatis, et, eos in negociis suis fideliter promoventes, nichil eis offendiculi a quoquam inferri permittatis, scientes quia gratum in hoc nobis et acceptabile obsequium exhibetis.

Data in Stahelegge, VII idus junii (2).

XXVII. (Au plus tard 1187.)

Ego Hugo, de Fisca Castro (3) dominus, notum facio presentibus et futuris, me dedisse pro salute anime mee paren-

---

double queue en parchemin. Dans le champ du sceau, on voit le duc armé à cheval galopant de droite à gauche. Légende : *Le [opoldus, Dei gratia d]ux Au [strie]*. — Point de contre-sceau.

(1) *Cart. de Clairvaux.*
(2) Orig., *Arch. de l'Aube.* — Le sceau manque ; il pendait par double queue.
(3) La Fauche (Haute-Marne).

tumque meorum in perpetuam elemosinam ecclesie Clarevallis, laude et assensu filii mei Hugonis aliorumque liberorum et heredum meorum, ut videlicet fratres Clarevallis in eundo et redeundo cum animalibus et quibuslibet rebus suis per totam terram meam liberum et absolutum habeant transitum ab omni exactione pedagii vel alia qualibet exactione vel consuetudine, que solet, vel potest a transeuntibus exigi ; et, si damnum forte aliquod in herbis vel segetibus vel aliis rebus intulerint, liberi et absoluti pertranseant, damno simpliciter restituto.

Testes hujus rei : Petrus, capellanus de Fisca ; et Johannes, clericus de Fisca ; Albertus, miles de Fisca ; Rodailfus *Mordanz ;* Amalris de Fisca (1).

XXVIII. (1187.)

In nomine Patris et Filii et Spiritus sancti.

Ego Petrus, Dei gratia Leuchorum (2) episcopus, notum facio generationi omni, que nunc est, et que ventura est, quod Hugo. dominus de Fescha (3), assensu et laude fratrum suorum Mitonis, et Symonis, Otthonis, et Albrici, et filiorum suorum Hugonis, et Widonis, et sororis eorum Gersamne, omniumque heredum suorum, qui tunc intelligere poterant vel assensum prebere, per manum meam contulit ecclesie de Claravalle in elemosinam in perpetuum per totam terram suam in omni dominicatu suo pedagium et liberos ingressus et egressus fratribus ipsius ecclesie et rebus et animalibus eorum absque omni contradictione et molestia, omni jure emptionis et venditionis illis absolute concesso in perpetuum. Quod si animalia ipsorum in pratis vel segetibus eundo vel redeundo damnum aliquod intulerint, sine juris satisfactione damni quantitatem restituent, et pax erit illis et rebus eorum.

---

(1) Original, *Arch. de l'Aube* — Scellé d'un sceau de cire verte, pendant par double queue tressée de cuir. Dans le champ du sceau, on voit Hugues armé à cheval galopant de gauche à droite. Légende : *Sigillum domini Hugonis de Fisca.* — Point de contre-sceau. Ce sceau est enveloppé d'un sac de toile blanche, muni d'une étiquette avec cette inscription écrite au treizième siècle : *Sigillum domini Hugonis de Fisca.*

(2) De Toul.

(3) La Fauche.

Testes : Johannes, clericus de Fesca ; Albertus, miles de *Rossuie;* Hugo, miles, cognomento *Moschate;* Rodulphus *Mordanz;* Amalricus de *Espizun.*

Nos igitur hanc donationem ecclesie de Claravalle sollemniter factam sub nostra protectione suscipientes, sigilli nostri impressione munimus et excommunicamus omnem hominem, quicunque illam in aliquo temerare presumpserit, vel fratres ipsos cum rebus et animalibus eorum injuste perturbaverit, quousque de presumptionis sue temerario ausu peniteat, et ecclesie Dei ac nobis digne satisfaciat. Fiat, fiat! Amen, amen!

Actum legitime, indictione v^e, incarnationis dominice anno millesimo C° LXXX° VII° (1).

XXIX. (Au plus tard 1180.)

Notum sit omnibus tam presentibus quam futuris quod ego Wiardus, comes de Risnello, et dominus de *Gundricurt* et de *Rimaucurt* (2), dedi libere et concessi pro anima mea Deo et fratribus Claravallis per totam terram meam omnia wianagia et omnes costumias pro rebus suis, ad laudem filii mei Theobaldi, et filiarum mearum Odiardis et Hawis, et fratris mei Hugonis. Si autem predicti fratres in tota terra mea aliquid forisfecerint, sine emendatione forisfacti damni sortem restituent.

Testes sunt : magister Radulfus ; et Garnerius de Manesic ; et Gerardus, frater ejus ; et Petrus, filius predicti Garneri ; et Robertus Flandrensis ; et Hugo *de la Fesche;* et Guido de Henruæ ; et Galterus, camerarius (3).

---

(1) Original, *Arch. de l'Aube.* — Scellé d'un sceau de cire jaune et de forme ovale, pendant par lacs de soie verte. Dans le champ du sceau, on voit l'évêque assis, coiffé d'une mitre élevée de forme conique, tenant de la main droite sa crosse, de la gauche un livre. Légende : *Petrus, Dei gratia Leucorum episcopus.* — Point de contre-sceau.

(2) Reynel, Guindrecourt et Rimancourt (Haute-Marne).

(3) Original, *Arch. de l'Aube.* — Scellé d'un sceau de cire jaune mutilé, pendant par double queue en parchemin. Dans le champ du sceau, on voit le sire de Reynel, armé à cheval, passant de gauche à droite. — Légende : [Sigi]lum Guidoni[s]..... Ce sceau est enveloppé d'un sac de toile blanche, muni d'une étiquette en parchemin sur laquelle on lit en écriture du treizième siècle : *Sigillum domini Wiardi de Risnello.*

XXX. (1166.)

Ego Guido de Garlanda notum esse volo cunctis fidelibus, ad quos littere iste pervenerint, quod etiam sigilli mei appositione et testium annotatione confirmo, me concessisse pro salute anime mee et antecessorum meorum fratribus clarevallensibus immunitatem consuetudinum et omnium exactionum in terra mea et libertatem telonei et pedagii in sartis de *Tornuem*, ut ipsi et res eorum liberi sint euntes et redeuntes per idem castellum meum, nec aliquis eos ministerialium meorum hac occasione disturbare presumat.

Hujus rei testes sunt : Ernulfus *Berruers*, et Paganus, et Manasses de Possessa.

Actum anno dominice incarnationis millesimo centesimo sexagesimo sexto (1).

XXXI.

Ducissa et domina de Bithsa (2) prepositis et ministerialibus suis universis tam de Syrca (3) quam de omnibus locis sue ditioni famulantibus gratiam suam.

Quoniam ad eterne vite meritum orationes religiosorum nobis prodesse speramus, dignum etiam videtur, ut eorum commoditatibus in presenti seculo clementer intendere debeamus.

Unde, quia ad nostram perlatum est audientiam, quod, cum fratres de Claravalle pro suis institutis adimplendis per diversas mundi partes proficiscuntur et ad castrum nostrum, quod dicitur Syrca, aut ad alium nostre ditionis locum, ubi theloneum dari solet, venerint, eos ad theloneum vel ad aliud tale quid solvendum cum austeritate compelli-

---

(1) Original, *Arch. de l'Aube*. — Sceau en cire jaune représentant un homme d'arme à cheval, galopant de gauche à droite. Légende : *Sigillum Guidonis de Garlanda*. — Point de contre-sceau. Ce sceau pend par double queue en parchemin. Il est enveloppé dans un sac de toile blanche, muni d'une étiquette sur laquelle on lit en écriture du treizième siècle : *Sigillum domini Guidonis de Garlanda*.

(2) Bitche (Moselle).

(3) Sierck (Moselle).

tis : ideoque firmiter precipimus, presentium auctoritate statuentes, ut nullum deinceps theloneum, nullam omnino exactionem parvam vel magnam de quacunque re, quam eundo vel redeundo, quoquam tulerint, ab eis exigere presumatis; sed cum summa pace et tranquillitate ceptum iter peragant, ut ipsi quoque pro status nostri incolumitate non immerito Deum exorare debeant. Vestrum si quis forte contra nostram preceptionem qualecunque damnum eis inflixerit, celeriter oblata restituat, et a debita pena immunis existat (1).

XXXII. (Après 1170.)

1º. Ego A., comitissa Barri (2), omnibus, ad quos presentes littere pervenerint, notum facio me fratribus Clarevallis et omnibus rebus suis de consilio et assensu T., comitis Montionis (3), karissimi filii mei, salvum conductum prebuisse (4).

2º. Quoniam temporalium rerum dispositio, vetustate dierum aggravata, sub oblivionis favilla sepe solet sepeliri; ego A., comitissa Barri (5), tam presentibus, quam futuris, presenti pagina significo, me pie devotionis intuitu ob anime mee remedium pedagium bigarum sive curruum ad fratres claravellensis cenobii pertinentium per Pontem Montionis (6) transeuntium, quandiu vivam, quietum clamasse; et, ne fratres prenominate domus per pontem cum rebus vel bigis vel curribus transeuntes disturbationis offendiculum patiantur, presentem paginam sigilli mei appositione roboravi et communivi (7).

---

(1) Original, *Arch. de l'Aube.* — Le sceau manque ; il pendait par lacs de soie.
(2) Bar-le-Duc.
(3) Mousson (Meurthe).
(4) *Cart. de Clairvaux.*
(5) Bar-le-Duc.
(6) Pont-à-Mousson (Meurthe).
(7) Original, *Arch. de l'Aube.* — Scellé d'un sceau ovale de cire jaune, pendant par double queue en parchemin. Dans le champ, on voit la comtesse debout, tenant de la main droite une fleur, et sur la gauche un faucon. Légende : *Sigillum Agne(tis, co)mitisse Barri.* — Point de contre-sceau.

XXXIII.

M., Dei gratia Patav. (1) episcopus, omnibus in episcopatu suo Xpisti fidelibus, ad quos littere iste pervenerint, perpetuam in Domino salutem.

Noverint omnes, tam posteri, quam presentes, quod nos religiosis in Claravalle fratribus, sicut et predecessores nostri, hanc in nomine Domini libertatem, quantum nostre potestatis est, concessimus, ut, quicunque ex eis pro negotiis jam dicti claustri episcopatum nostrum transierint, absque ullo impedimento et sine theloneo, quod in vulgari muta dicitur, libere vadant, et veniant, ita quod nemo sit, qui eos euntes vel redeuntes in episcopatu nostro aliquo modo offendat, vel sub occasione thelonei quicquam ab eis exigat. Si quis autem eos indebite molestare presumpserit, sciat se indubitanter omnipotentis Dei offensam incurrisse, et bannum nostrum et ecclesiasticam promeruisse ultionem (2).

XXXIIII. (1179-1189.)

Ego Henricus, Dei gratia albanensis episcopus (3), apostolice sedis legatus, notum facio presentibus et futuris, quod Willelmus *Escot*, miles, dedit per manum meam fratribus Clarevallis immunitatem liberam a pedagio de Longa Aqua. Testes sunt, etc. (4).

XXXV.

O., Dei gratia herbipolensis ecclesie electus (5), universis fidelibus suis per episcopatum et ducatum suum undique constitutis salutem in Domino.

---

(1) Evêque de Passau.
(2) Original, *Arch. de l'Aube.* — Scellé d'un sceau de cire jaune, pendant par double queue en parchemin. — Dans le champ du sceau, l'évêque assis tient sa crosse de la main droite, un livre ouvert de la main gauche. Légende : . . . . . *egoldus Dei gratia. . . . . . av. . . nsis ecclesie episcopus.*
(3) Henri, ancien abbé de Clairvaux.
(4) *Cart. de Clairvaux.*
(5) Evêque élu de Wurtzbourg.

Latores presentis, clarevallensis ordinis monachos et conversos, ad partes Ungarie pro domus sue religione, sicut Dominus disposuerit, amplianda proficisci volentes, in conductu et protectione nostra recepimus, districte precipientes, ne quis eos in personis aut rebus presumat offendere, aut iter illorum in aliquo impedire. Datum, etc. (1).

XXXVI. (1165-1200).

C., Dei gratia Magontie sedis archiepiscopus, dilectis suis universis in archiepiscopatu magontino officiatis, etc.

Universitatis vestre dilectioni notum esse volumus, quod fratres clarevallensis ecclesie nostre tuitioni assumpsimus : unde vobis significamus, quod liberos eorum nuncios prosperos et absolutos a thelonei censu et alia exactione, quecunque peragant negocia, esse decrevimus, et hanc illam gratiam per universum archiepiscopatum nostrum servari constituimus (2).

XXXVII. (1186.)

Ego Simon, Dei gratia dux Lothoringie et marchionis, notum facio, tam presentibus, quam futuris, quod ego et illustris mater mea Berta concessimus fratribus Clarevallis et universis Deo post modum inibi servituris liberum transitum per totam terram nostram, et ab omni exactione pedagii, wienagii et ceterarum omnium consuetudinem penitus absolutum, cum omnibus rebus juris sui, quas duxerint, vel reduxerint, vel ibidem interdum commorantes habuerint. Quod si cuiquam dampnum aliquod in omni terra nostra casu quovis intulerint, restituta sorte dampni, liberi ab omni alia satisfactione pertranseant.

Testes sunt : venerabilis Petrus, tullensis episcopus; et Ricardus, abbas de sancto Apro; et Constantinus, miles de Fontineto.

---

(1) *Cart. de Clairvaux.*
(2) *Cart. de Clairvaux.*

Actum anno ab incarnatione Domini millesimo centesimo octogesimo sexto (1).

XXXVIII. (1186.)

Ego Petrus, Dei gratia Leuchorum episcopus, notum facio tam presentibus, quam futuris, quod Symon, dux et marchio Lothoringie, et illustris mater ejus, Berta, et dominus Wiardus de Rinello, et Teobaldus, filius ejus, filie quoque ipsius Hodiardis et Havydis dederunt per manum nostram Deo et fratribus Clarevallis, et universis postmodum inibi servituris, liberum transitum per totas terras suas et ab omni exactione pedagii et wienagii et ceterarum omnium consuetudinum penitus absolutum cum omnibus rebus juris sui, quas duxerint, vel ibidem interdum commorantes habuerint. Quod si cuiquam damnum aliquod in omnibus terris suis casu quovis intulerint, restituta sorte damni, liberi ab omni alia satisfactione pertranseant.

Testes ducis Symonis et matris ejus : Richardus, abbas de Sancto Apro ; Constantinus, miles de Fontineto. Testes domini Wiardi et liberorum ejus : Bertrannus de Provencheriis, Warnerus de *Manaas*, milites.

Simile donum fecit Galterus, miles, de *Espinal* (2) et uxor ejus Domata, et filius ejus Galterus. Testes domini Galteri : dominus Odo, archidiaconus tullensis ; dominus Symon de *Commerce*. Testes uxoris ejus et filii ejus : Morellus et Barengerius, milites de Sausofonte. Donum Galteri de *Espinal* concessit dominus Hugo, comes Wadanimontis (3), de cujus

---

(1) Original, *Arch. de l'Aube.* — Il est scellé de deux sceaux, pendant chacun par double queue en cuir. Celui de gauche est de cire verte. Dans le champ, on voit le duc armé à cheval, galopant de gauche à droite. Légende : *Simon dux Lotho. et Marchio.* — Point de contre-sceau. Ce sceau est enveloppé d'un sac de toile blanche, muni d'une étiquette en parchemin avec l'inscription suivante écrite au treizième siècle : *Sigillum domini Symonis ducis Lothoringie.* — Le sceau de droite est de cire jaune. Dans le champ, on voit la duchesse Berte à cheval, le faucon sur le poing, passant de gauche à droite. Légende : *Berta Lotoringie ducissa.* — Point de contre-sceau. Ce sceau est enveloppé d'un sac de toile, muni d'une étiquette en parchemin où on lit l'inscription suivante écrite au treizième siècle : *Sigillum domine Berte, ducisse Lothoringie.*

(2) Epinal (Vosges).

(3) Vaudémont (Meurthe).

feodo me... ...istud. Testes Hugonis : Odo, archidiaconus; Symo... de Commerce.

Auctum anno ab incarceratione Domini millesimo centesimo octogesimo sexto (1).

XXXIX. (1163.)

Quoniam episcopalis sollicitudo omnibus ecclesiarum negotiis per seipsam non sufficit interesse, oportet ea per coadjutores suos plurima tractare et legitime tractata confirmare.

Ea propter ego Hugo, Dei gratia senonensis archiepiscopus, notum omnibus esse volo quod Freherus de Musterolo, veniens ante presentiam Clementis de sancto Germano, decani nostri, loco nostro ibidem assistentis, condonavit ecclesiæ sanctæ Mariæ de Claravalle pro salute animæ suæ consuetudinem illam quam apud Musterolum (2) pro transitu aquæ in sale accipiebat, ita quod ipsi fratres de Claravalle cum navibus suis et omnibus rebus liberum transitum et quietum per aquam Musteroli deinceps habebunt sine pedagio vel aliqua consuetudine.

Hoc idem laudavit ibidem in presenti Helewisa, uxor predicti Freherii, testibus his qui interfuerunt : Godefrido de Varis, et Theoderico de *Vertu*, monachis de Pruliaco; Clemente, decano; Ernulfo, presbitero S. Mauritii de Musterolo; Guiberto de Chonis; Pagano de Warennis; Stephano de *Thori;* et Gualterio, fratre ejus; Roberto, preposito. Hoc idem laudaverunt Hugo et Roscelinus, fratres ejusdem Freherii, coram his testibus : Godefrido, et Theoderico, Pagano de Warennis, Revello de Dormellis, Hisnardo Pontenerio, Firmino Furnerio. Et, ne aliqua querela amplius inde moveretur, voluerunt et petierunt predictus Freherius et uxor ejus et fratres, ut hæc eorum elemosina, presente et teste decano nostro facta, sigilli nostri auctoritate confirmaretur.

Actum anno ab incarnatione Domini M° C° LXIII° (3).

---

(1) Original, *Arch. de l'Aube*. — Le sceau manque; il pendait par double queue.

(2) Montereau-faut-Yonne (Seine-et-Marne).

(3) Original, *Arch. de l'Aube*. — Le sceau manque; il pendait par double queue.

XL. (Septembre 1179.)

In nomine sancte et individue Trinitatis.

Quoniam, quod sancte et devote agitur, sequentis temporis sepe nititur prevaricari perversitas, justum est donationem Deo factam, ut illibata permaneat, scripto confirmari.

Ea propter ego Wischardus, comes Rocell, assensu Elisabeth, uxoris meæ, filiorumque meorum, Radulfi, Johannis, Wischardi, Ebali, necnon et filiarum mearum Eustachiæ, Beatricis, concessi Deo et Beatæ Mariæ Clarevallis et fratribus ibidem Deo servientibus pro animabus antecessorum nostrorum et pro remissione peccatorum nostrorum transitum et regressum per totam terram meam liberum et immunem ab omni exactione winagii ut libere et sine ullo piagio, si quid venale habuerint, vel etiam emerint, per totam terram meam ducant vel reducant. Hoc autem predictæ domui Clarevallis concessi de omnibus vecturis, quæ res ecclesie vel grangiarum ad eandem ecclesiam pertinentium proprias deportabunt. De illis vero, quæ mercatores infra domum vel grangias prefatæ domus emerint, etiamsi fratres predicti vel vecturæ eorum eas per terram meam duxerint, winagia habere voluero.

Ut igitur hæc firma et imperpetuum perseverent, nos ea presenti scripto et eorum, qui inscripti sunt, testimonio confirmamus : S. Juliani, abbatis Vallis Regis; S. Hugonis Scoti, ejusdem ecclesie conversi; S. Ebali, remensis canonici; S. Gilleberti, capellani; S. Roberti de Petraponte; S. Guidonis de eodem castro; S. Radulfi de Ecreio; S. Savarici de Berciaco.

Actum anno incarnationis dominice M° C° LXX° IX°, mense septembri.

Ego frater Rainerus, cantor, scripsi et subscripsi (1).

XLI. (1152-1168.)

Radulfus, Viromandorum comes, omnibus servientibus suis atque ministerialibus, salutem.

---

(1) Original, *Arch. de l'Aube*. — Le sceau manque; il pendait par double queue en cuir.

Notum sit presentibus et futuris, quoniam monachis clarevallensibus concessimus atque donavimus res eorum, ad proprium usum cibi et indumenti pertinentes, liberas omnino et immunes causa vendendi vel commutandi per terram nostram portari et reportari absque omni exactione illius consuetudinis, que ceteris pro transitu terre exigitur. Precipimus itaque, ut in eundo et redeundo libere pertranseant, neque ministeriales nostri ab eis quicquam exigant. Volumus igitur amore Dei, ob salutem anime nostro, hoc donum stabile perpetuo haberi, et perpetua memoria litterarum nostrarum attestatione teneri (1).

XLII. (1193.)

Ego Everardus, senescalcus Viromandie, notum facio omnibus presentibus et futuris, quod ego concessi fratribus Clarevallis quitum passagium per villam meam de Fonsummis in perpetuum, ut quite cum omnibus rebus ad eos pertinentibus eant, et redeant, et transeant libere absque omni exactione wienagii vel passagii vel costumie alicujus. Hoc laudaverunt uxor mea Ermengardis, et filius meus Gilo, et filia mea Isabel.

Testes sunt : dominus Willelmus, miles, de *Arraz;* et dominus Gerardus de Runcheis, miles.

Anno ab incarnatione Domini M° C° XC° III° (2).

XLIII. Mai 1206.)

P., de Cella, et frater P., Beati Lupi trecensis dicti abbates, universis presentes litteras inspecturis salutem.

Notum sit omnibus, quod nos super pedagio quodam, quod requirebatur a transeuntibus per *Mundeville* et *Campignole*, a carnificibus trecensibus, bonis viris et antiquis, hec

---

(1) Original. — Sceau pendant en cire blanche, brisé à moitié. Cette pièce provient du cabinet de M. A. de Barthélemy, de l'Ecole des Chartes. Elle a été donnée par lui aux archives de l'Aube. Une confirmation par saint Louis, datée de Royaumont, mars 1258, est également conservée aux archives de l'Aube.

(2) Original, *Arch. de l'Aube.* — Scellé d'un sceau de cire rouge pendant par double queue en parchemin. Dans le champ du sceau est un écu chargé d'un lion rampant contourné. Légende : [*Sigillum Eve*]*rardi, senescalci Viromandie.* — Point de contre-sceau.

quo subscripta sunt audivimus, interposito a singulis juramento. Stephanus, juratus, dixit, quod a XL annis et amplius, cum sepius per predictas villas transierit cum pecoribus, quas emerat a Clarevallensibus et a conversis grangiarum suarum, nunquam persolvit aliquod pedagium apud predictas villas, nec vidit ab aliquo persolvi. Guillelmus Fausardus, juratus, idem dixit et de tempore et de pedagio. Garnerus de Thusiaco, juratus, idem dixit. Gilo de Pontesia, juratus, idem dixit. Angerbertus, juratus, idem dixit. Petrus *Hergoz*, juratus, idem dixit. Petrus Hagetus, juratus, idem dixit. Omnes autem concordant et de tempore et de grangiis Clarevallensium, a quibus pecora empta adducentes, nunquam se solvisse pedagium vel vidisse alios solvere testificantur.

Actum anno Domini Mº CCº VIº, mense maio, apud Trechas (1).

XLIIII. (27 Janvier 1236.)

W., Dei gratia Danorum Sclavorumque rex, omnibus hoc scriptum cernentibus salutem et gratiam.

Notum sit presentibus et futuris, quod dilectis in Xpristo fratribus nostris de Claravalle talem duximus gratiam concedendam, ut in regno nostro libere et absque omni theloneo eis emere liceat cutes et ceram, quantum ad usum domus sue videbitur expedire. Hanc etiam libertatem eisdem concessimus, ut nulli officialium nostrorum liceat naulum exigere vel recipere ab eisdem, sed ipsi cum rebus suis libere transeant et absque qualibet exactione, quotiens infra terminos regni nostri necesse habuerint navibus ad transeundum.

Ut igitur hujus libertatis beneficium, memoratis fratribus collatum pietatis intuitu, ratum et stabile perseveret, presentem paginam eis contulimus, litterarum nostrarum testimonio et sigilli nostri munimine roboratam.

Datum apud *Warthinburg*, anno incarnacionis Mº CCº XXXVIº, VIº kalendas februarii (2).

---

(1) *Cart. de Clairvaux.*

(2) Deux originaux, *Arch. de l'Aube.* — Les sceaux, tous deux mutilés, sont l'un de cire jaune, l'autre de cire verte ; ils pendent par lacs de fil blanc.

XLV. (Décembre 1213.)

Ego Guido de Cappis (1) notum facio presentibus et futuris, quod fratres Clarevallis, licet operi pontis Fulcheriarum (2) nichil impendere tenerentur, gratis tamen et sponte sua ad restaurationem ejusdem pontis suam elemosinam erogaverunt, ita quod de cetero nichil eidem ponti dare tenentur coacti, sed perpetuo ab exactione hujusmodi quieti erunt, nisi sponte sua dare voluerint operi dicti pontis. Hoc autem factum est ad laudem et creantum proborum virorum et tocius communie ejusdem ville. Et ego Guido de Cappis hoc testificor et laudo et concedo, atque in hujus rei testimonium presentes litteras sigilli mei appositione munivi.

Actum anno gracie M° CC° tercio decimo, mense decembri (3).

XLVI.

P. *Berthin*, senescallus Pict. et Marchie, omnibus has litteras videntibus salutem.

Noveritis domum clarevallensem et omnes res suas, ubicunque fuerint esse sub custodia domini regis et mea. Inde vobis mando, ne latori presentium, nuncio domus Clarevallis, vel rebus suis injuriam sive gravamen in aliquo faciatis, nec ab alio fieri permittatis, nullam etiam coustumiam ab ipsis exigatis.

Teste me ipso apud Brol. (4).

SUPPLÉMENT.

1. (1142).

In nomine Patris et Filii et Spiritus Sancti.

Ego Theodericus, Dei gratia Flandrensium comes, utilitati et paci ecclesiarum pro bona voluntate prospiciens, votis

---

(1) Chappes (Aube).
(2) Fouchères (Aube).
(3) Orig., *Arch. de l'Aube.* — Le sceau manque; il pendait par double queue.
(4) *Cart. de Clairvaux.*

religiosarum personarum me concordare debere justisque petitionibus assensum prebere, non solum honorificum, immo in Deo animo meo fructiferum esse perpendi, perpendens opere id in lucem ponere deliberavi. Venerabilis igitur et pie memorie abbatis Clarevallis, domni Bernardi, merito sui per secula commendandi, piis postulationibus devote et benivole occurens, annuere volui; et in perpetuum contradidi, ut per totam terram et omnes transitus mee ditionis, mei comitatus, sive mee potestatis abbatia Clarevallis, et omnes abbatie de Claravalle egresse, vel ulterius exiture, vel etiam ab his abbatiis processure, que a clarevallensi cenobio sunt progresso, in eundo et in redeundo a theloneo et passagio sint omnimodis libere.

Quod quatinus ratum stabile et inpertubatum permaneat, sigilli mei impressione, auctoritate, et baronum meorum subscriptione confirmare institui. Testes hujus concessionis: Rogerus, prepositus brugensis; Willermus, castellanus Sancti Audomarensis; Rodulphus, castellanus brugensis; Gillebertus, castellanus bergensis; Balduinus de *Baliul;* Anselmus de *Baliul;* Theodericus, camerarius; Walterus Gonesa; Hugo de *Fareseles;* Robertus, abbas de Dunis; frater Osto et frater Robertus, milites Templi.

Actum anno dominice incarnationis Mo Co XLo IIo, indictione quinta. Concurrens : tertia; epacta vicesima secunda (1).

9. (1154.)

Ego Henricus, Trecensium comes palatinus, servis Dei in Claravalle et in abbatiis pertinentibus ad illam degentibus, pro anima mea et patris mei, clementer indulgeo, ut in tota terra mea fratres eorum nullum omnino theloneum, nullum pedagium, nullam consuetudinem exsolvant; ad nundinas meas libere sine aliqua exactione emant et vendant, que usibus suis necessaria erunt; nec a ministris aut officialibus meis molestiam aut gravamen seu injuriam aliquam pacian-

---

(1) Original, *Arch. de l'Aube.* — Le sceau manque. Cf. *Cart. de Clairvaux, Comitum Flandrie,* I; publié dans Migne, *Patrologie,* t. CLXXXV, col. 983-984.

tur; sed homines mei in omnibus locis eis teneant pacem.

Ut igitur integra eis et illibata permaneant, que ob salutem anime mee illis concedo, nec istud beneficium meum aliqua possit oblivione deleri : presentem cartam ad munimen eorumdem fratrum conscribi, et sigilli mei impressione insigniri et auctoritate precepi. Decerno etiam, et indissolubili concessione confirmo, ut hec pia donatio mea nullo in posterum tempore a successoribus et heredibus meis, nec a quoquam hominum occasione qualibet infringatur.

Hujus rei testes sunt : Hilduinus de Vendopera, Walterus de *Bernun,* Drogo de Pruvino.

Actum anno ab incarnatione Domini M° C° L° IIII°, regnante Ludovico juniore, Francorum rege xpristianissimo, Godefrido, lingonensi episcopo.

Tradita Barri per manum Willelmi, notarii (1).

3. (1198.)

Ego Hugo, comes de *Wadeimont,* notum facio presentibus et futuris, quod Galterus miles de *Espinal,* laudantibus et concedentibus filiis suis Galtero et Wichardo, filiaque sua Hawis, cum marito suo Simone, remisit et prorsus quitavit pro salute anime sue fratribus Clarevallis passagium et omnes alias consuetudines in portu et in passagio de Sancto Vincentio (2), ita ut predicti fratres et omnia, quecumque ad eos spectaverint, ibi plenariam quitantiam, et integram in perpetuum habeant libertatem et immunitatem. Et quoniam ego ipse hujus beneficii particeps esse desidero, prefatam elemosinam laudo et concedo, et eam meo confirmo sigillo contra omnes calumpnias.

Hujus autem donationis, quam fecit prefatus Galterus cum prenominatis filiis suis, et filia, et ejus maritus, testes sunt *Ebles* frater predicti Galteri, Petrus de Mercalvilla, Galterus de *Escraignes.*

Actum anno Verbi incarnati M° C° XC° octavo (3).

---

(1) *Cart. de Clairvaux, Comitum Campanie* VI.

(2) Pont Saint-Vincent (Meurthe).

(3) Original. — Sceau pendant en cire blanche, presque intact, enveloppé dans un sachet de lin, sur lequel est une petite étiquette en parchemin, portant

4. (7 Octobre 1256.)

Alexander, episcopus, servus servorum Dei, dilectis filiis abbati Cistercii ejusque coabbatibus et conventibus universis cisterciensis ordinis salutem et apostolicam benedictionem.

Multis ex professoribus ordinis vestri benignitas sedis apostolice olim sub certa forma dinoscitu indulsisse, ut de blado, vino, lana et animalibus, que aliquotiens pro suis usibus emere contingit eosdem, nulla pedagia, winoagia, seu roagia, exigi pro hujus modi bonis a secularibus consueta, solvere teneantur. Quia vero dictum ordinem pro suis claris meritis delectamus prosequi gratia benivolentie specialis, nos, obtentu dilecti filii nostri J., tituli Sancti Laurentii in Lucina presbiteri cardinalis, volentes, quod indulgentia hujusmodi vobis magis honorabilis et fructuosa reddatur : ut de blado et aliis mobilibus bonis, que pro vestris necessitatibus emere seu vendere vos contigerit, pedagia vel platearia et alias hujusmodi exactiones, que pro premissis a secularibus exiguntur, solvere minime teneamini, vobis auctoritate presentium indulgemus.

Nulli ergo omnino hominum liceat hanc paginam nostre concessionis infringere, vel ei ausu temerario contra ire. Si quis autem hoc attemptare presumpserit, indignationem omnipotentis Dei et beatorum Petri et Pauli apostolorum ejus se noverit incursurum.

Datum Anagnie, nonis octobris, pontificatus nostri anno secundo (1).

5. (Juillet 1261).

Universis presentes litteras inspecturis, et maxime consuetudinum regalium in toto regno Francie exactoribus, prepositus parisiensis eternam in Domino salutem.

---

en écriture de l'époque de la charte : *Sigillum Comitis Wandeleimont de passagio apud S. Vincentium.*

Cette pièce provient du cabinet de M. A. de Barthélemy, de l'Ecole des Chartes, sous préfet. Elle a été donnée par lui aux Archives de l'Aube.

(1) Original, *Arch. de l'Aube.*

Noveritis nos litteras illustrissimi domini nostri Ludovici, Dei gratia regis Francorum, qui nunc est, necnon et bone memorie Ludovici, quondam regis Francorum, proavi ejus, non concellatas, non abrasas, non abolitas, non viciatas in aliqua parte sui, diligenter inspexisse, in quibus continebatur, quod ipsi fratribus clarevallensis cœnobii omnem pertinentem ad eos consuetudinem ubicunque in terra sua penitus condonabant de hiis omnibus, que sunt ad proprios usus suos, et ut sine impedimento et libere per terram suam sine consuetudine, in quantum ad eos pertinet, transeant, in perpetuum benigne concessisse. Et hec omnia sigilli eorum auctoritate ac regii nominis caractere vidimus confirmata. Sed quoniam propter terrarum spacia et viarum pericula difficile esset fratribus antedictis predictas cartas circumferre, ad instantiam [eorum] presentes litteras sigilli curie nostre in assertionem amplioris fidei fecimus communiri.

Datum Parisius anno [Domini M]o CCo LXo primo, mense julio.

Reddite litteras (1).

---

(1) Original, *Arch. de l'Abb.*

TROISIÈME PARTIE.

EXTRAIT DU CATALOGUE DES MSS. DE CLAIRVAUX,

en 1472,

PUBLIÉ D'APRÈS LE MS. N° 521 DE LA BIBLIOTHÈQUE DE TROYES (1).

LIBRI HYSTORIARUM.

JOSEPHUS.

Q 8. Item, ung beau grant volume contenant la première partie *Josephi, magni Judeorum hystoriographi, De antiquitate Judeorum*, en XII livres, escrips de belle lettre, commençant ou tiers feuillet : *Cayn autem erat circa;* et finissant ou pénultième : *In spelunc ha.* Ainsi signé : q 8 (2).

Q 9. Item, ung autre mendre volume contenant l'autre et seconde partie *dicti Josephi, De antiquitate Judeorum*, en VIII livres, commençant ou second feuillet : *Inopia necessariorum;* et finissant ou pénultième : *Quod opus non.* Ainsi signé : q 9 (3).

Q 10. Item, ung autre très beau et bien escript volume, contenant le livre, *dicti Josephi, De bellis et eventibus Judeorum;* commençant ou tiers feuillet : *Aramque aliam;* et finissant ou pénultième : *Adipisci artis.* Ainsi signé : q 10 (4).

---

(1) Un inventaire des Mss. de l'abbaye de Pontigny, la 3e des grandes abbayes cisterciennes, a été publié dans le *Catalogue des Mss. des Bibliothèques des Départements*, t. I, p. 609-717. Cet inventaire, qui date du XIIe siècle, contient 187 volumes. On comprend que nous ne pouvions donner intégralement ici l'inventaire des Mss. de Clairvaux qui comprend 1714 volumes.

(2) Troyes, 137.

(3) *Ibid.*

(4) Troyes, 701.

CLEMENS.

Q 11. Item, ung beau volume, contenant l'ystoire de saint Clément, pape, en X livres, commençant on tiers feuillet : *De Infernis*, et finissant on pénultième : *Demones fugat*. Ainsi signé : ✒   q 11.

TRIPARTITA.

Q 12. Item, ung autre beau volume, contenant l'ystoire ecclésiastique, *que dicitur Tripartita*, en XII livres, commençant on second feuillet : *Vero potentissime principum*, et finissant on pénultième : *Parati erant Ro*. Ainsi signé :
                                                                q 12 (1).

ECCLESIASTICA.

Q 13. Item, ung autre volume contenant l'ystoire ecclésiastique *Eusebii Cesariensis*, commençant on VIe feuillet : *Ceptorum similitudo, et quoniam*, et finissant on pénultième : *Eugenio victoriam nunciare*. Signé :   q13.

Q 14. Item . . . .
. . . .

SCOLASTICA.

Q 15. Item, ung très beau et bien escript volume contenant l'ystoire scolastique *magistri Petri Comestoris* entière, commençant on second feuillet : *Cissim sibi vendicarent*, et finissant on pénultième : *Quam temere diffinire*. Ainsi signé :   q 15 (2).

Q 16. Item, ung autre volume contenant la dicte hystoire scolastique entière, et y a de la menue glose parmy, commençant on second feuillet : *Et terra lux est*, et finissant on pénultième, emprès la fin : *Ejus nequitia*. Ainsi signé :
                                                                q 16 (3).

---

(1) Troyes, 250.
(2) Troyes, 123.
(3) Troyes, 398.

SCOLASTICA.

Q 17. Item, ung autre volume contenant la dicte Hystoire scolastique entière, commençant on second feullet : *Ginem teste que*, et finissant on pénultième : *Sed attendere*. Signé :
q 17.

Q 18. Item, ung autre volume contenant la dicte Hystoire scolastique entière, commençant on second feullet : *Avis ova in quo*, et finissant on pénultième : *Dici vidisti*. Ainsi signé : q 18 (1).

Q 19. Item, ung autre volume contenant aussi la dicte Hystoire scolastique entière qui n'est pas de trop bonne lettre, les livres Esdre et Tobie, et une postille *super Genesim* et *Exodum* sans intitulacion d'acteur, commençant on second feullet : *Videntur qui*, et finissant on pénultième : *Semper pro Xpisto coccus*. Signé : q 19 (2).

Q 20. Item . . . .
. . . .

Q 21. Item, ung autre vielz et ancien volume, assès caducque on commencement, contenant l'Ystoire scolastique entière, et à la fin les diffinitions et descriptions des vices et les VII peticions de *Pater noster*, commençant on tiers feullet : *Esse celum semper empyreum*, et finissant on pénultième : *Illic verum gaudium*. Ainsi signé : q 21 (3).

Q 22. Item . . . .
. . . .

Q 23. Item, une très belle et très bien escripte Hystoire scolastique en II volumes, dont le premier contient depuis le commencement de Genèse jusques au premier livre des Roys *inclusive*, commençant on second feullet : *Mundum et opificem*, et finissant on pénultième : *Cumque graviter*. Ainsi signé : q 23 (1).

Q 24. Le second volume contient tout le résidu de la dicte Hystoire commençant on second feullet : *Ut sit sensus*; et

---

(1) Troyes, 451.
(2) Troyes, 621.
(3) Troyes, 579.
(4) Troyes, 226.

finissant on pénultième : *Que sentis quia.* Signé : q 24 (1).

Q 25. Item, ung autre petit volume relié en parchemin, contenant l'Ystoire scolastique sur les Evangiles seulement, commençant on second feuillet : *Nevus quia etiam*, et finissant on pénultième : *Nomen meum.* Ainsi signé : q 25.

Q 26. Item . . . .
. . . .
Q 27. Item . . . .
. . . .

Q 28. Item, ung autre volume d'ancienne lettre contenant *Julium Solinum, De mirabilibus mundi, et librum Hildeberti cenomanensis, De diversis naturis lapidum, et Hystoriam Daretis de bello Trojano;* commençant on second feuillet : *Marte et Ilia dicta*, et finissant on pénultième : *Distillat Eindros.* Signé : q 28 (2).

Q 29. Item, ung autre beau volume contenant l'ystoire *Gaii Suetonii Tranquilli, De vita Cesarum,* en XII livres, commençant on second feuillet : *Venere Jullii*, et finissant on pénultième devant la table : *Si cui alii.* Signé : q 29 (3).

Q 30. Item, ung grant volume contenant l'ystoire d'Alexandre-le-Grant, son épistre *Ad Aristotelem magistrum suum*, sa relaçion *De Regionibus Indie, de statu cœli, de innumeris serpentum ferarumque generibus, Collationem Dydimi regis Bragmanorum, Hystoriam Julii Cesaris de bellis et gestis Gallorum, Hystoriam Karoli magni, qualiter Hyspaniam acquisivit; Hystoriam Gregorii, turonensis episcopi, de gestis Francorum, et Cronicam ejusdem Gregorii*, commençant on second feuillet : *Denique interfuit*, et finissant on pénultième : *Xpistianis lamentabile.* Ainsi signé : q 30.

Valerium Maximum, De factis et dictis memorabilibus; require sub signo : h 23 (4).

Cronicam beati Jeronimi, require sub signo : f 68.

Q 31. Item, ung beau moyen volume contenant l'ystoire

---

(1) Troyes, 226.
(2) Montpellier, 121.
(3) Montpellier, 117.
(4) Troyes, 513.

Orosii ad Augustinum, en VII livres, commençant on tiers feullet : *Qui convertibilitate*, et finissant on pénultième : *Judicio Dei*. Ainsi signé : q 31 (1).

Q 32. Item, ung autre volume contenant l'ystoire *Egeisippi hystoriographi*, commençant on second feullet : *Ad quam non rudis*, et finissant on pénultième emprès la fin : *Cesis itaque*. Ainsi signé : q 32 (2).

Q 33. Item, ung autre belle hystoire *Freculfi, episcopi, ad Elizacharum magistrum suum*, en II volumes, dont le premier contient les hystoires du Vielz Testament en VII livres; et à la y a fin ung extraict de plusieurs et diverses croniques, *De discretione temporum, et Versus Hyldeberti de expositione misse*, commençant on quart feullet : *Nia esse novimus*, et finissant on pénultième : *Menia munit*. Ainsi signé : q 33 (3).

Q 34. Item, la seconde partie de la dicte Cronique *Freculfi* contient depuis l'incarnation jusques ès royaulmes de France et de Lombardie, commençant on quart feullet : *Xpistus. Xpisti autem*, et finissant on pénultième : *Intravit cui*. q 34 (4).

Hystoriam Bede, De gestis anglorum, require sub signo : h 10.

Q 35. Item, ung autre beau grant volume contenant *Hystoriam Britannorum, a Galfride conscriptam, Sermones Balduini de Farda, Ocium Hugonis*, et le Traictié *S. Bernardi, ad fratres de Monte Dei*, commençant on second feullet : *Qui sibi moriens pater*, et finissant on pénultième entierement escriptz : *Prepedito proce*. Ainsi signé : q 35 (5).

Q 36. Item, ung autre beau moyen volume, contenant les hystoires *De gestis Anglorum, Jerosolimitanam, et Karoli magni, regis Francorum*, et plusieurs autres choses, commençant on tiers feullet : *Pars occisa. Pars*, et finissant on pénultième : *Quarto miliario*. Ainsi signé : q 36 (6).

---

(1) Troyes, 2265.
(2) Troyes, 287.
(3) Troyes, 887.
(4) *Ibid*.
(5) Troyes, 273 *bis*.
(6) Troyes, 294 *bis*.

Q 37. Item, ung autre beau volume bien escript, contenant *Hystoriam Barlaam et Josaphat, servorum Dei, a Johanne Damasceno conscriptam*, et l'Ystoire et Prinse de Jherusalem par les François, en XII livres, et l'Ystoire ecclésiastique, et *Gesta Romanorum*, abbrégés *per Hugonem de sancta Maria*, commençant on second feullet : *Et nichil habetis*, et finissant on pénultième : *Precipuum documentum.* Ainsi signé :   q 37 (1).

Q 38. Item, ung autre volume contenant *Gesta Dei per Francos*, qui est l'ystoire de Jherusalem, et après en VI feulles y a le commencement d'une autre hystoire, commençant on second feullet : *Hanc nostri gloriam*, et finissant on pénultième de l'autre dicte hystoire : *Que tam erat.* Ainsi signé :   q 38.

Q 39. Item, ung autre petit volume contenant aussi *Historiam Jerosolimitanam sive orientalem, post recuperatam civitatem a Xpistianis*, commençant on second feullet : *Historiam alii viri*, et finissant on pénultième : *Pulchra sunt et.* Signé :   q 39 (2).

Q 40. Item, un autre volume, contenant aussi en IIII cayers *Hystoriam Jerosolimitanam*, commençant on second feullet : *Ab aquilone templi*, et finissant on pénultième : *Pars mortua campo.* Ainsi signé :   q 40.

Q 41. Item . . . .
. . . .

Require cronicam magistri { *Hugonis de sancto Victore, sub signo :* II 70. *Richardi de sancto Victore, sub signo :* D 76.

Q 42. Item, ung autre bien beau et assez petit volume, contenant plusieurs hystoires *ab origine mundi* jusques à l'an mil C. XXII, commençant on second feullet : *Te ne cesses*, et finissant on pénultième : *Vel hospitiorum solamina*, et est sans intitulacion d'acteur. Ainsi signé :   q 42.

Q 43. Item, ung bien beau petit volume bien escript, contenant une cronique fort abbrégée, *a principio mundi*, jusques a l'an mil IIe LXIIII, commençant : *In primordio tem-*

---

(1) Troyes, 470 *ter.*
(2) Troyes, 2403.

poris, et on second feuillet après la table : *Subjecit, sed ne minor*, et finissant on pénultième *Sarraceni de Affri*. Signé :

q 43.

Q 44. Item, ung autre volume relié en cuir et parchemin, seulement en III cayers contenant les hystoires d'un religieux nommé Damp Jehan, jadis profès de Clervaulx ; et y a plusieurs tables selon les hystoires désignées on dit livre, des papes, roys, et abbés de l'ordre de Cisteaux ; et y sont les hystoires des livres de Moyse par beaulx vers examètres et pentamètres, commençant on second feuillet, devant une table : *In principio creavit Deus*, et finissant on pénultième entièrement escript : *Confines armis*. Signé : q 44.

Q 45. Item . . . .
. . . .

Q 46. Item, ung autre petit volume contenant une hystoire abbregée sans autre intitulacion d'acteur, *Sermonem domini Odonis, monachi Ecclesie Cantuariensis, de assumptione Virginis Marie*, et le *Sermo sancti Augustini de eadem solemnitate, et quasdam omelias super Missus est*, commençant on second feuillet : *Ne vel fructus*, et finissant on pénultième : *Humilita*. Ainsi signé : q 46 (1).

Q 47. Item, ung autre petit volume caduque et de petite valeur, contentenant l'ystoire du roi St Loys en Jherusalem, *Cantica canticorum*, plusieurs des épitres sainct Bernard, et la vie sainct Guillaume, commençant on second feuillet : *Bajulando*, et finissant on pénultième : *Ad migrandum*. Ainsi signé : q 47.

Hystoriam Normanorum, require sub signo : c 58.

Q 48. Item . . . .
. . . .

Martinianam in papiro require sub signo....

Q 49. Item . . . .
. . . .

Q 50. Item, ung autre volume contenant seulement en II cayers le livre *De vita et moribus philosophorum*, commençant on second feuillet : *Et quod princeps si*, et finissant

---

(1) Troyes, 1396.

on pénultième : *Anno etatis quinquagesimo septimo*. Ainsi signé : q 50.

Q 51. Item . . . .
. . . .

SPECULUM HYSTORIALE VINCENTII.

Q 52. Item, ung très beau volume contenant en XVI livres, la première partie *Speculi hystorialis magistri Vincentii de ordine fratrum predicatorum et conventu Belvacensi*, commençant on second feullet : *Flua penitus esse videntur*, et finissant on penultième : *Nichil respondit mortua*. Ainsi signé : q 52 (1).

Q 53. Item, ung autre volume pareil et semblable on précédent tant en livres comme en grandeur, contenant en XVI livres l'autre et darnière partie *dicti Speculi hystorialis*, commençant : *De origine regnorum* et on second feullet : *Post hinc XLIII^{us}*, et finissant on penultième emprès la fin et devant la table desdicts II volumes contenue en feulles et procèdent par V fois *secundum ordinem alphabeti : Liberum arbitrium non*. Ainsi signé : q 53 (2).

Q 54. Item, ung autre beau grant volume contenant la table *super libros dicti Speculi hystorialis*, escript de lettre courant, commençant on second feullet : *Fastidium revolvendi*, et finissant on pénultième devant la table : *De vocabulis clarent corumque*, et est nouvellement escript. Ainsi signé : q 54 (3).

Q 55. Item . . . .
. . . .

LEGENDE AUREE.

Q 56. Item, ung beau volume bien escript et enluminé d'or et d'azur contenant la Légende dorée entière *magistri Jacobi Januensis de ordine predicatorum*, commençant on tiers feullet : *Nit et hoc propter*, et finissant on pénultième :

---

(1) Troyes, 170.
(2) *Ibid.*
(3) Troyes, 270.

Exteric res la. et y a II fremans d'argent ouvrez de fleurs de liz. Signé : q 56.

Q 57. Item, ung autre beau volume contenant aussi la dicte Légende dorée de tout l'an, commençant on quart feullet : *Antur de quarto signo*, et finissant on pénultième : *Cor ictu benefi.* Ainsi signé : q 57 (1).

Q 58. Item, une autre belle Légende dorée de tout l'an, enchaînée encloistrée en l'aremarre de collacion, commençant on second feullet : *Est etiam quod jejunium*, et finissant on pénultième : *Quod superbia et avi.* Signé : q 58 (2).

Q 59. Item, une autre Légende dorée entière, commençant on tiers feullet : *Oculos obtenebratos*, et finissant on pénultième : *In altario cordis.* Ainsi signé : q 59 (3).

Q 60. Item, une autre Légende dorée aussi, commençant on tiers feullet : *Est qui jubeat*, et finissant on pénultième : *Ejus passio hi.* Signé : q 60 (4).

Q 61. Item, une autre assez belle et bien escripte Légende dorée entière, dont le mylieu il y a devant ung feullet, dont on a coppé une pièce, quasi quarée, en la vie *De quadam virgine Antiochie*, commençant on quart feullet : *Debant autem omnes*, et finissant au pénultième : *Dum rationalem.* Signé : q 61 (5).

Q 62. Item, ung autre volume gros et espès, contenant la légende dorée, et les distinctions *fratris Mauricii de ordine minorum*, commençant on second feullet : *Bens in qua convictus est*, et finissant on pénultième emprès la fin et devant la table : *Non parcet in die vindicte.* Ainsi signé : q 62 (6).

Q 63. Item, ung autre volume contenant la Légende dorée entière, commençant on second feullet après la table : *Noster. In prima autem*, et finissant on pénultième : *Ut sanctos occi.* Signé : q 63.

Q 64. Item . . . .
. . . .

---

(1) Troyes, 1255.
(2) Troyes, 911.
(3) Troyes, 1251.
(4) Troyes, 1502.
(5) Troyes, 1753.
(6) Troyes, 1851.

Q 65. Item . . . .
. . . .

Q 66. Item, ung autre volume contenant la Légende dorée imparfaicte tant on commencement comme à la fin, commençant on second feullet de la vie saint Nicolas : *Atim solemniter celebravit*, et finissant au pénultième : *Hoc erat pactum*. Signé : q 66 (1).

Q 67. Item . . . .
. . . .

Q. 68. Item, les passionnaires et vies des saincts et sainctes de tout l'an en VII beaulx grans volumes très bien escrips et d'une même lettre et grandeur; dont le premier volume contient les vies et passions des saincts *a kalendis januarii usque ad VIII idus februarii*, commençant on tiers feullet d'après la table : *Tu autem imperator*, et finissant on pénultième de la vie de sainct Amand : *Recipit officium &c.* Signé : q 68.

Q 69. Item, le second volume contient les passions et vies des saincts *a quarto idus februarii usque ad IIII kalandas aprilis*, commençant on secon! feullet : *Erat eodem tempore*, et finissant on pénultième entière : *Assiduitate orationum.* Signé : q 69 (2).

Q 70. Le tiers volume contient les passions et vies des saincts *a kalendis aprilis usque ad kalendas julii*, commençant on second feullet après la table : *Augebat pudore victus*, et finissant on pénultième entier : *Unicum illud sumere.* Ainsi signé : q 70 (3).

Q 71. Le quart volume contient les passions et vies des saincts *a kalendis julii usque ad kalendas septembris*, commençant on second feullet d'après la table : *Cognovit adventum virorum*, et finissant on pénultième : *Caput abscidit cumque.* Ainsi signé : q 71 (4).

Q 72. Le Ve volume contient les vies et passions des saincts *a kalendis septembris usque ad quarto nonas novem-*

---

(1) Troyes, 1858.
(2) Montpellier, 1.
(3) Troyes, 1.
(4) Montpellier, 1.

bris, commençant on second feullet : *Sa conversatus est,* et finissant on pénultième : *Cum respirasset.* Ainsi signé : q 72 (1).

Q 73. Le VI⁰ volume contient les vies et passions des saincts *a quarto nonas novembris usque ad kalendas decembris,* commençant on quart feullet : *Batur noti michi sunt,* et finissant on pénultième, en la passion des XI^m vierges : *Facti ad illas qui.* Signé : q 73 (2).

Q 74. Le VII⁰ et darnier volume contient les vies et passions des saincts *a kalendis decembris usque ad pridie kalendas januarii,* et la vie de Marie Magdelaine, et la translacion et miracles sainct Jacques, apostre, commençant on quart feullet : *Efferre tantam operis,* et finissant on pénultième : *Cadaver sepulcro.* Ainsi signé : q 74 (3).

Q 75. Item, ung autre très beau grant volume bien escript, contenant les vies de sainct Bernard et sainct Malachie, sainct Anselme et plusieurs autres vies, commençant on V⁰ feullet : *Mansit donec pene,* et finissant on pénultième : *Suis et quorum.* Ainsi signé : q 75 (4).

Q 76. Item, ung autre volume beau et grant, bien escript, contenant la vie sainct Thomas, martir, archevesque de Canturbie, et ses miracles, en IIII livres; la translacion sainct Jacques, frère de sainct Jehan, evangeliste; *vitam sancti Alpini, episcopi et confesoris; vitam sancti Elafi, episcopi et confesoris; vitam sancti Leudomiri; vitam sancti Felicis, presbiteri et confessoris; vitam sancti Servacii, Tungrorum episcopi, et translationem ejusdem,* commençant on second feullet : *Variarum necessitatum,* et finissant on pénultième : *Ydolatrie consecratam.* Ainsi signé : q 76 (5).

Q 77. Item, ung autre très beau grant volume contenant plusieurs vies des saincts pères et la translacion sainct Jérôme de grec en latin, *De diversis sentenciis et sanctis et factis sanctorum patrum,* en XVIII livres très bien escrips,

---

(1) Montpellier, 1.
(2) *Ibid.*
(3) *Ibid.*
(4) Troyes, 6.
(5) Montpellier, 2.

et le Livre des miracles Nostre-Dame, commençant on second feullet après la table : *Propositum persequatur*, et finissant on pénultième : *Induxit et.* Ainsi signé : q 77.

Q 78. Item, ung autre très beau grant et moult bien escript volume contenant les Vies des pères, composé par Monseigneur sainct Jérone, le Dyalogue sainct Grégoire, en IIII livres, *Cassianum de institutis monachorum*, appelé *Collationes patrum*, commençant on tiers feullet : *Pullulant cogitaciones vane*, et finissant on pénultième : *Qui vim faciunt.* Ainsi signé : q 78 (1).

Q 79. Item, ung autre volume contenant *Johannem Cassianum, De institucione monachorum*, en XII livres, et son livre des X Collations des saincts pères, commençant on second feullet : *Post quorum tam*, et finissant on devant pénultième : *Non tantum percipit.* Signé : q 79 (2).

Q 80. Item, ung autre volume contenant *Collaciones dicti Cassiani super septem collaciones patrum*, commençant on second feullet : *nescio quoeum*, et finissant on pénultième : *per hujus ce.* Ainsi signé : q 80 (3).

Q 81. Item . . . .

Q 82. Item . . . .

Q 83. Item, ung beau grant volume contenant la vie sainct Guillerme, VIIe abbé de Chaalis, et depuis archevesque de Bourges, *Vitam sancte Marie de Oignies*, la passion sainct Jacques, *qui dicitur incisus; Opusculum domini Joachim, abbatis, de concordia veteris et novi testamenti*, son exposicion sur l'apocalipse, *Sermones Magistri Petri Provincialis de communi sanctorum*, son exposicion *super quatuor evangelistas per quatuor animalia*, et la passion saincte Bonose *virginis et martyris, cujus corpus in Claravalle quiescit*, commençant on second feullet : *Proficiat institutis*, et finissant on pénultième : *Exurerent ait be.* Ainsi signé : q 83 (4).

---

(1) Troyes, 8.
(2) Troyes, 2274.
(3) Troyes, 265.
(4) Troyes, 401.

Q 84. Item, ung autre beau et bien escript moyen volume contenant le Dyalogue *domini Guimondi, cardinalis, contra Berengarium*, en IIII livres, et *Vitam sancti Hugonis, episcopi Grannopolitanis*, commençant on second feullet : *Vocis lentissimo*, et finissant on pénultième : *Pro reliquiis habe*. Signé :   q 84 (1).

Q 85. Item, ung autre beau petit et bien escript volume contenant en X cayers et demi les passions *sancti Pantaleonis, martyris, sancti Alexii*, et plusieurs autres déclarées et escriptes à la fin du pénultième cayer, commençant on second feullet : *Em derelinquit*, et finissant on pénultième de la vie *sancte Ame, virginis : Neque scientia, neque*. Ainsi signé :   q 85 (2).

Q 86. Item, ung autre petit volume contenant plusieurs vies de saincts, miracles et autres choses, commençant on second feullet en la vie *sancti Richarii : Transmisit ubi*, et finissant on pénultième : *Horis nocturnis*. Signé :   q 86 (3).

Q 87. Item, ung autre petit volume bien escript contenant plusieurs miracles de Notre-Dame, et la vie sainct Malachie, et l'exposicion sainct Jérôme *Super librum Josue*, en XXVI omélies, commençant on second feullet : *Potuit, notificavit*, et finissant on pénultième : *Moriebantur et corum*. Signé :   q 87 (4).

Q 88. Item . . . .
. . . .
Q 89. Item . . . .
. . . .

Q 90. Item, ung autre volume contenant en III cayers la vie sainct Jehan de Montmiral, jadiz religieux de Longpont, où son corps repose, et la vie sainct Giraud, premier fondateur de l'abbaye de Chastelliers, où son corps repose, commençant on tiers feullet : *Diceres equum vel azinum*, et finissant on pénultième : *Sustinerent*. Ainsi signé :   q 90.

Q 91. Item, ung autre volume contenant la Vie sainct

---

(1) Troyes, 1179.
(2) Troyes, 1636.
(3) Troyes, 1876.
(4) Troyes, 1176.

Thomas de Canturbie, et la Vie sainct Bernard, en V livres, commençant on second feuillet : *Ad curiarum se transtulit,* et finissant on devant pénultième : *Quid non edificans in ejus.* Signé : q 94 (1).

Q 92. Item . . . .
. . . .
Q 93. Item . . . .
. . . .

Require Vitam sancti Bernardi et Malachie. Sub signo. H 71.
— *Roberti Molismensis. Sub signo.* E 30.
— *Guillermi. Sub signo.* Q 47.
— *Marie Magdalene. Sub signo.* O 64.
— *Johannis Elemosinarii. Sub signo.* H 88.
Item require Miracula Beate Marie virginis. Sub signo. P 26.
— *sancti Petri de Tharentasia. Sub signo.* H 80.
Item require Visiones sancte Elisabeth. Sub signo. P 37.
— *Hyldegardis. Sub signo.* H 47.

—

DE JURE CANONICO.

R 1. Item, ung très beau grant moult bien escript volume qui est la première partie *Canonum et sacrorum conciliorum Ysidori;* contenant le dict volume XXVII cayers et demy, et chascun cayer contient VIII feulles, excepté le premier qui n'en a que sept, commençant on V^e feullet : *Eadem et antiqui apostolici,* et finissant on pénultième entièrement escript d'ancre : *Esse contrarium;* et de Vermeillon : *Ad episcopos Gallie.* Ainsi signé : r 1.

R 2. Item, ung autre aussi très beau volume de samblable et aussi belle lettre que le précédent et de pareille grandeur contenant l'autre et seconde partie *Canonum et conciliorum sancti Ysidori,* XXVI cayers et II feulles; esquels ung chascun cayer contient VIII feulles, excepté le second qui

---

(1) Troyes, 1183.

n'en a que cincq, et on commencement du dict livre ont esté coppés bien villainnement trois feulles, commençant le dict volume on VI⁰ feullet : *Misit quemadmodum predecessores*, et finissant on pénultième : *Predecessoris nostri pape Innocentii*. Signé : r 2.

R 3. Item, ung beau grant volume bien escript contenant le Décret *Gratiani*, commençant on IX⁰ feullet : *Non luxurie pariat incendium*, et finissant on pénultième : *Perditos labore doleamus*. Ainsi signé : r 3.

R 4. Item, ung autre beau grant volume contenant aussi le Décret *Gratiani*, commençant on tiers feullet : *Mittantur ubi regulariter statutum*, et finissant on pénultième devant II belles figures *de gradibus proximitatis : Autem die cum ascendis*. Ainsi signé : r 4 (1).

R 5. Item . . . .
. . . .

R 6. Item, ung autre beau grant volume contenant aussi le Décret *Gratiani*, glosé, et devant le commencement du texte y a VI feulles, contenant en brief la substance du livre, commençant on texte du second feullet après la dicte table : *Jejunent et hymmis*, et finissant on texte du pénultième : *Cotidie esur*. Ainsi signé : r 6 (2).

R 7. Item, ung autre moyen volume contenant le Décret *Gratiani cum additionibus*, poquepollé, glosé en plusieurs lieulx en marge, et à la fin y a de la glose de menue lettre sur le dict décret, commençant on texte du Vme feullet : *Nesciens pertulisse mayis*, et finissant on texte du pénultième devant la dicte petite glose : *Et anima lectione satu*. Signé : r 7 (3).

R 8. Item . . . .
. . . .

DÉCRÉTALES.

R 9. Item, ung beau petit volume contenant le texte des Décrétales, sans glose, commençant on second feullet : *Con-*

---

(1) Troyes, 103.
(2) Troyes, 60.
(3) Troyes, 1421.

tinentes verum, et finissant on pénultième devant la table : *Volentes libertatem quam*. Ainsi signé :   r 9 (1).

R 10. Item, ung autre petit volume contenant aussi les Décretales, sans glose, et le texte du Décret abbregé, commençant on second feuillet après la table : *Gelio volo pater*, et finissant on pénultième entier : *Baptismate ter*. Ainsi signé :   r 10.

R 11. Item, ung autre volume contenant aussi le texte des Décretales, sans glose, commençant on second feuillet : *Potestate divina*, et finissant on pénultième devant la table : *Adjudicans statuit*. Ainsi signé :   r 11 (2).

R 12. Item . . . .
. . . .

R 13. Item, ung autre très beau grant volume contenant les Décretales bien glosées, figurées et enluminées de grans hystoires d'or, commençant on texte du tiers feullet après la table : *Fideles Xpisti sunt*, et finissant on texte du pénultième devant une grande table *de consanguinitate et affinitate : Statua ibidem*. Ainsi signé :   r 13.

R 14. Item, ung autre volume contenant les Décretales aussi bien glosées quasi partout, commençant on texte du second feullet : *Est sacrificium Jhesus Xpristus*, et finissant on texte du pénultième devant la table : *Non est a questioni*. Ainsi signé :   r 14 (3).

R 15. Item, ung autre volume contenant aussi les Décretales glosées, commençant on texte du second feullet : *Sit ut pote*, et finissant on texte du pénultième entier : *Seculari pro quo tamen debet*. Signé :   r 15.

R 16. Item, ung autre volume contenant aussi les Décretales glosées en aucuns lieux, commençant on second feullet: *Que sola est*, et finissant on pénultième emprès la fin : *Per hoc quidem*. Signé :   r 16.

R 17. Item . . . .
. . . .

R 18. Item . . . .
. . . .

---

(1) Troyes, 1902.
(2) Troyes, 858.
(3) Troyes, 1413.

R 19. Item, ung autre volume contenant une autres Décretales glosées qui ne sont pas comme les précédentes mais d'ung autre docteur, commençant : *Juste judicate filii hominum;* et on texte du second feullet : *Dure scribimus,* et finissant on pénultième : *Solemnia lice.* Ainsi signé :   r 19 (1).

R 20. Item, ung autre volume contenant V livres de Décretales, commençant aussi : *Juste judicate filii hominum,* et on second feullet après la table : *Tuam et hortamur,* et finissant on pénultième : *Judex his sta,* et en la fin y a ung cayer d'autres matières et d'autre lettre. Signé :   r 20 (2).

SEXTUS DECRETALIUM.

R 21. Item, ung autre volume contenant le VIe livre des Décretales en V livres, commençant on second feullet : *Ad eos quibus,* et finissant on pénultième : *Cuicumque predictorum.* Ainsi signé :   r 21 (1).

R 22. Item, ung autre petit volume contenant aussi en V livres *Sextum decretalium,* sans glose, commençant on second feullet : *Numerus est profectus,* et finissant on pénultième : *De regulis juris in malis pro.* Signé :   r 22.

CLÉMENTINE.

R 23. Item, ung autre petit contenant *Sextum librum decretalium* et la *Clementine,* et a la fin y a ung traictié *De casibus,* commençant on second feullet : *Inservitur aut,* et finissant on pénultième emprès la fin : *Ex sentencia.* Signé :   r 23 (3).

R 24. Item . . . .
. . . .

R 25. Item, ung autre volume mal escript contenant aussi *Sextum librum decretalium,* commençant on tiers feullet : *Nitas aut personatus,* et finissant on pénultième : *Infra termini con.* Ainsi signé :   r 25.

---

(1) Troyes, 385.
(2) Troyes, 944.
(3) Troyes, 1205.
(4) Troyes, 831 (?).

R 26. Item, ung autre volume contenant *Constitutiones domini Clementis pape quinti, promulgatas per dominum Johannem papam XXII^{mum}*, qui est une Clémentine en V livres, commençant on second feullet : *Tum lancea latus*, et finissant on devant pénultième entier devant la table : *Voluntate procedat*. Signé :   r 26 (1).

R 27. Item, ung autre petit volume contenant aussi les Constitutions *dicti domini Clementis pape quinti, factas in concilio Viennensi*, commençant on second feullet : *Johannis videlicet*, et finissant on pénultième : *Fuerit providendum*. Signé :   r 27.

R 28. Item . . . .
. . . .

R 29. Item, ung autre petit volume contenant les Décretales abbrégées, commençant on second feullet : *Magistra reprobamus*, et finissant on pénultième : *Anniversariis vel*, et est imparfait. Ainsi signé :   r 29.

SUPER DECRETUM ET DECRETALES.

R 30. Item, ung beau et bien escript volume contenant la glose sur le décret sans intitulacion d'acteur, commençant : *Si duos ad cenam;* et on tiers feullet : *Eo quod ex*, et finissant on pénultième : *Ne si cecus*. Signé :   r 30.

R 31. Item, une autre glose et exposicion aussi sur le dict décret sans intitulacion d'acteur, commençant *cum multa* et on tiers feullet : *Deus sit creator*, et finissant on devant pénultième : *Sic fit quia in*. Ainsi signé :   r 31 (2).

R 32. Item, ung autre volume contenant le livre *Bartholomei Brixiensis super Decreta*, commençant on second feullet : *Religioni multa enim*, et finissant on devant pénultième, devant la table : *Ipsum celebrantem*. Signé :   r 32 (3).

R 33. Item, ung autre volume d'assez petite lettre contenant *Sumam magistri Brixiensis questionum dominicalium*

---

(1) Troyes, 1523.
(2) Troyes, 192.
(3) Troyes, 806.

de jure canonico, commençant on second feullet : *In eodem statu*, et finissant on pénultième : *Et in predicta*. Ainsi signé : r 33.

R 34. Item, ung autre petit volume contenant les Questions *dicti Bartholomei tam dominicales quam venerales*, commençant on second feullet : *De facto timuerit*, et finissant on pénultième Q. IIII. : *Quod bene*. Ainsi signé : r 34.

R 35. Item . . . .
. . . .

R 36. Item . . . .
. . . .

R 37. Item, ung cayer contenant *metrice* les Questions sur les causes du Décret, et à la fin y a ung cayer de gloses, et est le dict volume intitulé par dessus on commencement *Decretum metrificatum*, commençant on second feullet : . .
. . . . , et finissant on pénultième : . . .
. . . . Ainsi signé : r 37.

HOSTIENSIS.

R 38. Item, ung autre très beau grant volume contenant *Sumam Hostiensis*, qui est dicte : *Summa copiosa sive caritatis, de titulis decretalium*, commençant on IX⁰ feullet : *Princeps de quo sensit*, et finissant on devant pénultième : *Pamphilus nomina*. Ainsi signé : r 38 (1).

R 39. Item, ung autre très beau grant volume contenant aussi la dicte Summe *Hostiensis super decretales*, commençant on second feullet : *Alani una*, et finissant on pénultième emprès la fin : *Vel diffinitiones dari non*. Ainsi signé : r 39 (2).

R 40. Item, ung autre volume contenant aussi la dicte Somme *Hostiensis* appelée *Summa copiosa sive caritatis*, en V livres sur les décrétales comme les précédentes, commençant on tiers feullet : *Insunt huic sciencie*, et finissant on pénultième : *Sive generalem tradere dog*. Signé : r 40 (3).

R 41. Item . . . .
. . . .

---

(1) Troyes, 99.
(2) Troyes, 98.
(3) Troyes, 97.

R 42. Item, ung beau petit volume contenant la Somme *super titulis decretalium magistri Gaufredi*, commençant on tiers feullet : *Sint generalia ;* et finissant on pénultième : *Et animam.* Ainsi signé : r 42.

R 43. Item, ung autre volume contenant aussi la Somme *dicti Gaufredi super titulis seu rubricis decretalium*, commençant on tiers feullet : *Hec conditio ut is*, et finissant on pénultième : *Dominorum utriusque.* Signé : r 43.

R 44. Item, ung autre petit volume contenant la Somme *magistri Gofredi* en V livres, et le livre *magistri Johannis de Deo, De Judicibus,* en IIII livres, commençant on second feullet, après le kalendier : *Dinandorum a multis,* et finissant on pénultième devant une petite table en II feulles qui sont à la fin : *Et comparaciones.* Ainsi signé : r 44 (1).

R 45. Item, ung autre volume contenant la Somme *magistri Gofridi de Trano super decretales,* commençant on second feullet : *Sicut claritas,* et finissant on pénultième devant la table : *Nec excusatur.* Ainsi signé : r 45 (2).

R 46. Item, ung autre assez beau volume contenant la Somme *magistri Guillelmi super titulis decretalium,* et le traité, *De penitencia, magistri Johannis de Deo,* et son livre dit *Breviarium super toto corpore decretalium,* et *Sumam Tancredi correctam per Bartholomeum Brixiensem,* commençant on tiers feullet : *Interpretacione i.e.t.,* et finissant on pénultième en la table : *Transffert dominium.* Ainsi signé : r 46 (3).

R 47. Item, ung autre grant plat volume en IIII cayers, contenant le livre *Distinctionum florum juris canonici super textum decretalium magistri Johannis de Deo,* bien escript, commençant on second feullet : *I Dixit Dominus,* et finissant on pénultième : *Quum contra falsam.* Ainsi signé : r 47.

R 48. Item, ung autre volume contenant une table sur le Décret *secundum ordinem alphabeti, et Casus breves domini Johannis Andree super quinque libros decretalium,* commençant on second feullet après la table : *Et est conversum,*

---

(1) Troyes, 1448.
(2) Troyes, 1746.
(3) Troyes, 456.

et finissant on pénultième : *Sue tempore.* Ainsi signé : r 48.

R 49. Item, ung autre assez grant volume appelé *Novella Johannis Andree super regulis juris,* commençant on second feullet : *Potest esse sine matrimonio;* et finissant on pénultième : *Super ejus prohemio.* Signé : r 49 (1).

R 50. Item, ung autre volume contenant *Breviarium decretalium Bernardi, prepositi Papiensis,* commençant on tiers feullet : *Lerat post mutavit,* et finissant on pénultième entièrement escript : *Fuerit forma.* Signé : r 50.

R 51. Item, ung autre volume contenant le dict docteur Sur les décrétales, commençant on quart feullet : *Poterat commode,* et finissant on pénultième : *Questio ad papam.* Ainsi signé : r 51.

DE CASIBUS.

R 52. Item, ung autre volume contenant la Somme *de casibus* du dict docteur, en V livres, commençant on second feullet : *Est illa res et jo,* et finissant on pénultième : *De hiis que.* Ainsi signé : r 52.

R 53. Item, ung autre volume contenant aussi la dicte Somme *de Casibus* du dict docteur, en V livres, commençant on second feullet : *Non tamen,* et finissant on pénultième : *Predictis omnibus.* Ainsi signé : r 53 (2).

R 54. Item, ung autre volume contenant la Somme *de Casibus consciencie magistri Bartholomei de Pisis, jacobite, secundum ordinem alphabeti,* enchainée en l'armaire de collacion d'emprès le siege du président, commençant on tiers feullet : *Absolutio quia per,* et finissant on pénultième du traictié sainct Augustin *De fide ad Petrum,* estant à la fin : *Esse bonus de se.* Signé : r 54.

R 55. Item . . . .
. . . .

R 56. Item, ung autre petit volume contenant une Somme *de Casibus* abbrégée, commençant on second feullet : *Sessore,* et finissant on devant pénultième : *Si convertatur ad.* Ainsi signé : r 56.

---

(1) Troyes, 125.
(2) Troyes, 949.

RAYMUNDI.

R 57. Item, ung autre joly petit volume contenant la Somme *Raymundi, de Casibus,* en IIII livres, commençant on second feullet : *Quoad se,* et finissant on pénultième : *Quod in malo.* Ainsi signé : r 57.

R 58. Item, une autre Somme *Raymundi, de Casibus,* commençant on second feullet : *Cum sit Romana,* et finissant on pénultième : *Est si separentur.* Signé : r 58.

R 59. Item, une autre Somme *Raymundi, de Casibus,* commençant on second feullet : *Quod tu meum,* et finissant on devant pénultième : *Ejusdem hore.* Signé : r 59.

R 60. Item, une autre Somme *de Casibus* dudit Raymund, commençant on second feullet : *Sed numquid episcopus,* et finissant on pénultième : *Et hoc idem de.* Signé : r 60.

R 61. Item, ung autre petit volume contenant aussi la Somme *de Casibus Raymundi,* en IIII livres, et une Somme de sermons ou collacions sans intitulacion d'acteur; et n'y est pas le commencement des dictes collacions, commençant on second feullet : *Symoniacus a Symone,* et finissant on pénultième : *Adultera que multum.* Signé : r 61.

R 62. Item, ung autre petit volume contenant aussi la dicte Somme *Raymundi, de Casibus,* en IIII livres et au commencement y a ung autre livre intitulé *De temporibus et qualitate ordinandorum,* commençant on second feullet : *Terium non potest,* et finissant on pénultième : *In dote.* Ainsi signé : r 62.

R 63. Item, ung autre beau petit volume contenant aussi la dicte Somme *Raymundi, de Casibus,* en IIII livres, commençant on second feullet : *Emere gratiam spiritus sancti,* et finissant on pénultième : *De approbata,* et à la fin y a ung abbrégé sur les vies et passions des saincts de tout l'an. Ainsi signé : r 63.

R 64. Item, ung autre petit volume contenant aussi la Somme du dict Raymond, *de Casibus cum apparatu,* commençant on second feullet après la table et autres notables escripts au commencement : *Res sacra instituta,* et finissant on pénultième devant une autre table : *Contrahit excommunicationem a jure.* Signé : r 64.

R 65. Item, une autre Somme du dict docteur, glosée, commençant on texte du tiers feullet : *Tria sunt maxime;* et finissant on texte du pénultième devant la table : *Ut liceat matri.* Ainsi signé : r 65.

R 66. Item . . . .
. . . .

R 67. Item, ung autre beau et bien escript volume contenant *Summam Raymundi abbreviatam,* commençant on second feullet : *Merita personarum,* et finissant on devant la pénultième devant la table : *H. qd⁹. propter.* Ainsi signé : r 67.

R 68. Item . . . .
. . . .

R 69. Item, ung autre petit volume contenant *Sommam Raymundi metrificatam,* commençant on second feullet : *Nec fureris ca,* et finissant on pénultième : *Mors Xpisti non iterata.* Ainsi signé : r 69.

R 70. Item . . . .
. . . .

R 71. Item, ung autre volume contenant une Exposition *super Sumam Raymundi, de Casibus,* commençant on second feullet : *Ciscendi contractum,* et finissant on pénultième : *Consequentiam secundam.* Ainsi signé : r 71.

R 72. Item, ung autre petit volume contenant aussi une Exposicion *super Sumam Raymundi,* tant sur le texte que sur la glose, *secundum ordinem alphabeti,* et est comme une table, commençant on second feullet : *In accusatione debet fieri,* et finissant on pénultième devant une petite table : *Videtur votum.* Signé : r 72.

R 73. Item, ung autre volume contenant *Casus breves decretalium dicti Raymundi,* commençant on second feullet : *Communioni restituendus est,* et finissant on devant pénultième : *Monasteria absolvuntur.* Signé : r 73.

MONARDI.

R 74. Item, ung autre volume contenant *Summam Monardi* intitulée : *Summa de jure canonico tractatus et expe-*

diens multas materias secundum ordinem alphabeti, commençant on second feullet : *Monasterii debet absolvi,* et finissant on pénultième : *Utilitas publica pri.* Signé : r 74.

R 75. Item, ung autre petit volume mal escript contenant la dicte Somme *Monardi secundum ordinem alphabeti,* commençant on second feullet : *Fallit nec fallit,* et finissant on pénultième entièrement escript : *Sed ex caritate mutuati.* Ainsi signé : r 75 (1).

Eamdem Summam Monardi require cum textu summarum sub signo. I 37.

R 76. Item . . . .
. . . .

R 77. Item, ung bien beau et bien escript volume moyen contenant la Somme des confesseurs, commençant au Ve feullet : *Decretali ad questiones,* et finissant on devant pénultième : *Naviganti vel eunti ad.* Signé : r 77.

R 78. Item, ung autre aussi beau et bien escript volume contenant aussi la dicte Summe des confesseurs, en IIII livres, enchainée en l'armaire d'emprès la librarie du cloistre, commençant au Ve feullet : *Vendi non debent,* et finissant on pénultième en la table : *Requiri non potest, Q. LXXXII.c.* Ainsi signé : r 78.

R 79. Item . . . .
. . . .

R 80. Item, ung autre tres beau grant volume contenant le livre *magistri Petri, cantoris parisiensis, De conciliis et de responsionibus ad diversas questiones pro variis casibus in ecclesia contingentibus,* traictant *de sacramentis, de peccatis, et de multis aliis materiis,* commençant on second feullet après la table : *Ceptionem Eucharistie,* et finissant on pénultième emprès la fin : *Amen dico vobis,* et contient deux parties principales. Ainsi signé : r 80.

R 81. Item, ung autre volume contenant une somme *De sponsalibus et de matrimonio,* commençant : *Sponsalia sunt,* et on second feullet : *Pro non adjecta,* et finissant on pénultième : *In linea recta.* Ainsi signé : r 81.

---

(1) Troyes, 834.

PANNORMIA YVONIS.

R 82. Item, ung autre beau volume contenant le livre dict *Pannormia Yvonis, cartonensis episcopi, que sunt excerpta conciliorum,* commençant on second feullet : *Vitandam fornicationem,* et finissant on pénultième : *Locum habere satis.* Ainsi signé : r 82 (1).

R 83. Item, ung autre volume plus petit contenant aussi le dict livre nommé *Pannormia domini Yvonis, carnotensis episcopi,* commençant on second feullet : *Quid remissio,* et finissant on pénultième emprès la fin : *Episcopi qui domino ka.* Ainsi signé : r 83 (2).

R 84. Item, ung autre beau petit volume contenant aussi *Pannormiam domini Yvonis Carnotensis,* et en fault un peu à la fin, commençant on second feullet du prologue : *Ferro secare,* et finissant on pénultième : *Obligat quando dicit.* Ainsi signé : r 84 (3).

R 85. Item, ung autre beau volume contenant *Exceptiones decretorum trium compilationum* déclarées au commencement, commençant on second feullet : *Facta mentione,* et finissant on pénultième : *Nisi prius sufficiens.* Signé :
 r 85 (4).

R 86. Item, ung autre volume contenant une compilacion de plusieurs institucions, en V livres, intitulé *Innocencius tertius magistris et scolaribus Bononie comorantibus. Devotioni vestre etc.,* commençant on second feullet : *Canonicorum usus sive,* et finissant on pénultième de V feullets coppés à la fin : *Prestetur emenda.* Signé : r 86.

R 87. Item, ung autre volume contenant V livres, intitulé *De summa Trinitate. Innocentius tertius,* et commençant : *Firmiter credimus,* et on second feullet : *Debes si primo mandato,* et finissant on pénultième : *Non verentur.* Signé :
 r 87.

R 88. Item, ung autre volume contenant aussi V livres,

---

(1) Troyes, 480.
(2) Troyes, 1519.
(3) Troyes, 1203.
(4) Troyes, 1835.

intitulé *Incipit breviarium decretalium domini Innocentii pape tercii, per Bernardum apostolanum canonicum fideliter compilatum,* commençant : *Apostolice servitutis,* et on second feuillet : *Quesisti preterea,* et finissant on pénultième : *Privilegio asseri.* Signé : r 88 (1).

R 89. Item, ung autre petit volume contenant ung livre . . . . nomé *Ordo judiciarius, et quinque libros decretalium,* et plusieurs autres constitucions de divers papes, mal esceriptes, commençant on second feuillet : *Attigerit tamen,* et finissant on pénultième : *Debent exposita.* Ainsi signé : r 89 (2).

R 90. Item, ung autre volume contenant la somme intitulée *Ordo judiciarus magistri Tancredi,* commençant on second feuillet : *Nomine feudi,* et finissant on pénultième : *Quadragenaria locum.* Signé . r 90 (3).

R 91. Item, ung autre petit volume intitulé *Ordo judiciorum, editus per magistrum Egidium, doctorem decretorum,* commençant on second feuillet : *Rum petat quod,* et finissant on pénultième du darnier cayer escript en papier : *Presentibus hiis quorum.* Ainsi signé : r 91.

S 1. Item, ung beau grant volume contenant en IIII livres *Speculum judiciale magistri Guillelmi Durandi, subdyaconi domini pape, et cappellani, ad dominum Octobonum, cardinalem dyaconum,* commençant on second feuillet : *Ticionis carebit ut XVI. q. VII,* et finissant on pénultième entièrement escript : *Unde ago contra eum, ut omnia predicta michi prestet.* Signé : s 1 (4).

S 1 [bis]. Item, ung autre très beau volume contenant aussi en IIII livres *Speculum judiciale dicti magistri Guillelmi Durandi,* escript en parchemin et relié en aes de papier et de parchemin sans bois, commençant on tiers feuillet : *Tutor incertus se,* et finissant on pénultième : *Predicta michi prestet.* Signé : s 1 [bis].

S 2. Item, ung autre volume contenant *Repertorium* du

---

(1) Probablement Bibliothèque Impériale, fonds Bouhier, 137.
(2) Troyes, 1783.
(3) Troyes, 800 (?).
(4) Troyes, 118.

dict maistre Guillaume Durand, sur les Décrétales, commençant on second feullet : *Videlicet de conciliis*, et finissant on devant pénultième : *Delinquendo suam*. Signé :

s 2 (1).

S 3. Item, ung très beau grant volume intitulé : *Directorium juris*, commençant on quart feullet : *Omnis utriusque non solemnis*, et finissant on devant pénultième devant les tables : *Quum sentencia continet tantum*, et à la fin sont les tables en XVIII feullets. Signé : s 3 (2).

S 4. Item, ung autre volume intitulé : *Incipit primus liber de summa Trinitate et fide catholica*, commençant : *Formavit hominem*, sans autre intitulacion d'acteur, et on second feullet : *Unde dicitur nostra*, et finissant on pénultième entièrement escript : *Jus nostrum consistit*. Signé : s 4.

S 5. Item, ung autre volume contenant la somme et traictié *magistri Astepani, De sacramento confessionis et de contractibus et casibus, in quibus facienda est restitucio, et in quibus casibus incurritur excommunicatio de jure, et qui possunt absolvere, et de casibus superioribus reservatis;* et le tractié du dict docteur : *De expositione vocabulorum difficilium contentorum in Corpore juris, et de eorum significationibus secundum ordinem alphabeti*, commençant on second feullet : *Potuit justa divisio*, et finissant on devant pénultième emprès la fin : *Ad sedem commutatio*. Signé :

s 5 (3).

S 6. Item, ung grant volume bien escript et glosé contenant le traictié *magistri Guillermi de Mandogoto, Super eleccionibus faciendis et eorum processibus ordinandis*, commençant on texte du second feullet : *Supra dicta ex tunc*, et finissant on texte du devant pénultième : *Ipsa esse vera et sc.* Signé : s 6.

S 7. Item, ung autre mendre volume contenant aussi le dit traictié *dicti magistri Guillermi de Mandagoto, Super eleccionibus faciendis et processibus earundem ordinandis*, commençant on texte du second feullet : *Noticia computandos*, et

---

(1) Troyes, 148.
(2) Troyes, 75.
(3) Troyes, 1522.

finissant on texte du devant pénultième : *Sigilli munimine robo.* Signé : s 7 (1).

S 8. Item, ung autre gros volume contenant la Somme *de rescriptis,* intitulé de rouge *: De rescriptis, instrumentis, privilegiis, et ad judicium preparatoriis rubrica,* commençant on second feuillet : *Sed forte melius dicunt,* et finissant on pénultième : *Rei publico potest sine.* Ainsi signé : s 8.

S 9. Item, ung autre volume bien escript contenant *Summam magistri Rolandi, de doctrina unius notarii ad faciendas et dictandas litteras et instrumenta, et de judiciis,* commençant on second feuillet emprès la table : *Unam peciam terre,* et finissant on pénultième : *Amen anno ejusdem.* Signé : s 0 (2).

S 10. Item, ung autre volume en III cayers contenant les constitutions *domini Johannis pape XXII, De taxatione litterarum,* commençant on second feuillet : *Ne quisquam,* et finissant on pénultième : *Non facientes.* Signé : s 10.

S 11. Item, ung autre petit assez joly volume contenant la Somme *magistri Johannis de Bononia super his, que in foro ecclesiastico coram quibuscumque judicibus occurunt, notariis conscribenda,* et est proprement pour faire instrumens pour notaires, commençant on second feuillet : *Deinde in Romana,* et finissant on pénultième emprès la fin : *Ex parte nostra, etc.* Ainsi signé : s 11.

S 12. Item, ung autre volume sans intitulacion d'acteur, commençant : *Duobus modis dicitur fides,* et on second feuillet : *Tam inter consanguineos,* et finissant on pénultième : *Presbiteros cardi.* Signé : s 12.

S 13. Item . . . .
. . . .

S 14. Item . . . .
. . . .

S 15. Item . . . .
. . . .

S 16. Item, ung autre volume contenant le livre appellé *Codex seu constitucio,* et en fin est le sermon *Ambrosii*

---

(1) Troyes, 1172.
(2) Troyes, 1000.

Autberti de cupiditate, commençant on second feullet : *Personas quas alienum*, et finissant on pénultième : *Nec ullus erit*. Signé : s 16.

DE JURE CIVILI HOC EST DE LEGIBUS.

S 17. Premièrement ung très beau et bien escript volume de lois, appelé *Primum volumen*, commençant : *Imperatoriam majestatem non solum armis*, et est bien glosé, commençant on texto du second feullet : *Que singula*, et finissant on texto du pénultième : *Satisfacere cum*. Ainsi signé :
s 17 (1).

S 18. Item . . . . (2).

S 19. Item, ung autre volume de lois, nommé *Digestum vetus*, commençant ou second feullet : *Que in libris de rebus posite sunt*, et finissant ou devant pénultième : *Si consocer*. Ainsi signé : s 19 (3).

S 20. Item, ung autre volume de lois, nommé *Digestum novum*, commençant ou second feullet : *Causa opus novum*, et finissant ou darnier feullet : *Servus reipublice obesse non potest*. Ainsi signé : s 20 (4).

S 21. Item, ung autre volume de lois, intitulé *Codex*, commençant ou second feullet : *Que minime in codem nostro codice*, et finissant ou pénultième : *Tedio vite aut furore vel in sa*. Signé : s 21 (5).

S 22. Item, ung autre volume de lois, nommé Inforciat, commençant ou second feullet : *Nisi contrarium voluntatem*, et finissant ou pénultième : *Constituctonis locum habere*. Ainsi signé : s 22 (6).

---

(1) Montpellier, 8.
(2) Cette cote est portée par le n° 171 de Troyes qui est un *Volumen*.
(3) Troyes, 135.
(4) Troyes, 130.
(5) Troyes, 136.
(6) Troyes, 408. — Cet article et les trois précédents ont été ajoutés d'une autre main, au même siècle.

S 23. Item . . . .
. . . .
. S 24. Item . . . .
. . . .
. S 25. Item . . . .
. . . .

LIBRI DE MEDICINA.

S. 26. Item, ung beau volume contenant plusieurs livres de Medicina glosés, c'est assavoir *Librum Johannicii ad Tegni Galieni, Philareti de negotio pulsuum, urinarum, Amphorismorum*, en VII livres, *Pronosticorum Ypocratis*, en III livres parties, *Librum regimenti auctorum*, en III parties, *Tegni Galieni cum commento Haly, Anathomia et Librum aphorismorum Johannis Damasceni*, commençant on second feuillet : *Una virtus animalis*, et finissant on texte du pénultième : *Et alia hujus modi multa*. Signé :   s 26 (1).

S 27. Item, ung autre semblable volume contenant aussi les livres de médicine dessusdites, glosés, c'est assavoir : *Ysagogarum Johannicii ad Tegni Galieni, Pulsuum Philareti, Urinarum, Pronosticorum Ypocratis cum commento Galieni in tribus partibus, Regimenti acutorum morborum in quatuor partibus, Amphorismorum*, en VII parties, *Tegni Galieni cum commento Haly*, commençant on second feuillet : *Corpus usque ad*, et finissant on texte du pénultième : *Determinabo orationem in eis*. Ainsi signé :   s 27 (2).

S 28. Item, ung autre volume contenant les livres *Johannicii, Tegni Galieni, Amphorismorum, Pronosticorum, Regimenti acutorum, Pulsuum, Urinarum, Ysaac de urinis, Dictarum universalium et particularium*, commençant on second feuillet : *Resedit exterius*, et finissant on pénultième : *Secunda est tercie*. Signé :   s 28 (3).

---

(1) Montpellier, 182 bis.
(2) Montpellier, 183.
(3) Montpellier, 182.

S 29. Item, ung autre petit volume contenant *Ysagogas Johannici ad Tegni Galieni, Librum amphorismorun Ypocratis, Pronosticorum ejusdem, Urinarum*, et plusieurs autres traictiés de médicine, et n'est relié qu'en parchemin, commençant on second feullet : *Nem et musculi*, et finissant on pénultième : *In quibusdam*. Ainsi signé : s 29.

S 30. Item, ung autre volume contenant *Ysagogas Johannicii ad Tegni Galieni*, glosé, commençant on texte du second feullet : *Adustione humorum*, et finissant on pénultième : *Movetur quo move*. Signé : s 30.

S 31. Item, ung autre volume contenant les livres *Dietarum universalium et particularium Ysaac Arabici, et Tractatum Philosophi de elementis, et Libellum de diffinitionibus*, commençant on second feullet : *Atas unum esse*, et finissant on pénultième : *Diffinitio creature*. Signé : s 31.

S 32. Item . . . .
. . . .

S 33. Item, ung autre très beau grant volume intitulé de vermeillon : *Incipit liber canonis primus. Princeps Abohaliab Visceni de medicina edidit*, commençant après la table : *Dico quod medicina est*, et on quart feullet en comptant les feulles de la table : *Mus cujus quidem esse*, et finissant on pénultième entièrement escript emprès les tables qui sont à la fin : *Resolutio et altera al*, et y a III parties en IIII livres. Signé : s 33 (1).

S 34. Item, ung autre volume assez grand, *Theoricam et praticam Constantini Affricani, monachi de Monte Cassino*, en II parties et en XX livres, commençant on second feullet : *Necioni subjcitur*, et finissant on devant pénultième : *Et ad omnem dol*. Ainsi signé : s 34 (2).

S 35. Item, ung autre volume caducque en plusieurs lieux contenant en VII livres *Viaticum dicti Constantini Affricani*, et à la fin y a II feullet d'autre matière, commençant on second feullet : *Propter soliditatem cutis*, et finissant on pénultième : *Balneum paciens*. Ainsi signé : s 35.

---

(1) Montpellier, 15.

(2) Montpellier, 187.

S 36. Item, ung autre volume contenant aussi en VII livres le dit livre appelé *Viaticum Constantini* . . . . . .
. . . .
. . . .

S 37. Item, ung autre volume contenant *Practicam Platearii*, appelé *Circa instans de medicinis simplicibus, et Librum passionarii, et Librum Constantini de febribus et creticis diebus*, et ung autre livre, commençant : *Vita brevis*, incomplet qui est *Liber amphorismorum*, commençant on second feullet : *Lentem habet sbam*, et finissant on pénultième : *Mixtionis pretermittimus*. Signé : s 37.

S 38. Item, ung autre petit volume contenant *Librum passionarii a domino Garnuponto compositum*, en VII livres dont du VIIe y fault V chapitres, commençant on second feullet : *Non possunt facies*, et finissant on pénultième : *Appellant semper vivam*. Ainsi signé : s 38.

S 39. Item, ung autre volume bien escript contenant le dict livre intitulé *Flores passionarii*, en VI cayers, commençant on second feullet : *Passionem que*, et finissant on pénultième : *Galienus de febribus*. Ainsi signé : s 39.

S 40. Item . . . .
. . . .

S 41. Item, ung autre petit volume contenant *Librum Platearii, Tabulas Salerni et Regulas urinarum Mauri salernitani*, commençant on second feullet : *Et consumptis precedenti*, et finissant on pénultième : *Salernita ne accipiunt*. Ainsi signé : s 41 (1).

S 42. Item . . . .
. . . .

S 43. Item, ung autre volume de médicine sans intitulacion d'acteur, contenant IIII livres bien escrips, commençant : *Cephalea est dolor capitis*, et au second feullet : *Vemunt sanguis*, et finissant on pénultième emprès la fin : *Confice sic coque*. Ainsi signé : s 43.

S 44. Item, deux cayers liés ensamble contenant le traictié *De speciebus herbarum, que ad omnem medicinarum confec-*

---

(1) Montpellier, 472.

tionem pertinent, secundum ordinem alphabeti, et est appellé *Sinonima Galieni,* commençant on second feullet : *Tate scamarum,* et finissant on pénultième : *Fel taurini.* Signé : s 44.

S 45. Item, ung autre viels volume contenant plusieurs traictiés de médicine de plusieurs livres, commençant on second feullet : *Cte Bizantie ossis,* et finissant on pénultième : *Et hanc Ricardus.* Signé : s 45.

S 46. Item . . . .

S 47. Item . . . .

LIBRI ARTIUM ET PHILOSOPHIE.

DE GRAMATICA.

S 48. Item, ung moyen volume contenant *Priscianum, in majori volumine,* commençant on second feullet : *Constat corpus esse,* et finissant on devant pénultième : *VII antysmos.* Ainsi signé : s 48 (1).

S 49. Item, ung autre volume contenant le livre de Priscien *De octo partibus orationis,* et les II livres de *Constructione,* commençant on second feullet : *Et dictionis,* et finissant on pénultième : *Interrogor abs te.* Signé : s 49.

S 50. Item, ung autre petit volume contenant le dict Priscien *in minori volumine, De octo partibus orationis,* commençant on second feullet : *Ut Virgilius,* et finissant on devant pénultième entier : *Usus protulit.* Signé : s 50.

S 51. Item, ung autre volume assez vielz et usé, contenant aussi *Priscianum, in minori volumine,* et est imparfait à la fin, commençant au second feullet : *Dictio ut me ne,* et finissant on pénultième : *Ferves estate.* Ainsi signé : s 51.

S 52. Item . . . .

---

(1) Troyes, 1377.

S 53. Item, ung autre volume contenant *Priscianum, De accentibus*, une somme *De Gramatica*, et une autre *De Rhetorica*, et encore une autre *De Logica*, et autres choses, commençant on second feuillet : *Nis quaternio*, et finissant on pénultième : *Hic a judicio*. Ainsi signé :   s 53.

S 54. Item . . . .
. . . .

S 55. Item, ung autre volume en IIII cayers contenant *Petrum Helye, Supra barbarismum Donati*, commençant on second feuillet : *Sciendum quod littera*, et finissant au pénultième entier : *Asintheton*. Ainsi signé :   s 55.

S 56. Item . . . .
. . . .

PAPIE.

S 57. Item, un très beau grant et bien escript volume contenant le livre de Papie, *De significatis vocabulorum secundum ordinem alphabeti*, et on commencement en demy feuillet est la table pour trouver les matières ; et après est : *Gramatica ejusdem Papie;* et après, *De diis gentilium*, en III livres ; et à la fin est l'expocicion des prologues sainct Jérôme sur toute la Bible, commençant le dict volume on second feuillet : *Abrennuciare, a se abicere*, et finissant on devant pénultième : *E̓o quod ibi multa con*. Ainsi signé :
   s 57.

S 58. Item, ung autre volume contenant le dict Papie, commençant on tiers feuillet : *Achab interpretatur frater prioris*, et finissant on pénultième : *Diversas significationes*, et après la fin sont les interprétacions hébraïques. Signé :
   s 58.

S 59. Item, ung autre volume contenant *Glossarium Papie*, commençant on second feuillet : *Abversor, ris, dicitur quod*, et finissant on pénultième entièrement escript : *Latinorum ardua*. Ainsi signé :   s 59.

S 60. Item . . . .
. . . .

HUGUTIONIS.

S 61. Item, ung autre beau et bien escript volume assez petit contenant *Librum Hugutionis secundum ordinem alphabeti,* commençant on second feullet : *Pro eodem et hic et hec,* et finissant on pénultième en la table escripte devant lettre corrant adjoustée au dict livre : *Video visus.* Signé :
s 61.

S 62. Item, ung autre volume contenant aussi *dictum librum Hugutionis,* commençant on second feullet : *Quod legatus nullus,* et finissant on pénultième emprès la fin : *Hoc zontfragium.* Signé : s 62.

S 63. Item, ung autre volume contenant aussi *dictum librum Hugutionis, Introductiones dictandi compositas a Tramundo, quondam clarevallensi monacho,* et après y a une somme *De gramatica,* et à la fin ung traictié *De brevibus et longis* et des accidens, pour aprendre enfans, commençant on tiers feullet : *Matus tui,* et finissant on pénultième : *Adeps et forceps.* Signé : s 63.

S 64. Item . . . .
. . . .

CATHOLICON.

S 65. Item, ung autre beau grant volume contenant *Catholicon secundum ordinem alphabeti* entièrement escript, commençant on quart feullet : *Sonans, et sic producitur persone,* et finissant on pénultième : *Latinis figuris scilicet,* et est enchainé en l'armaire emprès la librairie du cloistre, *secundum ordinationem domini Johannis de Dullemonte, XXXIII abbatis clarevallensis, qui eumdem librum ecclesie donavit.* Signé : s 65.

S 66. Item . . . .
. . . .

BRITONIS.

S 67. Item, ung autre moyen volume contenant la somme *Britonis, De significationibus vocabulorum Biblie secundum ordinem alphabeti,* commençant : *Difficiles,* et on second feullet : *Offeri ut viderent,* et finissant on pénultième : *Dicunt concubitu.* Signé : s 67 (1).

S 68. Item, ung autre plus grant volume, contenant aussi la dicte somme *Britonis,* commençant aussi : *Difficiles,* et on second feullet : *I Carpentarius qui,* et finissant on pénultième entier : *Zelus proprie.* Signé : s 68.

S 69. Item . . . .
. . . .

DOCTRINALE.

S 70. Item, ung autre beau volume et bien escript, contenant le Doctrinal de maistre Alexandre *de Villa Dei,* bien glosé et commenté, commençant on texte du quart feullet : *Pluraque doctorum,* et finissant on texte du pénultième : *Quas tres personas in idem credo deitatis,* et est enchaîné en l'armaire d'emprès la librairie du cloistre. Ainsi signé : s 70 (2).

S 71. Item, ung autre ancien doctrinal, fort glosé d'assez menue lettre, commençant on la glose du tiers feullet : *Nota maxima,* et finissant on texte du pénultième : *Fidere nexe.* Signé : s 71 (3).

S 72. Item . . . .
. . . .

EBRARDI.

S 73. Item, ung autre beau et bien glosé volume contenant le Grécisme, *et librum Galteri, Alexandreidos,* commençant on texte du Xe feullet : *Deffinitio sit proprie,* et finissant on texte du pénultième : *De corpore tandem,* et est enchaîné en l'armaire du cloistre emprès la librairie. Ainsi signé : s 73.

S 74. Item . . . .
. . . .

---

(1) Ce doit être ce manuscrit ou le suivant qui, à la Bibliothèque de Montpellier, porte le n° 111.
(2) Troyes, 1142.
(3) Troyes, 1239.

S 75. Item, ung volume contenant en IIII cayers *Equivoca magistri Mathei Vindocinensis cum exposicione et glosa*, commençant on second feullet en glose : *De arte mille*, et finissant on devant pénultième aussi en glose : *De proficiendo servicio*. Signé : s 75.

S 76. Item, ung autre volume contenant aussi *Equivoca dicti magistri Mathei Vindocinensis*, en II cayers, *cum expositione et glosa*, commençant on second feullet en texte : *Est auster ventus*, et finissant on pénultième en glose : *Propositio enim vera est*. Ainsi signé : s 76.

S 77. Item, ung petit volume contenant en deux cayers et en III feulles le livre *magistri Johannis de Garlandia*, nommé *Ars lectoria*, qui est ung traictié en vers *De accentibus et de brevibus et longis*, commençant on tiers feullet : *Fronde crucis*, et finissant on pénultième emprès la fin : *Meditans es*, et après sont plusieurs dictiers en III feulles. Signé : s 77.

S 78. Item, ung autre volume contenant le livre *fratris Johannis Egidii Zemorensis*, en prose, *De orthographia, de accentu et de difficultatibus que legentibus et correctoribus occurrunt in Biblia*, et à la fin y a ung cayer exposant les difficiles dictions de la Bible, procèdent selon l'ordre des livres d'icelle, commençant on second feullet : *Nostra est intencio pertractare*, et finissant on pénultième du dict darnier cayer : *Nolivo aeri, non sunt*, et y a IX cayers en tout reliés en parchemin. Signé : s 78.

S 79. Item . . . .
. . . .

S 80. Item, ung petit volume contenant le livre *magistri Ade Parvipontani, De Utensilibus domus*, et ung autre nommé *Distiglum Johannis de Garlandia et Dictionarium*, commençant on second feullet : *Contrarietatem*, et finissant on pénultième : *Miserie per*. Ainsi signé : s 80.

S 81. Item . . . .
. . . .

DE LOGICA.

S 82. Item, ung autre volume contenant *Priscianum De*

partibus orationis, et Barbarisimum, et le texte de Logique d'Aristote, commençant on tiers feullet : *Orationis cum loco,* et finissant on pénultième : *Quedam exten.* Signé : s 82.

S 83. Item, ung autre volume contenant *Predicabilia Porphirii, Predicamenta Aristotelis, Libros sex Principiorum, Divisionum Boecii, et Thopicorum ejusdem,* commençant on second feullet : *De una sola specie,* et finissant on pénultième : *Ille ex contrarietate.* Ainsi signé : s 83.

S 84. Item, ung autre volume contenant le texte des livres *Priorum Elencorum et posteriorum Aristotelis,* commençant on second feullet : *Tingit nulli,* et finissant on pénultième emprès la fin : *Est principiorum.* Signé : s 84.

S 85. Item . . . .
. . . .

S 86. Item, ung volume de petit valeur contenant *Predicabilia Porphirii, Predicamenta Aristotelis, et Libros Thopicorum Boecii,* commençant on second feullet : *Et Platone,* et finissant on pénultième : *Consequentur nam.* Signé :
s 86 (1).

S 87. Item, ung autre volume de petite valeur contenant *Predicabilia Porphirii, Predicamenta Aristotelis, Libros Peryarmenias, et sex Principiorum,* commençant on second feullet : *Dicitur autem species,* et finissant on pénultième : *Secundum subjecti crementum.* Signé : s 87 (2).

S 88. Item, ung autre volume de petite valeur contenant *Libros Priorum et posteriorum elencorum et Thopicorum Aristotelis,* commençant on second feullet : *Fit necessarium,* et finissant on pénultième : *Oporteat ostendere.* Signé : s 88 (3).

S 89. Item, ung petit volume contenant le commencement *magistri Mathei de Hereignies supra Predicabilia Porphirii et supra libros Predicamentorum et Peryarmenias Aristotelis,* commençant on tiers feullet : *Retro ponit illam,* et finissant on pénultième : *In anima utrum.* Ainsi signé :
s 89.

---

(1) Troyes, 1457.
(2) Troyes, 1455.
(3) Troyes, 1455.

S 90. Item, ung texte de summes de logique *magistri Petri Hyspani,* commençant on second feuillet : *Subjecto ut homo,* commençant et finissant on pénultième : *Finita ergo.* Signé : s 90.

S 91. Item . . . .
. . . .

S 92. Item, ung autre petit volume contenant une exposition sur les Summes de logique, commençant on second feuillet : *Facilis et semite,* et finissant on pénultième : *A^d. 9^{lt} homini.* Signé : s 92 (1).

DE RETHORICA.

T 1. Item, ung autre beau volume contenant la Rhétorique d'Aristote, en III livres, et le comment et glose *magistri Egidii de Roma circa textum,* commençant on texte du quart feuillet : *Ria oportet posse,* et finissant on devant pénultième en texte : *Ego autem non.* Ainsi signé : t 1 (2).

T 2. Item, ung assez beau volume contenant la Rhétorique de Tulle *tam veterem quam novam,* glosée en plusieurs lieux, commençant on texte du second feuillet : *Civium resistere,* et finissant on pénultième : *Similitudinem cum.* Signé : t 2 (3).

T 3. Item, ung autre beau petit volume escript en lettre courrant, de la main *magistri Johannis de Santaco,* contenant *Synonimia Tullii et libros ejusdem de Oratore,* commençant on second feuillet après les dicts Synonimmes : *Quum deliberant sua crura,* et finissant on pénultième : *Ut in Tuchidide orbem modo, qui est de peculio* (4) *fratris Petri, abbatis Clarevallis.* Signé : t 3 (5).

T 4. Item, ung autre volume tout neuf escript, contenant la première partie des Oroisons de Tulle, que a fait escripre à Paris, frère Pierre, abbé de Clervaulx, commençant on

---

(1) Troyes, 2102.
(2) Troyes, 912.
(3) Montpellier, 633.
(4) Ce mot a été gratté.
(5) Troyes, 1559.

second feullet : *Qui succurerit non satis*, et finissant on pénultième : *Preturam quia*. Signé : t 4 (1).

T 5. Item, ung autre pareil volume on précédent et de samblable lettre, contenant la seconde partie des dictes Oroisons de Tulle *et Epistolas familiares ejusdem in octo libris*, que samblablement le dict abbé a fait escripre à Paris, commençant on second feullet : *Honore adfecto defessor*, et finissant on pénultième : *Provinciam petebat; tu privatus*. Signé : t 5 (2).

T 6. Item . . . .
. . . .

T 7. Item, ung autre petit et meschant volume contenant le livre *Petri Damiani monachi*, appelé *Gratissimus*, et *Paradoxa Tullii*, et son livre *de Senectute*, commençant on second feullet : *Et potestatem super omnia demonia*, et finissant on pénultième : *Studia occidunt*. Signé : t 7.

T 8. Item, ung autre bien joly volume contenant *Flores Quintiliani*, qui sont les déclamations, commençant on second feullet : *Vercam factum est eo*, finissant on pénultième : *Parasse se parentibus*. Signé : t 8.

T 9. Item, ung autre volume contenant en IIII cayers la Rhétorique *magistri Gaufridi Anglici*, en vers, autrement nommé : *Poetria nova*, glosée en plusieurs lieux, commençant on tiers feullet : *Primus et anticipet*, et finissant on pénultième : *Sicut habet se*. Ainsi signé : t 9.

T 10. Item, ung autre volume contenant aussi *dictam Poetriam magistri Gaufridi*, sans glose, commençant on tiers feullet : *Publica privata*, et finissant on devant pénultième : *Et tristia gestus*. Signé : t 10.

T 11. Item . . . .
. . . .

T 12. Item, ung beau volume contenant le traictié et introductions *Tramundi, sedis apostolice pronotarii, et post modum religiosi Clarevallis, De arte dictandi*, et ses épitres CL en nombre, bien belles, et l'exposicion de maistre Estienne Languetopne sur Ysaye, non complète ; et *Tractatum*

---

(1) Montpellier, 359.
(2) *Ibid.*

domini Johannis Lemovicensis, monachi Clarevallis, de dictamine et dictatorio sillegistico, commençant on tiers feullet : *Servare hii cum*, et finissant on pénultième : *Subjectum ipsius*. Ainsi signé : t 12 (1).

T 13. Item, ung autre volume contenant *Artem dictaminis magistri Thome de Capua, sancte Romane ecclesie cardinalis*, commençant on second feullet : *Dannaretur tanquam*, et finissant on devant pénultième : *Eos reputamus*. Signé : t 13 (2).

T 14. Item, ung autre volume contenant le traictié *magistri Laurentii Lumbardi, De arte dictandi*, contenant aussi plusieurs et diverses epitres toutes faictes, commençant on second feullet : *De duobus*, et finissant on pénultième : *Cum reputem*. Signé : t 14.

T 15. Item, ung beau et bien escript cayer contenant en IX feulles le traictié *magistri Laurentii de Aquilegia, De arte et practica dictandi*, commençant on tiers feullet : *Hostiensis episcopo*, et finissant on devant pénultième : *Perducere non possemus*. Signé : t 15.

T 16. Item, ung formulaire *De arte dictandi epistolas ad diversas personas*, sans intitulacion d'acteur, commençant on second feullet : *Vel dilectionem*, et finissant on pénultième : *Mee redimere*. Ainsi signé : t 16.

T 17. Item, ung autre formulaire samblablement à composer et dicter lettre, commençant on second feullet : *Xpistianam fidem*, et finissant on devant pénultième : *Qui manum injecit*. Signé : t 17.

T 18. Item . . . .
. . . .

T 19. Item, ung autre volume dont les IIII premières feulles sont corrompus et gastés, *Ad dictandas litteras*, sans intitulacion d'acteur, commençant on tiers feullet : *Premisso distinctio*, et finissant on pénultième : *Hactenus observatam*. Ainsi signé : t 19.

T 20. Item, ung autre volume contenant plusieurs epistres et lettres toutes faictes, commençant on tiers feullet :

---

(1) Troyes, 893.
(2) Troyes, 883.

Tem misericorditer, et finissant on pénultième : *Dilectum nobis in Xpisto*, et à la fin y a ung petit traictié *De discantu*, et y a de la notte. Ainsi signé : t 20.

T 21. Item, ung autre petit volume contenant plusieurs et diverses epistres aussi toutes faictes comme ung formulaire, commençant on second feuillet : *Ad prelatorem*, et finissant on pénultième : *Augmentum crescat in*. Signé :
t 21.

T 22. Item . . . .
. . . .
T 23. Item . . . .
. . . .
T 24. Item . . . .
. . . .
T 25. Item . . . .
. . . .
T 26. Item . . . .
. . . .

DE POETRIA.

VIRGILII.

T 27. Item, ung beau volume longuet contenant les XII livres *Eneydos* de Virgiles, commençant on second feullet. .
. . . . , et finissant on pénultième. . . . .
. . . Signé : t 27 (1).
T 28. Item . . . .
. . . .

T 29. Item, ung autre volume contenant *libros Metamorphoseos Ovidii*, commençant on second feullet : *Ethera nec quicumque*, et finissant on pénultième : *Justissimus actor*. Ainsi signé : t 29.

T 30. Item, ung autre volume contenant aussi *Metamorphoseos Ovidii*, et au commencement sont : *Integumenta* du dict livre, adjoustés d'autre lettre, commençant on second feullet du texte : *Induit ignotas*, et finissant on pénultième : *Ensis et ignis*. Signé : t 30.

---

(1) Montpellier, 427.

T 31. Item, ung autre volume contenant le dict livre *Metamorphoseos Ovidii*, commençant on second feullet : *Pronaque cum spectent*, et finissant on pénultième : *Erat illa minata*. Ainsi signé : t 31.

T 32. Item, ung autre volume long et estroit contenant le dict livre *Metamorphoseos Ovidii*, glosé en plusieurs lieux, commençant on second feullet : *Arbuteos fetus*, et finissant on pénultième : *Atque eterna ruinas*. Signé : t 32.

T 33. Item, ung autre volume contenant les livres du dict Ovide, *In epistolis Heroidum et De ponto*, commençant on second feullet : *Atque alios referam*, et finissant on pénultième : *Hybla favos*. Signé : t 33.

T 34. Item, ung autre petit volume contenant *Ovidium De ponto*, commençant on second feullet : *Forsitan hoc a quo*, et finissant on devant pénultième : *Nocuere rates*. Ainsi signé : t 34.

T 35. Item . . . .
. . . .

T 36. Item, ung autre petit volume contenant les V livres du dict Ovide *De Tristibus*, commençant on second feullet : *Carmina nunc*, et finissant on pénultième : *Ipse vides*. Signé : t 36.

T 37. Item . . . .
. . . .

T 38. Item . . . .
. . . .

T 39. Item . . . .
. . . .

T 40. Item, ung autre petit volume contenant *Moralitates librorum Metamorphoseos Ovidii, et de figuris, formis, et ymaginibus Deorum, que variis modis scilicet litteraliter, moraliter et hystorialiter et spiritualiter exponuntur*, composées par maistre Thomas de Valois, anglois, docteur en theologie, *de ordine Predicatorum*, commençant on second feullet : *Istum ignem*, et finissant on pénultième : *De affectu bonorum*. Signé : t 40.

T 41. Item, ung autre volume contenant pareillement le dict docteur comme le précédent, commençant on second feullet : *Et alii nonnulli*, et finissant on pénultième : *Quod vir ca*, et après la table : *Secundum ordinem alphabeti*, pour trouver les matières du dict livre. Ainsi signé : t 41.

T 42. Item, ung autre livre contenant pareillement le dict docteur comme les précédens, commençant on second feuillet : *Durissimo sumat*, et finissant on pénultième : *Et mori deberet*. Signé : t 42.

T 43. Item . . . .

ORATII.

T 44. Item, ung autre joly petit volume contenant en III cayers *Epistolas Oratii*, commençant on second feuillet : *Est quoddam*, et finissant on pénultième : *Mercatur et cre*. Ainsi signé : t 44.

LUCANI.

T 45. Item, ung autre volume contenant *Lucanum*, commençant on second feuillet : *Crassus erat belli*, et finissant on pénultième : *Constantia mentis*. Ainsi signé : t 45.

T 46. Item, ung autre volume contenant aussi *Lucanum*, et à la fin du texte y a une exposicion sur le dict livre, commençant on second feuillet du texte. . . . ., et finissant on pénultième aussi du texte. . . . . Signé : t 46.

T 47. Item, ung autre petit volume contenant aussi *Lucanum, et Priscianum, De constructione partium orationis inter se*, imparfaict, commençant on second feuillet : *In se magna ruunt*, et finissant on devant pénultième : *Intelligimus II res*. Signé : t 47.

T 48. Item . . . .

JUVENALIS.

T 49. Item, ung autre volume contenant Juvénal, commençant on second feuillet : *Ad casum tabule*, et finissant on pénultième : *Dicere vidit*. Ainsi signé : t 49.

T 50. Item, ung autre petit volume caduc contenant aussi *Juvenalem*, commençant on second feuillet : *Criminibus de-*

bent, et finissant on pénultième emprès la fin : *Contra que pudorem*. Ainsi signé : t 50.

STACII.

T 51. Item, ung autre volume escript de trois lettres contenant *Stacium, Thebaydos*, commençant on second feullet : *Quod cupiam vindisse*, et finissant on pénultième : *Cedit fugientibus uti*, et contient XII livres. Signé : t 51.

T 52. Item . . . .
. . . .

CLAUDIANUS.

T 53. Item, ung autre beau volume contenant *Claudianum, in majori volumine*, commençant on second feullet : *Conventuque nephas*, et finissant on pénultième : *Principis armis*. Ainsi signé : t 53 (1).

Idem habetur in papiro similiter, require sub signo.....
T 54. Item . . . .
. . . .

T 55. Item, ung autre petit volume contenant *Pamphilum*, commençant on second feullet : *Hec mea transjecit*, et finissant on pénultième : *Sine meta*. Signé : t 55.

T 56. Item . . . .
. . . .

T 57. Item, ung autre assès beau volume contenant *librum magistri Hugonis de Masticone, De memorabilibus gestis militum*, et commenté en IX livres, commençant on la glose du second feullet : *Representat quod*, et finissant on la glose du pénultième entier : *Precibus militis liberaverat*. Signé : t 57.

ALEXANDREIDOS.

T 58. Item, ung autre volume contenant *librum magistri Galteri, Alexandreidos*, commençant on second feullet : *Exterat thalamus*, et finissant on pénultième : *Finemque timeres*. Ainsi signé : t 58.

---

(1) Montpellier, 330.

T 59. Item, ung autre volume contenant le dict livre *Alexandreidos magistri Galteri*, commençant on second feullet : *Nupsit honor*, et finissant on pénultième : *Secreta brevesque*. Signé : t 59 (1).

T 60. Item, ung autre volume contenant le dict livre *Alexandreidos*, assez usé, commençant on tiers feullet *Materiam virtutis*, et finissant on pénultième : *Muia vincit*, et est imparfait à la fin. Signé : t 60.

T 61. Item, ung autre volume de petite valeur, contenant le dict livre *Alexandreidos*, commençant on tiers feullet : *Accusabat enim*, et finissant on pénultième : *Relanguit ore*. Signé : t 61.

T 62. Item . . . .
. . . .
T 63. Item . . . .
. . . .
T 64. Item . . . .
. . . .

T 65. Item, ung petit volume bien escript, contenant le livre *magistri Petri Riga*, intitulé : *Floridus aspectus*, commençant on second feullet : *Spiritus et virtus*, et finissant on pénultième : *Instar honesti*. Signé : t 65.

Require Auroram Bibliam metrificatam, sub signo D 24, 25.

Require libros magistri Alani cisterciensis in suo titulo, sub signo I 67.

Item libros poetarum in papiro, require in fine hujus libri.

DE ARISMETICA, GEOMETRIA ET ASTROLOGIA.

T 66. Item, ung petit volume contenant *Algorismum de arte numerandi*, *Compotum magistri Johannis de Sacro Bosco*, *Textum de spera et prenosticacione aeris*, commen-

---

(1) Troyes, 2338. — Il existe encore deux exemplaires de cet ouvrage, provenant de l'abbaye de Clairvaux, l'un à Montpellier n° 342, l'autre à la Bibliothèque Impériale, fonds Bouhier n° 132. Ils portaient probablement à Clairvaux les cotes qui précèdent ou suivent celle-ci.

çant on second feullet : *Ut centenarius*, et finissant on pénultième : *Domum intrare.* Ainsi signé : t 66.

T 67. Item, ung autre volume contenant on commencement ung beau kalendier on quel sont les jours et festes que on ne doit pas lire ne disputer en l'université de Paris, et les tables des festes mobiles, le livre *De spera*, *Algorismum de minutis*, *Compotum magistri Johannis de Sacro Bosco*, et à la fin on a coppé IIII feullets *de compositione quadrantis*, commençant on second feullet : *Martius kalendas primus mandentem*, et finissant on devant pénultième : *Undenis terminus ejus.* Signé : t 67.

T 68. Item, ung autre petit volume contenant ung traictié *De geometria*, sans intitulacion d'acteurs, et plusieurs sermons et choses assamblées de petit valeur, commençant on second feullet : *Valet ea que*, et finissant on pénultième : *Ubi queso est.* Ainsi signé : t 68.

T 69. Item, ung autre volume dont on a coppé II feullets, contenant on commencement le pratique et science *ad faciendum astralabium*, et plusieurs autres choses d'algorisme, geométrie et arismétique, commençant on second feullet : *Et brevior octo horarum*, et finissant on devant pénultième : *Secundum semitam estimale.* Ainsi signé : t 69.

T 70. Item, ung autre petit volume contenant *De natura elementorum*, et plusieurs autres choses de la science dessus dicte en III livres, commençant on second feullet : *Quicumque enim partibus*, et finissant on pénultième : *Extrema mundi inter.* Ainsi signé : t 70.

T 71. Item, ung autre beau petit volume dont le commencement a esté osté qui estait *Theorica planetarum;* et après est le traictié *De composicione et utilitate quadrantis veteris*, et ung autre traictié *Profacii judei, De composicione et utilitate quadrantis novi;* et après y a ung kalandier et plusieurs tables d'astronomie, commençant on second feullet : *Centrum epi^{ll}.*, et finissant on pénultième en lettre rouge : 26 . 40. t 71.

T 72. Item, ung autre très bien escript volume contenant *Compotum Gerlandi, et Denotacionem accentuum secundum ordinem cisterciensem, et Abbreviationem Usuum*, commençant on second feullet après le kalendier et les tables qui sont on commencement : *Eodem ad idem,* et finissant on pénultième : *Non ministrent.* Ainsi signé :   t 72.

T 73. Item, ung autre volume contenant en II cayers le Compot métrifié et glosé ; et y sont les tables à la fin, commençant on second feuillet : *Majori numero,* et finissant on pénultième devant les dictes tables en texte : *Parte sinistra.* Signé :   t 73.

T 74. Item, ung autre petit volume contenant *Compotum novum cum tabulis novis,* bien escript en VI feulles, commençant on second feullet : *Es in ultimo,* et finissant on pénultième devant les tables : *Secula seculorum amen.* Ainsi signé :   t 74.

T 75. Item . . . .
. . . .

T 76. Item, ung autre volume contenant aussi le Compot, commençant on second feullet en glose : *Licet modo,* et finissant on devant pénultième devant les tables et le kalendier en texte : *Cellula facta ciclorum.* Ainsi signé :   t 76 (1).

T 77. Item, ung autre volume petit ayant le kalendier on commencement, contenant la grant table des festes mobiles, pour V^c et XXXII ans, commençant on second feullet après le kalendier : *Annus ab origine mundi,* et finissant on pénultième : *Die jovis.* Signé :   t 77.

T 78. Item, ung autre grant cayer contenant ung beau grant kalendier de astrologien et de medicien, et à la fin y a des tables. Signé :   t 78.

T 79. Item . . . .
. . . .

T 80. Item . . . .
. . . .

T 81. Item . . . .
. . . .

DE PHISICA.

T 82. Item, ung volume contenant le texte des VIII livres de Phisique d'Aristote, commençant on second feullet : *Et*

---

(1) Troyes, 1463.

de partibus, et finissant on pénultième entier : *Semper removeres*. Ainsi signé : t 82.

T 83. Item, ung autre volume contenant aussi le dict texte des VIII livres de Phisique d'Aristote, commençant on second feullet : *habere enim phisicam*, et finissant on pénultième : *Movebit tempore ipsius*, et est des livres de l'abbé de céans. Ainsi signé : t 83 (1).

T 84. Item, ung autre volume contenant le résidu du texte de Phisique, commençant ès livres : *De generacione et corruptione*, et on second feullet : *Quomodo hoc quidem facit*, et finissant on pénultième du livre : *De anima : Secundum locum usque quo mutare*, qui est samblablement des livres du dict abbé de céans. t 84.

T 85. Item, ung beau grant volume contenant plusieurs livres de phisique, et le coment de Averroys avecques, dont le premier est *De celo et mundo*, commençant on texte du second feullet : *In aliud genus*, et finissant on texte du pénultième du livre : *De anima in rebus que*. Signé : t 85.

T 86. Item, ung autre volume contenant plusieurs livres d'Aristote intitulés à la fin, commençant on second feullet : *De somno et vigilia : Latilia atque gressibilia*, et finissant on pénultième : *De vegetabilibus et plantis : Erit ergo*. Ainsi signé : t 86 (2).

T 87. Item . . . .

T 88. Item, ung autre volume contenant en III cayers le texte *De anima*, commençant on tiers feullet : *Sunt isti autem*, et finissant on pénultième : *Propter aliquid si*. Ainsi signé : t 88.

T 89. Item, ung autre volume contenant aussi en III petits cayers le texte *De anima*, commençant on second feullet : *Aut calidi circa cor*, et finissant on devant pénultième : *Aliud vero movetur*. Signé : t 89.

T 90. Item, ung autre volume contenant le texte d'Aristote *De animalibus*, en XIX livres, commençant on second feullet : *Omni tempore*, et finissant on pénultième : *Senes neque mares*. Ainsi signé : t 90.

---

(1) Troyes, 570.
(2) Troyes, 1374.

T 91. Item . . . .

. . . .

T 92. Item, ung autre volume contenant une table, *super libros naturales Aristotelis secundum ordinem alphabeti,* en laquelle sont contenues plusieurs auctorités et sentences, commençant on second feullet après la table : *In una quacunque,* et finissant on pénultième : *Hujus modi mensura.* Ainsi signé : t 92 (1).

DE METAPHISICA.

V 1. Item, ung autre volume contenant le texte des XII livres de Méthaphisique d'Aristote, commençant on second feullet : *Principia sciencia,* et finissant on pénultième : *Contingit facere.* Signé : v 1 (2).

V 2. Item, ung autre volume contenant le dict texte de Méthaphisique d'Aristote, *De sommo et vigilia, De longitudine et brevitate vite,* et *De juventute et senectute,* commençant on second feullet : *Tam a sensibus,* et finissant on pénultième : *In corde.* Ainsi signé : v 2.

V 3. Item, ung autre petit volume contenant le texte de Méthaphisique et *Metheororum,* commençant on second feullet : *Tales acceptiones,* et finissant on pénultième entièrement escript : *Quidem coagulata sunt,* qui est des livres acquis par l'abbé de céans. Signé : v 3 (3).

V 4. Item . . . .

. . . .

V 5. Item, ung petit volume contenant *Platonem in Thimeo,* commençant on second feullet : *His quorum salutem,* et finissant on pénultième : *Animadversionique perspicuam.* Ainsi signé : v 5.

V 6. Item, ung autre volume contenant le traictié *Alberti, De causis,* commençant on second feullet : *Domus est,* et finissant on pénultième d'un autre traictié d'astronomie : *Interrogatio pro radice.* Signé : v 6.

---

(1) Troyes, 1060.
(2) Troyes, 275 (?).
(3) Troyes, 1011.

DE ETHICA.

V 7. Item, ung volume contenant *textum Ethicorum Aristotelis*, en X livres, commençant on second feullet : *Cipium enim quia*, et finissant on pénultième : *Videtur in politica et*. Ainsi signé :   v 7 (1).

V 8. Item, ung autre volume contenant le dict texte *Ethicorum Aristotelis*, commençant on second feullet : *Cientibus et operantibus*, et finissant on pénultième : *Quemadmodum in me*. Ainsi signé :   v 8.

V 9. Item, ung autre texte d'Ethiques, commençant on second feullet : *Cognitis propter quod*, et finissant on pénultième : *Disponeres de pueris*. Signé :   v 9 (2).

V 10. Item, ung autre petit texte d'Ethiques, commençant on second feullet : *Demonstrare et ex his*, et finissant on pénultième : *Unoquoque propter*. Signé :   v 10.

V 11. Item, ung autre texte d'Ethiques *de nova translatione*, commençant on second feullet : *Opinionem hanc non faciebant*, et finissant on pénultième : *Fecisse et nutritionis*, qui est des livres de l'abbé de céans. Signé :   v 11.

V 12. Item . . . .
. . . .

V 13. Item . . . .
. . . .

V 14. Item, ung bel et bien escript volume relié en parchemin, sans aes qui est la table sur les livres d'Aristote, appelé : *Tabula moralium Aristotelis*, commençant on second feullet : *Tam lucrum quam honorem*, et finissant on pénultième : *Quale et in ad*. Signé :   v 14.

COMPILATIONES ET COMPENDIA PHILOSOPHIE.

V 15. Item, ung autre petit volume bien escript contenant *Compendium philosophie*, en V parties, distingué, et en VIII livres, sans autre intitulacion d'acteur, commençant on

---

(1) Troyes, 575.
(2) Troyes, 1310.

second feuillet après la table : *Ad subjecta intranea,* et finissant on pénultième devant une autre table : *Imperitus peritis no.* Signé : v 15.

V 16. Item, ung autre volume de menue lettre contenant aussi *Compendium philosophie,* commençant on second feuillet : *Aut iterum,* et finissant on pénultième : *Magnificentia fidem.* Ainsi signé : v 16.

   Aliud compendium philosophie require supra sub signo L 13.

V 17. Item, ung autre assez beau volume contenant une compilacion des Livres naturels d'Aristote et d'aucuns autres philosophes, en V parties principales, sans autre intitulacion d'acteur, commençant : *Compilacio de libris naturalibus,* et on second feuillet : *De umbilico, de palma,* et finissant on pénultième : *In affectu vir.* Ainsi signé : v 17.

V 18. Item . . . .
. . . .

V 19. Item, ung autre volume contenant sans intitulacion d'acteur, plusieurs auctorités extraictes de plusieurs et divers livres de philosophie, espécialement *de libris Animalium Aristotelis,* commençant on second feuillet : *Estate mutantur,* et finissant on pénultième : *Milia stad.* Signé :
v 19.

V 20. Item, ung autre volume en ung cayer intitulé *Sentencia Constantini de elementis,* contenant plusieurs choses de philosophie, commençant on second feuillet : *Cum enim inter aliquam,* et finissant on devant pénultième : *Formatur in utero.* Signé : v 20.

   Philosophiam magistri Guillelmi de Conchis require sub signo F 7 (1).

V 21. Item . . . .
. . . .

EXPOSICIONES ET COMENTA SUPER PREDICTOS LIBROS PHILOSOPHIE.

V 22. Item, ung volume contenant une lecture *super Libros naturales,* de mauvaise lettre, commençant on second

---

(1) Troyes, 1861.

feullet : *Alicujus et sic dato*, et finissant on pénultième : *Quia vocamus per hoc quod*. Signé : v 22.

EGIDII DE ROMA.

V 23. Item, une exposition *magistri Egidii de Roma*, en VII cayers imparfaicte, *super libros Phisicorum*, commençant on second feullet : *Sunt posteriora*, et finissant on pénultième du quart livre : *Passo citius enim*. Ainsi signé :
v 23 (1).

V 24. Item, ung autre volume contenant l'exposicion et comment *dicti magistri Egidii de Roma super libros De generatione et corruptione*, commençant on second feullet : *Prima facie dividere*, et finissant on pénultième : *Unde et philosophus*. Ainsi signé : v 24 (2).

V 25. Item, ung autre volume contenant l'exposicion du dict maistre Gilles de Rome, sur les livres *De generatione et corruptione, De sensu et sensato, et De memoria et reminiscentia*, et l'exposicion St Thomas d'Aquin, *super libros Metheororum*, et *Alberti super De sompno et vigilia, De spiritu et respiratione, et De differentia spiritus et anime*, commençant on second feullet : *Dam pertinentibus ad*, et finissant on devant pénultième : *Permiscerent formas et*. Ainsi signé : v 25 (3).

V 26. Item . . . .
. . . .

V 27. Item, ung beau volume contenant *Comentum Averroys super libros De anima; Exposicionem magistri Alexandri sacre Theologie expositoris cum questionibus et notabilibus super libros Aristotelis De anima, et Comentum sancti Thome super libros De sensu et sensato*, commençant on second feullet en glose : *Posterius ab esse*, et finissant on pénultième aussi en glose : *Sonum per auditum*, et y est le texte des dicts livres. Signé : v 27.

V 28. Item, ung autre volume contenant ung coment *super libros De anima*, sans intitulacion d'acteur, commen-

---

(1) Troyes, 881.
(2) Troyes, 1770.
(3) Troyes, 881.

çant on second feuillet : *Diffinitione oportet,* et finissant on pénultième : *Cum malis ordo.* Ainsi signé :   v 2S (1).

V 29. Item . . . .
. . . .

V 30. Item, ung autre volume contenant au commencement ung traictié sans intitulacion d'acteur, commençant : *In principio creavit,* et après ung traictié *De viciis capitalibus et de diffinitionibus eorum,* et la summe *fratris Johannis de Rupella, de ordine Minorum, super libros De anima,* et plusieurs autres choses, commençant on second feuillet : *Precepit furtum,* et finissant on pénultième : *Et in agilitate.* Signé :   v 30.

    Item summam *Johannis de Rupella, De anima,* quere sub signo K 46 (2).

V 31. Item, ung autre petit volume contenant *Summam de anima,* commençant on second feuillet : *Item Augustinus,* et finissant on pénultième : *Indicative.* Signé :   v 31 (3).

    Item *Summam de anima* quere sub signo K 70 (4).

V 32. Item . . . .
. . . .
V 33. Item . . . .
. . . .

SUPRA METHAPHISICAM.

S. THOME.

V 34. Item, ung beau volume contenant l'exposicion et coment de St Thomas d'Aquin, sur les XII livres de Méthaphisique, sur les VIII livres de Phisiques et sur les III *De celo et mundo,* commençant on second feuillet : *Sed tactus magis est necessarius,* et finissant on pénultième : *De necessitate motus.* Ainsi signé :   v 34.

V 35. Item, ung autre volume contenant aussi l'exposi-

---

(1) Troyes, 866.
(2) Troyes, 1891.
(3) Troyes, 2030.
(4) Troyes, 1966.

cion et coment *magistri Hymberti, abbatis prulliacensis, super XII libros Metaphisice*, commençant on second feullet : *Exponitur nam omne quod est*, et finissant on pénultième emprès la fin : *Quod est primum sit per se*. Ainsi signé : v 35 (1).

V 36. Item . . . .
. . . .
V 37. Item . . . .
. . . .

DE REGIMINE PRINCIPUM.

V 38. Item, ung beau volume contenant le traictié *magistri Egidii de Roma, De regimine principum*, en III livres, commençant on second feullet : *De ipsis quedam precognitio*, et finissant on pénultième entier : *Possint nam si*. Ainsi signé : v 38.

V 39. Item, ung autre samblable volume du dict docteur *De regimine principum*, commençant on second feullet : *Dit quod disciplinati est*, et finissant on pénultième devant une grant table : *Pugnantes navem*. Signé : v 39 (2).

V 40. Item, ung autre beau volume escript en menue lettre, contenant aussi le livre du dict docteur : *De regimine principum*, enchainé en l'armaire d'emprès la librairie du cloistre, commençant on second feullet : *Quia faciunt eum*, et finissant on pénultième : *Homo autem pugnandi genus*. Ainsi signé : v 40.

V 41. Item . . . .
. . . .

---

(1) Montpellier, 181.
(2) Troyes, 1602.

QUATRIÈME PARTIE.

EXTRAIT DU CARTULAIRE DE LARRIVOUR.

Nous avons cru utile de publier les chartes suivantes. Elles montrent quelles formalités étaient nécessaires au commencement du xiii° siècle pour obtenir la dispense des réglements relatifs au luminaire. Elles nous apprennent en outre qu'à cette époque, dans l'abbaye cistercienne de Larrivour, on assaisonnait les aliments à l'huile, même pendant l'Avent et le Carême, tant on s'éloignait déjà de la rigueur primitive! Le *Cartulaire de Larrivour* est conservé aux Archives de l'Aube.

1212.

Frater Hermannus, dictus abbas, et conventus de Ripatorio omnibus presentes litteras inspecturis in Domino salutem.

Noverit universitas vestra, quod de centum libris pruviniensium, quas Stephanus cognomento Munerius nobis in elemosinam dedit, emimus apud Ascenserias (1) decimam valentem singulis annis circiter tres modios bladi; de cujus decime proventu singulis annis in perpetuum flent cerea luminaria accendenda ad omnes missas in ecclesia nostra celebrandas, et item duo cerei in diebus sollempnibus, quibus sermo in capitulo, ad utrasque vesperas et matutinos accendendi.

---

(1) Assencières (Aube).

Preterea de octoginta libris pruviniensium, quas similiter prenominatus Stephanus nobis in elemosinam dedit, emimus apud *Boi* (1) redditum, medietatem videlicet eorum que dominus Gilo de *Briel* ibidem possidebat; de quo redditu singulis annis in perpetuum ementur due summe olei, vel plus, si redditus forte ad amplius potuerit extendi; quod oleum tam in abbatia quam in grangiis nostris secundum numerum personarum eque dividetur ad condienda pulmenta, que fient in conventu, tam in quadragesima, quam in adventu. Nos autem concessimus ei, quod predicta decima de Ascenseriis et predictus redditus de *Boi* in alios usus, quam predictum est, nullatenus expendetur, concessionem istam sigillo nostro confirmantes.

Actum anno gratie M°. CC°. XII°. (2).

1212.

Frater Gaucherus, dictus abbas Cistercii, dilecto in Xpisto Stephano cognomento Munerio salutem in Domino.

Quia divina vobis bonitas inspiravit, ut de bonis vobis a Deo collatis domui de Ripatorio conferretis elemosinam, de qua in eadem domo ad missas celebrandas cerea luminaria ministrentur, et etiam ad matutinos et ad vesperas duo luminaria circa magnum altare diebus sollempnibus, quibus sermo habetur in capitulo : concedimus devote petitioni vestre, que nobis per abbatem ipsius domus proposita est, ut ipsa hec elemosina vestra nulla ratione in alios usus aliquando expendatur; et hoc auctoritate ordinis firmiter inhibemus, inhibitionem istam sigillo proprio confirmantes (3).

1212.

Frater W., dictus abbas Clarevallis, dilecto in Xpisto Stephano cognomento Munerio salutem in Domino.

Quia divina vobis bonitas inspiravit, ut de bonis vobis a

---

(1) Bouy (Aube), arrondissement de Troyes, canton de Piney.
(2) *De sede abbatie* XXXVI.
(3) *De sede abbatie* XXXVII.

Deo collatis domui de Ripatorio conferretis elemosinam, de qua in eadem domo ad missas celebrandas cerea luminaria ministrentur, et etiam ad matutinos et ad vesperas duo luminaria circa magnum altare diebus sollempnibus, quibus sermo habetur in capitulo : concedimus devote petitioni vestre, que nobis per abbatem ipsius domus proposita est, ut ipsa hec elemosinam vestra nulla ratione in alios usus aliquando expendatur; et hoc auctoritate nostra firmiter inhibemus, inhibitionem istam sigillo proprio confirmantes (1).

---

(1) *De sede abbatie* XXXVIII.

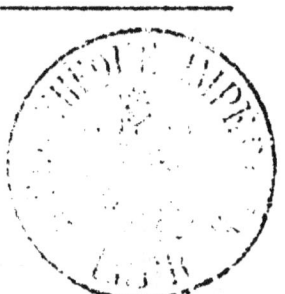

TABLE CHRONOLOGIQUE

DES

CHARTES

COMPOSANT LA DEUXIÈME ET LA QUATRIÈME PARTIE
DES PIÈCES JUSTIFICATIVES.

1135-1154. — Louis VII, roi de France et duc d'Aquitaine, exempte l'abbaye de Clairvaux de tout droit de péage à lui dû, page 383.

1142. — Thierry, comte de Flandre, exempte l'abbaye de Clairvaux de tout droit de péage à lui dû, p. 408-409.

1143-1165. — Galeran II, comte de Meulan, exempte l'abbaye de Clairvaux de tout droit de péage à lui dû, p. 387.

1152(?)-1168. — Raoul II (?), comte de Vermandois, exempte l'abbaye de Clairvaux de tout droit de péage à lui dû, p. 405-406.

1153-1191. — Thibaut V, comte de Blois, autorise les moines de Clairvaux à emporter, sans payer de droits, le filet qu'ils achètent à Chartres, p. 391.

1154. — Henri Ier, comte de Champagne, exempte l'abbaye de Clairvaux de tout droit de péage à lui dû, p. 409-410.

1154-1189. — Henri II, roi d'Angleterre, exempte l'abbaye de Clairvaux de tout droit de péage à lui dû, p. 388.

1156-1195. — Conrad, comte palatin du Rhin, exempte l'abbaye de Clairvaux de tout droit de péage à lui dû, p. 396.

1159. — Frédéric Ier Barberousse, empereur d'Allemagne, approuve les donations faites à Clairvaux par Gui et Barthélemy de Vignory, p. 390-391.

1163, Paris. — Louis VII, roi de France, exempte l'abbaye de Clairvaux de tout droit de péage à lui dû, et constate que trois de ses vassaux ont, avec son approbation, conféré à cette abbaye le même privilège, p. 381-382.

1163, Paris. — Louis VII, roi de France, approuve la libéralité de Gilles Sanglier, qui a exempté les moines de Clairvaux de lui payer aucun droit de travers à Corbeil, p. 383.

1163, Paris. — Louis VII, roi de France, approuve la concession faite par Gilles *de Hulmeta* à l'abbaye de Clairvaux de l'exemption du péage appartenant audit Gilles à Corbeil, p. 384.

1163, Melun. — Louis VII, roi de France, exempte l'abbaye de Clairvaux de tout droit de péage à lui dû, p. 383-384.

1163. — Hugues, archevêque de Sens, constate que Fréher de Montereau-faut-Yonne a accordé à l'abbaye de Clairvaux l'exemption de son passage de Montereau, p. 401.

1165, 8 avril. — Hugues III, duc de Bourgogne, exempte l'abbaye de Clairvaux de tout droit de péage à lui dû, p. 392-393.

1165-1200. — Conrad, archevêque de Mayence, exempte l'abbaye de Clairvaux de tout droit de péage dans son archevêché, p. 402.

1166. — Gui de Garlande exempte l'abbaye de Clairvaux de tout droit de péage à lui dû, p. 399.

1170. — Raoul Ier, sire de Coucy, exempte l'abbaye de Clairvaux de tout droit de péage à lui dû, p. 386.

Après 1170. — Agnès, comtesse de Bar-le-Duc, du consentement de Thibaut Ier, son fils, accorde à l'abbaye de Clairvaux un sauf-conduit pour ses religieux, p. 400.

Après 1170. — Agnès, comtesse de Bar-le-Duc, accorde à l'abbaye de Clairvaux l'exemption du péage de Pont-à-Mousson, p. 400.

1173. — Etienne, fils aîné de Guillaume IV, comte de Mâcon et de Vienne, donne à Clairvaux deux *montées* de sel à Lons-le-Saulnier (voir sur cet Etienne l'*Art de vérifier les dates*, édition de 1785, II, 489), p. 375.

1173. — Girard, comte de Mâcon, approuve la donation faite par Etienne son frère à Clairvaux, p. 375-376.

1174 au plus tard. — Enguerrand de la Fère, fils d'Enguerrand II, sire de Coucy, exempte l'abbaye de Clairvaux de tout droit de péage à lui dû, p. 385.

1175. — Louis VII, roi de France, donne à Clairvaux trente livres de rente sur le Pont au Change, pour acheter six pitances par an, p. 374-375.

1177. — Girard, comte de Mâcon et de Vienne, constate qu'Aimon Dizler a donné à Clairvaux certains droits sur les salines de Lons-le-Saulnier, et a loué à cette abbaye certains autres droits sur les mêmes salines, p. 376.

1177-1194. — Léopold V, duc d'Autriche, exempte l'abbaye de Clairvaux de tout droit de péage à lui dû. — Deux chartes, p. 395.

1178. — Eude, seigneur de Ham, exempte l'abbaye de Clairvaux de tout droit de péage à lui dû, p. 387-388.

1178-1179. — Conon, comte de Soissons, exempte l'abbaye de Clairvaux de tout droit de péage à lui dû, p. 394.

1179. — Guichard, comte de Roucy, exempt l'abbaye de Clairvaux de tout droit de péage à lui dû, p. 405.

1179-1180. — Thibaut V, comte de Blois, défend aux officiers de justice de son frère Henri d'exercer aucune saisie sur les biens de l'abbaye de Clairvaux, p. 391.

1179-1189. — Henri, cardinal, légat du Saint-Siége, constate que Guillaume d'Ecot (Haute-Marne), a exempté l'abbaye de Clairvaux du péage de Longeau (Haute-Marne), p. 401.

1179-1186. — Frédéric Barberousse, empereur d'Allemagne, prend l'abbaye de Clairvaux sous sa protection, p. 389-390.

1186 au plus tard. — Guyard, comte de Reynel, exempte l'abbaye de Clairvaux de tout droit de péage à lui dû, p. 398.

1186. — Jacques, seigneur d'Avesnes, exempte l'abbaye de Clairvaux de tout droit de péage à lui dû, p. 385-386.

1186. — Simon II, duc de Lorraine, exempte l'abbaye de Clairvaux de tout droit de péage à lui dû, p. 402-403.

1186. — Pierre, évêque de Toul, constate que Guiard, seigneur de Reynel, et Gauthier d'Epinal, ont exempté l'abbaye de Clairvaux de tout droit de péage à eux dûs, p. 403-404.

1187 au plus tard. — Hugues de la Fauche exempte l'abbaye de Clairvaux de tout droit de péage à lui dû, p. 396-397.

1187. — Pierre, évêque de Toul, constate que Hugues de la Fauche a exempté l'abbaye de Clairvaux de tout droit de péage à lui dû, p. 397.

1193. — Everard, sénéchal de Vermandois, exempte l'abbaye de Clairvaux du péage de Fonsomme (Aisne), p. 406.

1194. — Bertrand, évêque de Metz, constate et confirme les droits de l'abbaye de Clairvaux sur les salines de Marsal, p. 379-380.

1196-1198. — Othon de Brunswick, duc de Guyenne, comte de Poitou, exempte l'abbaye de Clairvaux de tout droit de péage à lui dû, p. 393.

1198. — Hugues, comte de Vaudémont, constate que Gautier d'Epinal a exempté l'abbaye de Clairvaux du péage de Pont-Saint-Vincent, p. 410.

1198-1230. — Léopold VI, duc d'Autriche et de Styrie, exempte l'abbaye de Clairvaux de tout droit de péage à lui dû, p. 395-396.

1202. — Guillaume III, comte de Ponthieu et de Montreuil, donne à Clairvaux une rente annuelle de deux cents muids de sel, p. 380-381.

1202, mai. — Louis, comte de Blois, exempte l'abbaye de Clairvaux de tout droit de péage à lui dû, p. 391-392.

1203. — Hugues IV, comte de Saint-Pol, exempte l'abbaye de Clairvaux de tout droit de péage à lui dû, p. 392.

1204. — Guiard, seigneur de Reynel, accorde à Clairvaux dispense de péage sur ses terres, et droit de pêche dans ses eaux, excepté les viviers, huit jours avant le Chapitre général et huit jours après, p. 377. Cf. p. 129.

1205. — Pierre, évêque de Sora, en Sardaigne, constate la fondation de l'abbaye cistercienne de Paulles, par Comita, juge de Torre, dans la même île, p. 377-379.

1206, mai. — Pierre II, abbé de Montier-la-Celle, et Dreux, abbé de Saint-Loup, constatent, par enquête, qu'il n'est dû aucun droit de péage par les bouchers de Troyes qui passent à Mondeville et à Champignol (Aube), p. 406-407.

1208, 3 janvier. — Philippe de Souabe, empereur d'Allemagne, prend sous sa protection les biens de Clairvaux, spécialement à Marsal (Meurthe), et donne à cette abbaye une exemption générale de péage dans tout l'empire, p. 388-389.

1212. — Herman, abbé de Larrivour, constate qu'une donation faite par Etienne Munier, à son abbaye, a eu lieu à charge : 1° d'allumer des cierges à toutes les messes qui s'y disent, aux premières vêpres, aux secondes vêpres et aux matines des fêtes où il y a sermon au Chapitre ; 2° d'acheter tous les ans une certaine quantité d'huile qui servira à assaisonner les aliments des religieux, p. 468-469.

1212. — Gaucher, abbé de Cîteaux, approuve la fondation de luminaire faite par Etienne Munier, p. 469.

1212. — Gui, abbé de Clairvaux, donne la même approbation, p. 469-470.

1213, décembre. — Gui de Chappes constate que l'abbaye de Clairvaux n'est pas obligée de contribuer à la reconstruction du pont de Fouchères (Aube), p. 408.

Au plus tard 1214. — Thibaut Ier, comte de Bar-le-Duc et de Luxembourg, accorde un sauf-conduit aux moines de Clairvaux pour leurs marchandises, p. 393.

1224. — Helissende, comtesse de Bar-sur-Seine, donne au portier de Clairvaux la dîme de Villiers-le-Sec (Haute-Marne), à charge d'en employer le produit à vêtir vingt pauvres par an, p. 369. Cf. p. 212.

1226. — Raoul, abbé de Clairvaux, constate que Gui, portier de Clairvaux, a fait faire deux grandes chaudières pour cuire les aliments des pauvres. Il défend de distraire ces chaudières de l'office de la porte, p. 368. Cf. p. 212.

1227, octobre. — Enguerrand III, sire de Coucy, exempte l'abbaye de Clairvaux de tout droit de péage à lui dû, p. 385.

1227, décembre. — Clarembaud, seigneur de Chappes, et Gui de Chappes, son frère, prévôt de Saint-Etienne, de Troyes, vendent à Clairvaux, moyennant 640 livres de provinois forts, leurs droits sur la dîme de Morvilliers (Aube), p. 368-369. Cf. p. 213.

1227 (v. st. p. 1228), mars, avant Pâques. — Robert, évêque de Troyes, approuve l'acquisition de la dîme de Morvilliers par l'abbaye de Clairvaux, p. 372-373.

1227 (v. st. p. 1228), mars, avant Pâques. — Gautier IV, comte de Brienne, approuve la vente de la dîme de Morvilliers par Clarembaud et Gui de Chappes, à l'abbaye de Clairvaux, p. 373.

1228, mars, après Pâques. — Raoul, abbé de Clairvaux, et ses moines, assignent la dîme de Morvilliers à des achats de vêtements pour les pauvres, p. 371-372. Cf. p. 213.

1228, mars, après Pâques. — Gaucher, abbé de Cîteaux, approuve l'assignation de la dîme de Morvilliers à des achats de vêtements pour les pauvres, p. 370-371. Cf. p. 213.

1228, avril. — Gui, archidiacre de Laçois, constate que Guie, femme de Clarambaud, de Chappes, approuve la vente de la dîme de Morvilliers faite à Clairvaux par son mari et son beau-frère, p. 374.

1228, avril. — Clarembaud, seigneur de Chappes, et Gui, son frère, donnent quittance à Clairvaux de la somme de 640 livres, prix de la dîme de Morvilliers, vendue par eux à cette abbaye, p. 370. Cf. p. 213.

1236, 27 janvier. — Waldemar II, roi de Danemark, exempte l'abbaye de Clairvaux de toute taxe sur les achats de peaux et de cire, et de tout droit de navigation, p. 407.

1245, 5 janvier. — Innocent IV, pape, approuve la fondation du collège Saint-Bernard, de Paris, par Etienne, abbé de Clairvaux, p. 360-361. Cf. p. 66.

1245, 4 septembre. — Innocent IV, pape, invite le Chapitre général de Cîteaux à approuver la fondation du collège Saint-Bernard, de Paris, p. 361-362. Cf. p. 67.

1246, 5 octobre. — Innocent IV, pape, consent, sauf l'approbation du Chapitre général, à ce que des novices ou des convers puissent être admis à la profession au collège Saint-Bernard, de Paris, p. 362-363. Cf. p. 68.

1250, 26 août. — Innocent IV approuve la translation du collège Saint-Bernard au Chardonnet, p. 363. Cf. p. 72-73.

1253. — Gui, évêque de Langres, et Barthélemy, ancien évêque de Funfkirchen, en Hongrie, vidiment une charte de Guillaume III, comte de Ponthieu, pour l'abbaye de Clairvaux, p. 381.

1254, 28 janvier. — Innocent IV, pape, permet aux moines du collège Saint-Bernard, de Paris, d'exercer le professorat, p. 364. Cf. p. 68.

Même jour. — Du même, même objet, p. 364-365.

1255, 22 juin. — Alexandre IV, pape, permet aux moines du collège Saint-Bernard, de Paris, de recevoir à la profession les novices et les convers conformément à une décision du dernier Chapitre général, p. 365. Cf. p. 68.

1256, 5 avril. — Alexandre IV approuve la donation faite par Jean de Lessington, le 18 juillet 1246, au collège Saint-Bernard, de Paris, de la moitié du patronage de l'église de Rodeiham, diocèse d'York, en Angleterre, p. 365-366.

1256, 7 octobre. — Alexandre IV, pape, déclare que l'ordre de Cîteaux est exempt de tout droit de péage, p. 411.

1261, juillet. — Le prévôt de Paris constate que des chartes des rois Louis VII et Louis IX, ont exempté l'abbaye de Clairvaux de tout droit de péage, p. 411-412.

1288, 24 avril. — Nicolas IV, pape, autorise l'abbaye de Clairvaux à donner à bail perpétuel, à une abbaye cistercienne du diocèse d'York, la moitié du patronage de l'église de Roderham, p. 367.

Sans date. — Ansério, sire de Montréal, exempte l'abbaye de Clairvaux de lui payer aucun droit de transit à Dijon, p. 394.

N., duchesse de Lorraine et dame de Bitche, exempte l'abbaye de Clairvaux de tout droit de péage à elle dû, p. 399-400.

M., évêque de Passau, exempte l'abbaye de Clairvaux de tout droit de péage dans son évêché, p. 401.

O., évêque de Wurtzbourg, donne un sauf-conduit aux moines de Clairvaux qui se rendent en Hongrie, p. 401.

P. Berthin, sénéchal de Poitou et de La Marche, accorde un sauf-conduit aux moines de Clairvaux, p. 408.

TABLE ALPHABÉTIQUE

DES

MATIÈRES.

Abbé, étymologie, page 157.
Abbés, p. 11, 54, 146-184, 353-357.
Abbés commandataires, p. 160.
Acclimatation des bestiaux, p. 57.
Achats déguisés sous forme de donations, p. 296-297.
Acquisitions de biens, p. 276-298.
Acquisitions à titre onéreux à Clairvaux, p. 288-298.
Acquisitions défendues par le Chapitre général, p. 277-281, 293-297.
Age où se faisait la profession, p. 259.
Agriculture, p. vii, 52-57, 196, 228, 229, 303-318, 335, 336, 350.
Aiguille, p. 48-49.
Anes, 53, 283, 284.
Année scholaire, p. 70.
Anniversaires, p. 41-42.
Apostat (moine), p. 268-270.
Appointements des professeurs, p. 71.
Aquarius, p. 240-241.
Arabe (Etude de l'), p. 65.
Archives, p. 198, 199, 261.
Archives de Clairvaux, leur classement primitif, p. xvi.
Arithmétique, p. 80, 81, 109, 458.
Armarium, p. 60-61, 421, 436, 467.
Armarius, p. 199.
Arts. (Voyez *Trivium* et *Quadrivium*. Voir aussi p. 79, 81, 445.)
Astrologie, Astronomie, p. 80, 81, 109, 458.
Aumônes, p. vii, 203-205. Cf. Portier.
Aumônier, *Elemosinarius*, à Cluny, p. 203.

Aumônier, *Elemosinarius*, ou Pitancier dans l'ordre de Cîteaux, p. 133, 134, 238.
Autels, p. 29, 35-40.
Avoine, p. 116, 163.

Baillis, p. 273-274.
Barbe, p. 134-135.
Bas, p. 136, 138.
Bergers, p. 138, 143, 253.
Bétail, p. 56-57, 378.
Beurre, p. 117, 131, 223, 346.
Bibles, p. 77, 87, 95, 97.
Bibliothécaire, p. 198, 199.
Bibliothèques cisterciennes, p. 60-64, 198, 199.
Bibliothèque de Clairvaux, p. 61, 74-114, 413-467.
Bibliothèque de l'Ecole de Médecine de Montpellier, p. 95, 96 et suiv.
Bibliothèque Impériale, F. Bouhier, p. 95-108.
Bibliothèque de la ville de Troyes, p. 95 et suiv.
Bibliothèques profanes, p. 91-92.
Biens de main-morte, p. 272-273.
Bière, p. 119, 232, 308, 332.
Bœufs, p. 314, 336. (Voir Bouviers).
Bonnet, p. 137.
Bottes, p. 136, 139.
Boulangers, 51, 52, 345.
Boursier, p. 235, 236, 238.
Bouviers, p. 53. (Voir Bœufs).
Brasserie, p. 332.
Brebis, p. 56, 314, 378.
Buffles, p. 57.

Cabarets, p. 322-323.
Cantine, p. 345.
Capital monastique au moyen-âge, son utilité, p. VI-VII.
Capuce, p. 136, 138.
Capuchon, p. 136, 138.
Cartulaires de Clairvaux, p. XIII-XVII.
Catalogue des Mss. de Clairvaux en 1472, p. 74-82, 413-467.
Ceinture, p. 136.
Célibat, son utilité, p. I-IV.
Cellerier, p. 227-232, 235, 237, 308.
Celliers cisterciens, p. 303-309.
Celliers de Clairvaux, p. 315, 317, 349.
Cellules, p. 142.
Cens, p 278, 295.
Chambrier, p. 237-238.
Chandelles, p. 32.
Chant, p. 28.
Chantre, p. 198, 199, 261.
Chapelles des abbayes. Voir églises.
Chapelles des granges, p. 235, 304.
Chapitre, p. 23-26, 348.
Chapitre général, 144-166.
Chapitres provinciaux, p. 150.
Chappe, ornement d'église, p. 30-31.
Chappe, vêtement, p. 138, 260, 355.
Charge d'âmes, p. 27, 143.
Charnier de Clairvaux, p. 34.
Charpentiers, p. 52.
Charretiers, p. 53, 139.
Charriots, p. 241.
Chasteté, p. 6-10.
Chasubles, p. 30-31.
Chauffoir, p. 49, 144, 266, 304.
Chaussures, p. 49-50, 333, 346. (Voir bas, bottes, souliers.)
Cheminées, p. 143.
Chemises, p. 136, 137, 139, 346.
Chêne, 330.
Chevaux, p. 57, 156, 307, 314.
Chèvres, p. 56.
Cierges, p. 32-34, 468-470.
Cimetières, p. 305.
Cimetières de Clairvaux, p. 44.
Classiques, p. 79, 80, 87, 91, 94.
Cloches, p. 34-35, 200.
Clochers, p. 34, 37, 341.
Cloître, p. 43, 183, 197, 344, 356, 436, 467.
Collatio, p. 26, 421, 433.
Collèges cisterciens, p. 64-74, 104, 195, 360-367.

Commende, p. 160.
Commerce, p. 240, 318-328, 381-412.
Communications de livres, p. 111.
Communion, — époques, p. 22.
Communion sous les deux espèces, p. 23.
Confession, p. 55, 174.
Congrégation, p. 147.
Convers, ce qui les distingue des moines, p. 4.
Copistes. (Voir Ecrivains.)
Cordonniers, p. 51, 229.
Costume, p. 134-140, 259, 260, 346.
Coton, p. 30, 346.
Coucher, p. 140-143, 346.
Coule, p. 135-139, 141, 152, 260.
Croix, p. 29, 30.
Cuillers, p. 168, 232.
Cuirs, p. 322, 3?8. (Voir Tanneries.)
Cuisine, Cuisiniers, p. 50, 122, 157, 168, 219.
Culottes, p. 136-137.
Culte, p. 17-47, 77, 91, 305-306.
Cumin, p. 116.

Dalmatiques, p. 31.
Décret de Gratien, p. 63.
Définiteurs, p. 153, 154.
Défrichements, 284, 285.
Déjeûner, p. 121-122, 307.
Dettes des abbayes, p. 298-303.
Dîmes, p. 243, 277, 295, 368-374.
Dîner, p. 122.
Discipline, peine ou mortification, p. 8, 11, 12, 13, 164. (Voir Verges.)
Domaine de l'Etat, 272-273.
Domnus, titre des abbés, p. 157, note.
Donations, p. 276-277, 283-287.
Donations apparentes, p. 296-297.
Donati, p. 4. (Voir Oblats.)
Dortoirs, p. 142-144, 304, 346, 349.
Drainage, p. 56.
Droit canonique, p. 63, 79, 81, 91, 94, 101, 102, 103, 110, 426-441.
Droit civil, p. 63, 79, 81, 103, 110, 441-442.

Ecritoires, p. 61-62.
Ecriture Sainte, p. 77, 97.
Ecrivains ou copistes (moines), p. 60, 61, 62, 190.
Ecuelles, p. 50, 125, 168, 228.
Ecurie de Clairvaux, p. 349.
Eglises, p. 35, 277, 295.

Eglises de Clairvaux, p. 35, 47, 343, 349.
Election des abbés, p. 160.
Election des prieurs, 185.
Elemosinarius, aumônier, p. 203 238.
Eloquence profane, p. 108.
Enfants, p. 63, 350.
Enlumineurs, p. 62.
Etang de Clairvaux, p. 336-337.
Etamine, 136.
Etudes, p. 57-114.
Excommunication, p. 12, 267.
Exégèse biblique, p. 72, 81.
Exemptions de péage, p. 325-328, 381-412.
Expulsion, p. 267-268.
Extrême-onction, p. 172-173.

Falues, p. 285.
Familiares, p. 4.
Famines, p. VII, 7, 204-205.
Femmes, règlements divers, p. 7-10, 323, 349, 350.
Fenaison, p. 53, 335.
Fermiers, p. 310. Cf. 314 et 316.
Fêtes chômées, p. 22.
Feuilles de hêtre, p. 117, 285, 345.
Filles de basse-cour, p. 7, 257.
Foires, p. 319-321.
Foire St-Ayoul de Provins, p. 130.
Foire de Reynel, p. 284.
Foires de Troyes, p. 130-131.
Forges, p. 318.
Forgerons, p. 51, 52, 139, 229.
Foulons, p. 51, 52, 332, 333.
Fours bannaux, p. 277.
Frêne, p. 330.
Frères prêcheurs, p. 64-65.
Froc, p. 136.
Fromage, p. 117, 127, 131, 223, 309, 345.

Gants, p. 136, 139.
Gâteaux, p. 117.
Generale, p. 127.
Géométrie, p. 80, 81, 88, 109, 458.
Graisse, p. 49, 117, 163, 168, 345. (Voir Beurre, Huile.)
Grains, variations de prix, p. VII.
Grammaire, p. 79, 81, 88, 104-105, 443 et suiv.
Grand-prieur, p 185.
Granges cisterciennes, p. 303-310.
Granges de Clairvaux, p. 310-317, 336.
Grangier, p. 232-235.

Gras, p. 114, 115. (Voir Viande.)
Grec (étude du), p. 65, 104.
Guêtres, p. 157.

Haricots, p. 117, 127, 163.
Hébreu (étude de l'), p. 64-65).
Hêtre, p. 330.
Histoire, p. 79, 80, 91, 100-101, 413-426.
Hôpitaux cisterciens, p. 220, 221.
Horloges, p. 18, note, 200.
Hôtellerie, p. 219-223, 259.
Hôtelier, p. 220, 223, 307.
Hôtes, p. 50, 157. (Voir Hôtellerie.)
Hospitalier des granges, 307.
Huile, p. 33, 117, 131, 163, 165, 346, 468-469.
Humilité, p. 13, 253.

Impôts (en général), p. 272-274.
Impôts indirects, exemption, p. 325. (Voir Péages.)
Industrie, 50, 51, 52, 212, 228, 229, 242, 322, 332, 333, 347, 348.
Infirmerie, p. 183, 330, 344, 356.
Infirmerie des convers, p. 216, 217.
Infirmerie des moines, p. 215, 216, 217.
Infirmerie des pauvres, p. 215, 217.
Infirmier, p. 214-218, 345.
Intendant des eaux, p. 240, 241, 336.
Intérêt de l'argent, taux, p. 298-300.
Irrigation, p. 51, 229, 331-334.

Jardins, p. 229, 331.
Jardiniers, p. 229.
Jeûnes, p. 7, 8, 9, 11, 16, 115, 122, 128, 151, 175, 177, 307.
Juifs, p. 299-301.
Joueurs, p. 323.
Juments, p. 57.

Laine, 135, 136, 302, 322, 346.
Lait, Laitage, p. 118, 309, 345.
Laudes, appelées autrefois Matines, p. 17.
Lecture spirituelle, p. 26-27.
Légendes cisterciennes, appréciation, p. XI-XIII.
Lettres (belles-), p. 87-88. (Voyez Arts, *Trivium*.)
Lettres (caractères) de plusieurs couleurs, p. 62.

Lentilles, p. 125, 126.
Lessiveuses, p. 7.
Lever (heure du), p. 18-20, 307, 344.
Logique, p. 79, 81, 89, 105-108, 449-451.
Luminaire, p. 31-34, 200, 468-470.

Maçons, p. 50, 139, 229.
Maigre, p. 114-115. (Voir Viande.)
Maisons de Clairvaux, p. 318.
Maîtres des celliers, p. 306. Cf. Celliers.
Maître des charriots, p. 241.
Maître des convers, p. 242-243.
Maîtres des granges, p. 232, 306. (Voir aussi Granges.)
Maître des novices, p. 201-202, 261.
Manteau, p. 137.
Marchand, p. 240.
Matelas, p. 141, 190, 220, 346.
Médecine, p. 79, 81, 103, 442-445.
Médecins, p. 224-227.
Mercenaires, p. 50, 51-52, 335.
Messes, p. 21 23, 305.
Miel, p. 165.
Mil, p. 116.
Miniatures, p. 62, 428.
Mitaines, p. 139.
Mixtum, p. 121, 122, 307.
Moines, ce qui les distingue des convers, p. 4.
Moisson, p. 21, 53, 55, 56, 132, 317.
Monachisme, son utilité, p. IV-VII.
Monnaie estevenoise (*Stephaniensis, S. Stéphani* ou de Besançon), p. 289-292.
Monnaie de Dijon, p. 289-292.
Monnaie de Langres, p. 289-292.
Monnaie de Provins, sa valeur, p. 289-293.
Monnaie tournois, p. 289-292.
Monnaie de Vienne, p. 289-292.
Moulin, p. 332.
Moulins banaux, 277, 278, 295.
Moulin de Ville-sous-Laferté, p. 207-209.
Morts de religieux cisterciens, p. 14-15, 164, 171, 172, 189-191, 197, 216, 229, 230, 264, 265, 266.
Musique, p. 109.

Nappe, p. 123.
Nobles devenus moines, p. 245-251.
Nourriture, p. 48, 114-134, 157, 162, 166, 190, 222, 223, 307-309, 321, 345.

Novices, Noviciat, p. 201, 258-264.
Obéissance, p. 13-16.
Oblats (*oblati*), p. 4-6, 50, 335.
Œufs, p. 127, 164, 223, 309.
Office liturgique, p. 17-20, 215.
Ordres mendiants, p. 64, 274.
Oreillers, p. 141-142, 189.
Orge, 116.
Orgues, p. 28.

Paillasses, p. 140-141, 142, 346.
Pain, p. 116, 121, 123, 124, 132, 163, 322, 345.
Parloir, p. 16, 215.
Pâtres, p. 138.
Patrologie, p. 78, 84-85, 97-98.
Pâtures, p. 56, 143, 306.
Pauvreté individuelle, p. 10-13.
Pauvres, VII, 203-205, 207-215, 217, 225, 368-374.
Pavés, p. 28.
Péages, 325-328, 381-412.
Pêche, p. 336.
Pêcheurs, p. 50, 139.
Peinture, p. 28-29.
Pelisse, 136.
Pension des écoliers, p. 71.
Père abbé, p. 160-162.
Philosophie, p. 80, 81, 88, 105-108, 460-467.
Pitances, p. 126-134, 243, 309, 345, 374-375, 377.
Pitancier ou aumônier, 133, 134, 238, 374-379.
Poésie, p. 64, 80, 81, 108-109, 454-458.
Poinçon pour écrire, p. 58.
Pois, p. 117, 125, 126, 163, 167, 168.
Poisson, p. 116, 117, 118, 127, 163, 309, 346.
Poivre, p. 116.
Population des abbayes cisterciennes, p. 256-257.
Population de Clairvaux à différentes époques, p. 256, 257, 350.
Population des granges, p. 310.
Porcs, p. 57.
Portier, p. 202-214, 368-374.
Postulants, p. 259.
Préchantre, p. 108.
Prétoire, p. 348.
Prieurs, p. 68, 184-196, 357-359.
Prieurés, p. 305.
Prisons, p. 15-16, 175.
Professeurs, p. 71-72.

Profession, p. 260-261.
Promotion de moines à des dignités, p. 266-267.
Propriété monastique, p. 271-276.
Proviseur, p. 68, 194-195, 363, 365.
Pulmenta defunctorum, p. 204.
Pulmenta regularia, p. 127.

Quadrivium, p. 81, 109.
Quêtes, p. 278-279.

Réfectoire, p. 123, 232, 304, 308, 349.
Refectorarius, p. 232.
Réglements de l'ordre de Cîteaux, p. VIII-IX.
Rentier, p. 239.
Repas, p. 121-124, 228, 232.
Retraites, p. 221-222.
Revenus de Clairvaux en 1790, p. 281-282.
Rhétorique, p. 80, 81, 108-109, 451-454.
Romans de chevalerie, p. 88.
Routiers, p. 269, 273, 274.

Sacristain, p. 200-201.
Salines, 375-377, 379-381.
Scapulaire, p. 137.
Sceaux des communautés et des abbés, p. 158-160.
Sceau de saint Bernard, p. 159.
Sculpture, p. 28.
Secrétaire, p. 156, 183.
Sel, p. 123, 168, 228, 283-284, 379.
Sépultures de Clairvaux, p. 42-47.
Sermons, p. 24-26, 32, 79, 90, 233-234, 468-470.
Serfs, p. 277, 295.
Serviettes, 232.
Silence, p. 16-17, 215, 306, 347.
Soie, p. 30-31, 355.
Sommeil, sa durée, p. 18-20, 26, 307, 344.
Souliers, p. 137, 138, 141, 213.
Soupe maigre, p. 118.
Souper, p. 122.
Sous-chantre, p. 198.

Sous-prieur, p. 196-198.
Sources consultées pour la rédaction de cet ouvrage, p. VIII-XVII.
Stalles de Clairvaux, p. 40.
Statistique des abbayes cisterciennes, p. 256-258.
Sylviculture, p. 330.

Tabac, p. 345.
Tablettes pour écrire, p. 58.
Tanneries, p. 322, 333.
Tanneurs, p. 51, 52.
Tasse de saint Bernard, p. 123-124.
Tavernes, p. 323.
Théologie scholastique, p. 72, 78, 81, 98, 99, 100, 110.
Tilleul, p. 330.
Tisserands, p. 51, 229.
Tournois, p. 248, 249.
Travail des mains, p. 47-57.
Trivium, p. 81, 104-109.
Troncs, p. 278-279.
Tunique (ornement d'église), p. 31.
Tunique (vêtement de dessous), p. 136, 137, 138, 141.

Usines, p. 52, 228, 229, 318, 332, 333.

Vaches, p. 57.
Vendangeurs, p. 139.
Verges, p. 13, 128, 267. (Voir Discipline.)
Verger, p. 330.
Vermine, p. 139-140.
Vesces, p. 116.
Vestiarius, p. 241-242, 358.
Vêtements, p. 135-140, 152, 346.
Viande, p. 114-116, 126, 168, 214, 222, 345, 346.
Vignerons, p. 53.
Vignes, p. 119, 120, 277, 285, 329.
Vin, p. 118-121, 124, 232, 308, 309, 322, 323, 345, 346. (Voir Celliers.)
Visiteurs, p. 161.
Vitraux, p. 28.
Vocations, p. 245-258.
Voies romaines, p. 339-340.

ERRATA.

Page 47, ligne 9, sculptures, *lisez* sépultures.
— 177, ligne 8, Rouen, *lisez* Reims.
— 213, lignes 2 et 16, Morinvilliers, *lisez* Morvilliers.
— 286, ligne 22, commenent, *lisez* commencent.
— 301, ligne 17, Belinfay, *lisez* Blinfcix.
— 318, ligne 4, à Bar-sur-Aube, à Nogent, *lisez* à Bar-sur-Aube, à Marsal, à Nogent-sur-Seine.
— 389, ligne 30, (1189-1186), *lisez* (1179-1186).
— 394, ligne 14, au plus tard 1180, *lisez* au plus tard 1186.

TABLE

DES

DIVISIONS DE CET OUVRAGE.

	Pages.
INTRODUCTION.	1
LIVRE Ier. — DE LA VIE MONASTIQUE DANS LES ABBAYES CISTERCIENNES, ET PRINCIPALEMENT A CLAIRVAUX, AU XIIe ET AU XIIIe SIÈCLE	3
Chapitre I. — Distinction des moines, des convers et des oblats.	3
Chapitre II. — Chasteté, pauvreté individuelle, obéissance, silence.	6
§ 1. — Chasteté	6
§ 2. — Pauvreté individuelle.	10
§ 3. — Obéissance.	13
§ 4. — Silence.	16
Chapitre III. — Culte.	17
§ 1. — Office	17
§ 2. — Messes.	21
§ 3. — Chapitre	23
§ 4. — Lecture spirituelle	26
§ 5. — Eglises et objets divers servant au culte	27
§ 6. — Eglise de Clairvaux	35
Chapitre IV. — Travail des mains	47
Chapitre V. — Etudes	57
§ 1. — Réglements généraux depuis l'origine de l'ordre jusqu'en 1240.	57

§ 2. — Colléges cisterciens 64
§ 3. — Idée générale de la Bibliothèque de Clairvaux d'après le catalogue dressé en 1472. . . 74
§ 4. — La Bibliothèque de Clairvaux d'après les auteurs qui en ont parlé. 82
§ 5. — La Bibliothèque de Clairvaux d'après les catalogues des bibliothèques publiques modernes. 95
§ 6. — Communications de livres dans la Bibliothèque de Clairvaux. 111

Chapitre VI. — Nourriture 114
§ 1. — Nature des aliments. 114
§ 2. — Nombre et ordre des repas. 121
§ 3. — Quantité des aliments 124

Chapitre VII. — Costume et coucher 134
§ 1. — Costume 134
§ 2. — Coucher 140

LIVRE II. — Du Gouvernement et des Fonctionnaires dans les Abbayes cisterciennes, et principalement a Clairvaux, au XIIe et au XIIIe siècle. 145

Chapitre I. — Chapitre général 145
Chapitre II. — Abbés. 156
§ 1. — Abbés cisterciens en général. 156
§ 2. — Abbés de Clairvaux, au xiie et au xiiie siècle. 167
Chapitre III. — Prieur 184
§ 1. — Office de Prieur dans l'ordre de Cîteaux . 184
§ 2. — Prieurs de Clairvaux au xiie et au xiiie siècle. 186
Chapitre IV. — Sous-Prieur 196
— V. — Chantre 198
— VI. — Bibliothécaire. 199
— VII. — Sacristain. 200
— VIII. — Maître des Novices 201
— IX. — Portier 202

§ 1.	—	Office de Portier dans l'ordre de Cîteaux .	202
§ 2.	—	Office de Portier à Clairvaux	206
Chapitre X.	—	Infirmier	214
— XI.	—	Hôtelier.	219
— XII.	—	Médecin.	224
— XIII.	—	Cellerier.	227
— XIV.	—	Refectorarius	232
— XV.	—	Grangier.	232
— XVI.	—	Boursier.	235
— XVII.	—	Chambrier	237
— XVIII.	—	Aumônier ou pitancier . . .	238
— XIX.	—	Rentier	239
— XX.	—	Marchand	240
— XXI.	—	Intendant des eaux.	240
— XXII.	—	Maître des charriots	241
— XXIII.	—	Vestiarius	241
— XXIV.	—	Maître des convers.	242

LIVRE III. — Comment on entrait dans l'ordre de Cîteaux, comment on en sortait, au xii° et au xiii° siècle. 245

Chapitre I.	—	Vocations	245
— II.	—	Noviciat.	258
— III.	—	Comment on sortait de l'ordre de Cîteaux	264

LIVRE IV. — Des Propriétés et des Revenus dans l'ordre de Cîteaux, et principalement a Clairvaux, au xii° et au xiii° siècle 271

Chapitre I. — De la propriété monastique en général, au xii° et au xiii° siècle. 271

Chapitre II. — Acquisitions de biens dans l'ordre de Cîteaux, et principalement à Clairvaux, au xii° et au xiii° siècle. 276

§ 1. — Réglements généraux de l'ordre . . . 276

§ 2. — Situation financière comparée de l'abbaye

de Clairvaux à la fin et au commencement de son existence 281

§ 3. — Acquisitions d'immeubles à titre gratuit, faites par l'abbaye de Clairvaux, au xiie et au xiiie siècle. 285

§ 4. — Acquisitions d'immeubles à titre onéreux, faites par l'abbaye de Clairvaux, au xiie et au xiiie siècle. 288

Chapitre III. — Dettes des abbayes cisterciennes, au xiie et au xiiie siècle. 298

§ 1. — Taux de l'intérêt au moyen-âge. . . . 298

§ 2. — Dettes de certaines abbayes étrangères à l'ordre de Cîteaux 300

§ 3. — Réglements sur les dettes des abbayes cisterciennes. 301

Chapitre IV. — Administration des propriétés dans les abbayes cisterciennes en général, et principalement à Clairvaux, au xiie et au xiiie siècle . . 303

§ 1. — Granges et celliers des abbayes cisterciennes. — Réglements qui les concernent . . . 303

§ 2. — Granges et celliers de Clairvaux . . . 310

Chapitre V. — Opérations quasi-commerciales des Cisterciens 318

APPENDICE 329

I. — Description de Clairvaux au xiiie siècle, par un contemporain 329

II. — Une visite à Clairvaux, le 17 juillet 1858 . . 338

PIÈCES JUSTIFICATIVES 353

Première Partie. — Listes inédites des abbés et des prieurs de Clairvaux, publiées d'après deux Mss. de la Bibliothèque de Troyes 353

Deuxième Partie. — Extraits des Archives de Clairvaux 359

1re Série. — Bulles en faveur du Collége Saint-Bernard de Paris. 360

2ᵉ Série. — Extraits de la section du Cartulaire intitulée *Porta* 368

3ᵉ Série. — Extraits de la section du Cartulaire intitulée *Elemosine* 374

4ᵉ Série. — Section du Cartulaire intitulée *Pedagia* 381

Troisième Partie. — Extrait du catalogue des manuscrits de Clairvaux, en 1472 413

Quatrième Partie. — Extrait du Cartulaire de Larrivour. 468

TABLE CHRONOLOGIQUE des Chartes contenues dans la 2ᵉ et la 4ᵉ partie de l'Appendice. 471

TABLE ALPHABÉTIQUE des Matières. 479

Errata. 484

TROYES, TYP. BOUQUOT.

www.ingramcontent.com/pod-product-compliance
Lightning Source LLC
Chambersburg PA
CBHW071711230426
43670CB00008B/978